21세기에 실학을 읽는다

사회인문학총서 ⑤

21세기에
실학을 읽는다

임형택 지음

한길사

21세기에 실학을 읽는다

지은이 · 임형택
펴낸이 · 김언호
펴낸곳 · (주)도서출판 한길사
등록 · 1976년 12월 24일 제74호
주소 · 413-756 경기도 파주시 광인사길 37
www.hangilsa.co.kr
http://hangilsa.tistory.com
E-mail · hangilsa@hangilsa.co.kr
전화 · 031-955-2000~3 | 팩스 · 031-955-2005

상무이사 · 박관순 | 총괄이사 · 곽명호
영업이사 · 이경호 | 관리이사 · 김서영 | 경영기획이사 · 김관영
책임편집 · 배경진 서상미 안민재 | 편집 · 김지희 김지연 이지은 김광연 이주영 백은숙
전산 · 한향림 | 마케팅 · 윤민영
관리 · 이중환 문주상 김선희 원선아

CTP 출력 및 인쇄 · 예림인쇄 | 제본 · 경일제책사

제1판 제1쇄 2014년 3월 14일

값 28,000원
ISBN 978-89-356-6905-9 94300
ISBN 978-89-356-6189-3(세트)

이 도서의 국립중앙도서관 출판시도서목록(CIP)은 e-CIP홈페이지(http://www.nl.go.kr/ecip)와
국가자료공동목록시스템(http://www.nl.go.kr/kolisnet)에서 이용하실 수 있습니다.
(CIP제어번호: CIP2014007786)

이 저서는 2008년도 정부재원(교육과학기술부 학술연구조성사업비)으로
한국연구재단의 지원을 받아 연구되었음(NRF-2008-361-A00003).

사회인문학총서 발간에 부쳐

또 한 번의 문명사적 전환시대를 맞아 새로운 학문에 대한 요구가 드 높다. 이 시대적 요청에 부응해 우리는 '21세기 실학으로서의 사회인문 학'이란 과제를 수행하고 있다. 피로감마저 느끼게 하는 인문학 위기담 론의 비생산성을 단호히 떨쳐내고, 인문학을 혁신하여 대안적 학문을 실 험하고 있는 나라 안팎의 값진 노력에 기꺼이 동참하여 그 한몫을 감당 하고자 한다.

사회인문학(Social Humanities)은 단순히 사회과학과 인문학의 만남 을 의미하지 않는다. 인문학의 사회성 회복을 통해 '하나의 인문학', 곧 통합학문으로서의 인문학 본래의 성격을 오늘에 맞게 창의적으로 되살 리려는 것이다. 학문의 분화가 심각한 현실에 맞서 파편적 지식을 종합 하고 삶의 총체적 이해와 감각을 기르는 인문학의 수행은 또한 '사회의 인문화'를 이룩하는 촉매가 될 것이다.

이 의미 있는 연구는 연세대학교 국학연구원 인문한국(HK)사업단이 한국연구재단의 지원을 받아 2008년 11월부터 10년 기획으로 추진하고 있다. 우리 사업단에 참여하는 모든 구성원들은 학문 분과의 경계, 대학 이란 제도의 안과 밖을 넘나들며 뜻을 같이하는 모든 분들과 연대하여 사회인문학을 널리 알리고자 한다.

'사회인문학총서'는 우리가 그동안 치열한 토론을 통해 추구해온 세 가지 구체적 과제의 보고서라 하겠다. 인문학이 사회적 산물임을 확인하는 자기 역사와 사회에 대한 이중의 성찰 과제, 학문 간 또는 국내외 수용자와의 소통의 과제, 그리고 제도의 안팎에서 소통의 거점을 확보하되 문화상품화가 아닌 사회적 실천성을 중시하는 실천의 과제, 이를 잘 발효시켜 숙성된 내용으로 한 권 한 권 채워나갈 것이다.

지금 사회인문학의 길에서 발신하는 우리의 전언에 뜻있는 분들의 동참과 편달을 겸허히 기다린다. 관심과 호응이 클수록 우리가 닦고 있는 이 새로운 길은 한층 더 탄탄해질 것이다. 그로써 우리를 더 인간다운 문명의 새 세계로 이끄는 축복의 통로가 될 수 있기를 바란다.

2011년 7월
연세대학교 국학연구원 인문한국사업단장 백영서

지금 왜 실학인가

■ 책을 내면서

2000년대로 와서 수행한 나의 학문작업을 구분하여, 하나는 '한국학의 동아시아적 지평'이라는 표제로 묶고 다른 하나는 '21세기에 실학을 읽는다'라는 표제로 묶기로 했다. 다른 한 책이 한국학 전반을 다루고 있는 데 대해서 이 책은 실학에 집중되어 있다. '지금 왜 실학인가'라는 물음에 나로서는 응답을 해야 할 텐데 실학을 어떻게 읽어야 하느냐는 문제를 아울러 사고해야 할 것이다.

17~19세기에 신학풍으로 성립한 실학은 우리의 학술사·사상사에서 중요한 정신적 가치로 생각되고 있다. 실학을 학적으로 파악하게 된 것은 지난 20세기였다. 21세기에 다시 호명한 실학은 20세기의 재판으로 그쳐서는 아무래도 의미를 크게 갖지 못할 것이다. 개정신판이 되어야 할 것임이 물론이다. 그렇다 해서 완전히 폐기처분하고 새 판을 짜야 한다는 뜻은 아니다. 실학인식의 기본 틀을 유지하되 상당한 수준의 개정작업이 필요하지 않을까 한다. 21세기에 실학을 읽는 포인트는 두 지점이다. 이는 곧 20세기적 실학독법과의 변별점이기도 하다.

첫 번째는 근대주의적인 실학독법을 시각교정하는 과제다. 20세기를 식민지로 통과하고 통일국가를 수립하지 못한 한국의 처지에서 근대는 도달해야 할 이상적 좌표였고 근대적인 것은 우리에게 결손된 가치였다.

자국의 전통에서 실학의 발견은 곧 근대적인 것의 발견이었다. 때문에 실학을 서구 근대사상에 비견해서 읽어 근대성의 발단 혹은 근대지향성으로 실학에 의미부여를 했던 것이다. 그런데 한국사회가 경제발전으로 근대라는 목적지점을 통과하고 나자 종전의 이상적 좌표는 어느덧 시야에서 사라졌다. 근대 극복, 탈근대를 외치는 마당에 근대적 의미의 실학은 빛을 잃었다. 학계 일각에서 실학에 대한 회의론이 제기되면서 '실학은 없다'는 소리마저 들려왔다.

근대주의적인 실학담론의 맹점을 들춰내자면 한이 없다. 실학을 현실적 요구에 손쉽게 끌어다 붙이거나 다른 여러 학술사상의 전통을 무시하고 오직 실학만 내세우는 등의 속류적인 실학담론이 범람하는 실정이다. 이런 현상들은 속히 시정되어야 옳겠지만, 서구의 영향을 과대평가하는 서구중심적 편견이 실학의 인식상에서도 여전히 불식되지 못하고 있는 사실은 더 큰 문제점이다. 나는 서세동점(西勢東漸)으로 개시된 동서의 만남을 원칙적으로 어떻게 보아야 하느냐는 시각상의 문제를 제기하였다. 서양학과 만나고 지적교류가 이루어진 사실 자체를 중시해야 한다는 데는 이론의 여지가 없다. 요는 이에 대한 시각이다. 종래 주류적인 인식논리는 영향론 내지 비교론이었다. 이는 본디 서구중심의 제국주의적 담론에서 비롯된 것인데, 그 속성이 다분히 피동적이고 정태적이다. 나는 이 점을 비판하고 서세·서학과의 관계 맺기에서 일어난 창조적인 변증법에 주목하였다. 실학 자체를 도래하는 서구주도의 근대세계에 대한 사상적 각성이요 학술적 대응이라는 측면에서 해석한 것이다.

다음은 실학에 대한 일국사적 관점을 수정, 동아시아적 시야를 확보하는 과제이다. 우리가 실학이란 용어로 인지한 정신현상은 한국뿐 아니고 중국의 청대나 일본의 에도시기에도 출현했다. 실학은 동아시아 세계에 역사적 동시성으로 존재했음이 확실하다. 한국학 일반에 도입했던 '동아시아적 지평'은 다른 어디보다도 실학 분야에서 뚜렷했다.

실학을 주목하면서도 동아시아 쪽으로 눈을 돌리지 않았던 까닭은 일국사적 관점에 집착한 데 있었다. 이 또한 근대주의적 편향과 무관하지 않다. 말하자면 근대적 '시야 협착증'이었던 셈이다. 게다가 냉전체제하에서 동아시아가 제대로 시야에 제대로 들어오기 어려웠던 한국적 상황에서 시야협착증은 정도가 심하게 표출될 수밖에 없었다. 그러다가 냉전체제가 해체되고 중국과 수교하여 인적·물적 교류가 활발해지면서 드디어 실학을 주제로 한·중·일 세 나라의 학자들이 만나 토론하는 학술회의가 주기적으로 개최되기까지 이르렀다. 실학을 동아시아적 차원에서 생각하게 되어 동아시아 실학이란 개념이 떠오르고 새롭게 해석할 여지 또한 무한해졌다.

요컨대 이 책은 동아시아적 지평에 서서 근대 너머를 고민하며 내 나름으로 실학을 읽은 것이다. '지금 왜 실학인가?' 궁극적인 답은 21세기 오늘에 있다. 근대 문명의 극복이라는 당면한 인류사적 과제의 해법이 나와 있는 것은 아니라도 문제를 성찰하고 진로를 탐구하는 매개처가 실학사상에는 풍부하게 내장되어 있다.

전체를 3부와 부록으로 구성한 이 책에는 길고 짧은 글 15편이 담겨 있다. '신세기에 호명한 실학'이란 제목의 제1부는 총설에 해당하는 내용으로 시대의 요구에 상응하여 실학을 이론적으로 정립하는 데 주력했다. 제2부 '한국실학의 역사적 지점들'은 일차로 실학의 기원 문제를 명·청 교체가 진행되는 역사 현장에 들어가 검토한다. 그리고 실학사에서 쟁점인 성리학과 실학의 관련성 문제, 실학과 서학의 관계문제를 자료 해석을 통해서 논평한 것이다. 제3부는 한국실학의 거봉인 박지원,

정약용, 김정희, 최한기의 주요 저작들을 각각 주제로 잡아서 그야말로 '실학을 사상사적으로 다시 읽기'를 시도한 내용이다. 부록의 「우리 시대의 공부와 다산」은 서술 방식이 다르기 때문에 별도로 취급했지만 실은 전체의 결론에 해당한다.

끝으로 이 책이 연세대 국학연구원의 사회인문학총서에 들어가게 된 경위에 대해서 언급한다. 나는 2011년에 용재석좌교수로 국학연구원에서 한 학기 동안 실학 강의를 하였다. 산발적으로 발표했던 자신의 실학 연구를 정리하는 계기가 되어 창조적인 사회인문학 기획에 참여하는 영광을 얻은 것이다.

한길사의 김언호 사장과 식구 여러분들께 깊은 감사를 드린다. 한길사는 지난번에도 『우리 고전을 찾아서: 한국의 사상과 문화의 뿌리』를 세상과 소통할 수 있도록 해주었거니와 이번에도 이 책을 아름답게 꾸며서 독자와 만날 수 있게 되었다.

2014년 3월 덕양재(德養齋)에서

임형택

21세기에 실학을 읽는다

1
신세기에 호명한 실학

동아시아실학은 그것이 존립한 시대,
즉 17~19세기의 '흔들린 조공질서'에 기원한다.
'역사적 동시성'으로 공존했던 신학풍인 실학에 대해
일어난 공동의 관심은, 근대의 일국사적 경계를 넘어
동아시아적 시각을 연 것이며
서구 중심의 세계주의를 극복하려는
의식이 담겨 있다.

21세기에 다시 읽는 실학

1. 20세기 한국의 실학과 21세기

한국의 실학은 이조 후기에 일어난 신학풍을 지칭하는 개념이지만 그
것이 학적으로 성립한 시점은 지난 20세기다. 다시 말하면 17~19세기
의 정신현상을 20세기의 역사과정에서 발견한 셈이다. 우리가 방금 통
과한 세기는 어떤 시대며, 그 기간에 한국인이 어떤 지향을 가졌기에 하
필 실학을 민족의 위대한 정신적 가치로 중요시하고 부각시켰을까?

한국의 20세기는 1910년의 주권상실에 의해서 규정된 시대라 할 것이
다. 그로 인해 근대적인 개혁·개방이 연착륙을 못하고 국민국가의 수립
이라는 역사과제에 결정적 차질을 빚어 식민지 과정을 경과해야 했으며,
피압박 상태로부터의 해방은 분단으로 이어져서 지금까지도 민족적 통
합을 이루지 못한 채 남북으로 대치하고 있는 상태 아닌가. 이는 '한국적
근대'의 특수성이지만 곧 20세기 세계의 한 전형적인 부분이기도 하다.

20세기 한국의 실학 인식사는 대략 세 단계로 구분해볼 수 있다. 제1단
계는 1900년 전후 근대계몽기로 왕조의 낡은 체제와 문물제도 전반의
변혁을 서두르면서 현실적용의 유효한 방안으로 실학을 고려한 것이
며, 제2단계는 1930년대 '조선학운동'에서 실학의 발견이요, 제3단계는

1960~70년대 '내재적 발전론'이 인도한 실학의 중시다.

제1단계에서 실학은 근대기획의 실천적 과제로 의미를 갖는 것이었다. 다음 1930년대에 일제가 파시즘으로 진군하면서 민족 자체의 존립이 위태롭게 된 상황이 도래하였는데 좌우 통일전선으로서의 신간회 운동마저 좌절한 그 마당에서 조선학운동이 일어났다. 이때 조선학의 원류로서 실학을 발견, 부각시켰던바 실학의 비조(鼻祖)에 해당하는 반계(磻溪) 유형원(柳馨遠)을 '조선학의 창시자 같은 지위'로 설정하고 '성호(星湖)가 이를 확립'했던 것으로 보았다.[1]

이때 실학은 '조선학'으로 현실적 의미를 부여받게 되고 따라서 학적으로 규명되기에 이른 것이다.[2]

1) 安在鴻, 「朝鮮史上에 빛나는 茶山先生의 學과 생애」, 『新朝鮮』, 1934년 10월호.
2) 이 단락에서 잡은 20세기 한국의 실학 인식 구도는 필자가 「국학의 성립과정과 실학에 대한 인식」(『현대학문의 성격』, 민음사, 1995; 『실사구시의 한국학』, 창작과비평사, 2000에 수록)에서 논술한 내용을 요약한 것이다.
지난 2002년 11월 29일에 열린 '21세기에 다시 읽는 실학(實學)'이란 제목의 학술회의에서 필자는 이 논문을 기조 발제하였는데, 종합토론 시간에 미야지마 히로시(宮島博史) 교수에게서 지적받은 문제가 있었다. 실학의 인식 과정에서 1920년대에 이마니시 류(今西龍)의 「이씨조선(李氏朝鮮)의 학풍(學風)의 변천」(『支那學』, 1921, 1권 5호)과 이나바 이와키치(稻葉岩吉)의 「규재유고(圭齋遺稿)를 입수하고서: 실학파의 표창여하(表彰如何)」(『朝鮮』 통권 166, 1929년 3월호)의 연구 성과가 있으며, 이들을 주목해 논한 글로 권순철 교수의 「'실학'을 다시 생각한다: 그 근대적 성격과 관련하여」(『전통과 현대』, 2000년 봄호)가 발표되었다는 사실도 알려주었다. 미야지마 교수의 지적에 우선 감사를 드린다. 필자의 이 글은 실학연구를 회고하는 데 뜻을 두고 있지 않기 때문에 1920년대 일인학자들의 실학 관련 논문을 본격적으로 거론하는 것은 굳이 필요한 일은 아니라고 생각한다. 다만 기왕에 문제로 제기된 터에 이들 견해가 실학 인식사에서 어떤 의미를 갖는지 언급하지 않을 수 없게 되었다. 이마니시의 「이씨조선의 학풍의 변천」은 이조 후기 '학문상의 신기운'을 서술하고 있는데 그 내용이 지금 실학으로 포괄하는 범위와 대략 합치한다. 실학이란 용어로 표제2단계에서 드디어 학문으로 파악된 실학은 제3단계로 와서 학적 사고의 탈식민성을 추구한 내재적 발전론에 의해 각광받게 된다. 1960~70년대는 서구편향의 근대화론이 대세를 주도한 시대였다. 내재적 발전론은, 식민주의 사관의 청산을 의도하고 있을 뿐 아니라 그 의식의 저변

———

현하진 않았지만 실학의 범위를 잡은 것으로 볼 수 있다. 그런데 실학의 개략적인 범위가 설정된 것은 이 논문에 처음 나타난 것이 아니다. 20세기 초 계몽기의 논설에서 이미 유형원, 이익, 정약용으로 이어진 계보와 박지원 등을 하나로 묶고 거기에 '경제정치학'(經濟政治學)이란 개념을 부여했던 것이다(『황성신문』皇城新聞, 1902년 5월 19일). 종래의 학파 내지 당파의 구분을 넘어선 개념이다. 그리고 장지연은 이 논지를 이어받아, 그의 『조선유교연원』(朝鮮儒教淵源, 회동서관, 1922. 저자의 졸년이 1921년이므로 이 책이 집필된 시점은 그 앞일 것임)에서는 '경제고거학'(經濟考據學)이란 개념을 써서 상당히 체계적으로 서술하고 있다. 다음 이나바의 「규재유고를 입수하고서」는 일종의 책 소개로 역시 4쪽에 불과한 소논문이지만 '실학파'란 용어를 사용해서 비상한 관심을 끈다. 지금 통용하는 실학이 학술적 개념으로 등장한 것은 1930년대로 들어와서인데 그 경위도 분명치 못하다. 이 논문이 실학 개념을 처음 쓴 것이 아닌가 싶다. 하지만 자세히 살펴보면 지금 통용하는 실학 개념과는 거리가 있다. "실학파를 표창하는 것에 대해서는 규재(圭齋) 한 사람뿐 아니라 […] 고려에서는 목화씨를 중국으로부터 수입했다고 하는 문익점(文益漸), 언문 창제에 참여해 힘썼던 신숙주(申叔舟), 대동법(大同法)이란 조세 체계를 갱정(更正)한 조익(趙翼), 전법(錢法)을 시행한 김육(金堉), 토지제도를 논구(論究)한 박지원(朴趾源) 등과 같이 헤아려보면 이조 500년의 근대에 있어서조차 실학경제(實學經濟), 즉 민생에 노력하여 상당한 성적을 거둔 인물이 얼마간 지적되어질 수 있다고 생각한다." 이렇듯 거기에 실학파로 거명한 인물들을 보면 엄정한 의미의 실학자는 박지원 하나뿐이며, 위로 훨씬 소급하여 신숙주, 심지어는 목화씨를 들여온 문익점까지 손꼽고 있다. 이나바의 논문에서 실학은 특정한 시기의 학문 경향을 지칭하는 개념이 아닌 실사를 중시한다는 의미의 보통명사로 여겨지는 것이다. 권순철 교수가 그동안 잊혀졌던 일인학자의 실학과 관련한 논고를 발굴해서 일깨워준 노력은 높이 살 만하지만 두 논고에 대해 권 교수가 내린 실학 인식사에 있어서의 평가는 과장된 것으로 보이며, 특히 그 앞 단계의 계몽기 학자들의 실학 인식을 간과한 듯한 점은 납득이 되지 않는다.

에서 서구편향의 근대화론에 저항했음이 물론이다. 하지만 근대화 자체에 문제를 제기할 생각은 못했다. '근대'를 이상적인 목표점으로 상정한 발전론을 추종하였던 셈이다. 해방 이후 실학연구에 있어 선편을 잡았던 고(故) 천관우(千寬宇) 선생은 "그것(실학-인용자)은 근대적 지향의식과 민족의식의 두 척도를 아울러 충족시키는 경우가 전형적이라 할 수 있다"[3]고 실학의 척도를 근대지향과 민족의식으로 설정한 것이다. 이렇듯 실학을 중요시한 그 의식 속에는 근대주의와 민족주의가 동거하고 있었다.

여기서 북조선의 실학론에 관해서도 간략히 언급해둔다. 남과 북은 1945년 이후로 이념적 대립과 함께 이질화가 심각한 정도에 달했으나 실학을 민족의 정신적 자산으로 중시하는 점에 있어서는 공통적이었다. 당초 이북의 실학에 대한 관심과 학적 성과는 민족문화 전반에서 그렇듯 이남에 비해 훨씬 높은 편이었다. 1960년대까지는 그랬다. 그러다가 '주체의 시대'로 전환하면서 실학에 대한 평가 역시 현저히 달라졌다. 김일성은 "우리나라 역사에서 실학파의 존재도 귀중하며 좋은 것"이라고 일단 긍정적으로 평가한 다음, "실학파가 그 당시 봉건사회에서 일정한 진보적인 역할을 했다고 볼 수 있는 것이지 오늘에 와서까지도 무슨 큰 의의가 있는 것처럼 볼 수는 없습니다"라고 실학을 과거시제로 묶어두고 있다. 굳이 실학의 사망선언을 한 데는, 무언가 의도가 있을 것으로 여겨진다. 북조선 학계의 견해를 요약한 것으로 간주되는 『조선전사』(朝鮮全史)의 실학 부분 서술에서 "실학자들이 전개한 모든 이론과 사상도

---

3) 천관우, 「한국실학사상사」, 『한국문화사대계』 6, 고려대학교 민족문화연구원, 1970, 1047쪽.

역시 봉건 유교사상에 기초한 것이었으며 양반 지배계급 안의 진보적 계층의 이익을 대변한 것이었다"[4]고 주장하여 실학을 과거시제로 묶는 논거를 제시하고 있다.

남북의 실학론은 서로 체제와 이념을 달리한 만큼 같지 않은 것으로 생각된다. 위에서 보았듯 남의 근대주의와 북의 주체사상의 입장 차이는 물과 불만큼이나 다르다. 그렇긴 하지만, 남과 북의 실학론은 원래 같은 뿌리에서 나뉜 것이다. 북의 실학연구를 주도한 최익한(崔益翰), 김석형 (金錫亨), 정진석(鄭鎭石) 같은 학자들은 분단 이전에 남쪽지역에서 성장, 활동했었다. 분단 상황이 야기한 대립과 반목에도 실학 인식상에서는 공유 면적이 넓었음은 물론, 이념적 대결의 이면에서 역으로 닮은꼴을 찾을 수 있다. '근대'를 이상적 좌표로 상정하는 점에서 양자는 통하는 것이다. 실학을 과거시제로 묶는 북 측의 논리는 근대주의의 한 변용으로 보아도 좋을 터이다.

남북의 실학에 대한 해석을 살펴보면 기실 이질적인 것이 아니라 오히려 동질성을 느끼게 한다. 북의 실학담론은 애국과 자주를 내세워서 민족주의는 오히려 북에서 더욱 강고한 형태를 드러내고 있다고 하겠다.

남과 북은 다 같이 식민지 사회를 통과한 분단국가로서 결손된 '근대'의 성취와 민족 자아의 회복을 소망한 때문에 실학으로 쏠린 관점이 상동하고 논리가 유사했던 것이다.

20세기 한국적 상황에서 조명을 받았던 실학은, 21세기의 오늘 과연 어떻게 읽어야 할 것인가? '세계화'와 '지식정보화'로 표상되는 새로운 시대환경에서 실학은 어떤 의미를 갖게 될지, 실학의 위상과 평가는 아

---

4) 『조선전사』 12, 과학백과사전출판사, 1980, 240~241쪽.

무래도 달라질 수밖에 없거니와 또 변화한 환경에 따른 모색이 응당 요망되는 터이다.

지난 세기 말로 접어들면서 실학에 대한 관심은 현저히 떨어지고 있었다. '근대화'라는 지점을 통과하고 '선진화'로 향해 달리는 판에 실학의 근대지향은 특별한 매력을 벌써 상실한 듯하다. 그리고 '세계화'를 불가피한 대세로 실감하게 되니 민족주의에 대한 반성과 회의 또한 고개를 들지 않을 수 없었다. 요즈음 실학은 '한물갔다'는 생각과 함께 젊은 연구자들의 관심권으로부터 멀어지고 있는 것이 어느 정도 사실이다.

그렇지만 한편으로, 사회주의적 실험이 실패로 판명되고 나서 실사구시(實事求是)를 주장하는 목소리가 종종 들리더니 차츰 진지한 공감대를 형성해가고 있다. 학문의 방법론으로뿐 아니라, 정치적 실천의 자세로 실사구시가 간절히 요망된다고 깨닫게들 된 것이다. 대체로 인정하듯 실사구시는 실학의 기본정신이요, 나아가서는 실학을 지칭하는 용어로 쓰이기도 하였다. 이러한 경향에서는 실학의 현재성을 가늠해볼 수도 있을 것 같다.

21세기에 다시 떠오르는 실학은 20세기적 실학의 재판이 아니며, 그렇게 되어서는 바람직하지 않을 것이다. 최근 열린 실학 관련 심포지엄의 주제만 보더라도 짐작이 간다. 실학을 성리학과의 관련성에서 추구하는가 하면 국제적인 교류관계에 초점을 맞추기도 하였다. 내재적 발전론에서는 그다지 중시되지 않았던 방향이다. 그런 한편 자본주의는 실학의 해석상에서도 초점이 되고 있다. 지금은 실학의 원전으로 다시 돌아가는 것이 필요하다. 이 글의 주제로 21세기의 변화한 환경에서 실학 읽기를 제기해본 것이다.

2. 실학의 범위와 개념 문제

실학이란 개념으로 포괄하는 대상의 범위를 어떻게 한정할 것인가? 언제부터 언제까지의 기간 문제, 실학(자)과 비실학(자)을 변별하는 성격 문제, 학술로 그치지 않고 문학예술로까지 확장된 영역 문제 등이 여기에 걸려 있다. 이들 사안은 초보적인 단계에서 이미 해결되었어야 할 문제인데 지금 와서 재론하게 되니 너무나도 새삼스럽다. 하지만 각각의 사안이 모두 실학의 개념 문제와 직결되어 한때 쟁점사안이 되었으며, 당시 대체로 결말이 났지만 그럼에도 실학을 토론하는 자리에는 이런 주제들이 으레 불거져 나와 혼선이 빚어지곤 한다.

우선 먼저 한국실학의 연구 과정상에서 포착된 학자들과 그들의 대표 저서를 순차적으로 나열해본다. 난제에 구체적으로 접근하기 위한 방편이다.

• 17세기

한백겸(韓百謙, 1552~1615):『동국지리지』(東國地理志)

이수광(李晬光, 1563~1628):『지봉유설』(芝峯類說)

허균(許筠, 1569~1618):『성소부부고』(惺所覆瓿藁)

김육(金堉, 1580~1658):『잠곡유고』(潛谷遺稿)

윤휴(尹鑴, 1617~80):『독서기』(讀書記)

유형원(柳馨遠, 1622~73):『반계수록』(磻溪隨錄)

박세당(朴世堂, 1629~1703):『사변록』(思辨錄)

이이명(李頤命, 1658~1722):『소재집』(疎齋集)

김석문(金錫文, 1658~1735):『역학이십사도총해』(易學二十四圖總解)

• 18세기

양득중(梁得中, 1661~1742): 『덕촌집』(德村集)

정상기(鄭尙驥, 1678~1752): 『팔도도』(八道圖)

이익(李瀷, 1681~1763): 『성호사설』(星湖僿說)

이중환(李重煥, 1690~1752): 『택리지』(擇里志)

유수원(柳壽垣, 1694~1755): 『우서』(迂書)

신후담(愼後聃, 1702~61): 『서학변』(西學辨)

이병휴(李秉休, 1710~76): 『정산잡저』(貞山雜著)

신경준(申景濬, 1712~81): 『여암집』(旅菴集)

안정복(安鼎福, 1712~91): 『동사강목』(東史綱目)

서명응(徐命膺, 1716~87): 『보만재총서』(保晩齋叢書)

우정규(禹禎圭, 1718~?): 『경제야언』(經濟野言)

홍양호(洪良浩, 1724~1802): 『이계집』(耳溪集)

위백규(魏伯珪, 1727~98): 『환영지』(寰瀛志)

황윤석(黃胤錫, 1729~91): 『이수신편』(理數新編)

이복휴(李福休, 1729~1800): 『한남집』(漢南集)

홍대용(洪大容, 1731~83): 『담헌서』(湛軒書)

이긍익(李肯翊, 1736~1806): 『연려실기술』(燃藜室記述)

박지원(朴趾源, 1737~1805): 『열하일기』(熱河日記)

이덕무(李德懋, 1741~93): 『청장관전서』(靑莊館全書)

이여박(李如樸, 1740~1822): 『수차설: 이수원류』(水車說: 理數源流)

우하영(禹夏永, 1742~1812): 『천일록』(千一錄)

유득공(柳得恭, 1749~?): 『발해고』(渤海考)

박제가(朴齊家, 1750~1805): 『북학의』(北學議)

신작(申綽, 1760~1828): 『시·서·역차고』(詩·書·易次故)

성해응(成海應, 1760~1839): 『연경재전집』(研經齋全集)

정약용(丁若鏞, 1762~1836): 『여유당전서』(與猶堂全書)

서유구(徐有榘, 1764~1845): 『임원경제지』(林園經濟志)

한치윤(韓致奫, 1765~1814): 『해동역사』(海東繹史)

유희(柳僖, 1773~1837): 『문통』(文通)

홍경모(洪敬謨, 1774~1851): 『관암전서』(冠巖全書)

정학연(丁學淵, 1783~1859): 『종축회통』(種畜會通)

이규경(李圭景, 1788~?): 『오주연문장전산고』(五洲衍文長箋散稿)

김정희(金正喜, 1786~1856): 『완당선생전집』(阮堂先生全集)

이강회(李綱會, 1789~?): 『탐라직방설』(耽羅職方說)

이청(李晴, 1792~1861): 『정관편』(井觀編)

석전(石田, 순조연간): 『야언』(野言)

최한기(崔漢綺, 1803~77): 『명남루총서』(明南樓叢書)

심대윤(沈大允, 1806~72): 『복리전서』(福利全書)

박규수(朴珪壽, 1809~76): 『환재집』(瓛齋集)

윤정기(尹廷琦, 1814~79): 『동환록』(東寰錄)

남병철(南秉哲, 1817~63): 『규재집』(圭齋集)

김정호(金正浩, ?~1864): 『대동여지도』(大東輿地圖)

최성환(崔瑆煥, 헌종·철종연간): 『고문비략』(顧問備略)

위의 목록에는 종래 들어보지 못한 저술이 상당수 포함되어 있다. 그
중에 이병휴의 『정산잡저』와 이복휴의 『한남집』은 최근에 성균관대학

교 대동문화연구원에서 편찬한 『근기실학연원제현집』(近畿實學淵源諸賢集)에 수록된 것이다. 그리고 이여박의 『수차설』, 이강회의 『탐라직방설』, 이청의 『정관편』, 석전의 『야언』, 심대윤의 『복리전서』 등은 필자가 근래 소개, 거론했던 것들이다.

실학이란 개념

실학담론이 개념문제로 계속 혼선이 일어난 데 있어서는 그 용어 자체가 원인제공을 한 면이 없지 않다. 실학이란 말은 본래 허학(虛學)에 상반되는 보통명사다. '허학'이 따로 있을 수 없듯 '실학' 또한 고정된 내용이 있을 수 없다. 그리고 보면 실학이란 언제 어디서나 있을 수 있는 그런 것이니 오늘날에는 기술공학이야말로 진짜 실학이고 경제학에 대해 경영학이 실학이라는 주장도 충분히 가능하다.

그렇다면 실학이란 용어는 적절치 못하므로 폐기처분을 해야 옳은 것인가? 실학 폐기론 또는 실학 해체론을 들고 나온 논자도 기왕에 없지 않았다. 우리의 역사상에서 보면 고려 말 이래 사대부 지식인들은 불교의 공허함을 배척하고 사장학(詞章學)의 부화(浮華)함을 비판하면서 스스로 실학을 강조하였다. 이 경우 실학은 성리학을 가리킨다. 다시 17세기 이래 성리학·도학은 체제 이데올로기로서 새로 부딪히는 어려운 현실문제에 해답을 주지 못하였는데, 반성하고 고뇌하는 비판적 지식인들이 경세치용(經世致用)에 뜻을 두거나 이용후생(利用厚生)을 강구하는 학문에 심혈을 기울이게 된다. 비판적 지식인들 또한 자신들이 추구하는 학문이야말로 실학이라고 생각했거니와, 이를 20세기에 실학으로 정립시킨 것이다. 그 전 단계에서 성리학을 실학으로 생각했던 경위를 묵살해버린 셈이다.

왜 그랬을까? 성리학은 신학풍의 발흥에 따라 '허학화'되었던 것이다. 20세기의 계몽주의자들, 조선학운동의 주도자들의 시각에 성리학은 여전히, 아니 더 뚜렷이 '허학화'된 모습으로 비춰진 반면 이 신학풍이야 말로 실학이라고 인식된 것이다. 이렇듯 실학으로 발견하고 실학으로 파악한 사실을 지금 우리들은 하나의 역사로서 인정하고 존중해야 할 것임은 물론이다.

문예부흥이라면 언제나 어디나 있을 수 있겠지만 역사적 용어로서는 14, 15세기 이탈리아의 르네상스를 지칭하는 것이 상식이다. 한자문화권에서 예를 들자면 고문(古文)이란 말은 시문(時文)에 상대되는 보통 명사임에도 특정한 시기의 산문을 지칭하는 문학사적 개념으로 진작 정착되었다. 실학의 경우도 이와 마찬가지다. 그리고 고문이 한자문화권에서 공존하였듯이 실학으로 일컬어지는 학풍이 한국뿐 아니라 중국과 일본에서도 형성, 발전하였던 역사적 사실을 간과할 수 없는 것이다. 그럼에도 실학의 개념 문제로 인한 혼선이 종식되질 않아서 마침내 그 역사적 실체를 해소시켜버리게 될 우려마저 없지 않다는 점이다. 그래서 굳이 재론하고 있거니와, 범위를 정하는 문제도 엄정하게 따질 필요가 있다고 본다.

실학의 시간적 경계

요컨대 실학은 특정한 시기의 학문 경향을 지칭하는 개념이다. 이 특정한 시기는 언제부터 언제까지인지 위의 명단을 보면 대개 짐작할 수 있다. 조선학운동의 주도자 중 한 분인 안재홍(安在鴻)은 반계 유형원을 실학의 비조로 잡고 있었음을 앞서 언급했는데, 또 한 분의 유력한 주도자인 정인보(鄭寅普)는 "반계가 일조(一祖)요, 성호가 이조(二祖)요, 다산이 삼조(三祖)"⁵⁾라고 실학의 계통을 세웠다. 실학의 출발은 유형원의 『반계수록』이라는 것이 진작 합의된 바였다. 이어 실학의 확립은 성호에서, 실학의 집대성은 다산에서 이루어졌다는 것도 이미 통설로 되었다. 마지막 실학의 종막에서 빼어난 주역은 혜강 최한기라고 보는 데도 대개 학계에서 합의가 이루어진 것 같다. 최한기의 생애는 1877년까지이니 마침 개항 직후다. 실학의 하한선은 근대적인 세계로 진입하는 1876년 개항으로 잡히는 것이다.

실학 발흥의 역사적 계기는 17세기를 전후한 시기의 '임진왜란'과 '병자호란'에서 찾아볼 수 있다. 한반도를 무대로 일어난 국제전은 동아시아 세계를 바꿔놓았으니 중국 대륙에서는 명·청의 교체가 있었고 일본열도에서는 에도(江戶)시대가 열렸다. 한반도의 경우 왕조교체는 일어나지 않았으나 동아시아 세계에서 일어난 변화의 바람을 타지 않을 수 없었다. 변화의 대세와 요구를 학술·사상적으로 반영한 형식이 다름아닌 실학이었다.

다음 19세기 후반으로 접어들면서 동아시아 국가들은 근대적 세계로 향한 문호개방, 즉 개항을 하게 되는데 이는 다른 역사단계로의 진입을 뜻하였다. 여기서 실학은 종막을 고했으며, 서구 주도의 근대세계와 대면한 개항 이후의 단계에서는 실학의 성과를 여하히 계승하느냐는 문제가 새롭게 제기되었다고 보아야 할 것이다.

---

5) 정인보, 「다산 선생의 일생」, 『동아일보』, 1935년 7월 18일. 이 글은 「다산 선생의 생애와 업적」(『정인보전집』 2, 연세대학교출판부, 1983)에 포함되어 있다.

실학의 중심과 외연

실학은 고유한 자기 영역이 있고 경계가 선명한 그런 것은 원래 아니다. 따라서 성격이 모호해지고 구별이 애매하게 되기 쉽다. 앞의 명단은 실학적 저술을 나열한 것이므로 얼마만큼 더 추가하는 것도 가능하다. 명단에 오른 것에 대해서도 이견이 있을 수 있다. 그러므로 실학을 파악함에 당해서는 학파와 계통을 잡아서 중심을 확실히 해놓은 다음, 외연을 확대해가는 편이 바람직한 방법론으로 여겨진다. 중심이 확실치 않은 확대는 실학 자체를 무화시킬 우려마저 십분 있기 때문이다. 실학은 한 시대의 신학풍이었던 만큼 그 영향이 널리 펼쳐졌을 것임은 말할 나위 없거니와, 그 확대된 외연을 통해서 실학의 풍부화를 확인할 수 있을 것이다.

이우성 선생은 실학 인식사의 제3단계에서 「실학연구서설」[6]이란 논문을 발표하고 경세치용파, 이용후생파, 실사구시파의 세 유파로 실학의 체계화를 시도하였다. 다른 한편 일찍이 정인보 선생이 거론하고 민영규 선생이 이름 붙인 강화학파(江華學派)가 있으며, 산발적이긴 하지만 '호남실학'이 거론되고 유수원의 『우서』, 우하영의 『천일록』 등이 소개되어 실학의 저술로 평가받았다. 새로 발굴되고 확장된 실학적 결실들을 종합해서 체계를 세우고 각기 내용을 분석하는 등의 엄청난 공부거리가 연구자들을 기다리고 있다 하겠다.

필자가 근래 관심을 두고 있는 심대윤을 사례로 들어본다. 필자는 심대윤의 경학 사상을 「19세기 서학에 대한 경학의 대응」이란 제목의 논

---

6) 李佑成, 「實學硏究序說」, 『文化批評』 7·8, 1970년 가을. 이것이 역사학회 편, 『實學硏究入門』(일조각, 1973)에 권두논문으로 들어갔고, 李佑成, 『韓國의 歷史像』(창작과비평사, 1982)에 수록되었다.

문에서 정약용과 대비하여 논한 바 있다. 그러면서도 심대윤을 실학파에 소속시키는 문제는 유보해두었던 것이다. 그의 저술이 실학적 내용을 담고 있지만, 구체적 관계가 파악되지 않은 상태에서 실학파 학자로 단정하기 주저되었던 때문이다. 그런데 산일된 그의 저작물 중에서 새로 얻어 본『정법수록』(政法隨錄)은 정치제도 문제를 다룬 경세서며,『흠서박론』(欽書駁論)은 다름 아닌 정약용의『흠흠신서』(欽欽新書)를 비판한 저작이다. 심대윤은 정약용과 (직접 대면하지는 못했지만) 실학의 장(場)에서 토론을 벌인 셈이다. 그리고 다른 자료를 통해 소론계 인물들과의 관계가 밝혀졌고, 그 자신의 사상적 기저에는 양명학이 깔린 것으로 여겨진다. 심대윤이 강화학파에 기맥이 통했던 것으로 보인다.

'호남실학'과 관련해서「수차설」을 남긴 이여박이란 인물을 들어본다.[7] 그는 강진 땅의 재야학자로 평생 수학을 전공하여『이수원류』(理數源流)라는 전16권의 저서를 집필하였으나 유감스럽게도 전하지 않고 오직「수차설」1편이 그중의 한 부로 남아 있다. 이「수차설」에 대해서는 이계(耳溪) 홍양호(洪良浩)가 주목하여 "이용후생의 법에 통했다"고 평한 바 있다.[8] 그리고 불행 중의 조그만 행운이라 할지,『이수원류』의 서문과 함께 저작의 개요가 그의 본가에 전해져서 저서의 대강과 그의 수리사상을 엿볼 수 있다. 수학을 학술 일반의 기초로 사고하여 탐구한 그의 독특한 학문은 어디서 왔을까? 필자는 이 점을 자못 궁금하게 여겼는

---

7)「수차설」은 전라남도 강진군 성전면 연당(蓮塘)의 원주 이씨 댁에 원고로 보관되어 온 것으로 근래『원주세고』(原州世稿, 蓮潭文庫, 1997)란 이름으로 가전(家傳)의 문적들을 편찬, 간행하였는데 이 속에 들어가 있다. 필자는『원주세고』해제를 작성했는데 해제에서「수차설」과「이수원류」에 대해 비교적 자세히 언급하였다.

8)『耳溪集』卷11,「贈湖南李汝元如樸序」.

데 의문을 풀 실마리를 잡을 수 있었다. 그의 부친 이의경(李毅敬)은『동강유고』(東岡遺稿)와『오복편람』(五服便覽)을 남긴 학자로서 여암 신경준과 교유하였으며, 석당(石塘) 나경적(羅景績, 1690~1762)과는 세교가 있었던 것으로 짐작된다. 특히 주목되는바 나경적의 천문관측에 관해 이의경이 깊은 관심과 찬사를 바친 시편을 얻어 볼 수 있었다.[9] 나경적과 이여박 사이의 연결고리가 확인된 것이다. 나경적과 홍대용의 관계는 주지하는 사실인데 나경적이 호남실학과 연관된 호남의 내적인 상호관계에 대해서도 앞으로 고찰해보아야 할 사안이다.

실학의 범위에서 문학예술은 어떻게 수용할 것인가? 문학으로 말하면 실학자들 자신이 모두 문학적 글쓰기를 구분하지 않고 하나로 같이 수

---

9) 次羅斯文璣衡韻 二首
　　環軸機輪入究思, 銅渾周髀可推知.
　　更添天運還新創, 不用簫窺亦別儀.
　　升降四遊看刻分, 周遊二曜驗圓虧.
　　聞將聖制兼西法, 眞箇書雲測候姿.

　　非公誰復造璿衡? 湖左馳聲動洛城.
　　人若評才當世獨, 物如酬直萬金輕.
　　于今幸覩唐虞制, 慕古偏深賞歎情.
　　抱負平生聊一試, 千秋劉郭便齊名.
　　天度自運, 及不用衡窺, 且日月交廻, 成弦望, 皆羅公所自創, 盖兼用利瑪竇法耳.
　　宋劉焯·元郭守敬, 皆曉天象, 善制璣衡, 故末及之.(『鳩林帖』)

이『구림첩』(鳩林帖, 필자 소장)은 영암 땅의 구림(鳩林)마을에 세거하던 전주 최씨 가문에서 받은 간찰의 첩으로 최규서(崔奎瑞), 심국현(沈國賢), 유득일(兪得一) 등 명사들의 친필 서간이 실려 있는 것이다. 그 가운데서 이의경의 서간과 함께 위의 시 두 수를 발견하였다. 위의 시제로 미루어 나경적이 제작한 선기(璿璣) 옥형(玉衡)에 대해 구림의 최씨가 먼저 시를 지었으며, 이에 차운하여 이의경이 지은 것으로 생각된다.

행했으니 실학에서 분리시킬 수 없음이 자명하다. 그렇기 때문에 처음부터 실학과 문학으로 파악해온 터이다. 회화나 음악도 실학자들 스스로 비상한 관심을 가지고 이론적으로 기여했고, 직접 창작실기에 관여한 사례도 종종 있었다. 실학자의 내면에서까지 중심과 외연의 관계가 형성되었다고 하겠다. 실학의 외연은 예술의 세계로까지 다양하게 펼쳐져서 한 시대에 그야말로 문화적 장관을 형성한 것이다. 이 실학은 응당 총체적으로, 분화된 근대적 개념의 장벽을 넘나들면서 인식해야 할 대상이다.

실학의 범위에 대해 다룬 이 단원에서는 기왕의 실학 연구와 실학 담론을 통해서 정합성을 갖는 결말을 도출해보고자 했다. 그러다 보니 서술이 복잡하고 미진하게 되었는데 요점을 정리하면 이러하다.

1) 학술사적으로 문제시되는 실학은 역사적 개념이다. 20세기에 실학이란 용어로 인식했던 대상은 허구가 아니고 풍부한 내용을 구비한 정신유산임이 물론이다. 또 그것을 실학으로 인식한 자체가 결코 무시될 수 없는 역사로서 세기를 넘어 존중해야 할 대상이다.

2) 실학의 범위는 중심과 외연의 관계로 파악할 필요가 있다. 실학은 역사적 개념이기 이전에 본디 시공을 초월한 보통명사이므로 개념의 혼선이 빚어질 가능성이 항시 있으며, 범위를 무원칙하게 확대시키다 보면 그 의미가 무화될 우려마저 있기 때문이다. 중심을 확실하게 세운 다음, 외연은 유연하게 넓히는 전략이다. 가령 겸재나 단원 같은 실학시대의 회화에 대해서는 실학의 외연으로 파악할 수 있을 것이다. 중심과 외연의 관계가 학자들 및 실학적 성과물에 적용되는 것임은 물론인데, 실학자의 내면에서도 성립하였다.

3) 실학의 중심을 확실히 세우자면 체계화가 반드시 요망되고 유파

로 구분해볼 필요가 있다. 실학의 계통은 유형원을 비조로 이익을 거쳐 정약용에 이르는 학파가 중심에 놓인다. 또 박지원·홍대용에서부터 박규수·남병철에 이르는 연암학파는 이용후생학으로, 정제두에서 신작(申綽)으로 이어지는 강화학파는 양명학을 기반으로 각기 학맥을 이루어 특색을 나타냈으며, 나경적·신경준·황윤석 등을 배출한 호남실학을 설정해볼 수 있을 것이다.

4) 실학은 유형원의 『반계수록』에서 출발하여 최한기의 『명남루총서』에서 종점에 도달한 것이다. 그 이전의 한백겸, 이수광, 허균 등의 성과는 실학의 선성으로서 외연에 속한다고 할 수 있다. 실학의 시간적 범위는 17세기 중엽에서 시작하여 19세기 중후반의 개항이 하한선이 된 것이다. 즉, 실학은 동아시아 세계의 17세기 전환기로부터 19세기 서방세계에 문호를 개방하기 직전의 시간대에서 개혁·개방을 강구한 학술사상이다.

3. 실학의 근대성 및 근대극복의 의미에 대하여

21세기에 즈음한 실학의 해석 및 평가의 관건사안, 즉 자본주의 근대를 어떻게 보느냐는 문제는 요컨대 오늘의 자본주의적 발전을 긍정하느냐 아니면 극복할 방도를 사고하느냐에 달려 있다.

먼저 전자의 입장에 대해 간단히 언급해둔다. 발전론의 패러다임을 고수하면서도 종래 내재적 발전론이 기대었던 자본주의 맹아론에 대해서는 외면을 한다. 그 대신 소농사회론의 시각으로 역사 발전을 설명하는데 실학도 이에 연계시키고자 하는 것이다. 이번 '실학과 동아시아 자본주의'를 주제로 한 발표논문 중에도 실학사상을 소농사회론으로 이해하려는 시도들을 볼 수 있었다.

자본주의적 발전에 대한 한·중·일 세 나라 간의 시각 편차는 머지않아 좁혀지거나 해소될 것으로 예상된다. 지금 거대 중국의 경제 발전의 속도로 볼 때 생태환경의 위기와 함께 심각한 인간성 문제에 직면할 것이다. 발전논리에 대한 회의(懷疑)와 더불어 근대를 극복하기 위한 사고와 실천이 동아시아 전역에 공감대를 형성하게 될 것 또한 거의 불가피한 추세다.

근대극복의 길을 모색함에 있어서도 기본적으로 상이한 두 방법론이 있다. 하나는 발전논리를 전면적으로 부정하고 근대를 원천적으로 부인하는 사상조류다. 이는 근대극복에 적극적이고 이론적으로 가장 철저하지만 현실성이 결여된 근본주의라는 비판을 듣는 것이다. 이 반(反)발전론의 입장은 사상적 원류를 동양에서 찾자면 노(老)·장(莊)에 닿아서 실학과는 소원한 편이다. 여기서 실학의 의미는 평가를 받지 못한 나머지 결국 실학은 도외시되고 말 것이다. 탈근대 의식이 '탈실학'을 초래한 경우다.

다른 하나는 근대에 저항하는 비판적 극복론이다. 근대를 일면 소화하고, 일면 수정하고, 일면 부정해서, 근대극복이란 목표를 계기적으로 수준 높게 달성하자는 것이 그 사상적 입장이다. 이 입장에 서면 서구 주도의 근대가 성취한 물질적·정신적 가치를 인류적 차원에서 비판적으로 수용하는 태도를 가지며, 동양의 학술사상의 전통에 대해서도 원칙적으로 같은 태도를 지키고자 한다. 그런데 서구 주도의 근대세계, 근대문명이 안고 있는 병폐를 수술하고 다른 어떤 생도(生道)를 모색하는 것이 요청되는데 그러자면 아무래도 동양의 학술 사상으로 관심이 돌아오게 된다. 이 입장에서는 실학의 의미가 각별히 중시될 것이다.

이 글에서 이미 누차 거론했듯 지난 20세기에 실학은 다분히 근대지향적인 것으로 인식되었다. 지금 시점에서 실학의 근대지향성을 얼마나 인정하고 어떻게 평가할 것인가?

실학자들이 심혈을 기울여 추구한 저 방대한 저작물 속에 새겨진 뜻은 오직 정치제도의 경장(更張), 생활문화의 개혁 그것이었다. 이는 부인할 수 없는 사실이다. 실학의 경장과 개혁이 만약 현실화되었다면 어떤 모양으로 되었을까? 필시 우리가 경험한 '역사적 근대'와 동일하지 않은, 사뭇 다른 형태로 실현되었을 것이다. 그런 면에서 실학을 '근대지향'으로 해석한 것은 오판 아니면 아전인수(我田引水)라고 말할 수 있다. 필자는 이 점으로 실학을 평가절하해서는 안 된다고 생각한다. 왜냐하면 '서구 주도의 근대 = 역사적 근대'를 절대적 좌표로 설정하고 가치척도로 삼는 태도는 정당성을 인정할 수 없기 때문이다.

원론적으로 말해서 서구 주도의 근대가 유일무이한 근대일 수 없다. 중세의 전반적·획기적인 경장과 개혁을 의도하고 기획하였으니 그다음에다 응당 '근대'를 설정할 수 있지 않을까. 그런 의미에서는 실학의 '근대성'을 인정해도 좋으리라 본다. 실학의 '근대성'은 일반적인 근대성과 서로 합치하는 면도 있지만 맞지 않는 면이 적지 않다. 이런 면을 종래 속류적 실학론은 한계로 지적하거나 묵과해버렸다.

자본주의적 근대는 지금 제어장치 없는 발전의 논리로 지구적 파멸을 향해 질주하는 형국이다. 이 위기로부터 탈출하자면 '문명의 틀'을 바꾸어야 된다는 생각에 힘이 실리고 있는데 그렇다고 실학이 곧 대체이론이라고 주장하는 것은 아니다. 다만 우리가 문명의 틀을 바꾸기 위해 발본적으로 사고하고 실천하자면 실학으로 눈을 돌릴 필요가 있다. 실학의 방대한 학적 축적 속에는 우리가 응당 끌어내서 활용할 소지가 풍부하다는 점을 일깨우고 싶은 것이다. 예컨대 이익의 '발전'과 '편리'에 대한 반성적 사고도 그렇거니와, 박지원과 정약용에서 "기술발전 및 물질적 추구와 함께 인간의 삶과 자연생태를 도덕적·심미적으로 고려하는 이들 발상은 다분히 비근대적으로 보이지만 근대적 병리를 치유하는 묘방으로, 근대를 넘어서는 사상적 원천으로 해석할 수 있을 것이다."[10] 그리고 최한기의 우주 자연과 인간의 하나됨을 지향하는 '우내일통'(宇內一統)의 기학(氣學)도 근대극복의 신사상으로 주목해야 할 것이다.[11]

여기서 실학과 관련해서 성리학에 대해 잠깐 언급해둔다. 실학은 성리학의 대안처럼 인식했던 터이니 성리학의 허학화에 대립항으로 실학의 '실'에 의미 부여를 했던 것이 사실이다. 실학을 중시했던 그 의식의 저변에는 다분히 성리학(넓게 말해서 유학)에 대한 염증 내지 부정적 사고가 깔려 있었다고 여겨진다. 권순철 교수의 "조선 후기 '새로운 학풍'으로서의 '실학'에의 집요한 관심은 유학(성리학)=망국론의 암묵적 전제 위에 지속되었다"[12]는 지적은 타당성이 있다고 여겨진다. 그렇긴 하지만 편향적으로 실학을 내세운 반면 성리학을 부정해버린 관점은 그야말로 속류적이요, 근대주의적인 것임을 유의할 필요가 있다. 실학을 중시하는 것이 성리학의 경시로 직결될 수 없음은 물론이다. 실학은 유학이

---

10) 임형택, 「동아시아와 유교문화의 의미: 동아시아학의 주체적 수립을 위하여」, 『동아시아학의 모색과 지향』, 성균관대학교 동아시아학술원 개원기념 동아시아학 국제학술회의 발표논문집, 2000.
이 논문은 "The Meaning of East Asian Confucian Culture: In search of an Independent Approach to East Asian Studies"란 제목으로 *Sungkyun Journal of East Asian Studies* V.1 No 1, 2001에 발표되었다.
11) 임형택, 「혜강 최한기의 시간관과 일통사상」, 『창작과비평』 2002년 봄호.
12) 권순철, 「'실학'을 다시 생각한다: 그 근대적 성격과 관련하여」, 『전통과 현대』 2000년 봄호.

다. 실학은 성리학의 단선적인 연장이 아니고 성리학에 대한 비판적·부정적 성격을 발전시킨 것이지만 성리학의 축적 위에서 피어날 수 있었다. 성호학파의 연원이 퇴계학에 접맥되는 사실을 보라. 근대극복의 시야에서 실학과 성리학의 관련양상 및 양자의 의미는 심층적으로, 역동적으로 포착될 수 있을 것이다.

4. 실학의 동아시아적 의미

우리가 실학이라고 이름 붙인 정신현상이 동아시아 세계에 동시대적으로 출현한 이 점을 중시할 필요가 있다. 응당 '동아시아실학'이란 개념을 도입해서 종래의 일국적 시야를 넘어서서 동아시아적 시야로 관점을 넓혀야 할 일이다. 이 동아시아적 시각이 열어놓은 과제는 장차 하기에 따라서는 학적인 성과뿐 아니고 현실적 의미를 크게 진전, 확장시킬 수 있을 것으로 본다. 실학이란 패러다임을 가지고 한·중·일 세 나라의 학술 사상사를 인식하는 경우 새로운 해석 및 이론의 가능성과 함께 비교의 시각이 저절로 열려지기 마련이다. 우리가 지금 모색하는 '동아시아학지(學知)'의 유력한 기반이 될 것이다.

동아시아의 중세는 보편성이 부재한 시대였다. 있었다면 그것은 소우주적(중국 본위의) 보편성이었다. 서세동점(西勢東漸)이라는 세계사적 조류의 영향을 받으면서 동아시아의 지식인들 사이에 학술적 교류와 이성적 대화가 시작되었다. 이 현상은 아직 미미하긴 했지만 동아시아의 보편성을 지향하는 역사적 의미를 지니고 있었다. 그것은 '실학적 보편성'으로 부를 수 있는 것이다.

■『대동문화연구』42, 2003

경기실학, 그 세계화 시대의 의미

　실학은 본디 공리공론을 배격하고 참으로 현실성이 있는 학문을 해보자는 것이었지만 끝내 공언(空言)으로 돌아가고 말았다.[1] 일종의 아이러니처럼 되었다.

　지난 20세기 식민지 시기의 '압박과 설움'으로, 분단시대의 '갈등과 왜곡'으로 얼룩진 민족현실에서 선학들은 민족의 정체성을 찾기 위해, 진

---

1) "실학이 끝내 공언으로 돌아가고 말았다"는 언표에 이론이 있을 수 있다. 실학의 학문적인 성과가 비록 부분적이긴 해도 국정에 반영된 사실이 있었으니 곧 실학이 발흥한 정조 치세의 일로서 이 시기를 '실학시대'로, 정조를 '실학군주'로 일컫기도 한다. 이런 점에 유의하면 실학을 공언으로 돌아갔다고 단언하는 것은 어폐가 없지 않다. 그러나 정조의 치세는 승계과정에서 부정을 당했으며, 실학이 당시 국정에 반영된 것은 극히 부분적인 데 그쳤다. 실학의 성과가 유감스럽지만 공언으로 돌아가고만 것은 실학의 주요 저작들이 대부분 햇빛을 보지 못하고 원고 상태로 사장되어 있었던 사실이 입증하고 있다고 본다. 이 글은 2003년 4월 30일 경기문화재단 주최의 실학 국제학술회의에서 기조발제로 했던 것인데 당일 종합토론을 주재한 한영우 교수가 뒤풀이 자리에서 "실학이 공언으로 돌아갔다"는 필자의 견해에 문제점을 지적해주셨다. 필자는 한 교수의 충정이 담긴 지적에 감사를 드리면서 '공언'이란 말을 다분히 수사적인 표현으로 쓰긴 했지만 그 수사적인 표현에 근거가 없지 않다는 필자의 소견을 여기에 굳이 밝혀둔다.

취적 출로를 위해 실학을 연구하고 실학을 토론했으나 이 역시 '공언'으로 돌아가고 말았다. 실학을 실천할 계제가 닿지 않았던 때문이다.

실학의 본고장이라 할 수 있는 경기도가 실학에 관심을 둔 것은 만시지탄은 있지만 당연한 일이요, 기대되는 바 크다. 이미 공언으로 돌아간 실학의 의미를 어떻게 되살릴지, 실학의 발전을 어떻게 도모할지 이 모두 어려운 과제가 아닐 수 없다.

오늘의 현실, '세계화'라는 큰 흐름 속에서 실학의 의미를 찾자면 아무래도 일국사적 시야를 넘어서 동아시아를 사고의 패러다임으로 고려할 필요가 있다고 보아 논의의 중심에 '동아시아실학'을 놓았다.

1. 경기실학, 그 범위와 성립배경

한국의 17~19세기에 일어난 신학풍, 즉 실학은 주로 서울·경기지역에서 발흥하였다. 우리가 지금 실학자로 지목하는 인물들의 출생지나 활동한 곳을 살펴보면 수도권을 벗어난 경우로는 호남지방을 거론할 수 있는 정도다. 실학은 전국적 현상이라고 말하기 어렵다. 이런 현상적 사실과 연관해서 '근기(近畿)실학' 또는 '경기실학'이란 말이 더러 쓰이기도 한 것이다. 이런 용어는 학술적인 개념으로 규정된 것은 아니었다. 그런데 지방자치제의 실시와 더불어 지역마다 자기 고장의 역사·문화·전통을 돌아보고 중시하는 추세가 현저한데 경기도에서는 특히 '경기실학'을 부각시키고 있다.

이제 '경기실학'을 하나의 학적 개념으로 정립시킬 필요가 생겼는데 그 범위에 서울까지 포함시킬 수 있느냐는 문제가 먼저 제기된다. 지금도 서울과 경기도는 행정구역상으로 확연히 구분되어 있지만 현실적으로는 애매하다. 이 점은 옛날이라고 아주 다르지 않았던 것 같다. 사람들의 생활현실이 대개 서울과 경기지역에 걸쳐서 넘나드는 사례가 많았다. 여기서 필자는 경기실학이란 개념에 대해 광의와 협의의 두 가지로 제의하고자 한다.

광의는 서울까지 포함하는 것이다. 경기라는 말이 본디 '京'(서울)과 '畿'(서울의 근린 지역)의 합성어이지만 수도 서울을 배경으로 성립한 실학파의 경우에도 그 구성원들의 생활현실은 거의 예외 없이 경기지역에 인연을 가지고 있었다. 어원까지 들먹이지 않고 실제 상황에 비추어서도 광의의 경기실학은 가능한 개념이다. 이에 대해 경기실학이란 개념의 범위를 좁혀서 잡으면 경기지역을 배경으로 성립한 경우만을 지칭하는 것이 된다. 반계(磻溪) 유형원(柳馨遠)을 비조로 해서 성호(星湖) 이익(李瀷)이 구심점이 되어 형성된 광주(廣州)·안산(安山)학파와 하곡(霞谷) 정제두(鄭齊斗)의 영향 아래 전개된 강화학파가 그것이다.

광의의 경기실학이라면 사실상 한국실학에 다름 아니다. 경기실학이라고 굳이 구분 짓는 것부터 부질없게 된다. 협의로 한정시켜야만 학적 용어로서 의미를 가질 수 있다. 그렇긴 하지만 한편으로 광의의 경기실학 또한 그 실상을 부정하거나 배제할 일은 아니라고 본다. 경기실학이라 할 때 양자를 아울러 논의할 필요가 있을 것이다.

실학 발흥의 요인

실학이 하필 경기지역에서 발흥한 요인을 어디서 찾을 것인가? "연구의 지역화를 통해서 좀더 구체적인 파악이 가능할 것"이라고 실학인식에 있어 지역성을 일찍이 착안했던 이우성 선생은 '실학 주체'의 사회적 처지에 주목해서 이 문제에 접근해 들어갔다.[2] 17세기 이후로 사대부 계급은 '벌열'(閥閱)과 '사'(士)로 분화현상이 일어났는데 사(士)계층,

특히 서울·경기지역의 사들의 처지에서 실학 발흥의 인자(因子)를 구한 것이다.

'사(士)로서의 각성'에서 실학을 찾은 것은, 앞서 위당 정인보 선생이 '조선학'으로서 실학을 발견한 것처럼 "학술은 실(實)에 의거해서 반드시 자기의 독(獨)에서 구해야 한다"[3]는, 주체의 실심(實心)에 실학을 세운 것과 통하는 논법으로 생각된다. 이에 관해서는 뒤에 다시 언급하려고 한다.

정치권력으로부터 소외된 사(士)들은 전국적으로 산재해 있었음이 물론이다. 그런데 왜 특정 지역에서 실학이 발흥했을까? 여기에 문제의 초점이 있다. 역시 서울·경기지역의 지리적·문화적 조건에서 그 요인을 찾아야 할 터인데 두 가지 측면을 주목해보고자 한다.

첫째, 이 지역의 지리적·환경적으로 불리한 조건이 작용한 측면이다. 이우성 선생의 설명에 의하면 "삼남지방의 사(士)들은 서울과 멀리 떨어져 있어서 처음부터 사환(仕宦)의 기대를 걸지 않고 근검절약으로 조상의 세업(世業), 즉 농토를 보유하고 있거나 알뜰히 살림을 마련해서 대개 중소토지 소유자로 안포한 생활을 누리면서 정치적·사회적 문제에 관심을 가지기보다 예학(禮學)·성리학 등 주자(朱子)의 가르침을 그대로 받들어, 지방에 있어서의 양반 가풍(家風)을 유지하고 있는 데 만족하였다."[4] 이와는 달리 서울이나 경기지역의 사족들은 생계를 벼슬살이에 의존하는 정도가 높기 때문에 관직에서 밀려나면 당장 먹고살기

---

2) 李佑成, 「實學研究序說」, 『韓國의 歷史像』, 창작과비평사, 1982, 14쪽.

3) 鄭寅普, 『星湖僿說』, 「星湖僿說序」, "依其實而必求其獨", 文光書林, 1929.

4) 이우성, 위의 글.

곤란하게 되지 않을 수 없었다. 경기지역은 농토가 협소하고 척박한 편인데 서울의 특권층에게서 받는 수취가 자심했던 것이 사실이었다. 연암 박지원이 자신의 유명한 작품 「양반전」(兩班傳)과 관련해서 "현달해도 사에서 이탈하지 않으며 곤궁해도 사에서 이탈하지 않는다"[5]라고 못을 박았듯, 사의 주체는 궁핍과 대결하는 고독하고 괴로운 싸움에서 확립될 수 있었다. 정치적으로 소외되고 경제적으로 궁핍한 사들은 "어느 지방의 사보다도 자기 자신의 문제와 더불어 정치·사회적 현실의 개조와 농·공·상에 관한 문제" 곧 실학으로 나아갈 수 있었다는 것이다.

둘째, 이 지역의 지리적·문화적 조건이 유리하게 작용한 측면이다. 수도권은 그 당시에도 역시 정치적 심장부이고 문화적 선진구였음은 말할 나위 없다. 일찍이 다산 정약용은 자기 아들에게 준 「가계」(家戒)에서 "우리나라는 도성 밖 몇십 리만 벗어나면 홍황세계"라고 탄식하며, "만약 벼슬길에서 멀어진 경우 빨리 경연(京輦, 서울을 가리키는 말)에 거처를 마련하여 문화적 안목을 잃지 말라"[6]라고 했다. '문명'으로부터 탈락하지 않으려는 사의 가정 경영 전략이라 하겠다. 서울과 서울의 근린지역은 팔도의 물화가 집중하는 곳이요, 그 길목이기에 경제·사회적 변화를 민감하게 의식했음은 물론 아무래도 정치 상황에 민감했던 한편으로 풍부하고 새로운 지식 정보를 접할 수 있었다. 당초 비판적 의식을 소유했던데다 세계의 소식에 통하고 시대의 바람을 쏘여서 개명(開明)한 머리로 학문도 하고 창작도 한 것이다. 여기서 드디어 실학은 이루어질 수 있었다.

---

5) 朴趾源, 『燕巖集』卷8 張1, 「放璚閣外傳自序」, "達不離士, 窮不離士."
6) 丁若鏞, 『與猶堂全書』, 詩文集 卷18 張7, 「示二子家誡」.

사실 사의 각성, 주체적 사의 출현이 역사상 초유의 일은 아니다. 그런데 하필 사의 각성이 실학으로 표출된 것은 시대적·지역적 특수성의 반영이요, 거기에는 그 주체들의 고뇌와 함께 선진성이 담겨 있다. 다시 말하면 당시 조선의 현실을 중심에서 부딪치고 세계의 변화를 (비록 제한된 속에서나마) 예리하게 인지한 결과로서 실학은 성립한 것이다.

실학의 유파

위에서 경기실학은 주로 광주·안산학파와 강화학파의 두 유파로 전개되었음을 언급하였다. 전자는 그 구심점으로 보아 성호학파(星湖學派), 그 학문의 특성을 적시해서 경세치용파(經世致用派)로 일컬어지고 있는 것이다. 후자는 학파의 중심으로 잡으면 하곡학파(霞谷學派), 학문의 종지(宗旨)를 보면 양명학파(陽明學派)로 일컬어질 수 있는 것이다. 이 글에서는 체계적 인식을 개념상으로 드러내려는 취지에서 이와 같이 용어를 선택해보았다. 이용후생학의 연암학파(燕巖學派)는 이 용어체계에 맞추자면 '서울학파'라고 일컫는 것이 타당할 것이다.

경기실학의 양대 산맥인 광주·안산학파와 강화학파는 남인과 소론으로 당파가 서로 다른 만큼 정치적 입장이 같지 않고 학파의 전개 양상 및 학문 방법론도 서로 현격한 차이를 드러내고 있다. 이에 관련해서는 종래 많이 논의된 편이므로 상식선에서 재론할 것은 없다고 본다. 요컨대 현상적·평면적인 인식을 넘어서서 '서울실학'까지 아울러 실학의 여러 유파들의 전개과정, 그 상호간의 차이점과 공통점은 물론 교호관계까지 심층적으로 분석하는 작업이 요망되고 있다. 그러나 지금 이 과제를 해결하기는 어려운데, 우선 한 가지 지적하고 싶은 사항이 있다. 광주·안산학파와 강화학파, 이 양자는 오늘의 실학담론에서 서로 격리되어 있는 것이다. 경기실학을 이루는 두 근간임에도 이 양자를 통일적으로 인식하기 위한 노력이 결여되었던 것 같다.

이 문제와 관련해서 당초 실학을 학적으로 정립시킨 단계에서 역할이 지대했던 정인보 선생이 남긴 실학 관련의 글들을 다시 음미해볼 필요가 있는 것 같다. 실학의 여러 유파에 대해 그는 따로 명명(命名)은 하지 않았지만 계보와 입장, 내용을 각기 달리하는 여러 학자, 그 학문 경향들을 하나로 통합해서 파악하는 문제를 염두에 두고 있었음을 짐작케한다. 그의 실학담론을 살펴보면 대개 기존의 계보와 학파의 구분을 넘어서 논의를 전개한다. 예컨대 강화학파의 중요한 존재인 석천(石泉) 신작(申綽)의 학문을 논한 글(「石泉遺稿記」)에서 광주·안산학파에 속하는 다산 정약용과 대비를 하고 있다. 양자의 비교점은 경학(經學) 방법론인데 다산의 학문 자세는 민생현실에서 출발한 데 반해 석천은 외적 상황에 자기 정신을 분산시키지 않고 오로지 고전에 침잠해서 탐구했다는 것이다. 다산은 경세가(經世家)로, 석천은 경사(經師)로 구분되는데 경세가의 경학과 경사의 경학은 스스로 성격을 달리한다고 말하였다. 석천의 학문에 대해서는 '박학'(樸學)이란 개념을 부여하고 있다.[7]

정인보 선생은 실학을 통일적으로 인식하는 논리의 원형을 '실심'(實心)에 두었다. 위에서 주목한대로 실(實)→독(獨)이 바로 이 실심이다. 실심은 곧 실학 자체의 관건으로 되어 '실심실학'이란 개념을 도출하기에까지 이르렀다. 이의 사상적 뿌리는 양명학에 두고 있음이 물론이다. 요컨대 정인보는 양명학적인 실심에 근거해서 계보를 달리하는 실학의 유파들을 하나로 묶어서 설명한 것으로 볼 수 있다.

---

7) 鄭寅普, 「石泉遺稿記」, 『薝園鄭寅普全集』 6, 연세대학교출판부, 1983.

이 사실을 실학 인식사에서 대체로 간과해온 것 같다. 필자는 실학의 근대적 인식이 실학의 한 유파의 계승자(위당은 강화학파를 그의 스승 난곡蘭谷 이건방李建芳을 통해 이어받았음)에 의해서 이루어졌으며, 그럼에도 유파의 한계를 넘어 통일적 인식을 시도한 점에서 평가할 필요가 있다.[8] 문제는 실학을 자신이 속한 학적 계보에 의거해 해석함으로써 양명학적이라는 지적을 받을 수밖에 없게 되었다는 점이다. 그리고 실학에 '실심'이라는 접두어가 붙여짐에 따라 무릇 어떤 학문이건 가져야만 하는 보편적이고 원칙론적인 자세를 뜻하는 개념으로 환원되고 마는, 실학 개념의 혼선을 초래하거나 무화(無化)시킬 우려가 없지 않다는 점이다. 경기실학의 체계화라는 과제를 앞에 두고 생각할 때 정인보 선생이 일찍이 제기한 논리는 대단히 값진 시도이므로 이런 문제점을 덜어내면서 활용하는 방도를 강구하는 것이 바람직하다고 본다.

호남실학

이 대목에서 호남실학에 대해 약간 언급해둘 필요를 느낀다. 호남에서는 비록 경기실학처럼 학맥을 형성해서 발전하진 못했지만 실학자들이 드문드문 나와서 실학적 성과가 상당한 질량으로 산출된 것이 사실이다. 영남에서는 거의 찾아볼 수 없는 현상이다. 서울·경기지역에서 실학을 발흥시킨 그 조건이 호남지역에서는 충족되지 못했던 터이니 호남실학

---

8) 정인보 선생의 양명학적인 실학 해석을 현대적으로 계승한 경우로는 일본의 실학연구자인 오가와 하루히사(小川晴久) 교수를 손꼽을 수 있을 것 같다. 그의 저술로 한국에서 출판된 것은 『한국실학과 일본』(하우봉 옮김, 한울아카데미, 1995)과 『실사구시의 눈으로 시대를 밝힌다: 실학자의 삶·철학 그리고 인간의 매력』(황용성 옮김, 강, 1999)이 있다.

한국실학의 계보

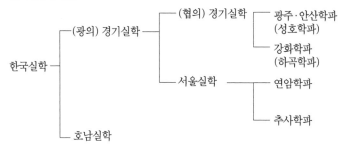

* 한국실학사에서 위상이 막중한 두 학자 중의 한 분인 정약용의 경우 광주·안산학파에 속하면서 연암학파의 이용후생학을 포섭하여 실학을 집대성한 역할을 했다고 설명할 수 있다. 다른 한편 최한기의 경우는 도표상 어느 학파에 소속시키기가 애매하다. 최한기는 유파의 한계를 해체하고 나아가 동서학문을 회통하여 실학의 새로운 패러다임을 개척한 존재로 볼 수 있을 것 같다.

을 어떻게 설명할 것인가? 장차 따로 고찰해야 할 사안인데 지금은 필자의 평소 생각을 들어둔다. 역시 호남의 지리적 여건, 그리고 문화적 풍토와 관련이 되는 것 같다. 영남은 퇴계학(退溪學)과 남명학(南冥學)의 영향으로 학문의 성(城)이 견고해서 다분히 자족적이었다. 이에 반해 호남은 역내(域內)의 학파 형성이 뚜렷하지 못했으며, 수도권과의 학적인 교류가 빈번한 편이었다. 수도권에서 발흥한 실학을 용이하게 수용할 수 있었던 것이다. 하지만 자체에서 실학이 발흥할 기반이 충분히 조성되지 못했던 까닭으로 끝내 실학의 도도한 흐름을 이루지는 못하였다. 예컨대 반계 유형원이 부안에 우거해서 학문을 하며 그곳에서 제자를 얻었으나 계승되지 못하였고,[9] 다산 정약용의 강진 유배기에는 문하가 번창하여

9) 유형원이 부안 땅에서 얻은 제자로 김서경(金瑞慶, 1648~81)이 있었는데 『담계유고』(澹溪遺稿』 4권 2책)를 남겼다. 『부안읍지』(扶安邑誌)에 김서경은 "유반계의 문

다산학단(茶山學團)이 형성되기에까지 이르렀으나 이 역시 일시의 성세로 그치고 말았던 것이다.[10]

이 단원을 정리하는 의미에서 한국실학의 계보를 앞의 표로 제시해 둔다.

2. 동아시아실학과 실학의 동아시아적 보편성

실학은 일국적 현상이 아니었다. 두 가지 전혀 서로 다른 시각에서 이렇게 말할 수 있다. 국내적인 측면으로, 실학은 위에서 거론한 것처럼 지역성을 탈피하지 못한 점에서 일국적 현상에 미달한 것이다. 한국실학이 지역적 한계를 벗어나지 못했고 그나마 지역 내에서도 시대의 조류를 예민하게 감지한 일단의 선구적 지식인들 사이에서 수행된 것이다. 그 시기 정신사의 가장 진취적인 부분이었다는 점에 주의할 필요가 있다. 국제적인 측면으로, 실학이라는 정신현상이 일국적으로 그치지 않고 동아시아 국가들, 즉 청대의 중국, 에도시대의 일본에서도 (양상이 서로 다르긴 해도) 동시에 발흥하여 다국적 현상으로 존재한 사실이다. 실학은 17~19세기 동아시아 삼국에 있어서 유사한 공통의 정신현상으로 파악할 수 있다.[11] 그것은 보편적 학문으로서의 지위를 획득했다고 말할 수

인으로 동림서원에 배향되었다. 호는 담계이다"(以柳礎溪門人, 入享于東林書院, 號澹溪)라는 기록이 보인다. 동림서원은 유형원의 학문정신을 이으려는 취지에서 부안 지역에 세워진 서원이었다.

10) 임형택, 「정약용의 강진 유배기의 교육활동과 그 성과」, 『한국한문학연구』 21, 1998; 『실사구시의 한국학』, 창작과비평사, 2000.

11) 동아시아실학의 출발이 언제부터냐는 문제에 이론이 없지 않다. 실학을 17세기 이후 출현한 역사현상으로 보는 데 한국은 물론 일본 측도 이론이 없다. 중국 측은 이에 관한 설이 분분하여 혼선을 빚어왔는데 '명·청실학'으로 명시해서 17세기부터

없지만, 서세동점이란 전 지구적 변화가 진행되는 시대상황에서 동아시아의 진취적 사상조류요 변혁적 학술운동이었다.

이 실학이란 개념은 중국 측이나 일본 측이 자국의 학술사상사를 인식함에 있어서는 사용하지 않았던 것이다. 실학은 본디 한국의 근대가 발견한, 한국학 특유의 용어라고 말할 수 있다. 그것을 일본, 이어 중국이 도입하여 어느덧 동아시아 공통의 용어가 된 셈이다. 그렇게 된 배경에는 큰 틀에서 보아 지난 20세기 후반으로 접어들면서 일어난 동아시아 국가들 사이의 관계 변화가 놓여 있다. 특히 탈냉전의 국면으로 바뀌어 중국과의 교류가 활발해지면서 한·중·일 삼국이 돌아가면서 개최하는 실학 국제학술회의가 조직, 진행된 사실이 동아시아실학이란 존재를 증언하고 있다.

한국 근대가 발견한 실학이 허구가 아닌 역사적 실상이듯 탈냉전의 동아시아가 발견한 '동아시아실학' 또한 역사적 실상임은 물론이다. 한·중·일 삼국에서 각기 실정에 따라 일어났던 신학풍들은 자국의 특수성을 구현하고 있음은 물론, 동아시아적 보편성이 개재되어 있다. 거기에 일국적 시각을 넘어서는 인식의 틀을 마련해보자면 '동아시아적 시각'의 확보가 선결과제로 떠오르는 것이다.

근대 이전의 동아시아 세계는 한자문명권=유교문명권으로 하나의 권역을 형성하고 있었다. 분명히 사실이긴 한데 그것을 과연 하나의 통일적 세계로 볼 수 있느냐고 따져 묻는다면 자신 있게 그렇다고 답변하기 어려울 듯하다. 상호간의 인적 교류와 물적 교역이 활발한 그런 공간이

─────

실학이 성립한 것으로 어느 정도 합의가 이루어진 듯하다. 거룽진(葛榮晉) 교수 같은 학자는 송학(宋學)에서 실학의 발흥을 찾아 송대실학을 주장하기도 한다.

라고 말하기 어려운, 고립적이고 폐쇄적인 상태를 지속하고 있었다. 그런 가운데 중국 중심적인 조공체제(朝貢體制)가 성립, 지속되었던 것이다. 조선왕조의 사대(事大) 교린(交隣)은 곧 조공체제에 코드를 맞춘 외교 노선이었다. 일본열도의 경우 조공체제로부터 당초에 소원한 편이었던데다 15세기 이후 열도 내에서 벌어진 상황이 복잡하기는 했지만 그렇다고 해서 조공체제의 바깥이라고 규정짓는 것도 타당하지 않다. 그런데 17세기 전후부터 전개된 동아시아의 정세 변화는 이 조공체제에 모순·파열을 일으켰으며, 사대교린의 외교도 원래의 의미 그대로일 수 없었다. 조선 사람들의 뇌리에는 존명사상(尊明思想)이 박혀 있는 반면 일본에 대해서는 야만시하는 문화적 편견이 굳어 있었다. 17세기 이후 동아시아 현실이 많이 변했는데도, 오히려 역으로 중국관과 일본관이 경직화하는 현상이 일어났다. 당시 조선 실학자들이 보여준 사고와 논리는 이와 관점을 사뭇 달리한 것이었다.

박제가(朴齊家)는 박지원과 함께 선진의 기술 문명을 적극적으로 도입하고 국내 유통 및 국제 교역의 필요성을 역설한 학자로 알려져 있다. 당시 선진국은 중국이었으므로 그의 주저의 책 제목을 『북학의』(北學議)라고 이름 붙였던 것이다. 이 『북학의』에서 일본의 기술과 생활의 발전상을 거론하면서 "주관(周官, 주례周禮를 뜻하는 말로 이상적인 제도) 일부가 도리어 섬나라에 있을 줄 몰랐다"고 찬탄을 아끼지 않았다. 박제가가 중국을 배우자, 무역통상을 확대하자는 이론을 제기하면서 이 이론의 타당성을 입증한 곳은 일본이었던 셈이다.

정약용은 박제가와 유파를 달리하면서도 일본의 발전상을 평가하는 박제가의 관점에 전적으로 동의했던 것 같다. 그는 일본이 해외교역을 활발히 한 효과로 바다 가운데 땅인데도 지금은 기술 수준이 중국과 맞

설 수 있게 되었고 민유병강(民裕兵强)의 성과를 거두었다고 역시 경탄해 마지않았다.[12]

정약용의 일본에 대한 시각에서 가장 우리의 시선을 끌어당기는 대목은 일본학술, 특히 고학파(古學派)의 경학을 높이 평가한 대목이다. 그는 일본 고학파의 경학적 성과들을 자신의 경전 해석에 참작하고 직접 원용하기도 하였다. 필자는 이 사실에 대해 '이성적 대화'의 첫출발로 중시한 바 있다. 일본실학은 이 고학파를 중심으로 형성된 것이다. 그런데 당시 조선의 다른 지식인들의 평가는 아주 대조적이었다. 1763년 통신사절의 수행원으로 일본을 다녀와서 「화국지」(和國志)를 남긴 원중거(元重擧)는 일본을 '해중의 문명지향(文明之鄕)'이라고 찬양하였지만[13] 학술에 당해서는 잘못되어가고 있는 것으로 지적하였다. 그때 통신사절 단장이었던 조엄(趙曮) 같은 인물은 "일본 학술은 장야(長夜)에 있다고 말해도 좋다"[14]고 여지없이 혹평했다. 조엄이나 원중거의 부정적 인식은 양명학을 이단시하는 정통적·주자학적 관점에서 내려진 판단이었다. 정약용이 일본의 학술에 대해 존중하고 '이성적 대화'를 시작한 그 태도는 학자적 아량이요 양식이겠지만 거기에는 세계관의 문제까지 개입되어 있다. 주자학에 매몰되어 있거나 중국 중심주의에 사로잡혀 있다면 '이성적 대화'란 염두에도 떠올릴 수 없지 않겠는가. 일본관과 중국관은 따로 떨어져 있는 문제가 아니다.

필자는 정약용이 일본 지식인들을 이해하고 학문적·정신적으로 소통

---

12) 丁若鏞, 『與猶堂全書』 詩文集 卷11, 「技藝論」.

13) 元重擧, 『和國志』 卷42, 「詩文之人」.

14) 趙曮, 『海行摠載』 4, 『海槎日記』.

한 사실에 주목하여 '이성적 대화'라는 말을 썼지만 이것은 실상 상당히 과장된 수사적 표현이다. 현상 자체가 아직은 미미했고 더욱이 만남이나 대화는 실제로 이루어지지 못한 단계였다. 단초적 현상을 크게 부각시킨 셈이다. 반면 중국과의 관계는 사정이 아주 달랐다.

동아시아 세계의 중심부였던 중국과의 관계 및 교류 양상은 일본과 비교도 할 수 없는 정도였다. 매년 수차의 정례적 사행에다 비정례적 사행이 잦아서 '연행길'은 양국의 사신행차로 끊이지 않을 지경이었다. 그런 만큼 중국과 조선의 지식인들 사이에 '이성적 대화'가 열릴 기회가 많았다고 하겠지만 그것만으로 대화의 장이 자동적으로 열릴 수는 없었다. 그사이에는 철거하기 어려운 정신적 장애가 있었으니 다름 아닌 중국 중심주의다. 대륙에 청조가 들어선 이래 중국 현실을 부정하는 북벌(北伐)의 논리에서 이른바 '조선 중화주의'를 들고 나오기도 했지만 그것은 한마디로 규정해서 중국 중심주의의 전도된 모습일 뿐이다. 현실적으로 북벌론의 체제 이데올로기는 중국과의 문화적 교류에 장애가 되는 역기능을 하고 있었다.

그런데 실학시대에 이르러서는 학술적 교류가 중국 당대의 학문 경향을 직접 수용하여 보조를 맞추는 현상까지 볼 수 있게 된 것이다. 홍대용과 박지원이 중국 지식인들과 만난 일은 그들이 남긴 기록에 여실히 그려져 있다. 박지원은 홍대용과 중국 지식인들과의 교류를 두고 참다운 우도(友道)의 실현이라고 대단한 의미를 부여하기도 하였다. 추사 김정희(金正喜)의 실사구시학은 중국 건가학파(乾嘉學派) 학인들과의 폭넓은 교유로부터 개발받은 바가 적지 않다는 것은 이미 널리 알려진 사실이다. 그리고 1절에서 정인보 선생이 신작의 학문을 박학(樸學)으로 평가했던 점을 거론했는데 박학이란 개념은 다름 아닌 한대(漢代)의 훈고

학(訓詁學)을 계승한 청조의 학풍을 지칭한 것이다. 이 박학이란 개념을
적용한 것에 중국과 한국의 학술을 동일 지평에서 논하려는 뜻이 담겨
있다고 보겠다.

이렇듯 청국과 조선의 학인들 사이에 일어난 학적 소통 과정에서 특
히 주목할 측면이 있다. 조선 측의 청조 학술에 대한 비판적 인식이다.
박지원은 청 황제가 취하는 문화주의적 정책을 두고 "진시황의 갱유(坑
儒)가 아니면서 교수(校讐)의 역(役)에 선비들을 매몰시키고 진시황의
분서(焚書)가 아니면서 취진국(聚珍局, 『사고전서』 간행처)에 분해시키
고 있다"[15]고 매도하였다. 『고금도서집성』(古今圖書集成), 『사고전서』
(四庫全書) 등 편찬사업을 겨냥한 비판이다. 이 방대한 문헌 편찬사업은
일대의 성사(盛事)로서 오늘에까지 인류문화의 위대한 업적으로 빛나고
있음은 물론이다. 바로 거기에 한족 지식층의 의식을 마비시키려는 청
황제 체제의 정치적 음모가 깃들어 있다고 박지원은 판단한 것이다. 이
처럼 강도 높은 발언은 당시는 말할 것도 없고 지금까지도 별로 들어보
지 못한 것 같다. 박지원의 이 비판적 논리는 더없이 통렬한 것이긴 하지
만 전면적 부정과는 다르다. 청조의 중국 지배 정책에 대한 객관적 분석
에 기초해서 내려진 통찰이었다.

그리고 정약용의 학문세계를 살펴보면 청조 학인들의 성과물을 폭넓
게 수용하면서도 비판적인 태도를 견지하고 있었다. 청조의 지배적인 학
풍이라 할 수 있는 훈고학(=고거학考據學)에 대해서 그 실증 위주의 맹
점을 날카롭게 지적한다. 고염무(顧炎武)의 『일지록』(日知錄)을 두고 마
음 깊은 데서 우러나는 진정성은 보이지 않는다고 불만을 토로한 바 있

---

15) 朴趾源, 『熱河日記』燕巖集 卷14, 「審世篇」.

다.[16] 무릇 자기와 타자를 객관화해서 볼 때 비로소 내가 보이고 그 타자에 대해 진정한 이해와 비판이 모두 가능하게 되며, 나아가서 제3의 타자와 구분해서 볼 수 있게 될 것이다. 곧 비판적 시각의 열림이다.

이런 인식상의 문제와 관련하여 한국실학의 19세기 성과에서 두 가지 사례를 들어본다. 하나는 강산(薑山) 이서구(李書九)의 『강산필치』(薑山筆豸)며, 다른 하나는 규재(圭齋) 남병철(南秉喆)의 「서추보속해후」(書推步續解後)다.

『강산필치』는 소책자의 필사본으로 전하는데 청초의 대학자인 전겸익(錢謙益)의 『열조시집』(列朝詩集)과 주이존(朱彝尊)의 『명시종』(明詩綜)에 들어 있는 조선시부에 대해 정밀하게 변석(辨析)한 내용이다.[17] 두 종의 책은 각기 명대의 시(詩) 전집을 편찬하면서 중국 중심적 관점에서 외번(外蕃)이란 이름으로 주변국들의 시편들을 수록한 것인데 조선시부는 외번 중에서는 첫 번째로 편차되어 있을 뿐 아니라 양적으로도 다른 나라와 비교도 안 될 정도로 많다. 거기에 착오와 오류가 적지 않아서 이서구는 비판의 필치를 든 것이다. 두 책의 편자를 향하여 이서구는 "많은 서책을 읽어 해박한 식견으로 천하를 웅시(雄視)하면서도 주변국의 문헌에 대해서는 소루하고 거친 것이 이 모양이니 개탄하지 않을 수 없다"고 하였다. 조선 같은 중국의 인접국들을 '외번'(주변부)으로 취급한

---

16) 『與猶堂全書』詩文集 卷21 張6, 「寄二兒」, "日知錄, 其學術議論, 却未能十分快意. 蓋其本領, 務要作高談正論(非眞箇正論, 以謂之正論者), 以全其名, 未見有惻怛眞切之心. 其所爲憂時慨世者, 都有鬆雜不淸淨, 意思著在言談之外, 如吾直性男子有時乎爲之注目耳."

17) 『강산필치』(薑山筆豸)에 관해서는 이수봉 교수의 자료 소개(「薑山筆豸 解題」, 『開新語文硏究』 제12집, 1995, 259~325쪽)와 남재철의 논문(「薑山筆豸 硏究」, 『韓國漢詩硏究』 10, 한국한시학회, 2002, 285~314쪽)이 있다.

중국 중심주의에 대해 근본적인 비판을 가하지는 못했지만 중국 중심주의가 빚어낸 오만한 시각, 거기에 내포된 문제점을 구체적으로 적출하여, 변명할 여지없이 따진 것이다.

남병철은 특히 천문 수학에 조예가 깊었던 학자다. 「서추보속해후」는 청조 지식인들의 서양의 과학기술에 대한 태도를 비판한 내용이다. 서양의 과학기술이 중국의 과학기술에 견주어 앞선 것은 분명히 입증된 사실임에도 이 점을 솔직히 인정하고 싶지 않은 나머지 허세를 부리든가 호도를 하고 있다고 통박한다. 남병철의 이 비판은 까닭이 있었다. 중국이 아편전쟁에서 패배하고 이어 영불 연합군에 수도 북경이 함락당하는 놀라운 사태를 대하고서 중국을 위해 비판적 충고를 한 셈이다. 당시 중국 지식인 내부에서 제기된 반성과 비판은 유명한 위원(魏源)의 『해국도지』(海國圖誌)로 표현되었거니와, 밖에서 남병철의 비판은 더욱 날카로왔다. 남병철의 비판적 칼날은 당시 조선의 현실에도 그대로 적용되어야 했으며, 그는 이 점을 먼저 염두에 두었을 것이다.[18]

이상에서 동아시아실학의 형성을 가능케 한 공통의 인식 기반을 찾아보았다. 구래의 세계관적 장애를 넘어서 상호간의 이해와 연대가 비로소 싹튼 점에 주목한 것이다. 한·중·일 지식인 사이의 '이성적 대화'는 초보적 단계를 넘어서지 못했지만 시대적 요구를 대변하여 각기 실학으로 반영되었다.

---

18) 임형택, 「실사구시의 학적 전통과 개화사상」, 『한중실학사연구』, 한국실학연구회, 1998; 『실사구시의 한국학』, 창작과비평사, 2000, 130~135쪽.

3. 실학의 세계화 시대의 의미

앞의 절에서 '동아시아실학'이란 개념이 성립하게 된 배경을 거시적으로 보면 지난 세기 말부터 탈냉전과 함께 진행된 세계사적 대국(大局)과 관계가 있음을 언급하였다. 소련권이 붕괴되고 중국대륙이 개혁개방으로 선회하면서 한·중·일 삼국 사이의 학적 교류가 활발하게 일어난 것도 직접적 관련이 있음은 물론이다.

지난 20세기 동아시아 지역은 전통적인 문화권의 해체와 함께 분열·대립의 마당으로 바뀌었다. 서구 주도의 근대세계는 전 지구적으로 비유럽 지역을 식민화했거니와, 동아시아 지역에서는 특수한 상황이 전개되었다. 일본이 제국주의 국가로 올라섬에 따라 동아시아 내부에서 식민지배와 식민저항이라는 이채로운 관계가 형성된 것이다. 1945년 이후 이 대결구도는 해소되었으나 냉전체제로 대체됨에 따라 대립·갈등이 오히려 더 심각해졌다. 한반도는 동아시아의 대결구도의 중심에 위치하여 갈등과 고난을 전체로 경험했고 그로 인한 상흔은 아직 치유되지 못한 상태다. 이런 상황에서 상호의 우호와 연대는 상상조차 할 수 없었으니 현재를 통일적으로 인식할 수 없기에 통일적으로 인식된 과거 역시 존재하기 어려웠다. 동아시아는 지리적 개념에 지나지 못했고, 역사적·문화적 공통성을 실감하기에는 너무도 멀고 낯선 영역일 따름이었다.

실학을 동아시아적 차원에서 고려하여 동아시아실학을 제기하게 된 거기에 탈냉전의 국면전환과 함께 종전의 분열 상태에서 실종되었던 역사적·문화적 연대의식을 회복하려는 의도가 담겨 있다고 하겠다. 물론 과거로 눈을 돌린 모양이지만 오늘의 현실과도 직간접으로 관련이 있는 것으로 본다.

'세계화'로 일컬어지는 오늘의 대국은 탈냉전 이후의 세계상황이다.

'세계화'란 유일 초강대국의 패권을 전 지구적으로 관철시키려는 술책에 다름 아니다. 그렇긴 하나 이미 대세로 진행되어 무작정 등을 돌리고 고립할 수 있는 단계를 진작 넘어섰다. 지금의 '세계화 시대'에서 실학의 의미를 묻지 않을 수 없는 것이다. 이 물음에 대한 답변을 세 측면에서 간략히 제시해보기로 한다.

(1) 근원적으로 말해서 실학은 '세계화'에 대응하는 학술사상으로 의미를 가질 수 있는 것이다. 오늘의 세기전환점에서 대두한 '세계화'는 수세기 전부터 진행된 서구 주도의 '근대'의 종착점인 셈이다. 서구 주도의 '근대'를 선도한 서세동점의 조류에 부딪혀서 반성하고 학술적으로 대응한 결과물이 곧 실학이었다. '세계화'의 무분별한 진행은 자기 정체성의 상실이란 위기감을 초래하고 있다. 그런가 하면 지역적 의미에 관심을 돌리도록 하는 일면이 있다. '세계화 시대'에 당면해서 동아시아의 지역적인 교류·연대가 중요시되고 그런 움직임이 확대되는 것은 이 때문이다. 우리의 정체성, 동아시아의 정체성을 돌아보고 되살리자면 실학이 그 유일한 종목은 물론 아니다. 여러 가지 사상 전통에 당연히 진지한 관심을 두어야 할 것이다. 특히 실학의 경우는 일찍이 '세계화'의 바람을 쏘이면서 성장한 학술사상이라는 점에서 의미가 각별하다.

(2) 실학의 성과물은 근대극복의 의미가 풍부하게 내장된 사상적 보고라는 점이다. 종래 실학의 의미는 주로 근대지향에 두고 평가하였다. 원칙적으로 말해서 실학을 '근대'라는 척도로 재단하는 자체가 실학을 왜곡하는 것이다. 지금 서구적 근대의 병폐가 전 지구적 차원에서 심각한 문제를 유발하고 있다는 사실에 인류적 공감대가 형성되어가고 있

다. 근대극복을 사고하고 실천하자면 문명의 틀을 바꾸는 방도를 먼저 생각해야 할 것이다. 우리가 발전논리를 제어하고 우주자연과 인간의 하나됨을 모색함에 있어서 실학의 논리와 사상 속에 참고하고 해석할 소지가 자못 풍부하기 때문이다.

(3) 실학의 세계가 학술에 한정되지 않고 문학·예술 영역에 이르기까지 펼쳐 있는 점이다. 문학은 당초에 실학을 구성하는 주요 부분이거니와 실학자들 스스로 회화나 음악을 애호하여 이론적으로, 실천적으로 높은 성과를 보여준 사례가 드물지 않다. 그리고 실학의 영향은 예술 일반에 여러모로 미쳐서 그 성과는 예술사의 신기운으로 평가를 받아왔다. 이런 등등의 사실을 고려해서 필자는 실학의 범위를 '중심'과 '외연'의 관계로 파악할 필요가 있음을 거론한 바 있다.[19] 여기서 어려운 점은 실학의 '외연'이라고 할, 그 영향으로 조성된 예술 부문을 어떻게 규정하고 한정지을 것인가 하는 문제다. 실학적 미학은 무엇인가를 구체적으로 해명하는 작업이 필히 따라야 할 것이다. 지금 '세계화 시대'에 문화의 가치와 비중이 전례 없이 높아졌다고 한다. 창조적이고 선진적인 문화를 건설하고 인간다운 삶을 가꾸기 위해서는 실학이 성취한 미학적·예술적 가치를 역동적으로 살려내는 일이 대단히 유효한 과제라고 생각한다.

4. 맺음말

끝으로 결론에 대신해서 근래 제기된 동아시아론과 관련하여 실학의

---

19) 임형택, 「21세기에 다시 읽는 실학」, 『대동문화연구』 42, 대동문화연구원, 2003; 이 책 23~27쪽.

의미를 덧붙여두고자 한다. 앞서 언급했듯 냉전체제의 해체 이후로 동아시아 국가들 간의 관계는 급속히 달라졌고 그에 따라 동아시아 담론이 활발히 일어나게 되었다. 목전에 도래한 상황은 국가 간의 관계뿐 아니라 경제적으로, 문화적으로 그리고 인간적으로 폭넓은 교류가 이루어지면서 가까워가는 것 같다.

동아시아의 상호 연대와 통합이 소망스런 과제임은 물론이다. '세계화 시대'에 대응하는 전략이기도 한 것이다. 그런데 이 과제 앞에는 장애요소가 가로놓여 있는 한편, 간과할 수 없는 문제점이 있음을 유의할 필요가 있다. 장애요소로 직접적인 것은 한반도상의 남북분단이요, 근원적인 것은 거대 중국으로 인한 불균형을 들 수 있겠는데 우선 직접적 장애물부터 제거하는 방도를 강구해야 할 터이다. 문제점으로 하나는 이 글에 쓴 말로 표현하자면 '이성적 대화'를 제대로 이어가지 못한 역사 현실이며, 다른 하나는 상호 우의와 공동의 번영을 추구한다지만 자민족 중심주의를 떨쳐버리지 못한데다가 자본주의적 발전논리에 사로잡힌 상태라는 점이다. 동아시아실학을 기초로 하는 동아시아학지의 확장이 하나의 주제로 떠오른다. 실학을 학적 사고의 중심에 놓을 때 자본주의적 근대에 대해 유효한 반성의 길도 탐색할 수 있을 것이다.

■『세계화 시대의 실학과 문화예술』, 경기문화재단, 2003

동아시아실학의 개념정립을 위하여

1. 머리말

이번 동아시아실학 국제학술회의는 제10회를 맞이하는데 이 모임이 출범하게 된 경위를 간략히 설명하겠다.

지난 1990년 성균관대학교 대동문화연구원(大東文化硏究院)이 국제학술회의를 개최했는데 주제가 마침 '동아시아 삼국에서의 실학사상의 전개'였다. 한·중·일 세 나라의 학자들이 각기 자국의 실학에 대해 발표하고 토론했음이 물론이다. 그런데 학술회의를 마지막 정리하는 자리에서 중국 측 참석자가 제기한 안건이 있었다. 세 나라가 각기 실학학회를 결성한 다음, 세 나라의 실학학회가 연대하여 동아시아실학의 국제학술회의를 세 나라가 돌아가며 정기적으로 개최하자는 제언이었다. 이 제언은 참석한 세 나라 학자들 모두의 찬동을 받았다. 이에 한국실학학회가 결성되었으며, '동아시아실학 국제학술회의'가 격년제로 열리게 된 것이다. 대동문화연구원이 주최한 행사는 동아시아실학 국제학술회의의 발단이 된 만큼 제1회로 추인하고, 중국의 지난(濟南)에서 제2회, 일본의 도쿄(東京)에서 제3회, 이렇게 순차적으로 진행하여 오늘에 이르게 되었다. 지금 한국에서 개최하는 제10회는 마침 실학박물관(實學博

物館)의 개원 기념을 겸하고 있어, 더욱 뜻 깊은 자리가 되었다.

이번 대회가 내건 주제는 '동아시아실학, 그 의미와 발전'이다. 기조발제로 작성한 이 글은 전체주제에 맞춰 제목을 「동아시아실학의 개념정립을 위하여」라고 잡았다.

2. '동아시아실학'이란 개념문제

동아시아실학이란 이름의 학술회의가 10회까지 왔으니 '동아시아실학'은 학술용어로서 이미 통행이 된 것이다. 그런데도 새삼스럽게 그 개념 문제를 들고 나오다니 무엇 때문인가?

대개 두 가지 측면에서 다시 원론적인 물음을 던질 필요가 있다고 판단한 것이다. 한 측면은 우리가 기왕에 거행한 동아시아실학 국제학술회의의 범위 안에서다. 지난 9회에 걸쳐 실학에 관해 주요한 의제에 여러 분야로 다양한 제목의 연토(研討)가 이루어졌다. 그 성과 또한 다대한 바 있다고 평가해도 좋을 것이다. 하지만 그 전체의 과정을 돌아보면 방향이 분명치 않은데다 다룬 내용들이 실학 개념에 혼선을 일으키게 하고 그 경계를 애매하게 만든 경우가 없지 않았다. 그리고 또 큰 문제는 대체로 논의가 일국적 한계에 머물고 동아시아적 차원으로 펼쳐지지 못한 점이다. 다른 한 측면은 이 학술회의의 밖에 있다. 중국이나 일본에서는 실학담론이 일반에 통하지 못하고 있는 실정이다. 실학이 과연 학계에 두루 공인받은 개념인지 의심을 자아내게 하는 대목이다. 한국의 경우는 실학이 용어로서 일찍이 정착되었지만, 아직도 엉뚱한 발언이 나오는가 하면 실학 부재론(不在論) 내지는 실학 해체론(解體論)까지 고개를 들기도 한다.

그렇다고 실학이 무엇인가를 지금 재론하는 것은 너무도 새삼스러운 느낌이 든다. 이에 논의의 차원을 넓혀 '동아시아실학이 무엇인가'를 질문하는 것이다. 과연 동아시아실학이란 개념이 성립할 수 있느냐부터 문제가 된다.

다시 돌이켜 생각하면 이 물음은 응당 동아시아실학 국제학술회의가 출발한 당초에 논의되었어야 할 사안이다. 기초적인 문제를 간과한 모양이다. 그런데도 엄연히 동아시아실학을 논하는 학술회의를, 그것도 정기적으로 갖자는 데 세 나라 학자들이 이의 없이 합의하여 계속 시행되어 왔다. 이 사실은 무엇을 뜻하는가? '동아시아실학'은 그 개념 규정이 비록 언표(言表)된 바는 없었지만 인식론적 공감대가 형성되어 있었다고 보아야 할 것 같다.

동아시아에서 실학시대를 17~19세기로 잡는 데 별다른 반대가 없이 합의가 이루어졌다. 중국은 명말(明末)에서 청대(淸代)에 속하며, 일본은 에도시대(江戶時代)이고, 한국은 조선왕조의 후기다. 이 기간에 세 나라는 제각기 새로운 경향의 학문이 발흥했다. 동아시아실학이라면 바로 이를 가리키는 것이다.

그런데 이들 각국의 신학풍에 처음부터 실학이란 개념이 부여되었던 것은 아니다. 세 나라가 자국의 신학풍에 대해 실학이란 개념을 적용해서 파악하게 된 경위도 같지 않다. 한국의 경우 1930년대부터 실학으로 발견, 학문전통으로 중시해서 오늘에 이른 것은 공지하는 사실이다. 이에 관해서는 더 이상 언급할 것이 없지만, 중국과 일본에 대해서는 간략하게라도 살펴보는 편이 좋겠다.

량치차오(梁啓超)의 『청대학술개론』(淸代學術槪論)은 책 제목 그대로 청조 일대의 신학풍을 체계적으로 정리한 최초의 저술이다. 량치차오 자신이 그 끝자락에서 학술운동에 직접 참여했던 만큼, 한 시대의 학술운

동사를 현장감을 담아 요령 있게 보고한 내용이다. 청대학술의 특색을
요약한 이 책의 서두에서 두 대목을 옮겨본다.

• 청대 학자들은 실사구시(實事求是)를 학문의 정곡(正鵠)으로 삼아
서 과학적 정신이 풍부한데다가 분업적 조직으로 보완을 하였다.[1]
• (청대의 주류적인 학술방향은) 그 전반기에 있어서는 '고증학'(考
證學)이고 그 후반기에 있어서는 '금문학'(今文學)인데 금문학 또한
실로 고증학에서 파생해 내려온 것이다.[2]

요컨대 청대의 주도적인 학문 경향은 고증학이라는 취지인데 실사구
시 또한 이 고증학의 학문태도를 대변한 개념이다. 량치차오는 청대학술
의 특색을 실학이란 용어를 구사하진 않았지만 내용상 실학으로 파악하
고 있었다고 보아도 좋다.

량치차오에 의해서 최초로 인식의 구도가 잡힌 이 신학풍을 총괄해서
지칭하는 어떤 합의된 명사가 있었던 것 같지 않다. 일찍이 박학(樸學)
이란 관용적 표현이 쓰였으며, 그 방법론에 치중해서 고증학(또는 고거
학)으로 일컫기도 했다. 호우라이뤼(侯外廬)의 『중국조기계몽사상사』
(中國早期啓蒙思想史)라는 저술은 "17세기에서 19세기 40년대"라고 부
제를 붙이고 있다. 곧 이 신학풍의 성격을 '초기 계몽주의'로 규정지은
것이다.

---

1) 梁啓超, 『淸代學術槪論』, 「自序」, 臺灣 中華書局 臺三版, 1963, "有淸學者, 以實事求
   是爲學鵠, 饒有科學的精神, 而更輔以分業的組織."
2) 梁啓超, 위의 책, "在前半期爲 '考證學', 在後半期爲 '今文學', 而今文學又實從考證學
   衍生而來."

중국에서 실학이라는 개념을 자국의 학술사 인식에 도입한 것은 1980 년대로 내려와서다. 1980년대 말에 『명청실학사조사』(明淸實學思潮史, 陳鼓應·辛冠潔·葛榮晉 主編)가 3책으로 간행된 것이다. 이 책의 「서문」 에서 "이전에는 학자들이 통상적으로 '조기계몽사조'(早期啓蒙思潮), '경 세치용사조'(經世致用思潮), '개성해방(個性解放) 및 인문주의사조(人文 主義思潮)' 등 표현으로 이 시기의 학술사조를 대략 일컬어왔으나 우리 들은 '실학사조'(實學思潮)로 지칭한다"고 천명한다. 그리고 수천 년의 중국학술사를 통관해서 선진자학(先秦子學)·양한경학(兩漢經學)·위진 현학(魏晉玄學)·수당불학(隋唐佛學)·송명이학(宋明理學), 아래로 '근대 신학'(近代新學)의 사이에 '명청실학'(明淸實學)을 자리매김한 것이다.[3]

이 『명청실학사조사』의 필자로 참여했던 학자들은 서두에서 언급한 것처럼 1990년 대동문화연구원 학술회의에 참석했으며, 그 주편(主編) 의 한 분인 신꽌지에(辛冠潔) 선생이 동아시아실학 국제학술회의를 발 의했던 것이다.

일본의 경우 역사적으로 한국과 나란히 한자문명권에 속해 있으면서 도 문화적 풍토로 말하면 한국과 사뭇 달랐던 것으로 여겨진다. 비교적 이른 시기에 한자와 함께 유교가 도입되긴 했으나 유교사회라고 부를 수 있는 시대는 일본사(日本史)에서 존립하지 않았다. 다만 17세기 이 래, 에도시대에 학술문화가 역동적으로 발달한 가운데 유학적 학문과

---

3) 陳鼓應, 『明淸實學思潮史』, 「卷首語」, 齊魯書社, 1989, "在此以前, 學者們通常以 '早 期啓蒙思潮', '經世致用思潮', '個性解放和人文主義思潮'等說法來槪稱這一時期的思 潮, 以我們則稱之謂 '實學思潮'. [……] 從中國哲學史來看, 每個時代的思想都有其特 色, 如先秦子學·兩漢經學·魏晉玄學·隋唐佛學·宋明理學·明淸實學和近代新學一 這都是就中國不同歷史時期的學術特點以槪括出來的稱謂."

사상의 성과와 수준이 만만찮은 것으로 인정되고 있다. 일본의 신학풍이라면 유교에 근거한 고학(古學) 계통과 일본적 고유성을 강조한 국학(國學) 계통에 서양학을 적극적으로 수용한 난학(蘭學)을 들어야 할 것이다.

일본사상사의 연구에서 실학개념을 도입한 것은 1960년대에 이르러 미나모토 료엔(源了圓) 교수였다. 그는 유학에 기반을 둔 학문경향을 오직 실학으로 파악하여, "보편적 진리로서 유교를 공부하고 그들(고학파의 학자 – 인용자) 나름으로 유교라는 형태에서 보편적 진리를 구해, 그것을 실학이라고 부른 것이다"[4] 라고 취지를 밝혔다. 유교의 '보편적 진리'에 기초한 유학의 진정성을 실학으로 해석한 것이다. 따라서 일본적 고유성의 국학이나 서양적인 난학은 실학의 개념에 포괄되지 않는 것으로 된다.

미나모토 교수의 실학 개념은 일본적 학술문화의 실정을 고려한 의미임이 물론이다. 그런데 그의 실학론에서 주목할 점이 있다. 유교를 매개로 한 비교의 시각이 열리게 된 것이다. 실제로 그는 "일본의 유교를 통해서 극동유교문명권(極東儒敎文明圈)의 비교문화론적(比較文化論的) 연구"를 추구해야 할 방향으로 언급하고 있다. 곧 일본실학을 중국의 실학, 한국의 실학과 비교해보는 관점이다. "비교문화론적 시점을 갖는 것이, 장래 누군가에 의해 — 그것은 복수의 사람이어도 좋다 — 본격적인 동아시아실학 사상사 연구의 방향으로 추진되는 계기가 되기를 바라고 있다."[5] 이처럼 그는 동아시아실학의 연구를 추진해야만 할 과제로 완

---

4) 源了圓, 『近世初期實學思想의 研究』, 創文社, 1975, 5쪽.
5) 위의 책, 9쪽.

곡하지만 실은 강하게 제기한 것이다.

미나모토 교수에 이어 일본에서 실학연구를 진전시키는 데 기여한 학자는 오가와 하루히사(小泉晴久) 교수가 아닌가 한다. 오가와 교수는 한국에 직접 유학하여 한국실학을 연구한 경력이 있다. 이 두 분의 학자도 제1회 동아시아실학 국제학술회의가 출범할 당시에 참석하여 찬동을 했던 것이다.

이상에서 살펴본대로 한국·중국·일본 세 나라의 17~19세기에 실학으로 일컬어질 수 있는 학술현상이 각기 존재했던 것은 분명한 사실이다. 각기 학술적 성과가 축적되어 있다. 이 동시대적 공존물에 공동의 관심을 가지고 동아시아실학 국제학술회의를 정기적으로 갖기를 합의하기에 이르렀다. 따라서 한·중·일 세 나라에 공존했던 학술현상을 동아시아실학으로 지칭하는 데 일단 합의가 이루어졌지만, 동아시아실학이라는 통일적 개념이 과연 성립할 수 있으며, 있다면 어떻게 설명할 수 있는가라는 문제는 본격적으로 따지지 못했다고 보아야 할 것이다. 요컨대 실학이 '동아시아실학'이란 일국적 경계를 넘어서 보편적 개념으로 성립할 수 있느냐 하는 문제다.

이 문제를 논할 식견을 필자는 충분히 갖추지 못했다. 지금까지 필자가 한 공부의 이력(履歷)은 한국실학에 그치고, 중국실학에 대해서는 약간의 지식이 있다 해도 얄팍하며, 일본실학에 대해서는 제대로 접근하지 못한 상태다. 그럼에도 이번 학술회의를 주재하여 '동아시아실학, 그 의미와 전개'라고 주제를 제시한 입장에서 이 개념문제를 거론하지 않을 수 없게 된 것이다.

2. 동아시아적 실학의 기원과 의미

여기서 논하는 실학은 '역사적 의미'의 실학이다. 실학이란 두 글자는 본래 '쓸모 있는 학문' '견실한 학문'을 뜻하는 말이다. 글자 그대로의 실학이라면 언제나 어디에나 있을 수 있고 있어야 마땅한 학문, 일종의 보통명사다. 동양권에서는 공자야말로 참으로 실학을 한 학자라고 말할 수 있지 않겠는가. 한편 오늘날처럼 기능성과 실용성을 중시하는 세상에서는 인문학은 '허학'이고 경영학이나 공학 같은 분야야말로 '실학'이라고 부를 수도 있을 것 같다. 우리가 거론하는 실학은 이런 시공을 초월한 탈역사적 개념이 아니며, 어디까지나 특정한 시대에 출현한 학문현상을 지칭하는 것이다. 실학을 논하는 자리에서 그 의미를 '탈역사화'시킴으로써 혼선이 빚어지는 일이 종종 있었다. 실학은 하나의 보통명사로 간주하여 그 말뜻에서 찾을 것이 아니다. 그래서 '역사적인 의미의 실학'임을 밝힌 것이다.

실학이 한국뿐 아니라 17~19세기의 중국·일본에서 공존했던 현상은 우연으로 돌릴 수 없고, 거기에 어떤 필연성이 개재되어 있었다고 보아야 할 것이다. 이 '역사적 동시성'이 생겨난 계기, 즉 실학의 역사적 기원을 우리는 어떻게 해명할 것인가?

동아시아에 있어서 17~19세기는 어떤 시대인가? 한마디로 지금 우리가 살고 있는 '근대'의 전 단계. 요컨대 장구한 시간대에 걸쳐 있었던 '중국 중심 세계'의 끝자락에 해당하며, '전 지구적 세계'로 진입하는 전 단계다. 서세동점이라고 일컬어지는 서양발(發) 파장이 극동 지역에 상륙한 것은 16세기 중엽부터였다. 실로 경천동지의 전도와 변화가 예정된 사태였다. 하지만 서세(西勢)의 진출이 적어도 19세기 중엽까지는 동아시아에 무슨 충격적인 상황을 연출하지 않았다.

유라시아 대륙의 극서(極西)에서 발동한 파장이 극동(極東)에 닿으려면 대서양을 건너 남미 대륙을 돌아 태평양을 건너오거나 아프리카 대륙의 남단을 돌아서 인도양을 건너와야 하니 지구상에서 가장 늦을 수밖에 없었다. 이런 지리적 조건에다 유럽의 선진국이 제국주의적 공세를 취하게 된 것이 19세기로 들어와서다. 19세기 이전의 서세는 주로 종교와 학술로 접근했다. 아울러 상호간에 물화의 교역이 차츰 활발해졌다. 이 기간의 동서 관계는 '서학동점'(西學東漸)으로 일컫는 편이 타당해 보인다.[6] 한반도의 경우는 서세의 물결로부터 사각지대처럼 되어 서양 선박이 근해에 출몰하면서도 직접 상륙하진 않았다. 그런 중에도 한반도로 말하면 서세·서학의 간접 영향권에 들어 있었다.

17~19세기의 동아시아 세계는 만청(滿淸)이 안정한 이후로 외형상으로 평온하게 유지되고 있었다. 그러나 실은 엄청난 괴력을 지닌 시한폭탄을 내장한 형국이었다. 아니, 자세히 들여다보면 심상치 않은 문제들을 이미 노정(露呈)하고 있었다. 서세가 진입한 초기에 벌써 저들이 제공한 신무기가 이 지역의 전쟁에서 상당한 영향력을 미쳤지만, 다른 측면으로 학술 사상을 주목해볼까 한다. 서양인이 출현한 사실 자체가 둥근 지구를 증명하고 있는 셈이니, 중국 중심적 천하관(天下觀)은 부정된 셈이다. 주지하다시피 중국 중심 천하관의 이론적 기반이 천원지방(天圓地方)에 두어져 있었기 때문이다. 서세의 출현으로 동아시아 세계의 체

---

6) 여기서 거론한 서세동점·서학동점의 역(逆)현상도 동시기에 진행되고 있었다. 동세서점(東勢西漸)은 일찍이 명나라의 정화(鄭和)에 의해서 자못 적극적으로 나가다가 중단되었거니와, 서양이 주도한 서세동점에 따라 동학서점·동풍서점(東風西漸)의 기류도 상당한 정도로 진행되었다. 이런 사실 등을 이 글에서는 다루지 못했으나, 동서문명 교류라는 차원에서 양 측면을 아울러서 유의할 필요가 있음을 지적해둔다.

제에는 균열이 발생했다. 문제의 심각성은, 중국 중심 세계의 기반에 생긴 이 균열은 다시 복원될 성질이 아니라는 데 있었다. 방금 언급했듯 동아시아 세계는 안정을 유지하는 가운데 중국을 비롯한 각국이 번영을 누렸지만, 균열을 유발한 서세는 파고를 높여서 계속 밀려오고 있었다. 그리하여 마침내 서세는 쓰나미처럼 동아시아 전역을 전복시키는 데까지 발전했던 것이 곧 이어진 역사의 실황이 아니었던가.

필자는 이런 사실을 고려해서 17~19세기의 동아시아를 '흔들린 조공질서(朝貢秩序)'의 체제로 설명한다.[7] 비록 중국 중심의 동아시아 세계가 해체된 것은 아니지만 심상치 않은 균열이 발생한 상태이기 때문이다.

당시 동아시아 세계에서 조공질서의 흔들림이 가장 뚜렷하게 나타난 곳은 일본이었다. 16세기 말 일본이 주도한 '7년 전쟁'은 중국 중심의 동아시아 질서에 대한 도전이었거니와, 이후로 중·일 간에 조공관계의 복원은 생각할 여지가 없이 되고 말았다. 일본이 이처럼 공세적인 행동을 취한 배경에 서세와의 관계가 놓여 있었다. 일본은 본래도 중국 중심의 체제에서 느슨한 고리였거니와, 서세동점의 세계사적 변화의 물결을 타고 (비록 부분적이긴 하지만 서양과 직접 교류하고 무역을 다변화하는 등) 조공질서를 흔드는 역할을 앞장서 수행했던 셈이다.

그렇다 해서 이 시기의 일본을 두고 '탈중국 중심적'이었다고 보기는 어렵다. 일본은 문화적으로도 '탈중국적' 일면을 드러내긴 했으나 전반적으로 중화문명=한자문명의 자장 속에 들어 있었다고 보아야 할 것이

---

7) 임형택, 「중국 중심 천하관과 그 극복의 과제: 『열하일기』의 문제제기를 통해서」, 『문명의식과 실학』, 돌베개, 2009.

다. '흔들린 조공질서'의 동아시아 세계는 한자문명권으로 지속되고 있었다고 할 수 있다.

17세기 동아시아 세계의 내부에서 일어난 최대의 사건이라면 두말할 나위 없이 명·청 교체(明淸交替)다. 세계의 중심부가 뒤바뀐, 그것도 화이(華夷)의 전도(轉倒)였으므로, 당시 세계의 지식인들에게는 지각변동으로 의식되었다. 그토록 심각하고 거대한 사태였으나 청 황제(淸皇帝)가 세계의 주인으로 안주하면서 조공질서는 곧 회복되었다. 중국 역사상에 반복되었던 중심부와 주변부의 교체 현상으로, 그 사례 하나가 첨가된 모양이다. 그렇지만 종래 반복적으로 일어났던 화이교체 현상과는 의미가 확연히 달랐다.

왜냐하면 이 명·청 교체는 서세동점이란 전 지구적 움직임 가운데서 일어난 사태이기 때문이다. 한반도를 무대로 전개된 7년 전쟁에서 명·청 교체로 일단락되는 16세기 말부터 17세기 전반기의 동아시아 상황은 서세와 직간접으로 관련이 된 터이며, 청 황제 중심으로 조공질서가 복구되긴 했지만 그것은 불안정한 복구일 수밖에 없었다. 동아시아 세계에서 청 황제 체제는 '흔들린 조공질서' 위에서 성립하여 '흔들린 조공질서'로 유지되다가 마침내 파국을 맞은 것으로 정리할 수 있겠다.

바로 이 '흔들린 조공질서'의 동아시아 상황에서 동아시아실학은 발생하고 발전한 것이다. 그렇다면 실학이라고 일컬어진 신학풍으로 학적 사유를 돌리고 실학적 학문방법론을 실천하도록 만든 요인은 어디에 있었을까? 역시 다른 어디가 아니고 안으로 명·청 교체, 밖으로 서세동점의 양 측면이라고 보는 것이 필자의 관점이다.

명·청 교체의 현실을 몸으로 겪지 않으면 안 되었던 중국의 지식인 고염무(顧炎武, 1613~82)는 목전의 사태를 망천하(亡天下)로 표현해서 망국(亡國)과 개념을 구분하고 있다. '망국'은 역성개호(易姓改號)의 왕조교체를 뜻하는 데 대해 '망천하'는 "인의(仁義)의 도가 단절되고 야만이 세상을 휩쓰는" 사태를 가리킨다고 말한다. 망천하는 중국적 입장에서의 민족위기를 문명적 위기로 표출한 것이다. 이런 현실에 당면해서는 필부(匹夫)까지도 책임을 져야 한다는 것이 고염무의 생각이었다.[8] 같은 세대의 황종희(黃宗羲, 1610~95)도 생각을 같이하고 있었다. 지식인으로서의 역사의식이요 주체적 각성이라고 하겠다.

황종희·고염무 등 '망천하'의 현실에 처한 주체적 지식인들은 반청구국(反淸救國)의 대열에 직접 참여했다가 패배의 쓰라림을 체감했다. 결국 통한과 고뇌를 안고 물러나서 여생을 오직 학문연구에 바쳤다. 그래서 성취한 학문세계는 뼈저린 반성과 발본적 개혁책이 핵심을 이루게 된 것이다.

황종희는 종래의 주류적인 학문경향을 비판하여, "어찌 지금의 심학(心學)을 논하는 자들은 독서궁리(讀書窮理)에는 힘쓰지 않고 이학(理學)을 논하는 자들은 읽는 책이란 것이 경생(經生)의 장구(章句)에 지나지 못하는가?"라고 탄식한다. 양명학(陽明學)의 말폐로서 공소성, 주자학(朱子學)의 말폐로서 고루성을 지적한 말이다. 그리하여 "천경지해(天驚地解)의 현실을 막연히 나와는 무관한 일처럼 본다"[9]고 학자들의 시대현실에 무감각한 태도를 통렬하게 지적한 것이다.

---

8) 顧炎武, 『日知錄』, 「正始」 卷13, "有亡國, 有亡天下. 亡國與亡天下奚辨? 曰易姓改號謂亡國, 仁義充塞 而至于率獸食人·人將相食, 謂之亡天下. [……] 保國者其君其臣肉食者謀之, 保天下者, 匹夫之賤與有責焉耳矣."
9) 黃宗羲, 『南雷文案』, 「留別海昌同學序」, "奈何今之言心學者, 則無事乎讀書窮理, 言理學者, 只所讀之書不過經生章句, [……] 天崩地解落然無與吾事."

70

량치차오는 『청대학술개론』에서 바로 이 시기를 특징적인 청대학술의 출발선으로 잡고 있는데 "이족(異族)이 중화의 주인으로 들어섬에 지절(志節) 있는 학자들은 그 조정에 서기를 부끄럽게 여겼다. 그래서 성화(聲華)를 털어내고 오로지 정신을 집중해서 박학(樸學)을 닦았다"[10]고 해석했다. 청대학술의 특징을 박학으로 파악한 것이다. 예컨대 고염무의 『일지록』(日知錄)은 '박학의 조(祖)'로서 후세에 영향을 크게 미친 저술이다. 『일지록』이 박학으로 평가받게 된 이유는 '고증의 정확성'과 '학문의 해박함'이었다.[11] 물론 방법론에 그친 것은 아니다. 근본을 구세(救世)에 두었으니 경세치용(經世致用)이 학문의 정수이자 목적이었다.

황종희·고염무 등이 중국실학의 비조(鼻祖)라면 한국실학의 비조로는 『반계수록』(磻溪隨錄)의 저자 유형원(柳馨遠, 1622~73)을 손꼽을 수 있다. 이것이 종래의 통설이다. 유형원은 소년시절에 병자호란의 국치를 경험했고, 만청(滿淸)이 중국의 북경(北京)에 입성했을 당시 22세의 청년이었다. 이때 그는 소회를 "천하가 오랑캐 복식을 하고 인의의 도가 가로막혔다"[天下披髮 仁義充塞]고 절망적으로 표현했다. 명과 조선은 중국 중심의 체제 하에서 명분론으로 연계되어 있는 까닭으로 화이전도(華夷轉倒)의 사태에 당시 조선인들이 천붕지통(天崩之痛)을 느꼈던 것은 당연했다고 볼 수 있겠거니와, 유형원은 이를 문명적 위기로 받아들인 것이다. 고염무가 보였던 그 의식형태다. 유형원은 "야만의 누린내 어느 날에나 청소하랴!"[腥羶何日掃]고, 야만을 구축할 사업을 간절히 소

---

10) 梁啓超, 앞의 책, "異族立主中夏, 有志節者恥立乎其朝, 故刊落聲華, 專集精力以治樸學."
11) 『原本日知錄』의 敍例(臺南 唯一書業中心, 1975), "亭林先生日知錄刊行已久, 其考證之精審, 學問之博洽, 膾炙士林, 群推爲淸代樸學之祖."

망하였다.

반계는 만청지배의 세계를 받아들일 수 없었다. 이에 그는 대인선생(大人先生)을 대망(待望)하는데 그런 존재가 출현할 이치는 없었다. 드디어 그는 32세에 우반동(愚磻洞)이란 전라도 부안 땅 변산반도의 외진 곳으로 은거하여 자신의 온 생애를 저술작업에 바쳤다.『중흥위략』(中興偉略)이란 이름만 전하는 책이 있는데 표제로 미루어 문명세계의 부흥을 기도한 내용인 듯하다.[12] 그의 주저는『반계수록』이다. 황종희의『명이대방록』(明夷待訪錄)이나 고염무의『일지록』과 저술의식 및 경위가 통하고 있다.

유형원은『반계수록』에 붙인 글에서 "천하국가가 이 지경에 이르러 잘못된 법을 변경하지 않고는 치세(治世)로 돌아갈 수 없다"[13]고 단언한다. 만청체제의 등장은 공도(公道)의 정치가 실종된 결과로 빚어진 악(惡)이며, 이를 바로잡으려면 필히 발본적 개혁을 결행해야 한다는 주장이었다. 그런데 "천지의 이치는 만물에 드러나니 물(物)이 아니고는 드러날 곳이 없으며, 성인의 도(道)는 만사로 행해지니 사(事)가 아니고는 행(行)해질 바가 없다"[14]고 천명한다. 그는 대의와 원칙을 견지하면서

---

12) 안정복(安鼎福)이 편찬한「반계선생연보」(磻溪先生年譜)의 현종 3년(1662) 41세 때의 기록에 "『중흥위략』의 초고를 썼다"고 하고 이어 다음과 같은 사적을 붙이고 있다. "先生以大明淪亡, 國恥未雪, 深以爲恨. 其在扶安, 每於月夜, 以漢音操琴自彈, 聲出金石, 每登舍後絶頂, 北望抆涕, 人莫知其故. 常講究復雪之策. [……] 彼地險塞, 及水陸站程, 一一記略, 至時始草中興偉略. 書未成以先生卒"(『增補磻溪隨錄』, 경인문화사, 1974, 572쪽).

13) 柳馨遠,「書隨錄後」, "天下國家, 盖至於此矣, 不變弊法, 無由反治."

14) 柳馨遠, 위의 글, "天地之理著於萬物, 非物理無所著, 聖人之道行於萬事, 非事道無所行."

도 그것은 사공(事功)의 실천이 아니면 무의미하다고 생각했다. 따라서 그가 구상한 경세(經世)의 플랜은 구체적 절목(節目)을 갖춘 내용으로 작성될 수 있었다.

『반계수록』은 조선 후기 정치사에 의리(義理)를 가탁(假托)한 허위(虛僞)의 체제 이데올로기에 대한 대안으로 제출된 것이다. 그리하여 『반계수록』은 실사구시로서 중요시되었다.[15] 『반계수록』이 한국실학의 비조가 된 것은 결코 우연이 아니었다.

17세기 대륙의 정세에 대한 당시 일본 지식인들의 반응은 조선 지식인들과는 사뭇 달랐던 것으로 보인다. 물론 명·청의 대결이 어떻게 될지 예의 주시한 것은 마찬가지며, 청의 승리를 '화이변태'(華夷變態)라고 표현해서 비정상으로 생각한 것도 유사해보인다. 그런데 조선은 문제를 명분론으로 사고하여 명(明)과 공동운명체로 생각한 데 반해 일본은 다분히 사태를 관망하는 자세였다. 일본은 중국에 대해 지리적으로뿐 아니라 인식론적으로 비판적 거리를 두고 있었다. 학적 사고의 논리에 있어서도 거리두기를 하여 '주자학의 일본화(日本化)'를 진전시켰으며, 양명

---

15) 영조 때 양득중(梁得中, 1665~1742)이란 학자는 집권세력이 체제를 위해 "의리를 가탁하고 허위를 받들고 꾸민다"[假托義理·崇飾虛僞]는 점을 눈앞의 큰 문제로 제기하여, "의리를 내세움으로써 천하를 어지럽게 하고 있다"[以義理而亂天下]고 통렬히 비판한다(『德村集·辭召旨疏』). 이 문제점에 대해서 양득중은 실사구시를 긴요한 해법으로 강조한 것이다. 그리하여 특히 『반계수록』을 거론하고 있다. '의리를 가탁'한 것이란 노론 집권 세력의 존명반청(尊明反淸) 북벌론(北伐論)을 가리킨다. 여기에 덧붙여 해명할 점이 있다. 외형상으로만 보면 유형원의 만청(滿淸)에 대한 의식은 당시 노론 집권 세력의 '존명반청'의 논리와 유사해보인다. 그런데 노론 집권 세력은 정치 이데올로기로 외화(外化)한 방식을 취한 데 반해 유형원은 자아의 각성으로 내화(內化)해서 학문적 성과를 이루게 된 것이다.

학을 적절히 활용했다. 오규 소라이(荻生徂徠)는 실증적 문헌학을 수립하고 고학파를 창도한 것이다. 이토 진사이(伊藤仁齋)에서 시작하여 오규 소라이에 이르러 일본실학은 틀이 갖추어진 것으로 여겨진다.

다시 서세동점이란 세계사적 동향으로 돌아가 보자. 그것은 동아시아가 서구 주도의 근대 세계로 진입하는 과정에 해당하지만, 시야를 확대해보면 동서 문명의 만남이라는 인류사적 의의를 지닌 것이다. 일찍이 서학(西學)을 적극적으로 수용했던 명말의 학자 서광계(徐光啓)는 자신이 서양 학자를 상대해본 소감을 "(그들의) 백 마디 천 마디의 말에서 충효대지(忠孝大指)에 위배되는 것을 하나라도 찾아내고 인심세도(人心世道)에 무익한 것을 하나라도 들춰내려 해도 끝내 찾을 수 없었노라"[16]고 찬탄해 마지않았다. 이렇듯 서학에 대한 긍정은 보유론(補儒論)으로 일컬어진 선각적 지식인의 견해였다.

조선에서 서양에 대해 개방적인 학자로는 이익(李瀷, 1681~1763)을 들 수 있다. 그는 서교에 대해서 비판을 가하면서도 "서양 사람들은 대저 특이한 인물이 많다. 자고로 천문관측이나 기구의 제작, 수학 등은 중국문명이 따라갈 수 없는 정도다"[17]라고 과학 기술의 측면에 미쳐서는 서양의 우위를 인정하고 있다. 그리고 수학과 천문학에 조예가 깊었던 홍대용(洪大容, 1731~83)은 "내 생애에서 서양선박을 탈 수 있게 된다

16) 葛兆光, 『中國思想史』第二卷, 復旦大學出版社, 2000, 471面 轉引, "[……]百千萬語中, 求一語不合忠孝大指, 求一語無益于人心世道者, 竟不可得"(孫尙揚, 「早期中西文化交流中的誤讀及其創造性」, 『原學』第一集, 269面, 中國廣播電視出版社, 1994).
17) 『順菴集』卷17, 「天學問答 附錄」, "(星湖)先生曰: 西洋之人, 大抵多異人, 自古天文推步製造器盟 算數等術, 非中夏之所及也."

면 상인노릇을 하더라도 관내후(關內侯)보다 더 좋게 생각하리라"[18]고 소망했다 한다. 만약 서양으로 갈 길이 생긴다면 '서울시장' 자리라도 버리겠다는 뜻이니 얼마나 그가 서양학문에 경도했던지 짐작케 한다.

물론 서양에 대한 일반의 감정은 호의적이었다고 말할 수 없으며, 서교(西敎)의 침투는 당국의 혹독한 탄압을 불러일으켰다. 동아시아 삼국이 서교를 접한 경위도 각각 다르고 탄압의 강도도 차이가 있으나 이단시했던 점은 비슷했다. 이에 서학까지 싸잡아서 불온시(不穩視)하는 분위기가 조성되었다. 여기서도 따로 주목할 점이 있는데 서교의 종교적 침투에 위기를 느낀 지식인 중에는 유교의 근본으로 돌아가서 사상적 대응 논리를 강구하기도 했다는 사실이다.

서세·서학에 대한 학적 대응의 방식은 몇 가지 차원으로 나누어 볼 수 있는 것 같다. 간략히 정리하면 하나는 서학을 학습하고 수용하는 방식인데 중국 명말의 보유론은 여기서 개발된 논리며, 일본의 난학은 가장 적극적이고 성과도 뚜렷했다. 다른 하나는 사상적 각성의 차원인데 중국 중심 천하관에 대한 회의로부터 촉발된 논리가 그것이다. 또 하나는 서교의 침투에 맞서 사상적으로 대응한 방식인데 유교를 새롭게 해석한 경학(經學)이 그것이다.

3. 동아시아실학의 범위, 그 중심과 외연

실학의 개념정립을 위한 논의에서 빼놓을 수 없는 사안의 하나가 그 범위를 구획하는 문제다. 우리가 역사적 의미의 실학을 논할 때 실학의 상한선과 하한선을 언제로 잡을 것이며, 실학과 비실학을 구분하는 경계

---

18) 朴齊家, 『貞蕤集』 卷1, 「懷人詩·湛軒 洪大容」, "人生若上西洋舶, 估客優於關內侯."

를 어떻게 그을 것인가? 이 또한 동아시아적 차원이 되어야 할 텐데 내용이 워낙 방만한데다가 모호한 점들을 안고 있다.

물론 동아시아적 차원이라 해도 일국사의 너머에 있는 것은 아닐 것이다. 그래서 우선 각국의 학술사에서 실학으로 호출된 주요 대상을 잡아 하나의 표로 작성해본다. 실학은 어디까지나 저술의 형식으로 표현된 것이기에, 실학의 주체로서의 학자들과 이들의 대표 저술을 열거한 방식이다.

다음의 표는 임의적인 것이 아니고 각국의 학술사에서 공인받고 있는 학자와 저술을 정리한 것이지만 뚜렷한 객관적 기준으로 작성되었다고 말하기는 어렵다. 그렇긴 하나 동아시아실학이 무엇이냐는 질문에 구체적 실체로서 제시할 수 있는 자료는 되지 않을까 한다.

앞서 제기한 실학의 범위와 경계에 관한 사안에서 실학의 시간대를 획정하는 문제는 재론할 것이 없다고 본다. 기왕에 대체로 합의가 이루어진 사안이고 이 글에서도 실학시대가 성립하게 된 배경을 이미 설명했기 때문이다. 그런데 실학시대의 하한선을 딱히 언제로 정하느냐는 문제가 아직 남아 있기는 하다. 그 시점을 근대적 세계를 향해서 문호를 개방한 개항으로 잡으면 동아시아 삼국 간에 시차가 있다. 세 나라에 공통된 시점을 잡자면 중국 중심 체제의 전도, 한자문명권의 붕괴가 결정적으로 도래한 청일전쟁, 즉 1894년이 될 것이다. 하한선을 딱히 언제라고 연도까지 못박기는 어렵다. 실학 그 자체가 한자문명권의 소산이므로 동아시아가 전 지구적 근대 세계로 편입한 단계에 실학의 하한선이 그어질 것임은 분명하지만 그 연대는 다소 유동적으로 폭을 두는 편이 좋을 것이다.

실학의 하한의 경계상에서 활약한 인물로 중국의 강유위(康有爲), 일

동아시아실학 개관표

세기	중국	한국	일본	주요사항
17	李贄(1527~1602) 『李氏焚書』 徐光啓(1562~1633) 『農政全書』 黃宗羲(1610~95) 『明夷待訪錄』 方以智(1611~71) 『物理小識』 顧炎武(1613~82) 『日知錄』 王夫之(1619~92) 『周易外傳』 梅文鼎(1633~1721) 『梅氏叢書』 顏元(1635~1704) 『四存編』	李睟光(1563~1628) 『芝峯類說』 許筠(1569~1618) 『惺所覆瓿稿』 柳馨遠(1622~73) 『磻溪隨錄』 尹鑴(1617~81) 『讀書記』 朴世堂(1629~1703) 『思辨錄』	熊澤蕃山(1619~91) 『集義和書』 山鹿素行(1622~85) 『中朝事實』 伊藤仁齋(1627~1705) 『童子問』 貝原益軒(1630~1714) 『養生訓』 新井白石(1657~1725) 『西學紀聞』	江戶幕府(1605) 丙子胡亂(1636) 明淸交替(1644) (日)元祿時代 (1688~1704)
18	江永(1681~1762) 『律呂闡微』 惠棟(1697~1758) 『九經古義』 戴震(1723~77) 『孟子字義疏證』 錢大昕(1728~1804) 『潛硏堂全書』 章學成(1738~1801) 『文史通義』	李瀷(1681~1763) 『星湖僿說』 李重煥(1690~1752) 『擇里誌』 柳壽垣(1694~1755) 『迂書』 安鼎福(1712~91) 『東史綱目』 洪大容(1731~83) 『湛軒書』 朴趾源(1737~1805) 『熱河日記』 柳得恭(1749~?) 『渤海考』 朴齊家(1750~1805) 『北學議』	荻生徂徠(1666~1728) 『政談』 太宰春台(1680~1747) 『聖學問答』 *安藤昌益(1703~62) 『自然眞營圖』 富永仲基(1715~46) 『說蔽』 三浦梅園(1723~89) 『價原』 *前野良澤(1723~1803) 『解體新書』 *本居宣長(1730~1801) 『古事記傳』 *杉田玄白(1733~1817) 『蘭學事始』	(韓)英正時代 (中)乾嘉學派
19	阮元(1764~1849) 『學海堂經解』 龔自珍(1792~1841) 『定盦文集』 魏源(1794~1856) 『海國圖志』 *康有爲(1858~1927) 『大同書』	丁若鏞(1762~1836) 『與猶堂全書』 徐有榘(1764~1845) 『林園經濟志』 金正喜(1786~1856) 『阮堂全書』 崔漢綺(1803~77) 『明南樓叢書』 沈大允(1806~72) 『沈大允全集』 朴珪壽(1809~76) 『瓛齋集』 南秉哲(1817~63) 『圭齋集』 *金玉均(1851~94) 『治道略論』	橫井小楠(1809~69) 『國是三論』 左久間象山(1811~64) 『省諐錄』 *福澤諭吉(1835~1901) 『文明論之槪略』	(中)阿片戰爭 (1840) (日)明治維新 (1868) (中)洋務運動 (韓)開港(1876) 淸日戰爭(1894)

* 실학의 경계에서 논의를 요하는 경우를 표시한 것이다.

본의 후쿠자와 유키치(福澤諭吉), 한국의 김옥균(金玉均)을 앞의 표에서 거명해두었다. 이들을 동아시아적 차원에서 실학자로 볼 수 있을지 검토를 요한다. 강유위는 사고의 논리가 매우 혁신적이지만 유교에 기반을 두고 있는 점으로 미루어 실학자로 볼 수 있을 듯하다. 반면 후쿠자와 유키치는 그의 학문이 그야말로 실학적이지만 탈유교적이고 반유교적이어서 동아시아실학의 범위에 포함시키기 어려울 것 같다. 김옥균은 강유위와 후쿠자와 유키치의 중간쯤에 위치하는 것이 아닌가 싶다.

상한의 경계상에도 역시 폭을 잡아둘 필요가 있다. 실학의 연원을 중시하여 실학적 경향을 소급해서까지 챙기는 노력은 바람직한 일이라고 하겠다. 그렇다고 무작정 소급시키는 것은 곤란하다. 개별적으로 실학적 경향이 나타난다 해서 소급시키려 들면 실학의 개념 자체를 훼손시킬 우려가 없지 않기 때문이다.

실학의 중심과 외연

지금 실학의 범위를 획정하는 문제에서 제일 난제는 실학을 변별해내는 일이다. 학문을 수행한 학자들과 각기 결과물을 공시적(共時的)으로 놓고서 실학자와 비실학자, 실학과 비실학의 경계를 어떻게 지을 것인가? 실학을 논하는 자리에서 늘 쟁점이 되었고 아직 신통한 해법이 나오지 못한 사안이다. 필자는 이 문제에 당해서는 하나의 논리적 전제가 필요하다고 본다. 중심과 외연의 관계를 고려할 필요가 있다는 것이다. 즉 실학을 파악하는 데 중심성을 확실히 세우되 외연에 미쳐서는 유연하게 가자는 논법이다. 방금 실학의 시간적 경계선에서도 이 논법을 적용한 셈이지만 공시적으로 실학을 규정함에 당해서는 필히 적용해야 할 방안이 아닌가 한다.

이러한 논법은 일관된 원칙을 잃은 것 같기도 하다. 엄정해야 마땅한 학문상의 규정을 그렇게 일관성 없이 편의적으로 처리할 수 있느냐는 비판을 예상할 수 있다. 그런데 인간의 정신적 현상은 애초에 자연의 물리적 현상과는 다르지 않은가. 더구나 우리가 지금 다루는 실학이란 학문 현상은 제도적인 것이 아니고 오직 진보적인 학술운동으로 출현한 것이었다. 미리 개념과 범위를 정해놓고서 실천한 것이 아니었다. 후세에 그것을 실학으로 인식한 것이다. 따라서 중심을 확실하게 견지하면서 외연을 유연하게 처리하는 편이 오히려 실학의 현실성·역동성을 포착하는 묘방이 되지 않을까 한다.

중심과 외연의 관계에서 중요하게 먼저 살펴야 할 곳은 물론 중심부다. 무엇이 실학이냐, 어떻게 하는 공부가 실학이냐는 물음의 해답은 아무래도 그 중심에서 찾아야 할 것이기 때문이다. 이 대목에서 관건은 주체와 주체의 실현, 이 양자의 관계에 있다고 필자는 생각한다. 요컨대 실학이란 학문의 성격을 주체의 확립과 그 실천의 논리 구조에서 발견하려는 것이다.

무릇 학문이란 '나'에게서 나오는 것이요, '나'의 밖에서 의미를 갖게 되는 것이다. 전자는 주체의 표현 형식이고 후자는 주체의 실현 방법인 셈인데, 이 양자를 통일적으로 사고하는 것이 동양 학문의 전통이었다. 유학이 지향하는 기본 틀이다. 전자는 수기(修己), 후자는 치인(治人)으로 표현해왔다.

수기치인(修己治人)의 구도와 상고주의(尙古主義)

수기는 인간의 주체적(도덕적) 각성의 측면이며, 치인은 인간의 사회적 실천의 측면이라고 할 수 있겠다. 공자는 제자들에게 수기를 비상하게 강조했는데 한 제자가 수기에서 그치느냐고 묻자 "수기이치인"(修己以治人, 자기를 닦아서 사람들을 편안하게 함)을 말했고 또 무엇이 더 있느냐고 묻자 "수기이안백성"(修己以安百姓, 자기를 닦아서 백성을 편안케 함)을 말했던 것이다.[19] '사람들을 편안케 하는 것'이나 '백성을 편안케 하는 것'이나 두말할 나위 없이 치인의 측면이다. 또 공자가 "인(仁)이 무엇이냐"는 물음에 "극기복례(克己復禮)를 가리켜 인(仁)이라 한다"고 대답했듯이, 수기치인은 유학의 핵심 개념인 인(仁)과 직결되어 있다.[20] 인(仁)을 이루는 방법론이 수기치인이라고 보아도 좋을 것이다.

수기와 치인은 예로부터 내성(內聖)과 외왕(外王)이란 개념으로 표현되기도 했다. 안으로 성인의 덕을 닦는다는 뜻에서 내성(內聖)이고 밖으로 왕자(王者)의 정치를 실현한다는 뜻에서 외왕(外王)이니 수기치인과 내성외왕은 의미 내용이 일치하는 것이다. 한편으로 유학의 논리에서 수기=내성은 본(本)이며 체(體)요, 치인=외왕은 말(末)이며 용(用)으로 규정했다. 이런 논리 구조를 따르면 중요도가 전자에 있고 후자는 경홀한 것처럼 여겨지기 쉽다. 그러나 원론적으로 양자의 사이는 경중과 우열을 둘 성질이 아니다. 체용본말(體用本末)은 어디까지나 논리체계로서 상호 관통하여 하나로 통일되어 있는 것이다. 가령 유학이 제시한 이상적 좌표인 수신-제가-치국-평천하에서 수신은 본=체에 해당하고 치국평천하는 말=용에 해당할 텐데 치국평천하가 어찌 가볍고 소홀히 여길 일이겠는가.

---

19) 『論語』, 「憲問」, "子路問君子, 子曰: '修己以敬.' 曰: '如斯而已乎?' 曰: '修己而安人.' 曰: '如斯而已乎?' 曰: '修己以安百姓.'"

20) 『論語』, 「顏淵」, "顏淵問仁, 子曰: '克己復禮爲仁. 一日克己復禮, 天下歸仁焉. 爲仁由己, 由人乎哉?'"

요는 수기=내성과 치인=외왕의 사이에는 경중이 있을 수 없고 하나의 전체로서 균형을 이뤄야 마땅하다. 이는 곧 공자의 가르침이요, 그래야만 제대로 된 학문이라고 일컬을 수 있을 것이다. 그런데 명·청대와 조선조에서 관학으로 주류적 위치에 있었다고 볼 수 있는 주자학(朱子學)의 경우 치인의 측면을 소홀히 했다는 지적을 후세에 허다히 들었다. 수기에 치중한 나머지 결과론적으로 치인의 측면이 경시된 것이 사실이다. 하지만 필자는 이런 지적이 전적으로 맞다고 생각하지 않는다. 주자(朱子) 자신이 시무(時務)를 중시했고 후세에 존경을 받을 만한 치적(治績)도 있었다. 문제는 수기에 치중한 그 논리다. 이기심성(理氣心性)의 이론을 도입해서 수기와 치인을 체계화한 것이다. 그렇기 때문에 주자학을 성리학(性理學) 또는 이학(理學)으로 일컫게 되었다. 이기심성(理氣心性)의 이론적 추구는 유학의 철학적 심화와 함께 주체의 도덕적 확립에 강점이 있었다. 주자도 실학을 주장했고 주자학이야말로 실학이라고 보는 견해가 있는데 이는 주로 수기의 측면인 내면의 확충, 곧 주체의 확립을 평가한 발언이었다.

　청대로 와서 황종희를 계승한 학자 안원(顏元)은 "필히 정주(程朱)를 한 치라도 깨뜨리고 들어가야 비로소 공맹(孔孟)으로 한 치라도 들어갈 수 있다"[21] 고 선언을 한다. 주자학은 유학의 본령에서 이탈한 것으로 치부하고 있다. 양명학 또한 주자학을 반대해서 일어난 것이지만, 주자학의 이(理)를 심(心)으로 대체한 형식이었다. 이런 까닭에 2절에서 인용했듯이 "어찌 지금의 심학(心學)을 논하는 자들은 독서궁리(讀書窮理)에는 힘쓰지 않고 이학(理學)을 논하는 자들은 읽는 책이란 것이 경생

---

21) 顏元, 『習齋記餘』, "必破一分程朱, 始入一分孔孟."

(經生)의 장구(章句)에 지나지 못하는가?"라는 황종희의 심학을 이학과 싸잡아서 지탄한 발언이 나왔다. 물론 이학과 심학의 말폐를 지적한 말이다. 하지만 거기서 그치지 않고 학문을 어떻게 해야 하느냐는 근본적인 반성을 하게 되었다. 마침 그들이 처한 시대가 발본적인 반성, 획기적인 대책을 요망했기 때문이다. 그러자면 응당 유학의 기본 틀인 수기치인으로 돌아가서 학적 논리를 다시 가다듬지 않을 수 없었다. 17세기 이래 신학풍이 바로 그것이며, 우리가 실학이란 개념으로 파악하고 있는 그것이다.

그렇다면 실학의 특징적인 패러다임은 어떤 것인가? 물음의 해답은 수기와 치인의 체계에 있다. 결론적으로 말해서 수기의 측면으로 경학, 치인의 측면으로 경세학(經世學)이다. 주체 확립에 해당하는 이론적 기반을 경전의 해석으로 다지고 아울러 경세치용의 학문으로 정치적 실천을 기획한 것이다. 한국학술사에서 실학을 집대성한 존재인 정약용은 자기 학문의 총체를 "육경(六經)·사서(四書)에 대한 연구로 수기를 삼고 일표(一表)·이서(二書)(『경세유표』와 『목민심서』·『흠흠신서』를 가리킴 ─인용자)로 천하국가를 위하려 했으니 본말(本末)을 구비한 것이다"라고 스스로 천명했는데, 이것이 바로 실학이란 학문체계의 전형적 사례라고 하겠다. 『청대학술개론』에서 량치차오는 "청학(淸學)은 경학(經學)으로 중견(中堅)을 삼고 있었다"고 하면서 "경학에서 성과가 높은 경우는 여러 경전에 거의 모두 새로운 해석을 내놓았음"을 지적한 바 있다. 청대 경학의 성황은 『황청경해』(皇淸經解)라는 방대한 저작집이 증명하고 있거니와, 이러한 방향의 길을 연 것은 다름 아닌 황종희·고염무 등 명말청초의 학자들이었다. 이들의 학문의 종지(宗旨)가 경세치용에 있었음은 공인된 사실인데 경학의 이론적 기반 위에서 발본적인 개혁의 논리를 구축한 것임이 물론이다. 일본실학의 성립 과정에서도 이 논법이 적용될 수 있는 것으로 보인다. 일본실학을 개창하고 확립한 이토 진사이나 오규 소라이 역시 경학의 신해석과 함께 개혁적인 사회사상을 제창했다.

실학이란 학문은 경학으로 본체를 삼음으로써 스스로 자기 성격을 갖게 되었다. 다름 아닌 경전의 세계인 고대로 돌아가자는 복고적 경향이다. 개혁을 주장하면서 개혁의 지침을 요순(堯舜)과 공자로 잡은 상고주의(尙古主義)다. '경전적 고대'로 회귀를 의도한 실학의 상고주의는 현행의 제도를 부정하기 위한, 발본적 개혁의 의지를 담은 것임이 물론이다. 실학의 상고주의는 개혁주의라고 말해도 좋은 것이다.

우리가 실학으로 파악하는 학술 현상은 어떤 단일한 성격으로 고정되어 있었던 것이 아니다. 앞의 표에 그려져 있듯 300년에 이르는 동안 전변하는 시대 상황에 적응도 하고 대응도 하며 전개된 것이다. 그런 과정에서 자기 발전과 함께 갖가지 변화도 생기면서 실학은 다양성과 풍부화를 이뤄냈다. 유학적 수기-치인의 틀에 의거한 경학과 경세학의 기본 구도는 실학의 패러다임으로 유지된 터이지만, 학적 경향을 달리하면서 유파의 분화도 발생한 것이다. 이 복잡한 실상을 모두 포괄해서 논한다는 것은 거의 불가능에 가까운데 주요하다고 간주되는 몇 가지 사항을 들어서 간략히 언급해둔다.

실사구시와 실학

실사구시는 널리 알려진 대로 실학시대에 와서 특히 부각된 문자다. 공리공담을 탈피하고 허위의 이데올로기를 배척해서 실사구시로 돌아와야 한다는 취지에서 보면 실사구시는 곧 실학의 정신이다. 그런데 실사구시란 문자는 오늘날까지 종종 매우 긴요하게 쓰이고 있으니 실학의 시간대를 넘어서 현대적 의의를 지니고 있는 셈이다. 각기 처한 현실의 맹점에 따라 그 겨냥한 곳이 다르기 마련인데 여전히 허위와 부실이 심각한 상태라서 실사구시를 요망하는 것이 아닌가 싶다. 이처럼 경구로 쓰이는 일반적 의미의 실사구시가 있고 경학의 방법론으로서 개발된 학술사적 의미의 실사구시가 있다. 곧 경전의 원문을 주관성을 배제하고 객관적 실증에 의거해서 접근하는 방법론을 가리켜 실사구시라고 일컫은 것이다. 실사구시의 방법론은 금석학(金石學)·문자학(文字學)·성운학(聲韻學) 등을 보조학으로 이용했는데 이들도 각기 하나의 학문으로 발전하기에 이르렀으며, 실사구시를 강조한 나머지 그 나름으로 하나의 학파를 이루게도 되었다. 마침내 경세치용학으로부터 실사구시학으로 학파적 분화가 일어난 것이다.

이용후생의 학술(學術)

원래 학문의 목적은 인민 일반의 삶을 풍요롭게 하고 편안케 하는 방도를 강구하는 데 두어져 있었다. 따라서 생산기술을 발전시키고 민복(民福)을 증진시키는 일을 결코 소홀히 할 수는 없는 노릇이었다. 이 문제와 직결되어서 이용후생(利用厚生)의 학술이 일어난 것이다. 이용후생이란 개념 자체가 경전적 근거를 지니면서 정덕(正德)을 전제한 것이었다.[22] 하지만 이용후생을 강조하는 경우 종래의 유교적 사고와는 강조점이 달라지기 쉽다. "공업과 상업이 모두 근본이다"[工商皆本 – 황종희]라는 주장을 했는가 하면 민부(民富)를 국부(國富)보다 우선시하는

---

22) 『書經』, 「大禹謨」, "正德·利用·厚生,惟和."

논리[23]도 제기되었다. 나아가서 '가국(家國)의 실용'에 이바지하는 '격치(格致)의 실학'을 들고 나오기도 한 것이다.[24] 여기서 주목할 것은 이용후생을 사고하게 되면 서양의 학술도 유리하다면 받아들여도 좋다는 식으로 열릴 수 있었다. 일찍이 '무본실학'(務本實學)을 제창하여 『농정전서』(農政全書)를 저술한 서광계가 그러했거니와, 일본의 난학은 이용후생의 학술 그것이었다. 한국의 경우 박지원(朴趾源)을 중심으로 18세기에 이용후생파가 형성되어 19세기에 남병철(南秉哲)·박규수(朴珪壽)를 거쳐 김옥균으로까지 이어졌다. 한편 이용후생을 중시한 배경으로 상공업의 발전을 고려할 필요가 있는데 당시 상업자본의 요구를 대변한 성격을 지닌 것이었다.

탈상고주의(脫尙古主義)와 탈유교의 방향

위에서 실학은 발본적 개혁을 의도한 까닭에 복고를 취한 것으로 보았다. 복고에 비례해서 개혁적이 되는 역설이 성립했다. 돌아가려는 곳은 '경전적 고대'니 유교사회를 구상한 것으로 간주할 수 있다. 그러므로 실학은 유교를 떠나 있는 것이 아니다. 주자학이 신유학이라면 실학은 '혁신유학'이라고 불러도 좋은 것이다. 그런데 시대의 진행에 따라 실학이 전개되는 과정에서 상고주의를 반대하는 경향이 출현했다. 유교와 유교의 경전은 동아시아 세계에서 장구한 시간대에 걸쳐 구축된 정신

---

23) 王夫之,『宋論』卷12, "緖富民以後, 國可得以息也."

24) 南秉吉,『海鏡細草解』,「解序」, "象數相因以生, 故六合之內目之所睹·耳之所聞·手之所作·心之所思, 莫不有自然之數, 以天下國家經濟之術係焉. [……] (數) 盖格致之實學, 家國之實用, 經世者首務."『해경세초해』(海經細草解)는 남병철의 수학에 관한 저서다.

적 기반이고 '문화 장성(長城)'이기도 했다. '경전적 권위'에 대한 도전과 해체가 어떤 모양으로 일어났던가 하는 주제는 실로 흥미로운 사안이 아닐 수 없다. 명말에 등장한 이지(李贄)는 일찍이 성인의 권위에 도전장을 냈다. 그의 급진 사상이 사회 체제를 바꾸는 데는 직접적 역할을 하지 못했으나 사상적 충격과 문학적 영향은 동아시아 세계에 두고두고 미쳤다.

한국실학사의 대미를 장식한 최한기(崔漢綺)는 "예로부터 오늘에 이르는 4~5천 년 동안에 대기운화(大氣運化)는 조금도 차이가 없으나 인간의 식견은 여러 곱으로 차등이 있다"[25]고 갈파했다. 최한기는 대기운화를 인식하는 인간의 지식이 시대를 내려올수록 발전했는데 그 지식체계를 기학(氣學)으로 표현했다. 상고주의가 극복됨으로써 경전적 권위는 설 자리를 잃은 것이다. 최한기에게 있어서는 경학이 기학으로 대체된다. 최한기의 주저가 바로 『기학』이며, 그 사회적 실천을 기획한 저술이 『인정』(人政)이었다. 정약용의 경학-경세학의 구도가 최한기로 와서는 기학-경세학으로 개편된 모양이다. 최한기에 있어서 탈상고주의로 경전적 권위는 부정되기에 이르렀으나, 그렇다고 탈유교로까지 간 것은 아니었다. 수기-치인의 구도는 내용이 달라졌음에도 틀을 유지하고 있는 것이다.

일본 학술사에서는 일찍이 고학파(古學派)가 성립하여 복고를 주장했는데 그것은 문장론에 한정되었던 것으로 보이며, 다른 한편에서 탈유교의 방향으로 사상운동이 비교적 활발하게 일어났다. '자연세'(自然世)를 설교한 안도 쇼에키(安藤昌益), 유교와 불교를 신앙의 대상이 아닌 분석

---

25) 崔漢綺, 『運化測驗』卷1.

의 대상으로 삼은 도미나가 나카모토(富永仲基), 석가와 공자가 말한 것
도 스스로 경험한 것이 아니면 받아들일 수 없다고 사고한 미우라 바이
엔(三浦梅源) 등이 출현한 것이다.[26] 그리고 일본혼(日本魂)을 추구한
국학파(國學派)와 서양에 경도한 난학파(蘭學派)의 성립은 일본 학술사
에서 특이한 면모다. 안도 쇼에키의 독특한 글과 그 글에 담긴 사상, 더
욱이 국학(國學)과 난학(蘭學)을 동아시아실학의 범주에 포함시킬 수 있
는 것인가는 검토를 요하는 사안인데 이 글에서 제시한 중심과 외연의
논법을 적용하자면 실학의 경계에 위치한 외연으로 파악할 수 있을 것
같다.

실학의 외연

중심과 외연의 설정은 일종의 인식론적 전략이다. 우리가 실학의 중심
을 확실하게 잡은 다음 모호할 수밖에 없는 외연에 미쳐서는 유연하게
포괄하자는 생각이다. 그렇다면 이런 외연의 영역을 어떻게 정리할 것
인가? 구체적으로 들어가면 만만찮은 과제인데 지금은 거기에 고려해야
할 몇 가지 차원을 들어두는 것으로 그친다. 학문 주체가 실학의 경계에
서 있는 사례는 이런저런 경우를 상정할 수 있다. 가령 한국실학의 중심
부인 성호학파(星湖學派)의 계보에 속하는 인물이라 해서 모두 실학자
인가? 그렇게 단정적으로 말하기는 어렵고 그 가운데는 어중간한 학자
도 있었다. 근대로 이행하는 과정에서 일본의 후쿠자와 유키치, 한국의
김옥균은 실학의 경계인이라고 볼 수 있겠다. 이들은 유교적인 틀의 실

---

26) 加藤周一, 김태준·노영희 옮김, 『日本文學史序說』2, 시사일본어사, 1996, 139~
202쪽.

학에서 출발하여 마침내 그 틀을 벗어난 것으로 보이기 때문이다.

　한 주체가 남긴 성과를 보더라도 실학으로 일관되었다고 말하기 어려운 경우가 있는데, 거기에도 중심과 외연이 개재되었던 셈이다. 따로 또 실학의 외연으로 파악해야 할 광대한 영역이 존재한다. 실학시대에 실학의 영향권에서 형성된 문학과 예술이 그것이다. 그중에서도 문학 분야는 실학과의 연계가 긴밀해서 박지원 같은 인물은 문학 창작이 외연이 아닌 중심을 이루고 있었다.

4. 맺음말

　이상에서 동아시아실학은 다른 어디가 아니고 그것이 존립한 시대, 17~19세기 동아시아의 '흔들린 조공질서'에 기원한 것으로 설명을 했다. 실학으로 일컬어지게 된 신학풍은 당시의 시대 사정을 뚜렷이 자각한 주체가 개혁·개방을 모색한 학술사상이었다. 그렇기 때문에 실학의 세계는 경세치용에 요지가 있었으며, 그 이론적 기반으로 경학이 중요했다. 한편으로 실학은 당초에 서학에서 촉발되어 일어났던 터이므로, 서학을 수용하고 거기에 참작하여 수학·천문학과 기술학 등의 분야에서 신경지를 열었다. 방법론적인 면에서는 실사구시를 특징으로 하고 있었다. 세계사적으로 말하면 실학은 서세동점의 움직임에 주체적 대응의 의미를 갖는 것이다.[27]

---

27) 실학의 개념을 '실심실학'(實心實學)으로 표출하는 시각이 있다. 이는 일본의 실학 연구를 대표하는 학자인 오가와 하루히사(小川晴久) 교수가 견지해온 견해다. 이번 제10회 동아시아 국제학술회의에서도 오가와 하루히사 교수가 발표한 논문의 제목은 「실심실학(實心實學)의 개념의 역사적 사명」이었다. '실업(實業)의 학(學)' '실용(實用)의 학(學)'으로 편향한 근현대에 대한 문명사적 반성으로 '실심실학'을 제

동아시아의 삼국에 공존했던 실학은 종전의 이학(理學)이나 심학(心學)과는 존재 양상에서 다름이 있다. 각기 주자학(朱子學-宋學)과 양명학(陽明學)으로 일컬어지듯 모두 '세계'의 중심부에서 발원하여 주변부로 전파된 것이었다. 실학의 경우 서로의 연관 관계는 찾아볼 수 있으나 발원처가 어느 한곳에 있는 것은 아니었다. 어디까지나 각기 자기 자신이 현재 처한 여건, 실지·실정에 입각한 학술 사상이다. 현실학의 의미가 확고한데 당시 동아시아 상황, 역사 환경의 공통성이 학문의 공통성을 만들어낸 것이다.

요컨대 동아시아실학은 인식론적 개념이다. 인식의 틀로 볼 수 있다는 말이다. 다시 원점으로 돌아가서 그런 개념이 왜 필요한가라는 물음을 던져보자. 이름보다 실물이 먼저이므로 달리 무엇이라고 일컬어도 무방하며, 굳이 통일적 개념을 붙이려 들 것이 무엇이냐고 생각할 수도 있겠다. 여기서 유의할 점은, 동아시아 세 나라에 '역사적 동시성'으로 공존했던 신학풍에 대해 근래 동아시아 세 나라의 학자 사이에서 공동의 관심이 일어났다는 사실이다. 우리가 경험했던 근대의 일국사적 경계를 넘어서 동아시아적 시각을 연 것이며, 거기에는 서구 중심의 세계주의를 극복하려는 의식이 담겨 있다.

▪『한국실학연구』18, 2009

창한 것이다. 실심실학이란 개념은 현대적 병리의 정신적 각성제로서 그 진정성을 충분히 이해할 수 있고 의미도 크다. 그러나 실학의 인식론상에서는 문제점이 있고 혼선을 초래할 우려마저 없지 않은 것으로 생각된다. 실심실학을 내세우게 되면 실학의 수기-치인의 전체구조에서 한 면만 드러낸 문제점이 있다. 필자는 실학이라면 그 안에 이미 '실심'의 의미가 담겨 있는 것으로 생각한다.

신실학, 그 가능성과 방향[1]

1. 신실학의 문제제기

이번 중국에서 열리는 제11회 동아시아실학 국제학술회의의 주제는 '신실학의 구축'이다. 지난번 한국에서 개최한 제10회 학술회의에서 중국실학회 거룽진(葛榮晉) 회장은 「시대는 동아시아실학을 부른다」는 대단히 시사적 느낌을 주는 제목의 발표를 했다. 이번의 회의 주제는 전에 호명한 신실학을 본격적으로 일으켜 세우려는 의도를 담고 있는 것으로 생각된다. 시대 상황에 적극적으로 대응하는 학문전략으로서 그야말로 획기적인 의제다.

무릇 실학은 학문이라면 '허학'(虛學)으로 떨어져서 안 된다는 주체의 깨달음에서 발단한 것을 가리킨다. 우리가 수행하는 학문이 과연 진실한 학문인가, 혹시 '허학'은 아닌가 하는 성찰적 질문은 항시 필요하다. 학문하는 사람으로서 '학문이 무엇인지 다시 묻는 일'은 언제고 소홀히 해

---

[1] 이 글은 2011년 7월 22~24일, 중국 오르도스(鄂爾多斯, 內蒙古省)에서 개최된 제11회 동아시아실학 국제학술회의의 기조발제로 보고했던 것을 약간 수정·보완한 것이다.

서는 안 된다는 차원에서 새롭게 거듭나는 학문을 추구하자는 것은 바람직하다고 하겠다. 이는 원론적인 차원에서 실학의 의미를 짚어본 말인데 이런 실학이라면 시공을 초월해서 보편적으로 있었고 또 있을 수 있는 것이다.

우리가 특별히 실학이란 개념을 부여해서 관심을 두는 실학은 이런 원론적 의미를 당연히 내포하고 있지만, 어디까지나 역사적으로 규정된 대상이다. 주지하다시피 실학이란 17~19세기 동아시아 국가들(한국·중국·일본)에서 당대의 시대적 요청에 호응해 성립한 신학풍을 지칭하는 것이다. 그런데 21세기 오늘은 17~19세기와 통한다 해도 시대 상황과 역사단계가 현격히 달라졌다. 따라서 실학은 21세기에 절실한 학문이 될 수 없음은 물론이다. 과거의 실학 속에 현재의 길이 있는 것은 아니지 않는가. 명색이 실학을 공부한다면서 과거의 시간대에 속하는 실학을 연구하고 해석하는 일에만 안주하고 있으면, 실학이 허학으로 떨어졌다는 비난을 스스로 면치 못할 것이다. 실학은 신실학으로 거듭나는 데서만 실학의 생도(生道)가 있다고 말해도 좋다.

지금 문제제기한 신실학은 학문의 운동성을 고도로 내포한 개념이다. 그러나 그것이 구호로 가능한 성질은 결코 아니다. 학문의 창조적 패러다임을 새롭게 수립해야 하는 지난한 과제가 우리의 눈앞에 놓여 있다. 이 '학문의 새 길'은 모름지기 지금 당면한 인류적·지구적 위기의 해법, 서구 주도의 근대의 극복으로 통하는 길이 되어야 할 것이다. 이 난제를 감당할 능력을 나 자신은 제대로 갖추지 못하고 있다. 다만 지금까지 실학을 연구해온 입장에서 그 방향이나마 모색하여 가능성을 짚어보고자 한다.

근래 한국에서는 인문학이 위기라는 학계의 호소가 사회적 공감대를 형성하면서 '하나의 인문학'으로서 학문의 총체성을 회복하자는 목소리가 커지고 있다. '삶의 인문학'이나 '실천인문학' 또는 '사회인문학' 등 신사고·신개념으로 기존의 지식체계를 개편하고 새로운 학문의 틀을 탐색하는 움직임이 자못 활발하다. 오늘 우리의 신실학이란 문제제기는 '하나의 인문학'을 위한, 인문학 운동에 다름 아닌 것으로 보고 있다. 장차 우리가 일으켜 세우려는 인문학은 곧 이 신실학으로 구체화되어야 할 것이 아닐까 한다.

2. 동아시아 삼국의 실학 인식

동아시아 삼국에 걸쳐 '역사적 동시성'으로서, 대략 17세기 전후에서 19세기 말에 이르는 시간대에 공존했던 신학풍에 대해서 실학이란 개념으로 파악하게 된 것은 바로 지난 20세기의 일이다. 그 경위는 동일하지 않고 국가 간에 다름이 있었다.

이 신학풍에 대해서 실학으로 처음 인식한 것은 주지하는 대로 한국이다. 1930년대 국학운동(國學運動)의 과정에서 특히 실학에 주목하였으며, 이후로 한국의 사상사·학술사에서 실학은 대단히 중요한 위치를 갖게 된다. 국가적으로, 사회적으로 요청하는 무엇이 거기에 담겨 있다고 여긴 때문이다. 그 무엇이란 요컨대 민족국가의 수립과 근대사회로의 발전을 목적하는 '근대지향'이라고 표현할 수 있는 것이다. 당시 피식민지의 민족위기 상황에서 전개된 국학운동은 자국의 문화적 정체성을 찾기 위한 노력이었거니와, 국학의 뿌리로서 실학을 발견하였다.

1945년 이래 국가적 목표로 설정한 '근대화' 프로젝트에서 실학은 자국의 소중한 정신적 자산이었다. 이에 따라 실학의 학문적 성격은 다분히 '근대지향'으로 해석되었음이 물론이다. '근대지향'의 의미를 담지

(擔持)한 실학은 과거의 것으로 그치지 않고 현실성을 갖는 것이었다.

당초 한국학계의 용어인 실학이 일본학계에 도입된 것은 지난 1960년 대며, 중국학계는 더 늦은 1980년대에 실학이란 개념을 도입되기에 이르렀다. 실학 개념을 적용하여 중국 학술사를 정리한 책이 비로소 발간된 것이다. 이에 동아시아적 차원의 실학 개념이 성립할 수 있게 되었다.

그리하여 동아시아 국가 사이에 물적·인적 교류가 활발해지고 학문적 소통이 실현되면서 실학을 주제로 한 공동의 연토(硏討) 장도 열리게된다. 지난 1990년에 시작해서 20년 동안 10차에 걸쳐 한·중·일 세 나라를 순회하며 개최된 학술회의를 통해 동아시아실학의 실상이 다양하게 밝혀졌으며, 상호비교의 시각을 갖게 되었음이 물론이다.

그런 과정에서 국가 간의 실학에 대한 입장차를 드러내기도 했다. 2000년 일본이 주최한 제6회는 '화폐지배문명의 극복'을, 다음 2002년 한국이 주최한 제7회는 '실학과 동아시아 자본주의'를 주제로 제시하고 있었다. 표방한 주제가 벌써 각기 자국의 현재적 입장을 표출한 것으로 보인다.

이에 대한 반응을 살펴볼 때 흥미로웠던 사실은, 발표자들에 따라 개인차를 보인 것은 자연스런 현상이지만 국가 간에 관점차가 현저했던 점이다. 한국과 일본이 제시한 주제의 의미는 상반되는데 자본주의적 발전의 논리를 어떻게 보느냐를 묻는다는 점에서는 일치한다. 일본 측 참가자들은 전반적으로 자본주의적 발전에 대해 부정적인 태도였으며, 한국 측 참가자들은 긍정과 부정의 사이에서 긍정론이 약간 우세했다. 반면 중국 측 참가자들은 긍정론으로 기울어 있었다. 실학을 일본학계는 자본주의적 근대를 넘어서 탈근대적 방향으로 인식하는데 한국학계는 한편에서 발전의 논리를 견지하고 다른 한편에서 반성적 사고를 취하는 형국이다. 요는 근대를 선취하여 이미 선진국 대열에 진입한 일본, 후발 주자로서 선진국 대열에 진입하려는 한국, 양국의 서로 다른 현실이 실학 인식상에 반영된 것으로 읽혀진다. 그렇다면 중국 측 반응을 어떻게 해석할 것인가? 개혁·개방 이후 경제발전을 최우선시하는 중국 측의 국가적 지향과 연관해서 이해가 가는 대목이다.

필자는 두 학술회의에 모두 참석했던 터여서 위와 같은 견해를 갖게 되었다. 21세기를 즈음한 현재 실학의 해석과 평가의 관건사안은 요컨대 자본주의적 발전을 긍정하느냐 아니면 극복할 방도를 사고하느냐에 달려 있다.

우리가 지금 머리를 맞대고 발표, 토론하는 신실학은 20세기가 호명한 실학을 21세기에 절실한 학문으로 거듭나게 하려는 취지다. 20세기에 실학을 인식한 관건어(關鍵語)는 '근대지향'이었다. 이에 반해서 궁극적으로 자본주의적 발전논리, 즉 서구 주도의 근대와 근대문명에 대한 발본적인 성찰과 문제제기가 다름 아닌 신실학이다. 이 신실학을 다른 어디가 아니고 중국 측이 앞장서 제안한 사실은, 그동안의 경위에 비추어 솔직히 비약이라는 느낌이 없지 않다. 놀랍지만 환영할 일인데, 그사이 중국의 비약적인 경제발전에 따른 의식의 선회로 생각되기도 한다.

3. 신실학의 해석학적 의미

이른바 신실학은 두 차원에서 실천의 방도를 잡아볼 수 있을 것이다. 하나는 실학을 획기적으로 달라진 시대의 요청에 호응해서 연구하고 해석하는 차원이요, 다른 하나는 구실학을 파탈(擺脫)해서 그야말로 신학문으로 창출하는 차원이다. 이 양자의 진로는 궁극에 가서는 하나로 만나는 길이 되어야겠으나, 일단은 구분지어 검토하는 작업이 필요할 것으로 여겨진다. 먼저 전자에 대해서 논의해보자.

이 절에서 거론하는 신실학이란 해석학적 의미라고 말해도 좋을 것이다. 종래 실학의 가치는 근대적 의미에 두려 했거니와, 앞의 절에서 언급한 대로 근대지향에 초점을 맞춘 것이었다. 우리가 지난 세기에 경험한 근대는 한마디로 서구적 근대다. 자발적으로 수용한 것이건, 강압에 의한 것이건 근대는 오로지 외입된 형태였다. 서구 중심주의의 세례를 받아서 '서구의 시간과 공간 위에 만들어진 근대'를 역사적 가치, 문화적 가치로 수용하게 된 것이다. 이런 실제상황과 정신풍토에서 실학에 미친 각별한 관심은 서구적 근대에 나름으로 저항하는 의미를 띠고 있었다. 실학에서 찾은 근대지향은 내재적 발전의 가능성을 확인한 것이었다. 근대를 서구가 선취한 것은 사실이지만, 동아시아 사회도 근대를 생산할 맹아(萌芽)를 가지고 있었다는 논법이다.

필자는 이 대목에서 다소 엉뚱한 질문을 하나 던져본다. 만약 동아시아에서 근대전환이 순조롭게 이루어져서 실학의 근대지향이 실제 현실이 되었다면 우리 눈앞에 어떤 근대가 펼쳐졌을까? 실로 그려내기조차 어렵지만, 분명히 말할 수 있는 것은 서구적 근대와는 사뭇 다른 양상이었을 것이다. 왜냐하면 실학의 사고논리는 그리스 로마에 뿌리를 둔 서구적 사고논리와는 근본적으로 달랐기 때문이다. 그럼에도 근대를 세계사적 필연으로 사고한 나머지, 서구적 근대의 근사치를 찾으려는 식이 되었던 점은 비판적으로 지적하지 않을 수 없다. 비록 서구적 근대에 휩쓸린 상황에 저항하였지만, 결국 서구주의의 틀에서 벗어나지 못했고 발전과 성장의 논리를 수긍하는, 정신적으로 포획된 상태였다. 그런데 21세기로 접어들 무렵 실학에 대한 반성론이 적극적으로 제기되었다.

"우리는 지금 20세기가 저물어가고 21세기가 개막되려는 지점에 서서 실학의 전환기를 맞이한 셈이다. 오늘 이 회합은 동아시아 연대의식 위에 삼국의 학자들이 무릎을 맞대고 있는 자리다. [……] 다가올 신세기에 대처할 사상적 준비를 함께 해나가기를 원하는 바다."[2] 한국의 실학연구를 대표하는 학자 이우성이 1994년 10월 일본에서 개최된 실학학술회의 석상에서 한 발언이다. 동아시아실학 연구자 모임을 동아시아 연대의식에 기초한 것으로 인정하고 이 모임은 '신세기에 대처할 사상적 준비'로서의 의미를 응당 가져야 할 것임을 천명하고 있다. 세기의 전환기를 실학 전환기로 인식한 것이다. 지금 돌이켜보면 그즈음 시대변화를 각성한 각국의 학자 사이에서 실학연구의 방향선회가 일어나, 그 추세는 진전하여 오늘에 이르렀다. 바로 그 연장선에 여기서 논하는 해석학적 신실학이 놓여 있다.

우리가 실학으로 파악하는 학술적·사상적 성과는 동아시아 공유의 정신적 자산임은 말할 나위가 없는데 그 내용이 굉장히 방대한데다가 성격 또한 무엇이라고 한정짓기 어려울 만큼 다양하다. 이에 대한 근대적 관점은 어느 일면에 편향했던 셈이며, 그런 중에 속류적으로 흐른 경향도 적지 않았다. 속류 실학담론을 어떻게 차단하느냐는 사안은 학문의 공공성(公共性)을 강조하고 대중과의 소통을 중시하는 오늘에 있어서 더욱 첨예한 문제점으로 떠올랐다. 신실학의 해석학적 방향은 한마디로 이미 구시대의 유물이 되어버린 것에 생명을 불어넣는 작업이다. 그래서 현재를 살아가는 사람들에게 절실한 학문으로 공감을 불러일으켜야만 한다. 이때 전제되어야 할 과제가 있다. 실학의 실상을 풍부하고도 생

---

2) 李佑成, 「韓國에서의 實學研究의 현황과 동아시아 連帶意識」, 『實是學舍散藁』, 1995, 241쪽.

생하게 묘파해야 한다는 점이다. 그러자면 그것을 산생한 시대의 현실에 즉해서, 그 주체의 자세, 그의 고뇌에까지 파고들어야 할 것이다. 이것이 실학의 속류화를 예방하는 방도가 아닐까.

이 대목에서 19세기 한국이 배출한 실학자 최한기(崔漢綺, 1803~77)와 심대윤(沈大允, 1807~72)을 사례로 언급하여 논의를 좀더 구체화시켜 볼까 한다. 이 두 인물은 한국실학사의 종점에서 빛을 발휘했다. 동아시아 전역이 서양 제국주의 국가들의 진출로 위기에 처한 반면 서양의 학술 종교와 소통이 활발해진 당시, 최한기는 이 상황을 긍정적으로 수용하는 입장을 취했고 심대윤은 부정적으로 대항하는 입장을 취했다. 이처럼 상반된 문제의식을 가지고 각기 학문을 하고 사상을 전개한 점에서 매우 특이한 존재다.

최한기의 학문은 자기 주저의 책 제목 그대로 '기학'이었다. 그의 기학은 동양전래의 기개념에 근거한 것이지만 서양 근대과학의 성과를 수용한 형태다. 사고의 논리를 '천인합일'(天人合一)에 두어, 지구가 하나로 화해하는 '만국일통'(萬國一統), 우주의 안녕을 도모하는 '우내녕정'(宇內寧靖, 온누리의 안녕)을 인류사회가 도달할 목표지점으로 잡고 있다. 그의 기학은 비록 서양과학과 융합한 형태를 취했지만, 서양과학의 논리와는 근본적으로 맞지 않는다. 과학이 아니라고 일언지하에 배격할 수도 있는 것 같다. 하지만 서양과학의 논리로는 도출하기 어려운 인류적 이상이다. 최한기 특유의 학문 논리는 서양의 잣대로 판정할 성질이 아니다. 최한기의 기학은 당시로서는 신실학이었던 셈인데 오늘의 신실학으로 해석할 여지가 많을 뿐 아니라, 새로운 학문의 패러다임을 설계하는 데도 활용할 수 있을 것으로 여겨진다. 이 문제와 관련해서는 뒤에서 다시 언급할 것이다.

한국의 학계에서 심대윤이란 학자의 존재가 알려진 것은 최근의 일이다. 지난 2005년에 필사본으로 산일된 상태였던 그의 유고들이 『심대윤 전집』(沈大允全集)이란 이름으로 발간되어 비로소 세상에 햇빛을 보게 되었다. 이처럼 매몰된 이유는 몇 가지로 설명할 수 있다. 그의 증조부가 당화(黨禍)로 처형을 당한 나머지 폐족이 되었던 데 일차 요인이 있었다. 게다가 그의 저술내용이 당시의 주류학문을 향해서 과격한 논조로 비판을 해대고 권위를 누린 관변학자들에게 맹공을 가한 데 직접적 이유가 있었다. 20세기로 와서는 그의 학문이 경학(經學) 위주인 까닭에 근대학문의 사각지대가 된 것이다. 필자는 성균관대학교 대동문화연구원에서 『한국경학자료집성』(韓國經學資料集成)을 편찬하는 작업에 참여하면서 심대윤이란 학자를 발견하고 계속 비상한 관심을 두어 그의 저작들을 두루 수집하여 『심대윤 전집』을 편찬했다.

심대윤의 경학은 자신이 처한 시대를 위기로 의식한 데서 발단되었다. "세속의 패란이 극에 달했다 하겠는데 서학이라 일컫는 일종의 사설(邪說)이 틈을 타서 일어나 우리 백성을 침혹하고 있다."[3] 『논어』(論語)를 주해(註解)한 책의 끝에 붙인 말이다. 안으로는 체제적 붕괴에 밖으로는 서학의 종교적 침투를 심히 우려하고 있다. 이 위기상황은 한자문명권=유교문명권의 사상전통을 포기하지 않는 한에서는 경학의 고유한 과제다. 최한기가 서학의 상륙으로 서양학술과의 교류가 가능하게 된 사실을 대단히 긍정적으로 바라보았던 것과는 상반되는 관점이었다. 이에 따라 최한기는 탈(脫)경학의 기학으로 동서의 회통을 도모했던 데 반해

---

3) 沈大允, 『沈大允全集』, 『論語』, "世俗之敗亂, 可謂極矣. 而近有一種邪說號爲西學, 乘間而起, 沈惑斯民."

심대윤은 경학을 구축하여 서양 제국주의의 침투에 대응하는 사상 전략을 세웠던 셈이다.

심대윤의 학문의 종지(宗旨)는 이(利)라는 한 글자에 있다. 따라서 인욕을 긍정하는 논리를 펴서 인욕 자체를 '천명지성'(天命之性)으로 규정한다. "사람이 욕망이 없다면 사람이 될 수 없다"[人若無欲, 不成人]라고 욕망을 인간의 기본 조건으로 인정한 것이다. 나아가서 "인민이 부를 욕망하는 것은 천성이다"[民之欲富 天也]라고 인간들의 물질적 욕망을 하늘을 빌려서 긍정하기에 이른다. 이런 심대윤의 학문논리는 성리학의 이론과 정면으로 배치되는 것이다.

천하의 사물은 근본이 두 가지일 수 없는 법이다. 천하에는 악인이 없고 선할 따름이며, 천하에는 악한 일이 없고 선이 있을 뿐이다. 선이 과도하거나 불급한 경우 악이 되나니 선악은 근본이 하나다. 식(食)과 색(色)은 사람들이 누려서 생식, 양육이 이루어지는데 불급하면 생식, 양육이 될 수 없고 과도하면 생식, 양육을 실패하게 된다.[4]

인성이 선하냐 악하냐는 문제는 맹자(孟子) 이래로 결판이 나지 않은 유학의 쟁점사안이다. 위 글의 선악일본(善惡一本)이란 명제는 궤변처럼 들리기도 한다. 식욕과 색욕, 이 두 가지는 인간에게 필수적인 것이지만 못 미치거나 지나치게 되면 악이 된다는 설명에 와서 충분히 납득이

---

4) 沈大允, 『沈大允全集』, 「白雲文抄·善惡一本論」, "天下之物, 無二本也. 天下無惡人, 善而已矣; 天下無惡事, 善而已矣. 善之過不及者爲惡, 善惡一本也. 食色, 人之所恃而生養者, 不及則無以生養, 過則失其生養."

간다. '이'를 종지로 삼아 인욕을 적극적으로 긍정한 학문논리에서는 도 달할 수밖에 없는 귀착점이라 하겠다. 선과 악을 이원화시킨 성리학의 이론과는 역시 배치되는 것이다. 선악의 문제를 조절, 균형을 통해서 가 능하려 한 논법은 새로운 윤리철학으로 생각된다.

심대윤 특유의 사고 논리는 정통이론에 대해 반역이며, 근대성이 뚜렷 하다. 필자는 "그의 사상에서 자본주의로 진전할 수 있는 소박한 형태를 발견하게 된다"는 언급을 한 바 있다. 그런데 다시 들여다보면 심대윤 의 사고 논리에는 자본주의와는 끝내 합치할 수 없는 지점이 있는 것 같 다. 다른 어디가 아니고 바로 이(利)−욕(欲)의 논리에 연계되어 있는 공 (公)과 사(私)의 개념이다. 이욕을 천하의 사람들과 더불어 성취하는 것 은 공(公)이고 혼자 독점하려 드는 것은 사(私)라고 설파한다. 그리하여 "타자와 더불어 하는 이(利)를 추구하지 않고 혼자 독차지하려는 것은 편리(偏利)요, 전리(全利)가 아니다"[5]라고 판정한 것이다. 심대윤적 공 공성의 논리다. 그 논법으로 보면 현대의 자산가들은 편리에 집착한, 다 시 말하면 공도에 어긋난 부류다.

이런 까닭에 이익이 공평하지 않으면 오래 지속할 수 없고 음식을 조 절하지 않으면 길게 누릴 수 없다.[6]

선악을 균형의 문제로 판단했던 그 논리와 궤도를 같이하는데 이욕으

---

5) 沈大允, 『沈大允全集』, 「白雲文抄·驗實論」, "能與人爲利以獨取者, 偏利也, 非全 利也."
6) 沈大允, 『沈大允全集』, 「白雲文抄·'食戒'」, "是故, 利不公則不可以久存, 食不節則 不可以長得."

로 달려가는 인간현실의 균형자로서 공 개념이 도입된 것이다. 요즘 경각심을 불러일으키는 지속가능한 발전을 심대윤은 사회적 시각에서 일찍 착안한 듯하다.

심대윤의 이(利)의 사상은 기본적으로 자본주의적이지만 아직 미달한 것으로 평가할 수 있을 것 같다. 그러나 필자는 그렇게 보지 않는다. 경학에 기반을 둔 심대윤의 사상경향은 자본주의로 관철하는 데는 장애가 없을 수 없다. 하지만 그의 이(利)와 공(公)을 결합한 사고의 논리는 근대극복을 위한 사상적 자원으로서, 공공성을 학문의 영역으로 끌어온 좋은 선례로 볼 수 있다.

4. 새로운 학문의 틀로서의 신실학

학문의 틀을 바꾸어 새로운 길을 연다는 차원의 신실학은 그야말로 그 본뜻에 상응하는 것이다. 21세기 오늘, 근대를 극복하고 문명적 전환을 탐구하는 시점에서 요청되는 학문상의 과제가 아닐 수 없다. 이 새로운 길을 개척하는데 기본적으로 고려해야 할 몇 가지 문제를 대략 논하는 것으로 서설적인 이 소고를 끝맺고자 한다.

인문학과 신실학

실학이건 신실학이건 인문학에 속하는 것임은 물론이다. 그렇기 때문에 서두에서 우리의 신실학이란 문제제기는 인문학 운동에 다름 아니라고 지적했던 터이다. 그렇다면 굳이 신실학을 표방한 까닭은 어디에 있으며, 나아가서 신실학이라고 할 때 그 학문적 특성은 어떤 것이 되어야할까?

일반적으로 말해서 인문학은 서구적 개념인 'the humanities'의 번역어로 생각되고 있다. 문명이 'civilization'의 번역어로 생각되는 것과 마찬가지다. 근대 이전에 문명(文明)-인문(人文)이란 개념이 오랜 연원을 가지고 있었으며, 대단히 중요한 의미로 쓰여온 것은 엄연한 사실이다. 그러다가 근대가 서구 주도로 발전하면서 서양문명 일색으로 뒤바뀌고 지식의 제도도 오로지 서양학문의 방식을 추종하게 된 것이다. 대개 종래 한자문명권에 소속했던 동아시아 국가들의 공통된 현상이다. 앞서 누차 강조하였듯 우리가 근대극복을 모색하고 서구 중심주의라는 정신적 굴레로부터 스스로 해방되려면 한자문명권 고유의 문명-인문의 전통에 우리 자신의 학적 사고의 뿌리를 박는 일이 진정 요망되고 있다. 그래서 인문학 운동은 신실학으로 제기할 것을 주장한 것이다.

신실학이란 고전적 인문전통에 근원하면서 17세기 이래 동아시아 삼국에 공존하여 공유의 사상적 자원이 된 실학은 21세기의 급변한 시대의 요청에 따라 탈바꿈하려는 학문이라고 정리할 수 있다. 물론 이 신실학으로 인문학이 전부 수렴될 수 있는 것은 아니다. 신실학은 인문학 일반과 어떤 변별적인 성격을 갖는 것인가? 이 물음에 대한 답을 하기 위해서는 일단 실학으로 돌아가서 생각할 필요가 있다.

실학이란 내면으로 주체의 각성, 외면으로 사회적 실천을 기본성격으로 하는 학문이다. 수기(修己)-치인(治人)으로 귀결되는 논리구조인데 내성(內聖)-외왕(外王)으로 말을 바꿔서 표현할 수도 있다. 곧 유학의 패러다임으로 본말(本末)의 논리이며, 도기(道器)나 체용(體用)도 같은 의미구조다. 문제는 주체 확립과 주체의 사회적 실천의 양면의 내용을 무엇으로 채우느냐다. 한국실학의 집대성자로 손꼽히는 정약용의 경우 경학과 경세학(經世學)으로 방대한 학문체계를 수립했다. 전형적인 수기-치인의 구조다. 경학으로 구축한 수기는 좁은 의미의 도덕적 자기 확립을 훨씬 넘어서 사회적 실천(치국평천하治國平天下)을 위한 이론적 기반의 마련에 치중한 것이었다. 최한기의 경우 경학 대신 기학으로 주체 확립을 기하고 경세학에 해당하는 『인정』(人政)을 저술했다. 최한기는 탈경학으로 나가면서 유학의 패러다임에서 획기적 변용을 시도한 형태다.

실학자로서 서법(書法)의 높은 경지에 도달했던 김정희(金正喜, 1786~1856)는 전심하공(專心下工)의 연마 그 자체에 도(道)가 자재(自在)한 것으로 말했다. 도와 기(器=技)로 이원화시킨 패러다임을 해체하는 논법이다.[7] 청말의 변법사상가(變法思想家) 담사동(譚嗣同, 1865~98)은 "도가 용(用)이고 기(器)는 체(體)라"(「報貝元徵道觀」)고 설파하여 체용론(體用論)의 틀을 바꿔놓은 것이다. 신실학은 수기-치인의 패러다임을 어떻게 해체하고 개변하느냐에 관건이 달려 있다고 하겠다.

동아시아 신실학

그동안 우리들의 공동의 관심사로 탐구 토론해온 동아시아실학은 인식론적 개념이다. 20세기 말엽으로 접어들면서 세계 냉전체제의 해체와 더불어 동아시아 국가 사이의 장벽이 무너지고 상호 인적·물적 교류가 급속히 확장되면서 학술적인 소통도 활발하게 이뤄졌다. 동아시아인의 동아시아를 현실적으로, 역사적으로 재인식하는 계기가 되었다. 이 과정에서 우리가 머리를 맞대고 논하는 실학개념이 동아시아적 차원의 학술사상사에 대한 인식의 틀로서 포착된 것이다. 지금 신실학으로의 전환을 도모함에 있어서도 동아시아적 차원이 되어야 할 것임은 말할 나위가 없

---

7) 林熒澤, 「한국실학사에서 金秋史와 그의 미의식」, 『秋史硏究』 제4호, 2006, 31~32쪽.

다고 하겠다. 신실학을 처음 제기한 거룽진 교수도 '동아시아 신실학의 구축'을 제창한 것이다. 그런데 신실학 건설계획을 두 단계로 구분했다. 제1단계는 중·일·한 삼국이 각기 신실학을 건설하는 공정이다. 제2단계는 "중·일·한 삼국의 신실학의 기초 위에서 중·일·한의 학자들이 공동으로 동아시아 신실학을 건설한다"는 복안이다. 필자는 '동아시아 신실학'을 지표(指標)로 설정하는 논지에 동의하면서도, 그것은 단계적으로 접근할 문제는 아니라고 본다.

신실학은 동아시아적 시각의 '동아시아 신실학'이란 개념으로 출발해야 한다는 생각이다. 물론 각기 자국의 현실과 자신의 처지에 입각해서 사고하고 학문하는 것은 당연하다. 그것은 안과 밖의 통합이 항시 긴요하다. 지역적 인식을 확고히 갖는 것은 바람직하지만, 지역적 인식은 지역으로 국한되지 않고 국제적으로 어울리는 관계를 함께 사고하여 전지구적 지평까지 내다봐야 할 것이다. 신실학의 가능성은 다른 어디가 아니고 동아시아를 자신의 사고 영역에 확보할 때 열리는데 그러자면 일단 일국적 시야를 넘어서야 하며, 아울러 동아시아 문명전통에 대한 통찰과 혜안이 필수적이다.

이 대목에서 언급할 필요가 있는 사안이 있다. 다름 아닌 한반도의 분단 상태다. 이는 한반도상에서 오랫동안 역사문화공동체를 이루고 살아온 한민족이 주체적으로 대응하지 않으면 안 되는 과제인데, 동시에 동아시아 지역의 우호, 연대를 위해서 긴히 처리해야 할 문제이기도 하다. 동아시아 신실학이라면 분단체제의 해결책을 주요 의제로 설정해야 할 것임은 물론이다.

신실학의 운동성

본디 인문학은 운동성에 그 자체의 생명력이 있다. 운동성이 떨어지면 창조적 인문학으로 더 이상 존립할 수 없기 때문이다. 신실학도 운동성을 어떻게 살려나가느냐에 그 성패가 달려 있다.

학술운동은 정치운동이나 대중운동은 물론, 시민운동과 무관할 수 없겠지만 속성이 다른 것으로 여겨진다. 신실학의 경우 일반 운동과는 내용이나 방법이 같을 수 없다. 우리가 제기하는 신실학운동은 첫째로 신실학에 상응하는 의제를 잡는 것이 중요하며, 그 다음은 운동에 상응하는 실천방법론을 따로 강구하여야 할 것이다. 그렇지만 신실학은 시민운동과 연대할 필요도 있으며 대중과의 소통도 중요하다. 근래 제도권에서 수행하는 학문은 계속 변신을 강요받고 있긴 하지만 오히려 업적주의로 치달아 문제점을 더 악화시키는 것이 아닌가 싶기도 하다. 신실학운동의 반면교사로 되고 있다.

신실학의 진로를 어떻게 잡을까. 전에 없던 새 길을 개척해야 하기 때문에 오히려 구실학에서 길을 물을 필요도 있다. 그러기 위해 위에서 주목했던 최한기를 다시 거론한다. 그의 학문의 목표지점은 '만국일통'과 '우내녕정'이었다. 고도로 이상적인 좌표다. 학문의 운동방향을 고원하게 제시한 의미는 크겠으나 의제가 지나치게 추상적이라는 지적은 면할 수 없다. 하지만 최한기로 되돌아가보면 그것은 어디까지나 중생의 일상에서 시작하는 논리다.

중생들의 우려하는 바는 항상 많다. 작게는 무슨 해를 입게 되는 것이요, 크게는 침략을 당하는 것이다. 필시 생령들 가운데 국량과 재능이 있는 사람들이 나와서 일통도평(一統圖平)의 지모와 대책이 곳곳에서 제출되고 해마다 성행하여 각기 나름으로 들고 나오면 필부들의 천하 우환이 결집되어 우내대동(宇內大同)의 막기 어려운 형세를 이루게 될 것이다.[8]

우공이산(愚公移山)의 고사를 연상케 하는 발상이다. 이렇듯 안녕과 평화를 희구하는 것은 민중들의 소망이므로, '일통도평'의 계책이 민중 가운데 빼어난 생령들에게서 제출될 것으로 확신한다. '일통도평'의 열망이 공간적으로 시간적으로 확산되어 마침내 막을 수 없는 형세에 이를 것으로 전망한다. 시민운동적 성격을 띠고 있는 계몽이성의 국제적 연대를 떠올리게 한다.

■『한국실학연구』22, 2011

---

8) 崔漢綺, 『明南樓叢書』, 「明南樓隨錄」, "衆庶之憂慮常多, 小而戕害, 大而侵伐. 必有生靈中局量才知, 一統圖平之謨猷, 興於處處, 盛於年年. 各言所作, 則匹夫之憂天下也; 合聚衆謨, 則宇內大同難遏之勢."

2
한국실학의 역사적 지점들

역사적 의미의 실학은 17세기에 신학풍으로 발흥하였다.
그것을 가능케 만든 역사적 조건은 바로
동아시아 세계의 역사적 전환이 주요인이었다.
외적으로 서세동점(西勢東漸)이란
세계사적 조류, 내적으로 동아시아 역내에서
국제전의 양상을 띠었던 7년 전쟁,
명·청 교체를 들 수 있다.

17세기 동북아의 역사전환과 실학

– 조선사행(朝鮮使行)의 해로 연행록

한반도상에서 7년 전쟁이 끝나면서 개막된 동북아의 17세기는 일본 열도에서 에도시대의 출범, 중국대륙에서 명·청의 교체로 이어져 동북아의 일대 역사전환기가 되었다. 이 역사 과정에서 새로운 학풍이 싹텄는데 후세에 실학이라고 일컫는 것이 그것이다.

그 무렵 여진족의 누르하치가 중국의 동북지역을 장악하여 명과 조선의 사행로가 가로막히는 상황이 일어났다. 조선은 명과의 외교관계를 지속하기 위해 해로(海路)를 택해서 연행(燕行)을 강행했다. 해로사행(海路使行)은 1622년에서 1637년까지 단기간에 극히 예외적으로 실시되었는데, 이 기간에도 연행록(燕行錄)이 쓰여졌다. 일종의 문화적 관행이었던 것이다.

이 글은 해로 연행록 두 종을 분석하여 당시 복잡하고도 긴박했던 역사의 현장을 살펴보면서, 이 역사전환기가 실학발생의 계기가 되었던 점을 해명하고자 한다.

1. 연행록의 의미, 1630년대의 두 기록

이 글에서 다루는 두 종의 텍스트 가운데 하나는 정두원(鄭斗源, 1581~

1642)이 1630~31년에 다녀온 기록인 『조천기 지도』(朝天記 地圖)이고, 다른 하나는 김육(金堉, 1580~1658)이 1636~37년에 다녀온 기록인 『조경일록』(朝京日錄)이다. 모두 해로사행의 결과물인데 『조천기 지도』는 처음 소개되는 자료다.

14세기 말 이래 조선과 중국 두 나라 사이에는 사행이 19세기 말엽까지 끊이지 않고 가고오고 하였다. 이는 국가 사이의 공식적인 외교라는 의미 이상의 경제적·문화적 의미를 지니고 있었다는 것은 잘 알려진 사실이다. 명조에 이어 청조에서도 해금(海禁) 조처가 취해졌기 때문에 국가 간의 물적 교역은 주로 사행에 곁들여서 이루어졌고 인적 교류도 마찬가지였다. 대규모로 편성된 사절단이 상호 왕래하고 체류하여, 견문(見聞)·교유(交遊)하는 전체 과정은 자체로서 문화적 교류의 현장이었다. 이 교류의 현장에 참여한 조선의 지식인들은 제각기 나름으로 문자 기록을 남겼다. 명과의 관계에서는 '조천'(朝天)이란 용어를 보편적으로 쓰고 형식은 시(詩) 위주로 나갔다. 그러다가 청으로 바뀌면서 '연행'(燕行)이란 용어를 주로 사용했고 형식은 시로 표현하기도 했지만 산문의 비중이 차츰 커졌다. 그래서 전후의 중국사행 기록물들을 통칭 '연행록'이라고 일컫게 된 것이다.

이 연행록류는 한우충동(汗牛充棟)으로도 수용하기 어려울 만큼 방대하여 국고문헌(國故文獻)으로서 매우 소중한 부분임이 물론이다. 서술 형태나 내용 가치를 따지면 들쭉날쭉하지만 문학적으로, 학술적으로 발굴하고 평가할 소지는 그 가운데 광활하다. 개인적인 소견이지만 필자는 조선문인들의 연행록류는 일국적 경계를 넘어 중국뿐 아니라 동아시아적 차원에서 '지식정보의 보고'로 생각하고 있다. 예로부터 김창업(金昌業)의 『가재연기』(稼齋燕記)와 홍대용(洪大容)의 『담헌연기』(湛軒燕

記), 박지원(朴趾源)의 『열하일기』(熱河日記)가 연행록류의 빼어난 성과로 손꼽혀왔다. 특히 『열하일기』와 『담헌연기』는 한국실학의 중요한 성과로 공인받고 있다.

서두에서 언급한대로 1630년대 정두원과 김육의 해로사행은 특수한 상황에서 행해진 것이었다. 게다가 정두원은 사행의 길이 산동반도 등주(登州)를 거치게 되어 있어 이곳에 와 있던 서양선교사와 서양문물을 접하게 된다. 조선과 서양의 첫 만남이었다. 김육은 명과의 마지막 사행이 되고 말았다는 점에서 또한 의미가 각별하다.

해로사행은 일시의 예외적인 사태였지만, 실로 동아시아 역사전환의 극적 장경(場景)이었던 셈이다. 그 역사과정의 첨예한 현장에 뚫고 들어가서 온몸으로 겪은 사실과 그런 와중에서 절감한 고뇌를 고백한 두 기록도 역사적 기록이 아닐 수 없다.

2. 17세기 전반기의 동북아 정세와 조선

1592년 일본의 한반도 침공으로 일어난 전쟁은 명군이 참전함으로써 완전히 국제전의 양상을 띠었다. 이 전쟁이 종식되고 17세기로 진입하면서 일본열도에는 에도시대가 개시되었고 한반도와 인접한 대륙의 동북지역을 중심으로 새로운 역사가 꿈틀거리고 있었다. 여진부족(女眞部族)들을 통합하여 급신장한 누르하치(奴爾哈赤, 淸 太祖)는 1616년 후금(後金)을 세우고 1621년에는 요동을 장악하여 천하의 패권을 다투게 되었다. 1636년에는 그의 아들 황타이지(皇太極, 太宗)가 심양(瀋陽)에서 국호를 청(淸)으로 개칭하더니 드디어 1644년 심양에서 북경으로 천도, 동아시아는 청이 주도하는 세계로 바뀌었다. 16세기 말엽에서 17세기 전반에 이르는 기간에 동아시아 세계는 대국(大局)의 변동과 더불어 신질서가 성립한 것이다.

이렇듯 상황이 급박하게 돌아가는 판에서 조선의 처지는 곤혹스럽기 그지없었다. 중원의 명과의 전통적인 외교관계를 지속하느냐 아니면 변방에서 신흥한 만주 세력과 화친하느냐는 기로에 놓였던 것이다. 이 대목에서 조선은 주지하다시피 명 중심의 구질서를 고수한 나머지 두 차례나 침략의 말발굽에 짓밟혀서 막대한 상흔을 입고 치욕을 당해야만 했다. 이렇듯 구질서에 집착한 조선의 대응방식에 대해 지금은 너나없이 부정적으로 타박하고 있다. 물론 천하대세를 읽는 안목이 부족했고 국제관계에서 현실성을 결여했다는 비판은 얼마든지 가능하다. 하지만 그것은 후세인의 눈으로 볼 때 말하기 쉬운 결과론일 뿐이다. 그 시대에 하필 그런 선택을 하게 된 현실성, 당대인의 심리와 처지를 냉정하게 인지하는 편이 역사를 읽는 태도가 아닐까 한다.

당시 조선은 '친명사대'(親明事大)란 외교적 형식의 틀에서 왜 벗어나지 못했을까? 이 문제에 대해 대개 두 가지 이유를 들어 설명한다. 하나는 앞서 7년 전쟁을 치를 때 명의 원조가 재조지은(再造之恩)으로 각인된 나머지 털어버리기 어려운 부채로 되었다는 점이다. 다른 하나는 비정규적인 방식으로 집권한 인조 및 서인당파(西人黨派)는 자신들의 명분상의 취약성 때문에 당면한 복잡한 국제정세에 유연하게 대처하기 힘들었다는 점이다. 타당성 있는 주장이다. 다만 근본적인 이유는 해명되지 않았으며, 거기에는 현실적 이유가 있었던 것을 고려할 필요가 있다.

근본적으로 조선인의 사고 논리에는 문명의 중심부를 향해 놓치지 않으려는 의지가 작용하고 있었다. 김육은 1636년 중국에 사신으로 가서 체류하고 있을 때 심경을 토로한 바 있다. "추로(鄒魯, 공자·맹자의 고향)의 땅에는 아직 저두(俎豆)·시서(詩書)의 가르침이 남아 있으며, 염

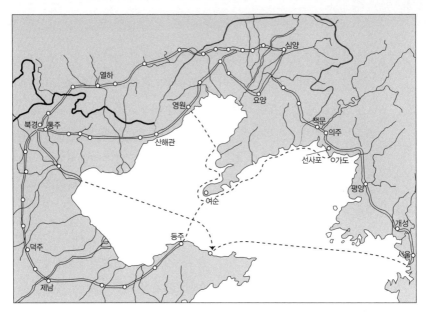

조선사행 노정도. 14세기 말 이래 조선과 중국 두 나라 사이에는
19세기 말엽까지 사행이 끊이지 않았다. 17세기 초 육로사행길이 차단되자
해로사행길이 개척되어 1622년부터 1637년까지 이어졌다.

락(濂洛, 성리학의 발원지)의 사이에는 그대로 강습(講習)·토론(討論)
하는 학풍이 존속하고 있을까. [……] 저점(邸店)을 두루 돌아다니며 손
뼉 치고 마음껏 대화하되 예악(禮樂)을 묻고 들으며 시부(詩賦)를 논하
고 하여 의문도 풀고 못 듣던 말도 듣고 하지 못하는 것이 매우 한스럽
다."1) 당시 그는 위기상황을 십분 감지하고 있으면서도 '중화문명'에
대한 관심과 애호를 이렇듯 표명한 것이다. 반면 조선 사람의 눈에 신흥
의 청은 '야만'으로 비춰졌다. 야만의 폭력에 기회주의적으로 순종하기
는 실로 용납하기 어려운 노릇이었다.

---

1)『潛谷 朝京日錄』三月 八日, "鄒魯之鄕, 尙有俎豆詩書之敎; 濂洛之間, 猶存講習討論之
學乎. [……]恨不得周行邸店, 抵掌劇談, 問禮聞樂, 論詩說賦, 質其所疑而聞所未聞也."

그리고 현실적으로 천하대세는 과연 어떻게 될 것인가? 오리무중으로 눈앞이 잘 보이지 않았다. 이런 상태에서 조선의 지도층은 중국과의 외교단절이란 명분상으로 생각할 수도 없는 터에 문화적으로 친근감을 가져왔으니, 중원으로 마음이 기우는 것은 당연했다고 할 수 있겠다. 그래서 친명외교를 계속하였으며 그 과정을 정보수집, 상황판단의 좋은 기회로 이용하기도 하였다. 이것이 연행사절의 주요 임무의 하나였다. 지금 주목의 대상이 된 해로(海路) 연행록이 이를 증언하고 있다.

명과 조선 사이에 200년을 닦아온 육로사행길이 차단된 이후 개척된 해로사행길은 두 코스가 있었다. 하나는 요동반도 동쪽의 도서들을 따라 항해하다가 여순구(旅順口)에서 곧장 남하하여 등주(登州)로 상륙, 산동성(山東省)을 경유해서 북경에 이르는 노정이다. 다른 하나는 여순구까지는 같고 거기서 돌아 발해만(渤海灣)으로 들어가서 각화도(覺華島)를 거쳐 영원(寧遠)으로 상륙, 산해관(山海關)을 통과하여 북경에 이르는 노정이다. 당시 조선의 선박 규모나 항해술로 해로사행은 결코 쉽지 않아서 사행선이 전복되어 대소인원이 몽땅 수장을 당한 대형사고도 한두 번이 아니었다.[2] 그럼에도 1622년부터 1636년 종막이 내려진 그 이듬해에 돌아올 때까지 해로사행은 이어졌다. 『조천기 지도』를 남긴 정두원의 사행로는 등주로 상륙하는 코스였으며, 『조경일록』을 남긴 김육의 사행로는 영원으로 상륙하는 코스였다.

이 대목에 덧붙일 이야기가 있다. 당시 동아시아에 진출한 서세(西勢)도 조선과 마찬가지로 명·청이 각축하는 상황에서 명의 편을 들었다는

---

2) 당시 해로사행의 노정과 관련된 제반사실이 안정복의 『열조통기』(列朝通紀, 인조 8년 4월, 『順庵全書』下, 451~452쪽)에 서술되어 있다.

116

사실이다. 그 무렵 중국대륙에 상륙한 서세는 아직 미약하여 마카오(奧門)를 거점으로 한 예수회 선교사들이 활동하는 정도였다. 그런데 마카오의 서세는 신예무기를 제공하여 명군을 도운 것이다. 특히 홍이포(紅夷砲)는 위력이 굉장해서 양군의 승패에 결정적인 역할을 했다고 한다. 홍이포의 위력으로 원숭환(袁崇煥)이 지휘하는 명군이 영원성(寧遠城) 전투를 승리로 이끌어 청군의 서진(西進)을 막았으며, 누르하치는 이 전투의 후유증으로 사망하였다. 누르하치의 사망이 홍이포로 입은 상처 때문이었다는 설도 있다.

1630년 조선사신 정두원이 등주에 당도했을 당시 등주순무사(登州巡撫使)는 손원화(孫元化)라는 장수였다. 그의 휘하에 최정예의 홍이포 부대를 양성하였는데, 예수회 선교사 로드리게스(João Rodriguez, 陸若漢, 1561~1633, 포르투갈인)가 군사고문으로 와 있었다. 정두원이 등주를 다녀온 직후의 일이지만, 반란이 일어나서 최신예의 무기들이 모두 청군 진영으로 넘어가고 말았다. 명을 원조한 서세는 청을 원조한 결과를 낳은 꼴이었다. 바로 이런 배경에서 로드리게스와 정두원의 만남이 이루어졌다. 대륙의 동북지역을 중심으로 전개된 역사전환에 서세도 개입, 운동했음을 보여주고 있다.

3. 정두원의 『조천기 지도』

이제 『조천기 지도』라는 자료를 검토할 차례가 되었다. 먼저 자료의 서지사항을 간략히 기록해둔다.

표제: 朝天記 地圖
· 선장(線裝) 필사본 1冊(80張)

·저자: 鄭斗源(1581~1642)

·저작연대: 1631년(仁祖 9년, 明 崇禎 4년)

·소장처: 성균관대학교 존경각(尊經閣)

사행 노정상에서 도서(島嶼)·주현(州縣)·역참(驛站) 등 중요한 지역을 설정하여 각기 그곳의 지도를 제시한 다음, 인문지리적인 제반 사실을 기술하는 방식을 취하고 있다.[3]

이 자료상에는 어디에도 작자가 누구인지 밝혀져 있지 않다. 책자 후미에 사행로 문제에 관련한 문건들이 부록되어 있는데, 문건의 작성 시점을 숭정(崇禎) 4년(1631)이라 하고 "조선국 진위겸진하배신(朝鮮國陳尉兼進賀陪臣) 정(鄭)○○"이란 기록이 보인다. 정작 이름은 공란으로 되어 있다. 그런데『조선왕조실록』을 통해서 진위사로 정두원이란 인물이 갔다가 이듬해 돌아온 사실이 확인된다. 저자는 정두원일 확률이 높다.『조선왕조실록』에서 또 두 건의 확증을 얻을 수 있었다. 하나는 진위사 정두원이 사행로를 등주로 잡도록 해달라고 요청하는 주본(奏本)을 휴대(携帶)하도록 임금에게 아뢰어 제가를 받은 기록(인조 8년 7월 2일

---

3)『조천기 지도』에서 중요한 곳으로 설정된 지명은 다음과 같다.

〈海路〉朝鮮境(3處) 石多山→椵島→車牛島

中國境(12處) 小獐子島→大獐子島→鹿島→石城島→長山島→廣鹿島→三山島→平島→龍王堂→皇城島→鼉磯島→廟島

〈陸路〉山東境(20處) 登州→黃縣→黃山驛→朱橋驛→萊州→灰埠驛→昌邑縣→濰縣→昌樂縣→靑州→金嶺驛→長山驛→鄒平縣→章丘縣→龍山驛→濟南府→齊河縣→禹城縣→平原驛→德州

直隸境(12處) 景州→阜城縣→富庄驛→獻縣→河間府→任丘縣→莫州→雄縣→新城縣→涿州→良鄕縣→帝京

乙卯)이다. 이는 부록의 문건들과 직결된 것이다. 그리고 정두원이 귀국해서 국왕에게 보고하는 자리에서 등주를 지키는 장수 손원화의 자질을 평가한 말(인조 9년 8월 3일)이 나오는데 이는 본문의 해당 부분의 기록과 거의 일치하는 내용이다. 『조천기 지도』의 저자는 정두원으로 확실시된다.

그 당시 사행은 특수하고도 험난한 상황이었으므로 사절단장은 일반 관행과 달리 직급이 상대적으로 낮은 중에서 뽑되 극히 엄격한 기준을 적용하였다. 그 기준을 통과해서 정두원이 "문장·계려(計慮)·충실(忠實)·연사지인(練事之人)"으로 인정받아 발탁된 것이다.

정두원(鄭斗源, 字 紫元·下叔, 號 壺亭, 1581~1642, 본관은 光州 정씨로 당대 명망을 지녔던 禾谷 鄭賜湖가 백부)은 일찍이 생원시에 장원, 진사시에 2등을 하고 문과에 올라 인조 때 관인으로 활동한 인물이다. 그 무렵 후금(後金)이 등장하면서 복잡해진 변경(邊境)에서 여러 해 동안 실제 경험을 했다. 모문룡(毛文龍)이 가도(椵島)를 점거하고 있을 때 그는 접반사(接伴使)로 상대하였으며, 요동에서 밀려온 한족(漢族) 난민들을 처리하는 임무를 맡은 바도 있다. 당시 고급관료로서는 드물게 한어를 구사할 수 있었다 한다. 이런 경력이 있어서 그는 특히 '충실·연사'라는 평가를 받을 수 있었을 것이다. 그가 쓴 『호정집』(壺亭集)이란 문집이 전하고 있는데 얇기는 하지만 그의 사상적 개성이 번득이는 듯하다.

위에서 언급한대로 『조천기』는 지리지적인 성격을 지니고 있다. 사행이 통과했던 중요한 지역의 지도를 앞에 제시하고 그곳의 연혁·지세·풍속·인물·고사·유적 등등을 기술한 체제다. 이런 성격은 한국의 『동국여지승람』(東國輿地勝覽)이나 중국의 『대명일통지』(大明一統志)와 유사한 면이 있다. 『대명일통지』는 직접 참고했던 서적이기도 하다. 해당

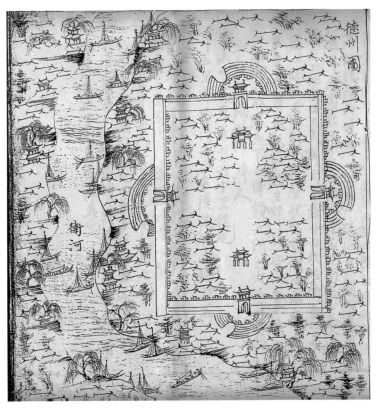

『조천기 지도』, 「덕주도」

지역의 정황에 따라서 기술의 정도가 각기 다른 것은 물론이지만, 등주·청주(靑州)·제남(濟南)·통주(通州)·북경 등지는 분량을 많이 할애해서 자세하게 묘사했다. 역참을 별도로 잡아서 기술한 점도 하나의 특징이다. 비슷한 시기에 간행된 『휘집 여도비고전서』(彙輯 輿圖備攷全書)와 비교해보니 오히려 『조천기』의 내용이 풍부하고 다양한 편이다.

그런데 『조천기』는 지리지적인 성격에 그치지 않고, 자신이 직접 관찰

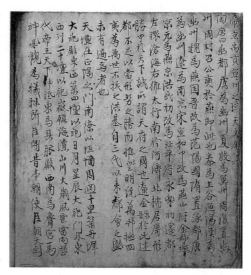

『조천기』, 「제경」
(帝京, 지금의 북경)에 대한 서술

한 사실과 채취한 지식을 기록하고 있어 실은 그 부분이 비중이 크고 흥미롭다. 이런 부분에는 으레 '신이 보건대[臣見]~'나 '신이 들건대[臣聞]~'란 말을 앞에 붙이고 있다. 서술 방식에서 객관과 주관을 구분하려는 의도를 분명히 한 것이다. 여기서 또 '신'으로 서술주체를 명시한 점에 유의할 필요가 있다. 임금에게 올릴 것임을 전제하는 서술법이다. 그는 이『조천기』를 "신이 중원에서 해를 경과하면서 오직 이목으로 실제 견문한 바를 진술합니다"[4]라는 문장으로 끝을 맺었다. 즉 자신의 직접적 견문을 국왕에게 올리기 위한 목적으로 저술한 것이라는 뜻이다.

이 저자 자신이 보고 들은 기록은 노정상의 요처에 따라 분산되어 있고 그의 관심에 따라 갖가지여서 일률적으로 규정짓기는 어렵다. 그렇긴

---

4) 『朝天記 地圖』, 「帝京」, "臣在中原經年, 只以耳目之實所見聞書陳焉."

하지만 관심의 초점을 추적해보면 대략 두 가지로 집약이 된다. 하나는 중국의 문물과 실생활에 대한 관심이다. 먼저 견문기 두 대목을 제시해 보자.

무릇 주민들의 밭두둑에는 모두 뽕나무 혹은 과목을 심어서 양잠도 자연스럽게 할 수 있으니 이득을 얻는 것이 매우 많다 합니다.[5]

신이 본 바 등주로부터 제경(帝京, 북경을 가리키는 말)에 이르기까지 여러 고을이 모두 성곽은 높고 해자는 깊습니다. 성은 다 벽돌로 축조하고 석회를 발랐는데 너비는 4, 5간(間), 높이는 4, 5장(丈)이나 되며, 해자는 넓이가 수십 척이고 깊이 또한 마찬가지여서 오래 되어도 무너지는 일이 없다고 합니다. 우리나라는 (성곽의) 양면에 돌을 쌓고 그 사이를 흙으로 메워 세월이 가면 무너지기 쉬우니 매우 안타깝습니다. 신이 물어보니 벽돌과 기와를 굽고 회를 만드는 데 연료로 생소나무를 쓰지 않고 사초(莎草)를 쓴다고 하는데 도로 옆에서 실제로 굽는 것을 보니 과연 그러했습니다. 우리나라에서 벽돌 제조하는 법도 이와 같이 한다면 용이하게 축성을 할 수 있으며, 민간에서도 이로움을 크게 얻게 될 것입니다.[6]

---

5) 위의 책,「青州」, "凡民田阡陌, 皆樹以桑木及果木, 自然蚕績成而收利最多."
6) 위의 책,「涿州」, "臣見自登州至帝京, 列郡皆城高池深. 城則皆以磚築, 糊以石灰, 厚四五間, 高四五丈; 池則濶數十尺, 深亦如之, 年久不頹云. 我國則累石築面, 積土塡心, 經霪輒崩, 甚可恨也. 臣問其燔磚燔瓦燔灰之法, 不用生松木而只用莎草燔之. 及見路傍之燔者信然矣. 我國燔法, 誠亦如此, 則足以築城而民家亦賴其利矣."

밭두둑에 뽕나무와 과일나무를 심어 놓은 농촌 풍경을 본 소감을 적어놓은 데서 정두원이 민생을 중시하는 사고를 엿볼 수 있다. 그리고 성곽 제도를 우리나라와 비교하여 벽돌의 이점을 논설한 데서 이용후생적 사고를 엿볼 수 있다. 벽돌 문제는 후일 박지원·정약용 등 실학자들이 역점을 두고 직접 실천했던 사안이다. 선진문물을 학습·수용하려는 북학적(北學的) 자세를 역력히 보여준 사례다.

다른 하나는 중국에 대한 정세파악이다.

신이 보기에 군문(軍門) 손원화는 아취(雅趣)로 말하면 남음이 있고 위엄으로 말하면 부족해보였습니다. 그러나 자신을 단속함에 간략히 하고 사졸(士卒)을 사랑하며 해안에 병영을 설치하고 무예를 닦는 규모가 매우 치밀하니 동문(東門)을 수호함에 있어 적합한 사람을 얻었다 할 것입니다.[7]

당시 등주 지역의 사령관으로 있던 손원화에 대한 평가다. 이러한 인물평은 귀국해서 국왕에게 보고하는 자리에서도 그대로 했던 것이다. 손원화 개인의 문제가 아니라 그가 변경 방어의 중책을 맡고 있기 때문에 그 인물의 성격과 역량에 관심을 두었음은 물론이다. 관찰자는 손원화에 대해 "동쪽 전략적 요충의 방어임무에 적임자"라는 평가를 내렸다. 그런데 정두원이 등주를 떠나고 얼마 지나지 않아 공유덕(孔有德)의 반란이 일어나 견고하다고 진단했던 '동문'은 허무하게 무너져버리고 말았다.

---

7) 위의 책, 「登州」, "臣見, 軍門孫元化, 雅淡有餘, 雄威不足. 然律己約而愛士卒, 就海濱設營·演武規畫甚密, 東門鎖鑰, 可謂有人."

이런 사태를 미리 내다볼 수는 없었을까?

물론 초미의 관심사는 명나라의 운명이었으므로 중국의 수도에 가서도 나름으로 정보를 얻기 위해 힘썼다. 북경에 주둔한 병력과 무기, 훈련상태에 이르기까지 견문한 바를 기술하고 있다. 그래서 그가 내린 판단은 이러했다.

> 신이 본국에 있을 때 더러 북경에서 돌아온 이를 만나 천조(天朝, 명나라를 가리킴-인용자)의 일을 물어보면 매우 걱정스럽다고 하였습니다. 신이 산동(山東)지역 수 천리를 여행해보니 주민들이 평온하게 살고 있으며, 북경에 당도하여 듣건대 천자는 위무(威武)를 잃지 않았고 기강이 엄숙하며, 병마도 정예한데다 장상(將相)은 적임자를 얻었고 조정이 화합하고 있다 합니다.[8]

그의 정세판단은 전혀 오판이었음을 직후에 진행된 역사현실이 증명하고 있다. 그는 왜 그처럼 중대한 오판을 하였을까? 매우 의아스럽게 여겨지는 대목이다. 그로부터 5년 후에 간 김육의 정세판단은 그와 상반된다. 혹시 모종의 이유로 일부러 낙관적 서술을 한 것으로는 볼 수 없을까. 그렇지만 실상을 왜곡하고 정보를 조작할 수 있을까. 이 문제점은 다음 절에서 논해볼까 한다.

정두원이 등주에서 예수회 선교사 육약한(陸若漢) 즉 로드리게스를 만나 서양 문물을 얻어가지고 돌아온 역사적 사실이 『조천기』에는 일언

---

8) 위의 책,「帝京」, "臣在本國時, 或見自帝京還來者, 問天朝事, 甚可憂. 臣行山東數千里地, 居民妥帖, 及到皇都, 聞天子雄武紀律嚴肅, 兵精馬健, 將相得人, 朝廷和協云矣."

반구도 비치지 않고 있다. 필시 까닭이 있었을 터이다. 국왕에게 따로 올린 장계(狀啓)에는 진술하고 공개적 성질의 기록에는 감추지 않았을까 짐작한다. 장계에는 이렇게 쓰여 있다.

육약한은 곧 이마두(利瑪竇)의 친구입니다. (그가) 광동(廣東)에 이르러서 홍이포로 노사(虜師, 되놈 군대라는 말)를 공격하겠다고 자청했던바 황제는 가상히 여기고 교관의 임무를 맡도록 하고 등주로 보내니 군문(軍門, 손원화를 가리킴-인용자)은 빈사(賓師)로 대우하였습니다. [……] 어느 날 육약한이 찾아와서 신이 만나보았는데 이때 나이는 97세로 정신이 수려하여 신선처럼 표표해보였습니다. 신이 화포 1문을 얻어서 가지고 돌아가 바치기를 원하였더니 육약한은 즉시 허락하고 아울러 여러 가지 서책 및 기물까지 제공하였던 것입니다.[9]

위의 기록에 의하면 명조에 홍이포를 지원하여 돕겠다고 제안한 것은 육약한이었다. 조선에 대해서도 육약한이 먼저 정두원을 찾아왔다. 홍이포를 얻어가고 싶다고 말을 꺼낸 것은 정두원이었지만 실은 적극적으로 나서서 그것을 제공한 쪽은 육약한이었다. 조선에 제공한 물목(物目)에 홍이포와 총기·화약 등 병기류, 천리경·자명종 등 기구류, 천문서와 서

---

9) 『國朝寶鑑』卷35, "陸若漢, 卽利瑪竇之友. […] 到廣東, 請以紅夷砲討虜師. 帝嘉之, 以爲掌敎官, 送于登州. 軍門待以賓師. [……] 一日, 若漢來見臣. 時年九十七*, 精神秀麗, 飄飄然若神仙中人. 臣願得一火砲歸獻, 若漢卽許之, 竝給其他書器."
　*육약한의 당시 나이를 97세라고 한 것은 착오 아니면 잘못 안 것 같다. 『在華耶蘇會士列傳及書目』(中華書局, 1995)에 의하면 육약한은 생년이 1561년이니 정두원이 만났을 당시 그의 나이는 70세였다.

양풍속기·만국전도 등 서책류 등이 기재되어 있다. 선교사의 당시 처지에 비추어보면 질량 면에서 대단한 규모라 아니할 수 없다. 천리경만 해도 은 300~400냥(兩)으로 평가된다 하였는데 그 모두를 무상으로 제공한 것이다.[10] 그렇게나 호의를 베푼 의도는 어디에 있었을까? 물론 조선국에 포교를 하기 위한 목적이었겠는데, 이 목적을 위해서라도 청과 싸우는 조선에 원조하려는 계산이 있었으리라는 추정이 가능하다.

4. 김육의 『조경일록』

김육(金堉, 1580~1658, 字 伯厚, 號 潛谷, 淸風人)은 개혁적 정치가로, 실학적 학풍으로서 평가받는 인물이다. 그가 남긴 『잠곡 조경일록』[11]은 방금 살펴본 『조천기』와 달리 일기체 형식을 취하고 있다. 1636년(朝鮮

---

10) 정두원이 육약한에게 지원받은 물종(物種)의 목록은 다음과 같다.

『國朝寶鑑』卷35, "治曆緣起一冊, 天文略一冊, 利瑪竇天文書一冊, 遠鏡說一冊, 千里鏡說一冊, 職方外記一冊, 西洋國風俗記一冊, 西洋國貢獻神威大鏡疏一冊, 天文圖南北極兩幅, 天文廣數兩幅, 萬里全圖五幅, 紅夷砲題本一, 千里鏡一部, 窺測天文亦能於百里外, 看望敵陣中細微之物, 直銀三四百兩云. 日晷觀一坐, 定時刻·定四方·定日月之行. 自鳴鐘一部, 每於十二時自鳴. 火砲一部, 不用火繩, 以火石擊之而火自發. 我國鳥銃二放之間, 可放四五次, 捷疾如神. 焰硝花, 卽煮焇之醎土者. 紫木花, 卽棉花之色紫者."

11) 이 기록은 성균관대학교 대동문화연구원에서 영인, 발간한 『연행록선집』(燕行錄選集) 상(1960)에 수록되어 알려졌고, 역시 대동문화연구원에서 발간한 『잠곡전집』(潛谷全集, 1975)에도 수록되어 있다. 『연행록선집』에서 취한 원문은 상백문고(想白文庫, 현재 규장각에 포함됨) 소장으로 외표제는 잠곡조천일기(潛谷朝天日記)로 적혀 있고 내표제는 조경일록으로 적혀 있다. 『잠곡전서』(潛谷全書) 역시 조경일록으로 되어 있다. 이 글에서 제목은 내표제를 따르면서 구분 짓는 의미에서 『잠곡 조경일록』(潛谷朝京日錄, 줄여서 『조경일록』)으로 하였다. 원문은 필사본으로 51장이며, 따로 신익성(申翊聖)이 1637년에 쓴 발문이 붙어 있다. 이로 미루어 이 기록은 김육이 사행을 다녀와서 바로 정리한 것임을 알 수 있다.

『조경일록』 첫 면(상백문고본)

仁祖 14, 明 崇禎 9, 淸 崇德 1) 6월 15일 서울에서 출국 절차를 밟는 데서 시작하여 그해 11월 북경에 당도, 반년 넘게 체류하다가 귀로에 올라 1637년 6월 초에 복명하는데 이 동안의 행적과 견문들을 시간적 순차에 따라 기록한 것이다. 정두원의 『조천기』는 지리지적 체제라서 경험의 기록으로선 제약이 없을 수 없는데다 국왕께 올린다는 전제 하에서 썼기 때문에 필치가 무척 조심스러웠던 것으로 느껴진다. 이에 비해 김육의 『조경일록』은 시선이 비판적이고 붓끝도 훨씬 자유롭게 펼쳐진다. 이후 크게 발전한 연행록류의 체제는 대개 일기체를 기조로 하게 된다.

　『조경일록』에서 역시 관심을 갖는 것은 중국의 문화, 그리고 현 정세에 있었다. 중화의 문명에 대해 애착심을 가졌음은 물론 민속·신앙 및 장묘제도에까지 시선이 머물렀다. 통주(通州)에서는 조운선(漕運船)이

인공적으로 굴착한 운하를 통해 북경 성중으로 진입하는 실태를 묘사하면서 갑문(閘門)을 이용하는 방식에 주목하기도 한다.

그런데 이런 측면보다 당장 중국의 운명이 어떻게 되느냐는 정세 인식 쪽으로 주된 관심이 가 있었다. 『조경일록』의 기록자가 중국의 정세를 위태롭게 전망한 때문일 것이다. 『조천기』에서 정두원이 중국의 정세를 낙관적으로 전망했던 바와 달리 김육은 왜 비관적으로 판단했을까? 정두원의 낙관적 진술은 의도적일 가능성이 있었음을 고려해볼 수는 있다. 하지만 그 자신의 견문에 의거한 진술이므로 일단 그대로 접수하여 양자의 인식차가 발생한 배경과 근거를 찾아보기로 한다.

두 사행 사이의 인식차가 발생한 이유는 세 가지로 정리해볼 수 있다. ① 5년이라는 시차, ② 노정의 다름, ③ 정보원(源)의 차이. ① 1631년 이후 전개된 상황은 명이 어렵고 불리한 쪽으로 급변하였는데 대청을 선언하고 기세를 동쪽으로 몰아 조선을 쳐서 굴복시킨 것도 바로 김육 사절단이 북경에 체류하던 그때의 일이었다. ② 정두원이 통과한 산동지역은 '주민들이 평온하다'[居民妥帖]고 표현하였듯 번영과 안정을 누리고 있었다. 반면 영원에서 산해관을 경유한 김육 일행의 코스는 명과 청 양군이 각축하는 접점이어서 그야말로 전장을 뚫고 포성을 들으며 통과해야 했다. 불리한 전황을 체감할 수 있었다. ③의 정보원의 차이에 대해서는 정세를 절망적으로 판단했던 근거와 관련해서 언급하겠다.

육 의사(陸醫師)가 찾아와서 이야기를 나누었다. […] 내가 말을 물어 '밖으로 외적이 침략하고 안으로 유적(流賊)이 들끓는데다 가뭄이 또 이렇거늘 조정의 대관(大官)들은 오직 돈만 좋아하는[愛錢]군요. 천조의 일이 심히 우려됩니다'고 하였다. (육 의사는) '그렇습니다'고

하며 '大官'과 '愛錢' 네 글자에 동그라미를 치면서 웃음을 지었다.[12]

육 의사의 이름은 국상(國相)으로 의사로서 진료차 종종 들러 김육과 위와 같이 필담을 나누는 사이가 된 것이다. 김육은 명의 위기는 '밖으로 노적'(奴賊, 만청을 지칭하는 말), '안으로 유적'(流賊, 농민반란군을 지칭하는 말)으로 인해서 야기된다고 판단한 것이다. 그의 판단은 주지하다시피 명제국이 패망한 역사에 적중이 되었다. '노적'과 '유적'이라는 양대 위기와 함께 김육이 주목한 문제점은 명조 내부의 부패상, 상하에 만연한 회뢰(賄賂)였다. 조선사신이 황제를 알현하러 궁궐에 들어갈 때도 문지기에게 뇌물을 바쳐야 통과할 수 있었다거나 벼슬아치들 사이에 황금으로 서진(書鎭)을 만들어서 책 속에 몰래 끼워 상납하는 풍조 때문에 금값이 등귀한다거나 하는 등 몸소 겪고 얻어들은 사실들을 서술하고 있다. 이에 '대관애전'(大官愛錢)이라고 꼬집은 것이다.

위의 육 의사와의 필담에서 이어지는 대목에 조선사행이 예부상서에게 직접 당한 경험담을 '대관애전'의 사례로서 든다. 대당(大堂, 예부상서를 가리킴)이 통역관을 시켜 은 100냥을 보내면서 인삼 14근을 요청하므로 그대로 응하지 않을 수 없었다. 예부상서는 그 인삼과 함께 자신이 가져온 은까지 도로 챙겨가더라는 이야기다. 그런데 인삼 14근의 값은 은으로 환산하면 무려 420냥에 달한다고 한다. 여기에 이어지는 대화에서 김육이 우리나라에는 대간(臺諫)이란 관직을 두어 감찰·견제 기능

---

12) 『潛谷朝京日錄』三月 二十九日, "陸醫來見穩話. […] 余曰 : '外有奴賊, 內有流賊, 天旱如此, 而朝廷大官只是愛錢. 天朝之事, 亦可憂也.' (陸醫)曰 : '是也.' 於 '大官愛錢'四字上貫珠而笑."

을 수행하는데 중국에는 그런 직임이 없느냐고 묻는다. 육 의사의 답변은 이러하다.

> 과도(科道)의 두 아문(衙門)이 있긴 하지만 그 사람들 자신이 역시 탐욕을 부리는데 어느 겨를에 다른 관인을 규찰하겠습니까.[13]

육 의사의 신원은 자세하지 않으나 분명히 비판적 성향의 인물일 것이다. 정두원이 정보원은 몇 명의 관인에서 벗어나지 못했던 반면 김육은 이렇듯 비판적 인물들과의 대화를 통해 명조의 내부에서 썩어 무너지는 소리를 들을 수 있었다.

『조경일록』에서는 특히 필담의 방식에 유의할 필요가 있다. 필담은 한자문명권의 지식인 사이에서 보편적으로 행해진 대화의 형식이다. 18, 19세기로 와서 폭넓고 활발하게 이루어진 양국 지식인 사이의 소통과 교류는 필담으로 가능했다. 김육은 중화문명에 회고적 정서를 가졌던 것만이 아니고, 당대의 지식인들을 찾아서 "저점(邸店)을 두루 돌아다니며 손뼉 치고 마음껏 대화하기"를 소망하였다. 하지만 그 자신이 북경에 체류하는 동안에 저점을 돌아다니는 일은 실행하지 못하고 겨우 옥하관(玉河館)을 찾아온 인사와 필담을 나누었을 뿐이다. 필담을 통해서나마 마음속에 담긴 말을 주고받을 수 있었는데 그 필담에 비판적 내용이 풍자적으로 표현된 점이 매우 흥미롭다.

---

13) 위의 책, 같은 날, "有科道兩衙門*, 但其人自己亦貪. 何暇糾他人?"
　　*과도양아문(科道兩衙門)이란 육사급사중(六事給事中)과 도찰원각도감찰어사(都察院各道監察御使)를 합쳐서 부르는 호칭이다.

5. 맺음말 — 동아시아실학의 역사적 기원

이상에서 살펴본 조선사행의 해로 연행록 두 종은 주관심이 한편으로는 중국의 선진적인 문화와 생활제도에 있었고, 다른 한편으로는 천하의 형세가 어떻게 돌아가느냐에 있었던 점에서 일치한다. 당시 상황이 급박했던 관계로 후자 쪽으로 시선이 쏠리게 되었는데 정세 인식에서 양자는 차이를 보여준다. 대명외교의 종막이 된 김육의『조경일록』에서는 지식인 사이의 지적 교류가 필담의 방식으로 이루어져 흥미롭게 읽혀지는 내용을 구성한 데 특히 주목하였다.

17세기 전반기 명·청이 각축하는 상황에서 극히 이례적으로 행해진 해로사행의 두 기록에 나타난 이와 같은 특징적인 면모와 성격은 18세기 연행록의 위대한 두 성과, 즉『열하일기』와『담헌연기』에 인계된 셈이다. 물론 그대로는 아니다. 중국의 문명과 기술에 대한 관심은 본격적으로 깊어졌으며, 필담에 의한 지적 소통의 방식도 폭넓게 활발하게 펼쳐졌다. 김육이 그토록 소망했던 '주행저점(周行邸店)·저장극담(抵掌劇談)'이 이제는 현실화될 수 있었다. 그에 따라 연행록의 체제와 규모도 달라질 수밖에 없었다. 비유하자면 편년체(編年體)에 기사본말체(紀事本末體)가 결합된 모양으로 일기체에다 론(論)과 기(記)를 안배한 형식을 창출한 것이다. 정두원의 사행은 서양인을 만나고 서양의 문물을 가져온 것으로 유명하다. 그것은 결코 우연한 일이 아니었다. 기본적으로 서세동점이라는 역사행보에서 일어난, 서세가 조선에 의도를 가지고 접근하고 지원한 행사였음을 엿볼 수 있었다.

끝으로 17세기의 역사전환과 실학이 어떤 상관성을 갖느냐는 문제를 언급해두겠다. 실학이란 말뜻 그대로만 보면 고금에 항시 존재할 수 있는 학문태도며, 하나의 일반명사다. 실학에 대한 논의의 장에서 곧잘 개념상의 혼선이 빚어지는 요인은 바로 여기에 있다. 실학을 특정한 시기에 성립한 학문 경향으로 파악할 때, 비로소 역사적 의미를 갖게 되는 것임은 더 말할 나위가 없다. 더구나 실학을 일국적 경계를 넘어 동아시아적 차원에서 논한다고 하면 이미 역사적 개념으로 전제하고 있는 셈이다. 한·중·일 삼국에 공통적인 역사현상으로 성립한 실학의 기원, 다시 말하면 실학의 역사적 계기를 어느 시점으로 잡을 것인가? 이 글에서는 17세기 동아시아 역사전환의 과정에서 극적 장경(場景)을 연출했던 조선사행의 해로 연행을 통해 이루어진 두 기록에서 실학이 발아했던 실상을 확인하였다. 동시간대 명말청초의 중국에서도 신학풍이 발흥하였다.

■『한국실학연구』9, 2005

정두원과 로드리게스[1]
– 조선과 서양의 첫 만남

    1631년 조선 외교사절단 단장 정두원과 서양의 예수회 선교사 로드리게스(중국명 陸若漢)는 중국 산동반도의 등주라는 곳에서 조우하였다.[2] 조선과 서양의 첫 만남으로 기록된 일인데, 그때 서양의 각종 문물을 기증받았을 뿐 아니라 깊이 있는 지적 대화를 나누었던 것이다. 조선과 서양 사이에서 이루어진 초유의 지적 대화이자 문명적 교류라는 역사적 의미를 갖게 되었다. 이 사실은 근대 이전의 연대기적 역사서나 야사류에도 서술이 보이지만, 근대 이후로 더욱 중시되어서 역사교과서에까지 등장하는 국민적 역사지식으로 기억되어왔다.

    필자는 「17세기 동북아의 역사전환과 실학: 조선사행의 해로 연행록」이란 논문에서 정두원이 해로로 중국사행을 하게 된 경위와 로드리게스

---

1) 이 글은 원래 앞의 「17세기 동북아의 역사전환과 실학」에 보론 형식으로 붙여 놓았던 것인데, 보충을 하여 독자적인 논문으로 분리시켰다.

2) 조선사행이 로드리게스를 만난 시점은 확실치 않다. 정두원이 로드리게스를 만나 서양문물을 기증받은 사실을 우리 임금에게 보고한 시점은 1631년 7월이다. 그래서 이 사실이 대개 1631년으로 기록되어 있는데 회로에 만남이 이루어진 것이 되며, 북경으로 가는 길에 만났다고 보면 그 전해인 1630년이 된다. 딱히 언제인지 확인되지 않으므로 일단 공식적 기록을 따라서 1631년으로 잡아둔다.

를 만난 사실을 다루었다. 하지만 이 사실을 거론하면서도 본 논지를 벗어나서 이 문제를 심도 있게 다루기 어려워 소략하게밖에 서술하지 못했다. 그 만남의 의미가 중요하고 흥미롭다는 점을 염두에 둔 까닭에 필자 자신의 아쉬움이 없을 수 없었다. 그래서 위 논문의 보론적 성격의 글을 바로 이어서 작성하게 되었다.

이 역사적 만남의 조선 측 주인공인 정두원이란 존재는 그 성명이 이 사실과 관련해서 들추어지긴 하면서도 정작 학문적 연구 대상으로 파악되지는 못했던 것 같다. 그런데 필자가 위의 논문을 준비하면서 알게 된 사실이지만 정두원은 그 나름으로 특이한 사상적 색채를 지닌 인물이었다. 그와 로드리게스의 만남이 우연이기는 해도 우연으로만 돌리고 말 일이 아니고 의미심장한 역사운동의 한 국면인데, 정두원에 대해서도 응당 관심을 두어야 할 것으로 판단했다.

정두원과 로드리게스의 역사적 만남에 대한 연구는 일찍이 1930년대에 야마구치 마사유키(山口正之)라는 일본인 학자에 의해서 이루어졌다.[3] 이에 관한 보고문은 그의 저서에서 4쪽에 불과하며, 책 표제에 명시된 그대로 '조선 서교사'를 다루는 입장에서 취급된 것이었다. 그렇기는 해도 워낙 관심이 끌리는 사안인데다가 귀중한 자료를 소개하고 있어서 대단히 값진 내용임에 틀림없다. 실은 또 이 역사적 만남에 대해 서술하고 언급한 것이 헤아리기 어려울 정도로 많지만 대체로 마사유키의 보고문 수준을 넘어서지 못한 것이 아닌가 싶다. 따로 독자적 연구를 수행한 사례를 찾아보지 못했다.

방금 마사유키에 의해 소개된 귀중한 자료란 정두원을 수행한 역관

---

3) 山口正之, 『朝鮮西敎史: 조선 그리스도교의 문화사적 연구』, 雄山閣, 1967.

이영후(李榮後)와 로드리게스 사이에 오고 간 서신이다. 이 서신의 내용은 조선과 서양의 최초의 지적 대화라는 역사적 의의에 상응하는 비상한 의미를 담고 있는 것으로 여겨진다. 당연히 이 서신을 분석하는 것이 이 글의 핵심이 되겠지만 그에 앞서 정두원과 로드리게스라는 인물과 그들의 사상적 면모에 대해서 살펴보고 끝에 서신의 본문을 소개하면서 그 출처를 밝혀보려 한다.

1. 정두원

정두원이란 인물이 필자의 눈에 처음 들어온 것은 훨씬 전의 일로 엉뚱하게도 음악과 관련한 자리에서였다.[4] 이득윤(李得胤, 1553~1630, 일명 德胤)이 편찬한 『현금동문류기』(玄琴東文類記)라는 책에 편자 이득윤과 정두원이 주고받은 서신이 수록되어 있었다. 임진왜란을 전후한 시기에 일어난 음악상의 변화에 대해 토론한 매우 흥미로운 내용이다.

필자는 17세기 이래 발흥한 예술사의 동향이 16세기 말엽에 이미 발단되었다는 유력한 근거로서 이 자료를 거론했던 것이다. 정두원이 음악 분야에까지 조예가 있었던 인물임을 확인했는데도 필자는 더는 관심을 두지 않고 있다가 이번에 재발견을 하게 된 셈이다.

정두원의 시문 및 인간적·사상적 면모를 후세에 전하는 책으로 『호정집』(壺亭集)이 있다. 그렇게 오래지 않은 1957년에 그의 본관지인 광주(光州)의 정씨(鄭氏) 문중에서 간행한 것으로 본문 27장, 습유(拾遺) 10장, 부록 12장으로 구성된 얄팍한 책자다. 원래 저술한 글이 적지 않았으

---

4) 임형택,「18, 19세기 예술사의 성격: '趣'의 미학적 인식」,『한국학연구』7, 1995;『한국문학사의 논리와 체계』, 창작과비평사, 2002, 238~239쪽.

나 중간에 유실되어 여기저기에서 수습한 것이라는 변명이 책의 「서문」에 적혀 있다. 그럼에도 필자가 보기에 유고를 수습하는 작업이 제대로 된 것 같지 않다. 우선 『조천기 지도』도 실려 있지 않으며, 방금 언급한 음악과 관련한 편지글도 빠져 있다. 『호정집』은 비록 문집의 체제로서는 빈약한 모양새이지만, 그런대로 흥미로운 내용과 긴요한 정보를 담은 소중한 문헌이다.

이 『호정집』에서 필자의 눈길이 먼저 닿았던 것은 「을지장군묘벽기」(乙支將軍廟壁記)라는 제목의 글이었다. 을지문덕이라면 역사상 유명한 인물이지만 예전에 그를 민족적 영웅으로 인정해서 상찬한 사례를 별로 보지 못했기 때문이다. 그다음으로 「수사차록」(隨思劄錄)이라는 제목으로 일종의 수상기를 자못 흥미롭게 읽었다. 이 글은 그 자신의 머리에 평소 떠오른 생각들을 자유롭게 기술한 형식인데 정두원의 철학적 사유의 키워드는 심(心)이란 글자다. 심을 주인이란 표현을 써서 인간 주체로 상정하고 있다. 그런데 심을 인식하는 논리 구조가 이기심성론(理氣心性論)과는 확연히 다르다.

(사람의) 머리는 위에 다리는 아래에 달려 있으며, 두 손은 좌우에 달려 있다. 이는 곧 상하사방에 벌려 있고 가운데서 절제하는 것이 아니므로 외(外)다. 간·허파·비장·신장은 네 부위로 나뉘어 있는데 이 또한 객(客)이요 주(主)는 아니다. 오직 심(心)만이 중심에 처하여 치우치지도 의존하지도 않고 도와 더불어 하나가 되고 하늘과 더불어 덕을 함께하니 이야말로 '주인'이다.

  • 「수사차록」

정두원의 인간학에서 '심'을 중심으로 잡은 것은 아마도 인간의 정신 작용이 뇌수가 아닌 심장에서 이루어진다고 믿었기 때문일 터이다. 그 야말로 유심주의요 비과학적이라고 규정지을 수 있겠다. 그럼에도 육체성에 근거한 이 '심'은 심성(心性)의 심과는 문맥이 전혀 다르다. 따라서 가치지향도 다를 수밖에 없는데 인간 주체로서의 '심'이 도(道)와 합일되는 경지를 사고하고 있다. 문제는 이 패러다임에서 도란 무엇이냐다. "도란 자연으로서 그렇게 되는 것이다"[道者 所以自然]고 규정하여, 그는 도를 자연으로 본다. "도는 하늘로부터 나온다"[道出於天]는 것이 유학의 정통 논리이므로 도를 자연에서 추구한 논법이 반유가적이라고 말할 수 없다. 그렇지만 다분히 도가적(노장적) 자연으로 비춰진다. "자연의 이치는 도에게 물어보아도 도 또한 알지 못한다"고 하면서 이렇게 말했다.

마치 사람이 배고플 때 먹고 싶어지고 목마를 때 마시고 싶어지듯 이 또한 자연으로 그렇게 되는 것이다. 이 자연으로 그렇게 되는 이치를 도에게 물어보면 자연으로 그렇게 되는 것을 도 또한 알지 못한다. 이 또한 자연으로서 알지 못하는 것이다. [……] 그러므로 이 이치는 마음으로 터득[心會]할 수 있는 것이지 언사로 전할 수 있는 것이 아니다.

• 「수사차록」

천(天)에 합일하는 '자연의 도'는 인간적 작위(作爲)를 거부하는 쪽으로 설정된 점에서 도가적 색채가 농후하다. 언어라는 전달수단까지 배제한 회심(會心)의 경지란 다시 자신의 육체성으로 돌아와야 이해될 수 있을 것 같다. "어진 자[賢者]는 객이 주체를 괴롭히지 않고 외가 내를 피곤하게 하지 않는데 어질지 못한 자[不賢者]는 객이 주체를 피곤하게 하고 외가 내를 어지럽히니 애달프지 않은가"라고 경종을 울리고 있다. 외부[外]나 객체[客]에 의해 흔들리고 부림을 당하거나 하지 않는 인간 주체를 그는 현자로 생각하였다.[5] 그것은 아무래도 마음공부, 즉 내공에 의해서 확립될 수 있을 터이다. 그런데 사람은 어질건 어질지 못하건 죽으면 썩기 마련이다. 그는 이 점을 분명히 하여 어진 자건 어질지 못한 자건 천지의 조화로 돌아가기는 마찬가지라고 하였다. 다만 어진 자는 불변의 요소가 존속하게 된다는 것이다.

정심(定心)하여 흩어지지 않으면 장생(長生)이라 할 수 있고 심정(心靜)하여 움직이지 않으면 장사(長死)라 할 수 있다. 그렇기 때문에 생은 사와 같고 사는 생과 같다. 그런 고로 지인(至人)은 생과 사가 없다.
　●「수사차록」

만약 마음이 바깥이나 객체에 의해 흔들리고 부림을 당하지 않는 경지에 도달한다면 곧 '정심'(定心)이라 이를 수 있지 않을까. 이 '정심'이 흩어지지 않는다면 논리상으로 '장생'이 될 텐데, 만약 '정심'이 되어 '마음이 지극히 고요한 상태'[心靜]로 지속된다면 장사(長死)가 될 것이다. 즉 장생(長生)=장사(長死)의 아이러니가 성립할 수 있다.[6]

---

5) 『壺亭集』卷1 張11~12,「隨思箚錄」, "頭處上, 足在下, 兩手在左右, 是列於上下四方者也, 非居中而節制者也, 是皆外也. 肝肺脾腎, 分守四位, 是亦客也非主也. 惟心處中, 不偏不倚, 與道爲一, 與天同德, 是乃主人也. 此主人, 有賢者, 有不賢者, 賢者不爲客而勞主, 不爲外而罷內, 不賢者爲客而罷主, 爲外而亂內, 可不哀乎! 雖然及其終也, 賢者以賢歸於造化, 不賢者亦以不賢 歸於造化. 及其歸則一也. 然賢者有不變者存焉."

6) 위의 책, 張13, 위의 글, "定心不散, 可謂長生, 心靜不動, 可謂長死. 是故生如死也, 死如生也, 故至人無生死.

이러한 그의 사고의 논법은 어떤 현실적 의미를 갖는 것인지 필자로서는 논리상으로 따라가 보았지만 정확하게 이해하지는 못하겠다. 하지만 적어도 그 자신에 있어서는 실천적 의미가 있었다. 그는 금강산의 산수를 좋아해서 「중유금강록」(重遊金剛錄)이라는 한 편의 좋은 유기를 남겨놓았다. 그뿐 아니라 외금강의 신계사(新溪寺) 계곡에 거처를 마련하고 몸소 들어가 살았다는 기록도 보인다. 이득윤은 그의 이런 태도를 '지상선'(地上仙)으로 일컫고 "최학사(崔學士, 최치원을 가리킴-인용자)의 후신 아니면 원술랑(元述郞)의 무리라"고 칭송을 한 것이다.[7] 이 일로 말썽이 일어나 탄핵을 받기도 했는데 택당(澤堂) 이식(李植)은 그를 변호하여 "대개 정공은 단학(丹學)을 좋아한 것인데 사람들이 더러 불교로 의심하였다"는 말과 함께 두 편의 시를 붙였다. 그 시구에 "생존에 순응하고 사멸에 편안하니 유가의 이치 밝도다"[存順沒寧儒理明]라 하여, 그런 삶의 자세를 유학의 입장에서 평가하고 있다.[8]

이상에서 정두원 특유의 사상적 논리를 더듬어보았다. '심'이라는 한 글자에 그의 철학적 문제의식과 인간학이 압축되어 있는데 당시 주류적

灼把天理, 內觀定心, 雖入鬼室, 自無畏懼.

定心定氣, 復忘其定, 冥然寂然, 復忘其忘, 此時候可論先天, 纔發一點光明, 則便是後天, 如再動, 則已作人關."

7) 李得胤, 『西溪集』卷2 張25~26, 「答鄭下叔」, "書之末曰: 東海頭楓岳下, 舊有歸休之志, 而不敢決也. 開月十三日, 卜以發程, 相其居地. 數年後携家歸隱云云. 吁! 子誠不凡人也, 可謂地上仙也. 若非崔學士之後身, 定是述郞徒也."

8) 李植, 『壺亭集』卷2 張8, 「次松都留守鄭下叔韻」, "鄭公, 卜庄金剛山下, 前年按關東時, 就新溪洞重修方丈, 以爲棲息之所. 臺官追駁其事. 上不允. 蓋鄭公好丹學, 人或疑其佛乘也. 不佞之意, 則決不然. 故贈此, 爲之卞釋於世之惑者爾. 仙求不死釋無生, 存順沒寧儒理明. 安得新溪方丈室, 與君相對靜中評."

인 성리학의 이념이나 논리와는 무관한, 오히려 그것과 대척적인 성격이었다고 이해하는 편이 옳을 것이다. 그럼에도 비난하는 소리를 듣긴 했지만 용납이 될 수 있었다. 이런 인간유형, 그 특이한 사상경향은 정두원한 개인으로 그치지 않고 비록 드물긴 하지만 조선조의 지식인 가운데 존재했던 것으로 보인다. 유학-성리학의 주류적 풍토에서 도교적 경향의 단학(丹學)이 존속했던 사실을 유의할 필요가 있겠다. 관학의 계보로 말하면 위로 매월당 김시습, 북창(北窓) 정렴(鄭磏) 등이 손꼽히며, 택당 이식도 단학에 취향이 있었다.

정두원의 사상경향은 근본적으로 말해서 은둔적이기 때문에 비현실적 인간으로 비춰지기 쉽다. 그러나 그의 실제 행적을 보면 도리어 실무에 노련하여 당시 어려운 국사에 당면해서 노고를 아끼지 않았다. 만주족의 누르하치가 요동평원을 장악하자 명나라 장수 모문룡(毛文龍)이 가도(椵島)로 들어온데다 한족의 난민들까지 밀려들어 우리 측에 여러모로 골칫거리가 되었다. 이때 정두원은 접반사(接伴使)로 차출되어 가도로 가서 임무를 수행한 일이 있었다. 그리고 그의 숙부 정운호(鄭雲湖, 字 浩而, 號 臥濱, 벼슬은 형조참판에 이름)가 1626년에 부사로 중국에 갔을 적에 수행하여 해로사행의 경험이 있었다. 이런 경력과 능력을 평가받아 지극히 어려운 시점에서 그가 기용된 것이다. 정두원은 실무형이면서 탈현실의 모순되는 면을 드러내기도 했다.

2. 로드리게스

다음은 정두원이 만난 서양 지식인 로드리게스에 대해서 이야기할 차례다. 육약한(陸若漢)은 로드리게스의 중국식 이름이다. 정두원이 로드리게스를 접촉하여 서양의 지식을 담은 서책, 무기류, 관측기구류 등을 제공받은 사실을 국왕에게 보고한 글에서 "육약한은 이마두의 친구입니다"라고 소개했다. 이마두(利瑪竇, Matteo Ricci, 1552~1610)라는 존재는 이미 어떤 식으로건 당시 조선에서도 인지되었던 사실이 확인된다. 그런데 이마두와 육약한의 관계를 친구라고 말한 것은 따지고 보면 실상에 맞지 않다. 로드리게스는 포르투갈의 라멩고(Lamengo) 지방에서 태어나 16세의 어린 나이에 머나먼 일본열도로 건너와서 청·장년기를 보내다가 53세에야 비로소 중국 대륙을 밟았다. 이 두 사람은 출신국도 달랐고 선교활동 구역도 달랐다. 로드리게스가 중국에 처음 발을 디딘 곳은 당시 포르투갈을 위한 개방구였던 마카오로 1614년경이었다. 아마도 에도막부의 천주교 탄압 때문에 일본에서 떠났던 것이리라. 이때 이마두는 세상을 떠난 뒤였다. 로드리게스에 관한 전기적 기록에 의하면 그는 이마두가 채택한 '천주'라는 한문 역어에 문제를 제기하여 누차 글을 발표했다 한다.[9]

로드리게스라는 인물의 활동구역은 당초 중국이 아닌 일본이었기 때문에 중국에서 그의 위상은 높지 못했다. 반면 그는 일본 선교사에서 저명하였는데 특기할 사실은 일본어에 능숙해서 성서 번역에 공헌했고 서구적 논리에 의해 일본어 문법을 연구했다고 한다. 『일본대문전』(日本大文典, 1604~1608, 日本 長崎)과 『일본소문전』(日本小文典, 1620, 中國 마카오)을 저술, 간행한 것은 특기할 사실이다.[10] 특히 『일본교회사』(日本教會史)라는 미완성의 저술을 남겼다. (책 제목을 『일본교회사』라고

---

9) 로드리게스에 대한 서술은 주로 『在華耶穌會士列傳及書目』(費賴之 著, 馮承鈞 譯, 中華書局, 1995)을 참조해서 한 것이다.
10) 로드리게스의 일본어 문법에 대해서는 정광(鄭光) 교수의 자문을 받았다.

붙였지만 중국까지 포괄한 것이었다 한다.)

로드리게스의 발길이 어떻게 마카오에서 멀리 떨어진 산동반도에 닿아서 조선국 사신과 교류를 할 수 있었을까? 필자의 지식이 그 자세한 경위에 미치지 못하는데 중국으로 들어가 활동한 예수회 선교사들의 전기를 기록한 비뢰지(費賴之, Louis Pfister) 신부의 언급에 의하면 명의 위기상황에서 마카오의 공민(公民)인 곤잘베스(Gonzalvés, Texeidd-Collea. 公沙的西勞)[11]가 대포 10문에, 약간의 군졸을 거느리고 북상하여 지원할 때 로드리게스 신부는 통역자로 지명받아 따라가게 되었다는 것이다.

서양대포는 실전에서 가공할 위력을 발휘하여 명 황제의 신임을 받아 등주 주둔의 손원화 부대에 배속된다. 이런 정황을 정두원은 "(육약한 등이) 홍이포를 들고 와서 되놈 군대를 치겠다고 자청함에 황제는 가상히 여겨 수만금을 하사하고 장교관(掌敎官)으로 기용하여 등주로 보내니 손 군문(孫軍門)은 육약한을 빈사(賓師)로 대접하고 있습니다"[12]라고 임금께 보고하였다.

당시 등주 순무(巡撫)로 있던 손원화는 서광계(徐光啓)의 문하를 출입하여 서양의 기술을 수용하려는 장수로서 전부터 서양 대포를 제조하는 일을 앞장서 맡아왔다. 로드리게스를 손원화의 막하에 배속시킨 데는 이

---

11) 『近代來華外國人名辭典』(中國社會科學出版社, 1981), 「公沙的西路」(Texeira Correa, Gonzalves) 항목에는 "澳門葡萄牙公民. 1630年遵澳門總督之命, 率西人24 名, 帶大炮10尊, 北來協助明室對抗淸軍"이라고 나와 있다. 그 일이 마카오 총독의 명에 의한 것으로 밝혀져 있다.

12) 이 대목이 인용된 문헌에 따라 약간 다른데 조경남(趙慶男)의 『난중잡록속』(亂中雜錄續, 『大東野乘』卷33)에는 "進紅夷炮討虜, 天子嘉之, 賞賜累巨萬, 欽差掌敎之官, 送於登州軍門, 幷力回復遼東. 軍門對以賓師"로 나와 있다.

런 까닭이 있었을 것이다. 조선사신이 환국하고 얼마 지나지 않은 시점인 1632년에 바로 이 부대에서 자중지란이 일어나 홍이포를 비롯한 신예의 무기가 고스란히 적군의 수중으로 들어간 사태가 발생했다. 그야말로 죽 쒀서 개 준 꼴이 되고 말았다. 그사이의 경위를 간단히 설명하면 이렇다.

모문룡의 부장으로 있던 공유덕(孔有德)이란 자가 모문룡이 명군 사령관 원숭환(袁崇煥)에게 처단당하자 도망쳐 등주로 건너와서 의탁해 있었다. 그러다가 공유덕이 반란을 일으켰던 것이다. 이에 손원화 부대가 무너졌다. 공유덕은 명 진압군의 반격으로 버티기 어려워지자, 신예의 병기를 가지고 달아나서 적군 진영에 투항해버렸다. 후일 공유덕은 청나라에서 군공을 세워 대장군의 지위에까지 올랐다. 이런 와중에 곤잘베스 등 포르투갈 지원군도 함께 몰살을 당했으며, 로드리게스는 구사일생으로 성을 넘어 탈주하였다. 그리하여 마카오로 돌아가서 이내 곧 파란만장한 생애를 마쳤다. 그가 사망한 시점은 1633년이나 1634년으로 정확하지 않다.

3. 조선과 서양의 첫 만남

로드리게스가 먼저 조선사신 정두원을 심방함으로써 조선과 서양의 만남이 이루어지게 된 사정은 앞의 글에서 말한 그대로다. 이질적이고 생소한 두 문명이 접촉하면 충돌과 갈등을 유발하기 십상이다. 그럼에도 이 경우에는 낯가림조차 기록된 것이 없다.

조선과 서양의 첫 만남이 우호적이었던 데에는 필시 무슨 곡절이 있었을 것이다. 당시 조선사행이 접한 '서세'는 이미 명 황제의 신임을 받았을 뿐 아니라 명의 위기를 구원하는 입장에 있었다. 이 점이 주요인으로 작용했을 듯하다. 조선사신은 그런 사실을 듣고 감동하여, "오랑캐를 섬멸하기로 뜻을 두어 화기를 정비하고 의군을 응모하여 천리를 멀다 않고 어려운 곳으로 달려왔다"고 표현한다. 그리하여 "충의의 명성은 원근에 널리 울리고 있다"[13]는 찬탄을 발한 것이다. 명 황제에 대한 '충의'를 뜻하는 것이니 대일통적 관념의 표출이다. '서세'는 이 관념을 결코 수용하지 않겠지만 어쨌건 대청(對淸)전선에서 동맹관계에 있는 조선으로서는 '서세'가 우군처럼 비춰지기에 이르렀다. 따라서 저들에게 신예무기의 지원 요청을 선뜻 할 수도 있었을 것이다.

　　신(정두원-인용자)이 보기에 서양 홍이포는 포탄의 크기가 말[斗]만큼이나 크고 곧장 80리 밖까지 날아간다니 천하에 굉장한 무기입니다. 육약한이 마침 손 군문의 막하에 있었는데 신이 이미 그와 아는 사이가 되어 뒷날 손 군문에게 자문(咨文)을 보낼 때 따로 서신 한 통을 보내 그 방법을 물어 홍이포법 또한 배울 수 있었습니다. 신의 직무는 사신이어서 이런 일에 상관이 안 되는 듯싶기도 하지만, 국사를 우려하는 구구한 마음에 스스로 그만둘 수 없었던 것입니다.[14]

　　정두원이 귀환하기에 앞서 임금에게 올린 장계의 끝부분이다. 그가 사행 도중에서 얻어온 서양 무기는 신형 소총과 대포였다. 신형 소총은 기

---

13) 李榮後, 『雜同散異』 22 · 西洋問答, 「與西洋國陸掌敎若漢書」.

14) 『亂中雜錄續』, 『大東野乘』 卷33, "臣見西洋紅夷炮丸子, 其大如斗, 直到八十里外, 天下之壯器, 若漢時住登州孫軍門處, 臣旣與之相知, 後日軍門前送咨文時, 兼付一書求其法, 則紅夷炮法亦可學矣. 臣職是使臣, 於是等事似不相干, 而區區憂國之誠 不能自已, 敢此陳達, 不勝惶恐猥濫之至."

왕의 조총에 비해 성능이 월등히 우수했는데 사격법을 익혀야 하고 화약을 마련하지 않으면 안 되는 어려움이 따랐다. 이 난제를 해결하는 데 관련하여 실무적이고 실용적인 기술을 장계에서 자세히 개진하고 있다.[15] 이어서 홍이포의 위력에 관해 언급한다. 그 사거리를 80리라 한 것은 아무래도 과장된 듯싶지만 '천하에 굉장한 무기'며, 그런 만큼 우리에게 아주 유용한 것으로 인지하였음은 자명하다.

그런데 조선 사신이 로드리게스에게 받은 인상은 호감을 느낀 정도를 넘어서 신선처럼 보였다.[16] 정두원은 임금이 직접 묻는 자리에서 육약한을 가리켜 "도를 지닌 사람[有道之人] 같아 보였습니다"[17]라고 아뢴다. 후세에 나온 말이지만 "양이(洋夷)는 짐승이다"라고 본 조선유학자들의 일반적 관점에 견주어 사뭇 의아스럽기까지 하다. 로드리게스를 '신선처럼 보이는 사람'으로 표현하는 데 '정신수려'(精神秀麗)란 말을 동원하였다. 그의 정신적 풍모가 극히 고결해보였다는 뜻이다. 과연 무엇에 감동해서 처음 대하는 사람을 '정신수려'라고 표현하였을까? 물론 외형적 모습에서 받은 느낌도 있었겠지만 주로 지적인 대화에서 받은

---

15) 위의 책, "臣所帶譯官李榮後, 爲人十分精詳, 非但能文, 凡事善爲窮理. 故使榮後往問其法, 頗通其妙. 其於鳥銃法, 則不用火繩而石火自發, 尤極奇異. 臣聞富平阿南山, 多出火石. 或可用此爲乎乙喻, 第試之可知矣. 別牌陣鄭孝吉亦多才能, 故又使傳習放炮法矣. 臣見中原海濱産焰焇. 臣聞我國海濱亦多有之. 臣所帶京炮手朴武言言, 仁川海上多有之云. 煮法則臣見正如煮鹽之法. 我國火藥極貴, 最欠於禦敵. 臣常歎悶, 故見樣次以, 又得鹽焇數兩而來."

16) 『보은기우록』(報恩奇遇錄)이란 국문소설을 보면 이마두란 이름의 도력을 지닌 신선이 등장한다. 이처럼 신비화된 서양인 상(像)이 도대체 어디서 비롯되었는지 필자에게 풀리지 않는 하나의 의문으로 남아 있었는데 정두원이 임금에게 아뢴 저 육약한의 이미지가 이마두에게 오버랩된 것으로 추정해볼 수 있을 것 같다.

17) 『仁祖實錄』卷25 張9.

인상이었을 것이다.

이와 관련해서 역관 이영후와 로드리게스 사이에 오고 간 서간을 거론해본다. 조선국 정사 정두원을 수행한 역관 이영후가 로드리게스에게 보낸 서신과 이에 대한 로드리게스의 답신이다. 오고 간 이 서간을 수록해서 후세에 전한 안정복의 『잡동산이』(雜同散異)는 여기에 '서양문답'이라는 명칭을 부여하고 있다. 조선과 서양 사이의 지적 대화라는 점을 표출한 것으로 보인다.

정두원은 임금에게 올린 보고서에서 "신이 대동한 역관 이영후는 사람됨이 십분 자상하고 치밀하며 능문(能文)의 재주가 있을 뿐 아니라 매사에 궁리를 잘하므로, 그를 시켜서 저들의 법을 가서 배워오게 하여 그 묘리를 자못 터득할 수 있었습니다"[18]고 아뢴 바 있다. '저들의 법'이란 서양의 무기와 천문역학에 관련된 사항이다. 이영후가 로드리게스에게 서신을 보낸 것 역시 개인적인 일이 아닌 정사 정두원을 대신한 외교적 행위라고 보아야 할 것임은 물론이다.

5. 이영후와 로드리게스가 주고받은 편지

"저의 나라와 귀국의 사이는 하늘 끝이요 땅의 모서리인데 지금 뜻밖에 만나 정신을 교류하니 이는 천고에 없었던 기이한 일입니다." 이렇듯

---

18) 이영후에 대해 야마구치 마사유키는 그의 서한을 소개하면서 "필자 이영후는 16세기 말의 유학자 이로(李輅)의 후손으로, 역관 가운데 드물게 보는 학자며, 대유 안정복이 '박학(博學)의 인(人)'이라고 존경했던 인물이다"(『朝鮮西敎史: 조선그리스도교의 문화사적 연구』, 47쪽)라고 밝혀놓았다. 이로는 양녕대군의 6대손으로 형조판서를 지냈으며, 이영후는 그의 서자다. 그런데 이로의 손자 상항(尚恒)이 이이첨의 사위가 되어 인조반정 이후 가문이 큰 화를 입게 되었다.

조선 사신은 태서에서 극동으로 아득히 떨어진 양자의 만남이 갖는 의미를 십분 인지한 나머지, 천고의 기회를 놓치지 않으려고 한 것이다. 역관 이영후의 이름으로 발송한 서신은 저들에게서 귀중한 물종을 기증받은 데 사의를 표하는 형식으로 시작하는데 그에 그치지 않고 의문점을 물어보고 대화를 하려는 의도를 솔직히 드러내고 있다.

조선 측은 가공할 무기와 신묘한 기기(器機)를 능히 제작한 서양의 기술에도 놀랐지만 과학지식의 진보에도 탄복한 것이다. 저들이 준 서책을 접한 독후감에 "태서자(泰西子)는 천도(天道, 하늘의 이치 즉 천문학)에 정치하고 심오하여 고금에 특출하다"라고 적어놓았다. 중국과 통하지 않은 세계에 제3의 문명이 있다고 생각한 것이다. 전래의 사고방식으로 개물성무(開物成務)의 문명창조는 오직 성인의 공능에 속하는 일이었다. 세계의 중심부 중국 대륙에서 복희씨(伏犧氏)·신농씨(神農氏)로부터 주공(周公)·공자(孔子)에 이르는 위대한 성인 계보에 의해 천하 유일의 문명이 발생, 발전한 것으로 알고 믿어온 터였다. "아니 중국 대륙의 바깥에서 이런 인물, 이런 교화(敎化), 이런 제작(制作)이 어떻게 나올 수 있단 말인가?" "이는 누가 만들었고 누가 전했는가?" 실로 전고에 듣도 보도 못한 일이기에 이처럼 의문을 일으킨 것이다.

조선사행이 예수회 선교사에게서 기증받은 서책은 르네상스 이후 개발된 서양의 근대지식을 한역하여 중국에서 간행한 것들이다. 내용은 천문학과 지도가 주종을 이루고, 그밖에 기증한 무기 기기에 딸린 책자들이었다. 천문학은 역법과 관련해서 일상의 실용에도 직결되지만 이데올로기적 의미도 지대한 바 있었다. 조선사행은 이들 서책에 비상한 관심을 기울인 것이다. 만국전도를 보고서는 중국이 과연 세계의 중심이냐를 물었고, 서양의 새로운 천문지식에 접해서는 전통적 천문학에 의문을 일으키면서 역법에 관해 구체적 문의를 하고 있다. 이런 의문점들을 담은 이영후의 서한은 길이도 자연히 길어졌다.

이에 대한 로드리게스의 답신은 반 정도 길이로 짧으면서도 지적 대결의식으로 칼날을 세우고 있다. 한문의 글솜씨가 유창한 편은 못되지만 확신을 가지고 제기된 문제에 간명하게 답하고 있다. 천문역법에 관련해서는 명나라 황제가 자기들에게 역법개수를 명해서 지금 작업 중이며, 천문의 자세한 이치는 몇 마디로 말하기 어렵다고 하였다. 서양의 지적 우위로 이미 판명이 된 터에 논할 것이 없고 기회가 닿으면 후일 설명해 주겠노라는 의미로 읽혀진다.

최대의 쟁점 사안은 중국이 세계의 중심이냐는 것인데 이 물음에 대한 로드리게스의 답은 이러했다. "만국전도에 대명(大明)이 가운데 그려진 것은 보기 편하게 하기 위해서일 뿐이요 지구로 논하면 나라마다 중심이 될 수 있습니다." 지구의 실체를 들어 중국 중심설을 여지없이 부정한 것이다. 중국 중심주의는 중국이 지리적으로 세계의 중심이라는 전제 하에서 성립하는 것인데 이 근거가 여지없이 부정된 것이다.

그리고 조선 측이 제기한 최대의 의문점은 저 아득히 멀리, 중국 밖의 미지의 땅에서 어떻게 놀라운 문명이 열릴 수 있느냐는 것이었다. 이 의문점에 대해 서양 측은 방향을 달리해서 좀더 근원적인 질문을 던져서 받아치고 있다. "세상에 인간이 생존함에 처음이 있고 끝이 있지요. 처음은 어디서 왔고 끝은 어디로 가느냐?" 이 근원적인 물음에 동양의 유·불·도 세 종교는 해답을 못하고 있다고 공박한다. 그리고 이 문제를 깊이 유의할 것을 촉구한 것이다. "태극이 양의(兩儀)를 낳고 양의는 4상(象)으로 나뉘며, 4상은 8괘(卦)로 나뉘고 8괘는 천지만물을 낳는다." 바로 동양의 전통적인 존재론이다. 이 논법을 서양의 논리로 추구해보면 "태극

148

은 기(氣)이고 질(質)이니 마음도 지혜도 있을 수 없는 것입니다. 무궁하고 전능한 지혜를 지닌 작자(作者)가 없다면 어떻게 만물을 낳을 수 있겠습니까"라고 로드리게스는 반문하고 있다. '무궁하고 전능한 지혜를 지닌 작자'란 창조주, 즉 신을 가리키고 있음은 더 말할 나위 없다. 존재론적 의문을 신학적으로 해결한 셈이다.

로드리게스의 답신에서는 동서비교론으로 읽혀지는 대목도 있다. 하나는 동서의 원천적 공통성으로 천학(天學)을 거론한 것이다. "삼강·오상(五常)과 오륜·치국(治國)의 도리로 말하면 우리나라에도 다 같이 있는 '이 세상의 학문'[此世學]이요, 이에 그치지 않고 따로 천학이 있는데 (중국에서는) 진시황의 분서(焚書)로 전하지 못한 것이 아닌가 합니다"라고 자신의 견해를 밝힌다. 이마두는『시경』(詩經),『서경』(書經) 등 중국의 옛 경전에서 기독교적인 천 개념을 발견했으며 로드리게스는 따로 '천학'이란 지식체계를 상정했음을 볼 수 있다. 로드리게스의 독특한 관점이다.

다음은 동서의 차이점을 거론한 대목이다. "중국은 오로지 고인을 믿어서 착오를 일으키고 잘못 영합하게도 되는데 서국의 학문하는 태도는 예로부터 오늘에 이르도록 항상 참작·검토하여 그 근원에 도달하지 않고는 그만두지 않습니다." 서양과 대비하여 동양의 상고적인 태도의 맹점을 지적한 이 논리는 서양적 입장에서 정곡을 찌른 것으로 생각되는 것이다.[19)]

당시 조선 측은 저들에 대한 지식이 전무한 상태에서 조우하여 지적 관심을 기울여서 묻고 배우려는 자세를 보였던 반면 서양 측은 지적 오

---

19) 安鼎福,『雜同散異』22,「朝鮮問答」,「西洋國陸若漢答李榮後書」.

만을 느끼도록 한다. 저들은 동양세계에 대해 이미 축적된 경험을 가지고서 전술적으로 대응한 것처럼 보인다. 그럼에도 총체적으로 평가하자면 조선과 서양의 문명적 대화는 처음인데도 삐걱거리지 않으면서 예리하고 유익하였다. 양측의 첫 만남이 이처럼 될 수 있었던 데는 위에 지적한 배경적 요인뿐 아니라 따로 고려할 면이 있다. 다름 아닌 조선사행의 정사인 정두원이다. 정두원은 사상적 색채가 특이한 인물이었음은 앞서 주목하였는데 그는 중국관에 관련하여 흥미로운 발언을 남겼다.

하늘이 어찌 중국과 호갈(胡羯, 이적夷狄과 같은 의미)의 구별을 짓겠는가. 나아가 능히 성인의 도를 행하면 중국이라 이를 수 있고 능히 성인의 도를 행하지 못하면 호갈이라 이를 수 있다. 토지가 어찌 이적과 중화에 관계되랴!
　•「빈관견문잡록」(儐館見聞雜錄)

정두원이 가도에 주둔한 모문룡 군영에 접반사로 가 있을 당시 견문기록의 끝에 소회로 적은 말이다.[20] 요동지방이 만주족에게 점령당하자 압록강 너머로 밀려온 한족 난민들을 그는 수없이 상대하고 관찰하게 되었다. 이때의 체험적 지식으로 얻은 판단이 중국=중화는 지역적 개념이 아니고 인간 주체에 속하는 보편적 개념이라는 것이었다. 중국 중심

20)『壺亭集』卷1 張14,「儐館見聞雜錄」, "壺亭曰: 太初聖人, 生於中國, 敎以禮義, 故後世所以尊中國, 乃慕仁義也, 非爲土地也. 自胡元亂天下, 尙不靖矣, 聖人之法滅矣. 顧吾東方親喪三年, 夫死不改, 是聖人之道東矣. 噫! 天豈有中國與胡羯之別歟! 就其能行聖人之道, 謂之中國, 不能行聖人之道, 謂之胡羯也. 土地何干於夷狄與中華云耶? 今聖人之法, 獨行於吾東, 則吾恐古所謂中國者不在中國而在吾東也."

주의에 대한 회의가 서양을 대면하기 이전에 이미 그의 뇌리에 입력되어 있었다.

1631년 조선과 서양의 첫 만남은 일회적으로 그쳤다. 그러나 서양인에게서 기증받은 각종 기기며 서책, 그때 나눈 지적 대화는 여러모로 의미심장한 바가 있었다. 또 거시적으로 보아 이 만남은 서세동점이라는 전 지구적 역사 운동의 일환이었다. 서세동점은 이후로 지속, 확장하여 동아시아 역사의 진로에 결정적 작용을 하게 되었다. 이 글에서 17세기 동북아의 역사 전환에 서세의 개입이 비록 규모는 크지 않았더라도 분명히 있었으며, 그 과정에서 조선과 서양의 만남이 지적 대화로 이어진 사실을 주목할 필요가 있다.

■『한국실학연구』9, 2005

추록

조선인 이영후와 서양인 로드리게스 사이에 오고 간 서신을 필자는 당초에 야마구치 마사유키의『조선 서교사』에서 보았다. 이 책의 '재화구인(在華歐人)과 조선 사절'이란 항목의 한 절에서 서양 선교사 로드리게스와 조선 사신 정두원이 조우했던 사실을 서술하고 아울러 주고받은 서신의 원문을 소개해놓았다. 원래 1933년『사학잡지』(史學雜誌, 44-7)에「청조에 있어서의 지나(支那)에 머문 유럽인과 조선 사신」이란 제목으로 발표되었던 것이다. (이 논문은 중국의『燕京大學學報』에도 중국어 번역으로 실렸다 한다.)

중요한 역사적 문서인 이 서신은 애초에 어디서 나왔던 것일까? 야마구치의 책에는 밝혀져 있지 않아서 궁금하게 여겼는데, 한국국립중앙도

이영후가 서양 선교사
로드리게스에게 보낸 서신.
『잡동산이』 소재

서관 고전운영실로부터 한 건의 문서를 영상으로 제공받을 수 있었다.
「육약한 이영후 창수문」(陸若漢李榮後唱酬文, 청구기호 古3649-54)이
란 표제인데 필자가 찾던 그 서신을 철필로 원고지에 정서해놓은 내용
이었다. 이 문서의 표지 다음 장에 "본 서한은 성대(城大) 후지타(藤田)
선생이 가르쳐주셔서 알게 된 것인데 후에 선생의 호의로 초사(抄寫)
해서 보내준 것이다"라는 뜻이 일본어로 적혀 있고 그 시점은 쇼와 6년
(1931) 2월이다. 그리고 표점을 가하여 후일 참고의 자료로 삼고자 한다
는 말이 적혀 있다. 이로 미루어 문제의 서신을 발견해서 철필로 옮겨 쓴
사람은 당시 경성제국대학 교수로 있던 후지타 료사쿠(藤田亮策)일 것
이다. 표점을 가한 이 문서의 주인은 확실치 않으나, 이 자료를 1933년
논문에 소개한 야마구치일 확률이 높아 보인다.[20] (어떤 경위로 이 문서
가 한국국립중앙도서관에 소장되게 되었는지 자못 의아스럽기도 하여

도서관의 담당자에게 문의했다. 중앙행정도서관에서 1972년에 국립중앙도서관으로 이전되었다는 답을 들었다. 여전히 의문점이 남지만 더는 추적하지 못했다.)

이「육약한 이영후 창수문」으로 표제된 문서도 다른 어떤 문헌에서 전사한 것임이 물론이다. 원 출전은 따로 있는 것이다. 그 철필로 전사한 문서에 '안순암(安順菴) 자필 고본(自筆稿本)'의『잡동산이』(雜同散異)라고 명기되어 있다. 그런데 여강출판사에서 영인으로 출간된『잡동산이』에서는 아무리 뒤져도 이 자료를 발견할 수 없었다.

현재 서울대학교 규장각에『잡동산이』는 두 종이 소장되어 있다. 하나는 규장각본(청구기호 奎7178)으로 영인 출간된 책의 대본이 되었던 것이며, 다른 하나는 고도서본(청구기호 古0160-12)이다. 양자는 권책의 수도 달라서 전자는 총 53책이며, 후자는 총 45책으로 3책이 결락된 상태다. 후자가 필사상태로 보아 초고본임이 분명하다. 부분적으로 누구에게 필사시킨 것도 있을 수 있겠으나 대체로는 저자의 자필초고로 판단된다. 내용도 전자보다 권수는 적지만 실제로 분량이 많고 내용도 풍부하다. 이 초고본『잡동산이』의 제22책 겉장에 '서양문답'이라고 적힌 항목이 보이며, 여기에 이영후와 로드리게스가 주고받은 서신이 실려 있다.

이 원문을 정리해서 다음에 제시한다. 기왕에 알려진 자료는 전사과정과 인쇄과정에서 발생한 오류가 더러 보인다. 원문 자체에서도 약간의 오자가 발견되는데 명백하다고 판단되는 경우에는 바로잡았다(예: 傲→敫, 帵幰→蜿蟺).

---

21) 야마구치 마사유키(山口正之, 1901~64)는 경성제국대학교 법문학부 사학과 출신으로 1931년 당시 경성중학(京城中學) 교유(敎諭)로 재직하고 있었다.

昨慕明德, 敢候從者, 獲承寵遇, 勤敎亦至, 玆實提愚蒙, 進之開明之域, 飫眼訓辭, 感竦深切. 所授天問略·治曆緣起等書, 覽旣卒. 乃知泰西子精深天道, 獨出今古, 入于聖朝, 優被獎收用, 資不刊之典. 先生又能敵王所愾, 志殱逆奴, 繕火器·募義旅, 不遠數千里而赴難, 助揚神威, 大折虜勢, 忠義之聲, 感動遠邇. 益歎貴國人才之盛, 能鳴于天下也如次, 歆艶歆艶.

竊惟貴國在天西八萬里之地, 不曾與中國通, 其人物材行之卓犖有若此者, 必亦有聖人者, 首出開物成務, 以詔於後世矣. 是孰爲而孰傳之耶?

鰍生, 東鄙幽介, 素性愚昧, 少以父兄之敎, 粗事古人之學矣. 萬國全圖 地球上分爲五州之說, 旣得聞命. 然念中州之地, 正當天之中, 渾元淸淑之氣, 蜿蟺扶輿, 磅礴而鬱積者, 必於此焉. 故自古伏羲·神農·黃帝·堯·舜·禹·湯·文·武·周公·孔子之聖, 皆興於此, 有君臣父子之倫, 詩書仁義之敎, 禮樂·法道·衣冠·文物之盛, 傳之萬世而無敵. 抑中州之外, 亦有此等人物·此等敎化·此等制作乎?

敝邦邈在海隅, 當堯之時, 始有檀君氏降宅西, 鴻荒朴略, 未免爲東裔之俗. 周武王旣克殷, 而殷太師箕子建其有極于東土, 君臣父子之倫, 詩書仁義之敎, 禮樂·法度·衣冠·文物之制, 實因殷之舊. 自是厥後, 爲海外文明之邦, 畏天保國, 世篤忠貞, 聖朝之所以寵秩而禮待者, 亦進於萬國之上矣. 若夫術數·天文·曆法之流, 亦遵王制, 故皆出於古聖人所傳之學矣. 嘗聞天門家自蓋天以來渾天之說, 最爲相近, 中外之所宗信. 今有十二重蔥頭之論, 則抑前聖之未及知者耶? 分天之中, 謂之赤道, 七政所行, 謂之黃道, 今以赤道爲宗動天之中, 黃道爲日天之中, 所謂赤道只在天之高處, 黃道者五星不得由之耶? 三垣·二十八宿, 旣有一天, 則五星之天, 皆無垣星耶? 別有星天, 則十二次·二十八宿之名, 何故而識之耶? 中國改曆, 自漢以來不知其幾, 而獨推前元太史郭守敬歲次之法爲得中, 未及四百年, 大道之差者幾度, 交食亦多不合. 唯貴國之算, 多有所驗, 則其深得乎精妙可見. 曆元必求其日月如合璧, 五星如連珠, 凡幾算耶? 歲差之數, 何爲定耶?

今以聾瞽之說, 仰質高明, 無亦僭矣. 然以其所知者, 疑於所不知者, 以其所不知者, 問於所先知者, 亦欲窮究而求至乎. 知此, 乃學者之事, 先聖之敎也. 伏願先生不倦而從頭敎之明焉. 敝邦之於貴國, 天之涯也, 地之角也, 傾蓋一朝, 精神交孚, 此非千古奇事乎. 今不請敎, 其後也悔. 更願先生毋愛以先知, 覺其後知, 並與先生忠義之節, 流傳於日出之鄉, 幸甚幸甚. 原書奉回, 留當再候, 肅楮不備.

西洋國陸若漢答李榮後書

敝國之人, 喜遠遊, 得至明國, 向蒙隆遇, 獻以火器, 少盡報效之. 忱來至東牟, 幸逢賢達, 聊以所譯書籍奉覽, 詎意鑑賞若是耶.

萬國圖以大明爲中, 便觀覽也. 如以地球論之, 國國可以爲中. 中國, 見此圖·見西人, 方知地之大·國之多也. 雖東海西海, 亦有聖賢, 同類同理同心, 在人之盡心習學耳. 伏羲·堯·舜·文王·周公·孔子之經傳, 以至釋道之典章, 略知其大概. 第太極生兩儀, 儀分四象, 四象分八卦, 八卦生天地人物. 以西理推之, 太極氣也質也, 無心無智, 若非無窮全能智慧之作者, 安能生物乎? 若三綱五常·五倫治國之道, 與敝國同此世學也, 尙有天學. 恐秦始皇焚其書, 失其傳也. 中國惟信古人, 或有差訛, 亦爲遷就. 西國之學, 自古迄今, 時時參討, 不得其根源不止也. 至若釋老之敎, 能以實理駁之, 立見其誑誕耳, 何足好信哉?

生人於世, 有始必終, 始從何來, 終從何去? 莫大關頭, 可不明白. 此三敎所不論之事, 萬祈高明留意焉. 天文有盈縮, 是以有歲差. 漢唐以來修改者幾, 雖元太史郭守敬, 亦不知其所以然之故, 安得不差? 今皇上命敝官輩, 修改曆法, 倘得盡譯, 可保萬世無差矣. 天文細理, 不可以片言數字能悉, 必俟有暇, 細細商論, 治曆緣報. 希簡入先, 爲熟玩容圖面晤. 不賤名正具. 左玉.

　侍敎生 陸若漢 頓首拜

『잡동산이』에는 위 두 서신에 바로 이어 첨부한 기록이 보인다. 안응창의 『기문』(記聞)에서 옮긴 것으로 이 문건의 후기에 해당하는 내용이다. 이 역시 함께 참고로 제시해둔다.

　安師傅應昌記聞曰, "西洋國, 處於大海之中, 曾不與中國通人烟, 以船爲家, 唯喜遠遊. 始崇禎辛未年中, 西洋人陸若漢年已七十餘, 精神不少衰, 知識亦卓異, 乘船幾一年, 達于中國, 獻以火炮, 其利至廣. 其國亦有聖人, 斥去異敎, 專務吾道. 至於文字, 與中國小異. 陸師入中國稍久, 頗解文意字畫. 車同軌·書同文, 而西洋之書獨何異也? 又能善觀天象, 故以天文遙度天下遠近道里, 曰: '朝鮮自釜山至北邊一千八百餘里云', 尤可見其神異矣. 中國授以掌敎之任, 俾掌登門軍務. 上舍李榮後, 卽李判府輅偏出而博學人也. 曾充學官, 從正使鄭斗源赴燕京, 適陸師相款. 又有往來筆札, 其文亦奇. 幷記之."

이 기록의 주체는 안응창이라는 인물로 보아야 할 것이다. 과문한 필자로서는 들어보지 못한 이름이다. 안정복과 같은 광주(廣州) 안씨인가 싶어서 안병걸 교수에게 문의했더니 안 교수는 일부러 조사해서 그에 대한 상세한 정보를 알려주었다.

안응창(安應昌, 1603~80, 字 興叔, 號 遇拙齋·栢巖)은 본관이 광주가

아니라 순흥(順興)이다. 이괄의 난 때 공신이 된 안몽윤(安夢尹)의 아들로 태어났는데 부친이 안동부사로 있을 적에 여헌(旅軒) 장현광(張顯光)의 문인이 되었다. 소현세자와 봉림대군이 병자호란으로 볼모가 되어 심양에 가 있을 때 봉림대군의 사부(師傅)로서 호종을 하였다. 그렇기 때문에 그를 사부라 칭했던 것이다. 문집으로 『백암집』(栢巖集) 5권을 남겼으며, 안정복은 『상헌수필』(橡軒隨筆)에서 안응창에 대해 언급하고 그의 저술로 『청교묵담』(青郊墨談)을 인용하기도 했다. 『청교묵담』이라는 그의 저술은 현재 전하지 않는 것으로 보이는데 『기문』도 마찬가지다.

위의 내용은 기록자 안응창이 서양을 어떻게 생각했는지 살필 수 있어 흥미롭다. 저들은 천하의 원근을 잘 헤아려서 "조선은 부산에서 북쪽 변경까지 거리가 1,800여 리라"한다고 놀라워하는가 하면 "저들 나라 역시 성인이 있어 이교(異敎)를 배척하고 오로지 '우리의 도'(吾道, 유교를 가리킴-인용자)에 힘쓰고 있다"고도 말한다. 물론 터무니없는 소리지만 서양에 대한 적대감이 없었던 것은 분명히 드러낸다. 17세기 전반기 당시 조선인의 서양관은 서양에 대해 경외감과 함께 호감을 가졌던 사람도 없지 않았음을 확인할 수 있다.

안응창의 서양관은 다른 어디가 아니고 정두원의 해로 사행 시에 서양인을 조우하고 지적 대화를 나눈 데서 형성된 것으로 보아야 할 것이다. 안응창은 위의 끝 단락에서 "서로 편지를 주고받았는데 그 문장 또한 기이하다. 아울러 기록해둔다"고 하였다. 이로 보아 『잡동산이』의 '서양문답'은 이 안응창의 기록을 전재한 것임을 알 수 있다.

■ 2013. 4. 1

퇴계학의 계승양상과 실학

1. 머리말

한국의 학술사에서 최고로 성황을 이룬 시대가 언제냐라는 질문에 성리학의 16세기와 실학의 18세기라고 대답하면 대체로 수긍할 것이다.

우리가 알다시피 성리학은 중국 송대에 정자(程子) 형제(程顥와 程頤)를 거쳐 주자(朱子)에 의해 완성된 학문체계로서 우리나라에 수입된 것은 14세기 무렵이다. 그것이 16세기에 이르러 영남에서 회재(晦齋, 李彦迪)·남명(南冥, 曺植)·퇴계(退溪, 李滉), 경기에서 화담(花潭, 徐敬德)·정암(靜庵, 趙光祖)·우계(牛溪, 成渾)·율곡(栗谷, 李珥), 호남에서 하서(河西, 金麟厚)·고봉(高峰, 奇大升) 같은 학자들이 기라성을 이루면서 이론적 심화와 함께 학적인 고도가 상승하였다. 18세기에 꽃핀 실학은 성호(星湖, 李瀷)에서 다산(茶山, 丁若鏞)에 이르는 경세치용파, 연암(燕巖, 朴趾源)을 중심으로 하는 이용후생파가 등장하여 한 시대의 학풍을 조성하였다.

16세기의 성리학과 18세기의 실학은 각기 시대를 대표하는 학술사상이라는 점에서는 마찬가지라 해도 존재형태는 상이했다. 성리학으로 말하면 16세기뿐 아니라 14세기에서 19세기 말에 이르는 조선왕조의 전시기에 걸쳐 국가적인 교학(敎學)으로서의 지위를 견지하고 있었다. 이에 반해 실학은 신흥의 학풍으로서 주목을 받고 있으나, 정통 성리학=도학과는 달리 비주류로서 시종 주변부의 위상을 벗어나지 못했다. 그럼에도 안으로 심각하게 제기된 국정개혁의 요구에 대책을 강구하고 밖으로 당면한 세계 대국(大局)의 전환에 소식이 통한다는 면에서 자기 시대를 대표하는 학술사상으로서 그 의의가 높이 평가된 것이다.

17세기는 성리학 시대에서 실학 시대로 이동하는 과도기에 해당하는 셈이다. 16세기와 18세기의 중간지점인 17세기는 위로 성리학 시대의 연장선이면서 아래로 실학 시대가 개시된 지점으로 여겨지기 때문이다. 이러한 17세기의 과도기적 양상을 어떻게 그려낼 수 있을까?

성리학과 실학의 존재형태가 상이했던 사실을 방금 언급했거니와 기원론적인 측면에서도 양자는 같지 않았다. 성리학은 주지하다시피 주자학 또는 송학(宋學)이라고 일컫듯 중국에서 발생한 것이다. 그것이 동아시아 한자문명권에 전파되어 보편적인 의미를 갖게 되었다. 실학의 경우 상호 영향관계는 있었지만, 성리학이 그렇듯 문명의 중심부에서 전파된 것은 아니다. 각기 학문주체가 처한 여건, 실지 사정에 입각한 학술사상으로서, '현실학'의 의미가 뚜렷한 것이다. 다만 동아시아의 한·중·일 삼국이 17세기 이래 당면한 역사상황 및 전통적인 요소로 문화적 공통성이 실학이란 학문의 공통성을 창출한 것으로 해석할 수 있다. 이러한 실학 그 자체의 성격으로 특별한 역사적 의의를 부여받게 된 것임은 물론이다.

그렇다면 실학은 딱히 연원을 들어 말할 것이 없는가? 자기 시대의 현실이 호명한 것이기는 하지만 학적인 연원관계는 없을 수 없다. 다른 어디가 아니고 그 직전의 성리학에서 실학의 연원을 찾아야 할 것이다. 그래서 이 글의 제목을 「퇴계학의 계승양상과 실학」으로 정했다. 우리 학술사의 과도기에 해당하는 17세기에 퇴계학이 중앙학계로 진입한 양상은 어떠했으며, 동시기에 발흥한 실학과는 어떤 내적인 관계를 그려낼 수 있을지 탐구해보려는 취지다. 전면적인 고찰을 하자면 일이 방대하게 될 수밖에 없는데 여기서는 그 한 단면의 소묘에 그칠 것임을 밝혀둔다.

2. 도산급문제현과 퇴계학파

퇴계와 관계된 문헌으로 『도산급문제현록』(陶山及門諸賢錄, 이하 『제현록』으로 약칭)이란 책이 있다. 퇴계와 직접 종유를 하였거나 학문에 대해 묻고 답한 사실이 있는 인물들의 인적사항을 정리한 내용이다. 퇴계 당시에 있었던 기록이 아니고 후세에 여러 관련 자료를 통해 조사, 정리해서 작성하였는데 몇 차례 보완작업을 거쳤다고 한다. 속록(續錄)까지 포함해서 전 5권으로, 등재된 인물이 309명에 이른다.

이 309명의 인사 중에는 제자라고 말하기 모호한 경우가 없지 않다. 연배가 비슷하여 사제 간으로 보기 어렵거나 문인으로 자처하지 않는 경우 등이 들어 있다. 요는 퇴계와 직접적이고 구체적으로 관계를 맺었던 인물들로서 그 다수가 제자들이었음은 물론이다. '도산급문제현'이란 표제는 포괄적 의미를 담은 것이다. 여기서 두 가지 점을 언급해두고자 한다.

첫째로 지역적 분포에 대해서다. 『제현록』은 각기 인물들의 사적을 소개하는 중에 거주지를 표시하고 있다. 이를 근거로 문인들의 지역적 분포 상태를 표로 작성하면 다음과 같다. (거주지가 밝혀져 있지 않은 인물이 상당수인데 추정 가능한 경우를 제외한 나머지를 '미상'으로 잡았다.)

서울·경기	63명
경상도	174명
전라도	11명
충청도	2명
강원도	2명
미상	57명
계	309명

이 표에는 경상도가 174명, 서울·경기지역이 63명, 전라도가 11명, 충청도와 강원도가 각각 2명으로 나와 있다. 지역적 편차가 크다는 점을 일단 확인할 수 있다. 그런데 퇴계 자신이 경상도의 예안(禮安) 고을(지금 안동시에 속해 있음) 도산에서 태어나 주로 이곳에서 삶을 영위하며 연구와 강학을 했던 사실에 비추어 안동을 중심으로 영남지역이 문인의 과반수를 차지하게 된 것은 당연한 현상이라 하겠다. 그리고 서울·경기 지역은 당시에도 나라의 중심부로서 퇴계 자신이 중앙의 관직을 역임한 기간에는 서울에 머물러 있었으므로 서울·경기지역의 문인이 20퍼센트를 상회하는 것도 자연스러운 추세다. 전라도 지역은 11명으로 경상도나 수도권에 비해 소수이지만 충청도가 2명에 불과한 것과 비교하면 오히려 많은 편이다. 박순(朴淳)·기대승(奇大升)·유희춘(柳希春) 등은 전라도 출신으로 서울에서 사환을 하는 동안에 교유가 이루어진 경우이고 박광전(朴光前)·문위세(文緯世) 등은 전라도에서 멀리 도산으로 찾아가 가르침을 받은 경우다. 서북지역에서는 단 한 명도 기록에 오르지 않았는데 유교적 문풍이 아직 그쪽으로는 미치지 못한 때문이 아닐까 한다. 요컨대 퇴계문도는 전국적이라고 말할 수는 없으나 지역성을 벗어나 경향각처로 폭넓게 분포되어 있음을 확인할 수 있다.

다음은 인물들의 비중과 당파적인 측면에 대해 살펴보자. 『제현록』에는 선조연간에 걸출한 명유석학들의 이름이 망라되어 있다. 정치적 위상이나 학자적 명성이 대단한 존재들이 309명 속에 포진되어 있거니와, 삼당시(三唐詩)로 문학사에 등록된 이달(李達), 『전등신화』(剪燈新話)를 교주한 일로 주목이 되는 임기(林芑) 같은 의외의 인물에, 대장간의 장인으로 배점(裵漸)이란 하층민까지 끼어 있다. 퇴계문하의 성황은 우리 역사상 전에도 없었고 후에도 없었다. 그런 가운데서 지적되어야 할 사안은 여러 당파의 인물이 나열되었다는 점이다. 이조사회에서 고질적인 당쟁은 퇴계가 세상을 떠난 직후에 발생하여 치열한 상태로 발전하였다. 따라서 퇴계 자신은 당파와 무관했으며, 그 문하에 당파와 관계없이 명유석학들이 운집할 수 있었다. 그런데 동서 붕당의 시발점에서 장본인이 된 김효원(金孝元)과 심의겸(沈義謙)을 비롯하여 서인계로 박순·윤근수(尹根壽) 등, 동인계로 허엽(許曄)·우성전(禹性傳)·유성룡(柳成龍) 등 각 당파의 거물들이 다 같이 참여한 것이다. 퇴계의 문인록은 당쟁이 격화된 이후의 안목으로 보면 사색당파가 동참한 모양이다.

17세기로 넘어와서 학계는 세 학파로 분립되는 모양으로 바뀌었다. 퇴계학을 계승한 퇴계학파(退溪學派), 남명학을 계승한 남명학파, 율곡학을 계승한 율곡학파가 그것이다. 이 세 학파는 지역적 기반과 당파적 성향으로 구별이 뚜렷했다. 퇴계학파는 안동권의 경상좌도를 기반으로 남인가에서 성립하였고, 남명학파는 진주권의 경상우도를 기반으로 북인가에서 성립한 반면, 율곡학파는 기호지방을 기반으로 서인가에서 성립한 것이다. 앞서 살폈듯 도산급문제현(陶山及門諸賢)이 지역적 경계를 넘어서 당파성을 띠지 않았던 사실과는 사뭇 다른 양상이 연출된 것이다. 이는 당쟁이 빚어낸 현상이었다.

그런데 계해(1623년) 반정 이후로 북인세력이 몰락함에 따라 남명학파 역시 궤멸되고 말았다. 17세기 학계의 지형도는 결국 퇴계학파와 율곡학파가 양립하는 형국을 이루었다.

율곡학파는 우계(牛溪) 성혼(成渾)과 율곡 이이를 아울러 내세워 우율학파(牛栗學派)라고 지칭하기도 한다. 우계와 율곡이 당초에 퇴계를 학문적으로 존경했던 터여서 우율학파도 퇴계학에서 나뉜 것이라고 말할 수 있다. 하지만 17세기 당쟁사에서 비중이 큰 우암(尤菴) 송시열(宋時烈)과 동춘(同春) 송준길(宋浚吉)이 우율학파에서 배출된 까닭에 두 학파의 대립상은 첨예하게 되었다.

3. 퇴계학의 중앙 진출 양상

17세기로 들어와서 하나의 학파로 존립하게 된 퇴계학은 원형과는 다르게 영남이란 지역성에 국한되고 남인이라는 당색을 탈피할 수 없었다. 그런데 17세기 중반기를 넘어서면서 퇴계학은 중앙학계로 재진입하여 확산되는 현상이 나타났다. 주목할 만한 사실이다. 남인·퇴계학파의 내부와 외부의 두 측면에서 일어난 현상이었다.

즉 영남의 한강(寒岡) 정구(鄭逑, 1543~1620)와 기호의 미수(眉叟) 허목(許穆, 1595~1682)이 사승관계로 연결됨으로써 퇴계학통이 기호의 남인학맥에 접목되었다. 이 기호의 남인학맥에서 성호 이익이 나온 것이다. 다른 한 측면은 서인계의 율곡학파 내부에서 일단의 빼어난 학자들이 퇴계학에 진지한 관심을 가지면서 이론적으로도 퇴계에게 친근성을 드러냈다. 17세기 학술사를 읽는 한 포인트로 여겨지는 대목이다.

다음은 17세기 당시 학자들이 퇴계와 직결해서 수행한 작업의 한 가지와 이론적 쟁점 한 가지를 들어서 논의를 구체화해보려고 한다. 이 두 사안은 중앙학계 서인 측과 남인 측이 공유했던 학적 관심사였다.

1) 퇴계언행록(退溪言行錄)에 대한 관심

퇴계학의 기본 텍스트는『퇴계집』이다. 퇴계의 학문과 사상은 다른 어디가 아니고 그가 남긴 글 속에 담겨 있으므로『퇴계집』이 퇴계학의 기본 텍스트라는 데는 이론이 있을 수 없다. 필자 역시 이에 동의하면서 언행록도 퇴계학의 텍스트로서 긴요하게 다룰 필요가 있다고 본다. 언행록은 선생의 일상적인 말씀과 행동을 가까이에서 보고 들어 기록한 것이기에 그 내용이 오히려 진솔하고도 인간적 체취가 느껴지는 장점을 가질 수 있기 때문이다.『주자대전』(朱子大全)과『주자어류』(朱子語類)가 나란히 주자학의 기본 텍스트로 취급되듯이 말이다. 퇴계언행록은 '참으로 우리 동방의 논어'라는 일컬음을 받기도 했다. 공자의 말씀과 행동을 기록한 책이 바로『논어』인데,『논어』가 유학 제일의 지침서로서 취급되고 있기 때문에 이렇게 말한 것이다.

퇴계의 언행을 기록한 작업은 당연한 일이지만 일차적으로 '급문제현'의 손에서 이루어졌다. 그 기록물이 대략 10여 종을 헤아렸다. 이들을 수합, 편찬하는 2차작업은 세월이 많이 지나서 이루어졌다.『퇴계집』의 편찬이 우선시되었으며, 언행록류를 종합해서 펴내는 일에는 미처 착안하지 못했던 것 같다. 그러다가 18세기로 들어와서『퇴도선생언행통록』(退陶先生言行通錄)[1]과『퇴계선생언행록』(退溪先生言行錄)[2]의 두 종이 간행되기에 이르렀다.

---

1)『퇴도선생언행통록』(退陶先生言行通錄)은 안동지방의 학자 권두경(權斗經)이 1707년에 편찬한 것으로, 내용은 언행록 5권, 연보 2권, 부록 1권, 도합 8권 5책으로 되어 있다.

2)『퇴계선생언행록』(退溪先生言行錄)은 퇴계의 직계 후손인 이수연(李守淵)이 편찬, 1733년에 도산서원에서 발간한 것으로, 부록을 포함해서 6권 3책으로 되어 있다.

이 두 종의 언행록은 퇴계학의 본거지인 안동지역에서 편찬, 간행된 것이다. 관련자료의 출처나 정신풍토로 미루어 영남의 퇴계학통에서 이 작업이 성사된 것은 당연한 결과라고 하겠다. 그런데 기호학계의 서인계와 남인계에서 이와는 별도로 각기 퇴계언행류가 편찬되었다. 하나는 창계(滄溪) 임영(林泳, 1649~96)에 의해 엮어진『퇴계선생어록』(退溪先生語錄, 이하『어록』으로 약칭)이며, 다른 하나는 성호와 그 제자들에 의해 엮어진『이자수어』(李子粹語, 이하『수어』로 약칭)다. 전자는 퇴계언행록류로서 선편(先鞭)이 되었던 것이고, 후자는『퇴계집』까지 포괄해서 퇴계학의 정수를 집약한 것이다.

『어록』은 알려지지 않고 있다가 근래 발견되어『퇴계학보』119집에 해제와 함께 영인으로 원 자료가 소개된 바 있다.『수어』는 이미 잘 알려진 것으로 이광호(李光虎) 교수에 의해 번역본이 나오기까지 한 것이다. 따라서 길게 거론할 필요는 없으나, 이 글의 논지를 위해서 편찬경위와 함께 그 의미를 되도록 간략히 언급해둔다.

창설(蒼雪) 권두경이 엮은『퇴도선생언행통록』의 인용서목에『어록』이 올라 있는데 그 범례에서 이렇게 밝힌다.

이 책(『퇴도언행통록』을 가리킴 – 인용자, 이하 같음)의 편찬이 이루어진 뒤에 호남의 임 도헌(都憲, 도헌은 대사헌의 별칭) 영(泳)이 엮은『퇴계어록』1책을 얻었다. 대개 학봉(鶴峰, 金誠一)이 기록한 것과 간재(艮齋, 李德弘)의『기선록』(記善錄) 및 추연(秋淵, 禹性全)의 기록 약간 조에다 간간이 타인의 기록 약간조를 붙여놓았다. [……] 학봉·추연·간재가 기록한 것들은 이 책에 이미 채록되어 있으므로 누락이 된 약간 조를 각각의 분류항목에 맞춰 첨부한다.

『퇴도선생언행통록』의 편찬 당시에『어록』은 안동권에서 나온 것이 아니기 때문에 뒤늦게 존재를 파악, 참고하였던 사정을 짐작할 수 있다. 또『어록』은 학봉 김성일, 추연 우성전, 간재 이덕홍, 이 세 급문제자의 기록에서 발췌한데다가 다른 약간의 기록이 포함된 것임을 알게 한다. 위 인용문에서 그 편찬자를 '호남의 임 도헌'이라고 밝혔는데 연고지로 말하면 사실이다. 그런데 창계가 태어난 곳은 서울이며,『어록』의 편찬이 실제로 이루어진 곳은 기호지방이다. 편찬의 주체는 물론 창계이지만, 당시 중앙학계의 장석(丈席)들과 논의과정을 거쳐서 이루어진 일이었다.

『어록』은 1677년에 1차 편집이 마무리되고 이후 수정보완 작업을 거쳐서 1680년경에 완료되었던 것으로 보인다. 편자의 나이 당시 30세 전후였다. 창계는 이 작업을 스승인 현석(玄石) 박세채(朴世采, 1632~95)와 계속 문의하여 진행하였는데 현석은 1677년 1차 편집본에「발문」을 지어 격려하기도 한 것이다. 명재(明齋) 윤증(尹拯, 1629~1711)도 여기에 각별한 관심을 표시했다.

그런데『어록』의 바탕이 된 책이 먼저 있었다. 후천(朽淺) 황종해(黃宗海, 1679~42)의『퇴계선생언행록습유』(退溪先生言行錄拾遺, 이하『습유』로 약칭)라는 것이었다. 황종해란 인물은 충청도 목천(木川)에 거주하던 재야학자였다. 한강 정구의 문인으로 미수 허목과도 교유가 있어 미수가 그의 행장을 짓기도 했다. 후천의『습유』와 창계의『어록』은 서로 어떻게 같고 다른가? 창계의 손에서『어록』으로 어떻게 엮어졌는가 하는 물음이다.

『습유』는 실물이 전하지 않기 때문에 단언하기는 어려우나,『습유』에 붙인 후천의「서문」과『어록』에 붙인 현석의「발문」그리고『어록』자체를 살펴보면 대략 추정이 가능하다. 두 가지 점에서 달라졌는데 하나는 내용 면으로 『습유』에서 『어록』에 이르러 자료가 확대되었다. 다른 하나는 체제 면으로 『어록』에 와서 분류체계가 갖춰지게 된 것이다. 『습유』의 경우 학봉 김성일의 기록을 위주로 한 것이었는데 『어록』에서 간재 이덕홍, 추연 우성전의 기록과 함께 다른 제가의 문집에서 발췌한 것까지 포함되었다. 편차를 『주자어류』의 방식을 취해 20조목으로 분류했으니 이는 편찬과정에서 가장 고심처이기도 했다. 퇴계의 언행록류를 두루 수합, 정리하는 작업이 이 『어록』에서 시작되고 체제를 갖춘 것으로 볼 수 있다.[3]

『수어』는 성호와 그 두 제자, 순암(順菴) 안정복(安鼎福, 1712~91)과 소남(邵南) 윤동규(尹東奎, 1695~1773)의 공동작업의 결과물이다. 성호에 의해 1차 작업이 이루어진 것은 1710년경인데 그로부터 40년이 지나서 스승의 간곡한 요청으로 두 제자가 공을 들여 4권 2책으로 완성했다 한다. 책이름도 처음에는 『도동록』(道東錄)이었는데 뒤에 안정복의 제안으로 『이자수어』라고 개명되었다.

『수어』는 18세기 중엽에 와서 완성되었으므로, 창계의 『어록』은 물론 안동권에서 나온 『언행통록』과 『언행록』보다도 뒤에 쓰인 책이다. 기왕에 편찬된 언행록류를 수렴한데다가 『퇴계집』과 여러 저술에서 긴요한 내용을 널리 채록하였다. 『수어』는 양적으로 방대하지는 않지만 퇴계학

---

3) 임영이 엮은 『퇴계선생어록』은 필사의 유일본이 현재 종로도서관(舊 京城府立圖書館)에 소장되어 있다. 이 자료를 필자는 『퇴계학보』 119집에 해제를 붙여 영인으로 소개하였다. (해제는 필자의 『우리 고전을 찾아서』, 한길사, 2007에 「큰 스승의 일상과 하신 말씀: 『퇴계선생어록』」이란 제목으로 수록되어 있다.) 여기에 서술한 내용은 이 해제에서 간추린 것임을 밝혀둔다.

의 정수를 집성한 내용이라고 평가할 수 있다.

앞서 17세기 후반에 편찬된 『어록』은 중앙학계의 서인계 소론에서 이루어진 성과다. 『어록』이 편찬된 직후로 서인계 내부에서 노소(老少)의 분파운동이 일어났다. 『어록』의 편찬과정에 관여했던 명재 윤증은 소론의 영수였고 현석 박세채도 소론 쪽으로 기울었으며, 편찬의 주체인 창계는 소론을 표방하지 않았으나 결국 8학사의 한 사람으로 소론으로 손꼽히게 되었다. 『어록』이 당론과 무관한 것임은 말할 나위 없지만, 이 또한 소론 측의 일로 귀결된 셈이었다.

『어록』과 『수어』는 공분모를 가지면서도 차이점도 있을 수밖에 없다. 공통점과 차이점을 어떻게 말할 수 있을까? 양자의 공통성이라면 퇴계에 대한 향념이다. 요컨대 퇴계 선생을 인간적으로, 학문적으로 존경하는 마음에서 출발한 것이라는 사실이다. 『어록』에 대해서는 현석 박세채가 그 「발문」에서 분명히 밝혀놓았다.

지금 퇴계 선생의 학문에 뜻을 둔 자 실로 마땅히 이 책을 통해서 선생의 '말씀과 행실'[言行]을 궁구하고 그 말씀과 행실에 의거해서 깊이 선생의 마음을 터득하게 된다면 선생의 저서를 두루 읽는 것을 기다리지 않고도 도(道)에 입문하는 방도에 더욱 절실하여 허술하게 됨이 없을 것이다.[4]

퇴계학의 입문서로서 『수어』의 의미를 말하고 있다. 방대한 퇴계서를 독파한다는 것은 실제로 용이한 일이 아니다. 그뿐 아니고 특히 심득(心

---

4) 朴世采, 『南溪集』 卷69, 「跋退溪先生語錄」.

得)에 중점을 두어 언행록이 가질 수 있는 의미를 중시한 것이다.

한편 성호의 지시를 받들어 『수어』를 완성한 순암 안정복은 "공자·맹자의 말씀은 나라의 법령과 같고 정자·주자의 말씀은 엄한 스승의 가르침과 같다"면서 『수어』에 대해 이렇게 규정한다.

퇴계의 말씀은 자애로운 아버지의 가르침과 같다. 무릇 성현의 가르침은 공부하는 사람에게 약이 되지 않는 것이 있을까마는 더욱이 이자(李子, 퇴계에 대한 최상의 존칭)의 경우 공간이 같은 나라이고 그 시대가 가까운 때이니 우리가 받는 감명은 특히 절실할 밖에 없다.[5]

순암은 퇴계라는 정신적 가치를 공맹(孔孟)에서 정주(程朱)로 내려오는 궤도상에서 인식하고 있다. 다시 말하면 기본적으로 유교적 보편주의를 따르면서 거기에 매몰되지 않고 공간적으로 '같은 나라', 시간적으로 '가까운 시대'를 중요하게 사고하였다. 이에 퇴계를 우리에게 가장 절실한 감명을 주는 스승으로 중시하여 『수어』를 편찬한 것이다. 이 『수어』의 작업을 먼저 착수했던 성호의 발언을 들어보자.

지금 천하가 혼란하여 예악(禮樂)이 실종된 상태인데 유독 우리나라는 선왕(先王)의 문물제도를 유지하고 있으니 혹시 하늘의 뜻이 아닐까. 지금 요행히 이 지역에서 살아가고 있거늘 어찌 퇴계의 말씀으로 말을 하고 퇴계의 행실로 행동을 해서 사문(斯文)의 한 맥을 부지하고 싶지 않겠는가.[6]

---

5) 安鼎福, 『順菴集』 卷18, 「李子粹語序」.

위에서 "지금 천하가 혼란하여 예악(禮樂)이 실종된 상태"란 만청지배하의 동아시아 상황을 표현한 말이다. 성호는 당면한 시대를 문명적위기로 인식하였다. 청 황제 체제의 동아시아-유교문명권을 '예악이 실종된', 곧 야만의 세계로 판단한 때문이다. 그런데 오직 우리 동국은 유교적 문물제도를 가까스로 유지하고 있기에, 문명이 회복될 가능성을 우리 동국의 땅에서 전망해볼 수 있었다. 그 가능성을 다른 어디가 아니고퇴계학에서 읽은 것이다.

이상에서 논한 것처럼『어록』으로 표출된 퇴계 향념(向念)과『수어』로표출된 퇴계 향념은 공통성이 분명하다. 하지만 이 양자 간에는 차별화해서 읽을 면도 적지 않다. 현상적으로 말해서 기호남인계의 퇴계에 대한 경도는 전면적이고 적극적임에 대해서 기호 서인·소론계는 부분적이었으며, 그처럼 적극성을 띠지는 않았다. 남인계의 퇴계에 경도된 의식은 발본적인 의미를 언표한 것이다.『수어』가 내용을 언행록에 국한하지 않고 퇴계의 문집과 저술 전반으로 확장한 것도 이런 취지와 관련이있는 것으로 추정된다. 반면『어록』이 사제 간의 대화와 일상의 실천에대한 기록으로 한정한 것은 퇴계의 학자적 삶에 무게를 두었으며, "추상적 이론에 몰각된 '육체성의 회복'이란 의미"[7]를 갖는 것으로 해석할수 있다고 본다.

---

6) 李瀷,『李子粹語』卷首,「李子粹語序」.
7) 임형택,「큰 스승의 일상과 하신 말씀:『퇴계선생어록』」,『우리 고전을 찾아서』, 한길사, 2007, 223쪽.

2) 사단칠정(四端七情) 문제

사단(四端)은 『맹자』에 처음 나오는 개념이다. 인간은 원초적으로 측은지심(惻隱之心)·수오지심(羞惡之心)·사양지심(辭讓之心)·시비지심(是非之心)이란 네 가지 선(善)의 근본을 타고났다고 한다. 이 네 가지가 각각 인·의·예·지(仁義禮智)로 표출된다는 것이다. 칠정(七情)은 『예기』(禮記)의 「예운편」(禮運篇)에 나오는데 희·로·애·구·애·오·욕(喜怒哀懼愛惡欲)이란 일곱 가지 인간의 정감적인 면이다. 이 칠정은 누구나 본능적으로 발휘되는 것이다.

사단은 인간에 있어서 이성적 측면임에 대해 칠정은 감성적 측면이다. 이 사단과 칠정이 이기(理氣)와 어떻게 관련을 맺느냐는 문제가 조선성리학에서 일대 이론적 쟁점이 되었던 사안이다. 처음에 퇴계와 고봉 사이에서 논쟁이 시작되더니 우계와 율곡 사이에서 재연이 되었다. 16세기를 대표하는 도학자 사이에서 벌어진 논쟁은 17세기로 이월되어 무려 200여 년 동안이나 학술사에서 다툼이 그치지 않았다. 논의 자체는 순수한 이론상의 문제지만 당파에 결부되어 더욱 치열하게 된 것이다. 이른바 사단·칠정의 이기와의 관련 문제에 대한 논쟁, 줄여서 '사칠논쟁'(四七論爭)이다.

사단칠정 문제가 크게 이론적 쟁점이 되었던 것은 조선유학사 특유의 현상이다. 오늘날까지도 연구자 사이에 중요한 관심사가 되고 있다. 이 문제를 처음 제기한 것은 주자였다. "사단은 이(理)에서 발현하고 칠정은 기(氣)에서 발현한다"[四端理發 七情氣發]는 진술이 『주자어류』(朱子語類)에 나오는 것이다. 즉 사단은 이성적인 것이므로 이(理)의 작용이며, 칠정은 정감적인 것이므로 기(氣)의 작용이라는 논지다. 논쟁의 발단이 된 명제다. 그런데 중국에서는 명·청 시기로 와서는 이 주제를 붙잡고 심오하게 궁구하거나 논쟁을 벌인 사실이 확인되지 않는다. 중국철학사나 사전류에 사단과 칠정은 각각 표제어로 잡혀 있지만 이 두 용어를 연계한 개념 자체가 등장하지 않는 것이다. 동일한 유교한자권으로서 성리학이 보편적 학문으로 군림했음에도 왜 유독 조선에서만 사단·칠정·이기 문제에 천착해서 최대의 쟁점사안으로 부각되었을까? 이 문제점을 어떻게 해석할 것인가?

이에 대한 성호의 발언이 있다. "사칠론은 본디 긴요한 사안이 아닌데 우리나라에서 확대되었다."[8] 사단이 이발(理發)이냐 칠정이 기발(氣發)이냐를 따져서 설왕설래하는 것은 실용적 차원에서 보면 공리공론이다. 그런데 성호는 위와 같이 전제해놓고도 역시 지대한 관심을 두어 『사칠신편』(四七新編)이란 제목으로 이 문제에 대해 체계적으로 논한 저술을 남긴다. 성호의 입장에서 학술사 최대의 쟁점사안으로 내려온 문제적 실상을 간과할 수도 없었겠지만, 그렇게 된 데는 무언가 중대한 의미가 있다고 판단한 때문이다.

『사칠신편』의 서두에서 성호는 우선 이 사안이 갖는 의미를 천명하고 있다. 사람으로서 소리와 색깔을 구분하지 못하면 귀와 눈이 없는 것이나 마찬가지여서 신체장애자이듯, '성정(性情)의 묘리'를 살피지 못하면 마음[心]이 없는 것이요, 마음이 없으면 어리석음[愚]을 면치 못한다고 한다. 즉 정신장애자라는 말이다. 귀머거리 소경은 육신의 질환이듯, 마음이 어리석으면 정신질환이다. 정신의 질환을 '천병'(天病)이라고 규정짓는데, "천병에 걸리면 자립(自立)할 수 없다"는 것이 성호의 지론이었다.[9] 사람으로서 존립할 수 없다며 문제의 의미를 인간의 주체 확립에

---

8) 李瀷, 『星湖全集』卷24 張28, 「答安百順」, "四七之論, 元非緊要, 只是張大於東邦."

직결시킨 것이다.

　그 때문에 예로부터 무실(務實)하는 자는 대체로 여기에 치력하여 필히 원두처(源頭處)에 다가서서 궁구했다. 그래서 순정하게 되지 않음이 없었으니 이것이 바로 학문이다. 학문은 마음공부가 최우선이요, 마음공부는 치지(致知)가 가장 우선이니, 지식이 이르게 되면 실행으로 옮겨질 수 있다.[10]

　"원두처에 다가서서 궁구"한 그 사안이란 다름 아닌 사칠이기에 관한 논의를 가리킨다. 따라서 '치지'란 곧 사칠론에 대해서 정확한 지식에 도달함을 뜻하는 것이다. 인간의 주체 확립을 위한 철학적 기초를 수립하는 문제 그것이었다. 이 철학적 과제를 학적으로 궁구하는 것을 성호는 실학에 힘쓰는 자세로 생각한 것이다. 16세기 조선성리학이 제기했던 '사칠논쟁'에 대한 성호의 해석이다.

　16세기 조선의 학자들은 '도덕적 주체'로서 자아확립을 더없이 중시하였다. 이 주제는 당연히 인간보편에 속하는 문제이지만, 현실적으로는 정치의 담당자이자 사회의 지도층인 관인-사대부에게 요구되는 사안이었다. 실제 논의를 따라가 보아도 대체로 군자(君子)를 염두에 두고서

---

9) 李瀷, 『四七新編』 「序」, "人莫不有耳目, 而不辨聲色之著, 是無耳目者矣; 莫不有心, 而不察性情之妙, 是無心者矣. 無耳目則命曰聾瞽, 病於形也; 無心則命曰愚, 病於天也. 形病則害止於不辨外物, 天病則無以自立, 身隨而亡. 人徒知聾瞽之爲患, 而不知愚之最可惡者, 惑矣."

10) 위의 책, "是以古之務實者, 率於此用力, 必究至乎源頭處, 而無不純如也. 玆所謂學, 學莫先於治心, 治心莫先於致知, 知旣至則行可以措矣."

논의를 전개하고 있다.

이조국가는 사대부를 기반으로 성립되었거니와, 16세기 역사가 진행되면서 사화(士禍)가 빈발하고, 이어 고질적인 당쟁이 일어났다. 사대부가 이상적으로 생각하는 인정(仁政) 애민(愛民)의 정치에서 자꾸 멀어져 갔다. 사대부 자신이 책임을 절감하지 않을 수 없는 문제였다. 근본적인 성찰이 요망된 것이다. 이런 시대적 고민과 문제의식으로 제기된 철학적 주제가 다름 아닌 '사칠이기론'(四七理氣論)이다. 여기에 한 가지 의문점이 있다.

이 사칠 문제가 방금 지적했듯, 조선학계에서 크게 쟁점이 되었던 데 비해서 동시대 중국의 학술사에서는 왜 부각되지 않았을까? 사안 자체가 똑떨어진 답이 나오기 어려운 물음이지만 필자 개인의 가설적인 견해를 제시해본다. 명대와 조선왕조는 성리학을 체제 이념으로 삼았던 점에서는 마찬가지였다. 그런데 조선과 달리 명대 사회는 성리학이 일찍이 학계의 주류에서 밀려난 상태였다. 이 점도 관련이 없지 않겠으나, 양측의 지배체제가 작동하는 방식이 서로 달랐다는 데서 문제의 해답을 찾아야 할 것 같다.

주원장(朱元璋)의 명나라는 중앙집권적인 전제정치가 다른 어느 시대보다 강화되었던 것이 특색이었다. 다음 영락제(永樂帝) 때에 이르러는 승상제를 폐지하고 황제권력이 인사, 행정, 감찰 등 국정 전반에 관철되었다. 황제 1인의 눈이 국정 전반에 미친다는 것은 불가능한 일이므로 측근의 환관이 황제권력의 대리자로서 횡포를 부리는 사례가 비일비재했다. 관인-사대부들은 황제권력을 견제하는 역할을 수행한다는 일은 당초에 생각할 수 없었으며, 환관의 위세에도 움츠러드는 판이었다. 관인-사대부의 주체적 역할이 중요했던 조선조와는 사정이 판연히 달랐다. 조선왕조의 시스템에서 왕이 전제권력을 행사한다는 것은 있을 수 없었으니, 연산군의 경우 권력을 무리하게 구사하다가 왕위에서 축출 당했던 것이다. 조선조 500년 동안 환관의 발호는 단 한 건도 없었던 반면, 외척세도는 끊이지 않았다. 외척이란 벌열(閥閱)로 일컬어지는 특권층이기는 하지만 이들 역시 사대부에 속하는 존재다. 조선조를 사대부 시대라고 부르는 것이 이 때문이다. 조선조에서는 사대부가 주체적인 자세를 지키는 것은 현실적으로 가능했고 왕조를 바로 세우는 데 절대적으로 필요했다. 당대 최고 수준의 학자들이 이 문제를 앞에 놓고 열심히 탐구하고 논쟁을 벌였던 까닭은 바로 사대부의 주체 확립, 도덕적 각성이 관건적인 사안이라고 사고한 데 있었다. 동시기 중국에서는 관심이 돌아가지 않았던 사칠문제가 조선학계에서 중차대한 관심사가 된 사정은 대략 이와 같이 설명할 수 있다.

16세기에 시작되어 17세기로 이어진 조선성리학의 사칠논쟁은 결국 퇴계와 율곡이 대립의 중심축이 되었다. 퇴계가 주장한 요지는 "사단은 이(理)가 발해서 기(氣)가 따르며, 칠정은 기가 발해서 이가 탄다"[四端理發而氣隨之, 七情氣發而理乘之]는 것이었고, 율곡이 주장한 요지는 "사단칠정 모두 기가 발해서 이가 탄다"[四端七情, 皆氣發而理乘之]는 것이었다. '발'(發)이란 펴나간다, 즉 주동적인 움직임을 뜻하는 표현이고, '승'(乘)이란 말을 탄 사람이 말의 움직임을 제어하듯 감정적인 요소를 조절하는 것을 가리키는 표현이다. 퇴계는 이기호발설(理氣互發說)을, 율곡은 기발이승일도설(氣發理乘一途說)을 주장한 것이다. 퇴계에 있어서는 이(理)의 역할이 강조되는 데 반해 율곡은 기(氣)의 역할이 중시되고 이(理)는 부수적이 된 셈이다. 양자의 이론적 차이점은 분명하다.

이 양자의 주장을 놓고 어느 쪽이 맞고 어느 쪽이 틀리냐로 학자 사이에 다툼이 끊이지 않았다. 의리는 당연히 천하공공의 물건이다. 바꾸어 말하면 순수이론상의 문제다. 하지만 명분을 내세워 싸우는 것이 당쟁의 속성이었으므로 당론과 결부되기 마련이었다. 퇴계 이론은 남인 측의 지지를 받았고 율곡 이론은 서인 측의 지지를 받게 된 것이다. 서인의 영수인 우암(尤菴) 송시열(宋時烈)은 "퇴계의 이발(理發) 한 구절은 큰 오류"[11]라고 공박한 바 있다.

사칠논쟁사에서 17세기로 와서 절충파로 구분되는 일단의 학자들이 등장한다. 졸수재(拙修齋) 조성기(趙聖期, 1638~89), 창계 임영, 농암(農巖) 김창협(金昌協, 1651~1708) 세 분은 나란히 기호학파의 서인계에 속하면서도 율곡설을 지지하지 않았다. 전적으로 퇴계설에 동조한 것이 아니기에 절충파로 분류되지만, 기본적으로 이(理)의 존재감에 무게를 둔 측면에서 퇴계이론에 접근한 입장이다. 율곡학파에 속하면서 퇴계설로 기울어진 이 사실을 어떻게 설명할 것인가? 종래 학술사에서 이들의 이론을 주목하면서도 그 의미가 무엇인지는 설명하지 못한 것 같다.

문제의 답을 직접 말하지 않고 다산 정약용의 변론을 통해 유추해보겠다. 다산의 「이발기발변」(理發氣發辨)이란 제목의 글은 전편이 1과 2로 구성되어 있는데 합해서 650자 정도의 짧은 논설문이다. 그럼에도 학술사적으로 중요한 의미를 갖는다. 수백 년을 내려오면서 치열하게 다툰 논쟁을 해소시킨 논조로 해석되기 때문이다. 요지는 퇴계와 율곡이 서로 이론이 달라 야기된 사칠이기론에서 논리의 전제인 이와 기 자체가

---

11) 宋時烈, "退溪理發一句大誤. 理是無情無運用造作之物. 理在氣中, 故氣能運用作爲而理亦賦焉"(「宋子朱子言論同異攷」, 玄相允, 『朝鮮儒學史』, 232쪽에서 재인용).

다 같이 동일하게 쓰면서도 그 의미의 위상이 서로 다르다는 것이다. 다산은 퇴계의 경우를 '전'(專)으로, 율곡의 경우를 '총'(總)으로 규정짓는다. 퇴계가 구사한 이와 기는 오롯이 윤리적인 의미로 썼고 율곡이 구사한 이와 기는 우주론·본체론을 포괄해서 총체적으로 썼다는 취지로 해석된다.[12] 그렇기 때문에 시비가 끝내 결판날 수 없었다고 말한다. 실로 탁견이다. 다산이 어느 한쪽의 편을 들었다고 말할 수는 없다. 그럼에도 기본 시각은 퇴계적이다. 「이발기발변」을 마무리 짓는 대목에서 다산은 "군자는 정(靜)으로 자기존재를 확립하고 동(動)으로 관찰한다"고 전제한 다음 이렇게 설파한다.

무릇 한 상념이 발할 즈음에 즉시 두려운 마음으로 이렇게 반성할 것이다. '이 생각이 천리(天理)의 공(公)에서 나오는 것이냐? 인욕(人欲)의 사(私)에서 나오는 것이냐? 이것이 도심(道心)이냐, 인심(人心)이냐?' 철저히 추궁해서 그것이 '천리의 공'이라면 배양하고 확충해야 할 일이요, 혹시 '인욕의 사'에서 나온 것이라면 제거하고 극복해야 할 일이다. 군자가 입술이 마르고 혀가 닳도록 이발이다 기발이다를 논변하기에 힘을 다하는 것은 바로 이 때문이다.

인간은 행동하기 전에 사고하게 마련인데 이 단계에서 자신의 의도가 '도심'에서 나왔느냐, '인심'에서 나왔느냐를 스스로 맹성해야 한다는 것이다. 다시 말하면 도덕적으로 정당한 심리냐, 사리사욕에 저촉된 심리냐를 속으로 따져 물어야 한다는 의미다. 즉 이성이냐, 사욕이냐를 가

---

12) 成樂熏, 「朝鮮時代 性理學의 發達」, 『韓國思想論稿』, 동화출판공사, 1979, 128쪽.

려야 한다는 취지다. 이 때문에 이발이다 기발이다는 논쟁이 있게 되었다는 위 다산의 논리는 앞서 거론했던 성호의 견해와 합치한다. 다산은 「이발기발변」을 끝맺는 말로 퇴계는 일평생 '치심양성(治心養性)의 공부'에 힘썼던 까닭에 이발기발의 문제를 따져 물었으니 "학자라면 이 뜻을 살펴서 깊이 체득해야만 퇴계의 진정한 문도"라고 역설하였다.

사칠문제에 있어 퇴계이론에 접근했던 창계는 "동(動)은 곧 이가 행하는 것이요, 정(靜)은 곧 이가 회복하는 것이니 동과 정 모두 이다"[13]라고 이의 운동성과 함께 주재성을 주장했다. 역시 주체 확립을 비상히 강조해서 "사람이 마음을 세움에 있어서 응당 천지 공공(天地公共)을 위주로 삼아야 하며, 우리의 형해(形骸)도 확실히 수양하지 않으면 안 된다"[14]라고 한 것이다. 퇴계설을 지지하게 된 근본취지가 바로 여기에 있었다. 창계는 학문의 자세로서 "전적으로 실학에 힘쓸 것"[專務實學][15]을 역설하기도 했다. 이 실학의 의미는 무엇인지 음미할 필요가 있는 것 같다.

4. 퇴계학에서 실학으로 전회

역사적 의미의 실학이라면 17세기에 신학풍으로 발흥한 것이다. 하필 이때 실학으로 호명된 신학풍이 일어나게 되었을까? 실학의 개념을 역사적 의미로 규정지었듯, 그것을 가능케 만든 역사적 조건이 있었음이 물론이다. 바로 17세기에 일어난 동아시아 세계의 역사적 전환이 주요 인이었다. 외적으로 서세동점(西勢東漸)이란 세계사적 조류, 내적으로

---

13) 『滄溪集』卷25, 「日錄 乙卯條」, "動是理之行, 靜是理之復, 動靜皆理也."
14) 위의 책, 卷26, 「日錄 庚午條」, "是故人之立心, 當以天地公共之心爲主, 形骸固不可不養. 而非但我如此, 物亦如此."
15) 위의 책, 卷26, 「日錄 癸酉條」.

동아시아 역내에서 국제전의 양상을 띠었던 7년 전쟁, 명·청 교체를 들수 있다. 그리고 거기에 학적 연원관계를 고려할 필요가 있다. 이 글에서 거론하는 퇴계학은 그 사례의 하나다.

실학의 연원 문제에 퇴계학과 관련해서 중시된 존재는 성호 이익이다. 퇴계→한강→미수로 내려온 학맥에서 실학의 대종(大宗)인 성호가 출현하여 실학의 연원이 퇴계로 닿게 된 때문이다. 이는 전부터 이야기되는 통설이다. 여기서는『반계수록』의 저자로 유명한 17세기의 학자 반계(磻溪) 유형원(柳馨遠, 1623~73)을 중심에 두고 성호와 결부해서 논하려고 한다.

실학연구의 길을 연 정인보는 실학의 학적 계보를 세워서 "반계가 일조(一祖)요, 성호가 이조(二祖)요, 다산이 삼조(三祖)"라고 천명한 바 있다. 실학이라는 학문이 성호에 의해서 체계와 성격이 갖춰졌고, 다산에 이르러 집대성된 것으로 볼 수 있다. 실학이라는 신학풍을 개창한 공적을 반계에게로 돌린 것이다.

한국실학사는 반계에서 성호·다산으로 이어진 단선이 아니었다. 이밖에도 18세기 실학 시대에 담헌 홍대용과 연암 박지원 등이 따로 하나의 유파를 형성했으며, 농암(聾菴) 유수원(柳壽垣, 1694~1755)도 괄목할 만한 실학적 저술을 남겼다. 이들의 연원관계는 각기 따로 고찰해야 할 사안인데 전자는 서인-노론계로서 율곡학통에서 파생되었고, 후자는 소론계로서 하곡 정제두와 기맥이 통하는 것으로 보인다.

반계 실학은 퇴계학 내지 성리학과 내면적으로 어떻게 연계되는 것일까?『반계수록』의 철학적 배경에 대한 물음이다. 근래 다행히도 반계의 이기철학과 관련된 저작이 발굴되어, 이 문제에 대한 연구가 심도 있게 이루어졌다.[16] 보고된 논문들을 보면 대개 실리(實理)라는 두 글자가 키워드로 제시되어 있다. '실리'는 반계철학의 핵심이라고 보아도 좋을 정도다. 실제로 반계가 남긴 철학적 테스트에서 실리 두 글자와 함께 실리에 연계된 진술을 자주 접하게 된다. 그렇지만 '실리'란 말이 엄밀한 의미에서 독자적인 개념어로 성립할 수 있느냐는 물음을 제기할 필요가 있는 것 같다.

'실리'는 경전의 본문에 나오는 말이 아니라『중용』(中庸)에서 성(誠)을 풀이하는 자리에 쓰인다. "성(誠)이란 사물의 시작이요 끝이니 성이 아니면 사물이 있을 수 없다"(25장). 이 경문을 주자는 "천하의 사물은 모두 실리에 의해서 이루어지는 것이다"[17]라고 풀이한 것이다. 주자는 성(誠)은 곧 이(理)이고 실리(實理)라고도 말했다.[18] 이때 실리는 성실한 이를 뜻한다. 따라서 실리란 별도로 정립된 개념이 아니요, 이의 작용을 형용하기 위해 실이란 글자를 붙인 것이다. 반계도 "이는 저절로 실리이지 기로 인해서 있게 되는 것이 아니다"는 주장을 하고 있다. 이의 자주성을 강조한 의미다. 그리고 정자(程子)가 말한 "차리심실"(此理甚實)이란 구절을 들어서 반계는 "지금 이가 지진지실(至眞至實)함을 깨닫는다"[19]고도 했다. 요컨대 실리란 이 자체의 성실성을 강조한 어법 그것

---

16) 李佑成,「『磻溪雜藁』解題」, 여강출판사, 1990; 金泰永,「磻溪 柳馨遠의 變法論的 實學風」,『韓國實學研究』18, 2009; 문석윤,「磻溪의 實理論」,『반계 유형원 연구』, 실시학사 실학연총서 6, 사람의무늬 2013.

17) "誠者, 物之終始, 不誠無物"(『中庸』25장). "天下之物, 皆實理之所爲, 故必得是理, 然後有是物."(주자의 위 문구에 대한 주해) 여기서 물(物)은 나 이외의 일체의 것을 지칭하는 말이어서 사물이라고 번역했다. 다산은 위의 '종시'(終始)에 대해서 시(始)는 "스스로 자기를 이루는 것"[自成己]을, 종(終)은 "물을 이루게 됨"[至成物]을 가리킨다고 풀이한 바 있다.

18) 『朱子語類』卷6,「誠是理」, "誠, 實理也, 亦誠慤也."

이다.

『중용』에서 "성(誠)은 천도(天道)요 성하고자 하는 것은 인도(人道)이니라"[20]고 말했다. 천지간에 만물이 생육하는 것은 천도의 영역임에 대해서 인간은 실천적 노력이 요망된다는 뜻이다. 즉 선을 행하려는 긴장의 과정, 그것이 인간적 성(誠)이다. 인간의 도리로서 실리는 도덕수양이 당위요 필수다. "이는 본디 실리이기 때문에 도심(道心)이 당연의 원칙이 된다"[21]고 반계는 주장한 것이다.

결론적으로 말해서 이와 별개로 실리가 있는 것이 아니다. 반계가 이에 실이란 수식어를 동원해서 그 성질과 작용의 특성을 드러낸 논리는 중시할 필요가 충분히 있다. 하지만 어디까지나 이의 재발견으로서 의미를 갖는다. 이의 고유한 성실성을 고도로 강조하고, 주체의 도덕적 확립을 의도한 것이다. 앞서 사칠이기론을 검토하면서 거론했던 창계나 성호의 관점과 그 의미맥락이 다르지 않다. 또한 다 같이 이를 중시한 면에서 퇴계학으로 근접한 이론이다.

성리학-퇴계학에서 실학으로의 전회(轉回)를 어떻게 설명할 수 있을까? 퇴계학과 내적 관련이 있고 더 근원으로 소급하면 성리학에 닿게 되지만, 성리학의 연장선상에 바로 실학이 위치한 것은 아니라는 점도 고

---

19) 『磻溪雜藁』, 81, 「與鄭文翁東稷論理氣書・別紙」, "今乃覺得理是至眞至實, 若非至實, 無以爲理. 眞是喫緊喫緊語也."

20) 『中庸』20장, "誠者, 天之道也, 誠之者, 人之道也." 성(誠)이란 유가의 도덕철학의 핵심 개념으로서 『중용』에서 특히 성을 중요하게 논하였다. 위 경문에서 주자는 성은 진실무망(眞實无妄)을 의미하며 그것은 천도의 본연(本然)이라고 보았다. 인간에 있어서는 당위에 속하지만 본연의 상태는 아니기에 성=진실무망이 되도록 힘써야 한다는 뜻으로 설명하였다.

21) 柳馨遠, 위의 책, 「又論人心道心書・別紙」, 95쪽.

려할 필요가 있다. 이 문제에 관해서 몇 가지 소견을 간략히 들어두는 것으로 이 글을 끝맺고자 한다.

(1) 실학은 성리학에 연원한 것이지만 이때 학문의 체계상에서 변형이 오기 시작한 것이다. 유학의 기본 패러다임인 수기치인(修己治人)=내성외왕(內聖外王)의 틀에서 일어난 변화다. 종래 성리학은 '수기'의 측면인 자신의 도덕적인 내면의 수양에 치중하였으며, '치인'의 측면인 경세제민(經世濟民)의 임무에 대해서는 소홀히 한 경향이 없지 않았다. 경세에 관심을 돌린 것이 실학의 계기가 되었다. 그런 점에서 '경세실학'으로 명명할 수 있는 것이다.

(2) 경세란 정치사회적인 현실 문제를 의미하는 것이다. 경세를 중시한다고 해서 수기의 측면을 간과한 것은 물론 아니다. 오히려 진정한 주체의 확립에서 실학이 출발했기 때문에 퇴계학으로 경도하게 된 것이다.

설명의 편의상 경세실학에 대해서 '성리실학'이란 용어를 설정해볼 수 있다. 초기 실학의 철학적 배경이 성리학에 있었으므로 창계처럼 성리실학의 경계를 넘어서지 않은 경우와 그 너머에다 학문의 중심을 경세실학으로 세운 경우로 구분해볼 수 있다.

(3) 17세기 학자들이 주체 확립의 문제를 각성한 것은 당시 상황을 문명적 위기로 인식한 때문이다. 사(士)-지식인으로서의 우환의식이다. 17세기 당시 문제적 상황이 눈앞에 펼쳐진 것 가운데 가장 심각하게 의식한 사건은 대륙에서 일어난 명·청 교체였다. 당시를 살았던 중국의 고염무(顧炎武)·황종희(黃宗羲) 등 중국실학의 개창자들은 당면한 사태를 '망천하'(亡天下)로, "인의(仁義)의 도가 단절되고 야만의

세상으로 돌아갔다"[22]고 절망하였다. 조선의 지식인들 역시 이 사태를 화이전도(華夷顚倒)로 인식하였으니, 반계는 "야만의 누린내 어느 날에나 씻어내랴!"[腥羶何日掃][23]고 야만의 구축을 간절히 소망하였다.

성호가 『이자수어』의 「서문」에서 "지금 천하가 혼란하여 예악이 실종된 상태"라고 개탄한 것도 만청지배 하의 한자·유교문명권이 야만의 세계로 추락했다고 여긴 까닭이었다. 반계나 성호 등 실학을 창도한 지식인들 역시 만청지배를 문명적 위기로 의식한 것이다. 그 당시 집권층이 '존명반청(尊明反淸)-북벌(北伐)'을 체제 이데올로기로 내세웠던 것과 표면적으로 보면 다르지 않다. 반계는 당면한 세계 상황을 문명적 위기로 판단한 나머지 근본적 대응책으로서 『반계수록』을 저술한 것이다.

반계는 문명적 위기상황에 대응함에 있어서 정치적 이데올로기로 외화(外化)한 방식이 아니고 자아의 각성으로 내화(內化)하는 방식이었다. 반계가 홀로 남쪽 바닷가 우반동으로 들어가서 『반계수록』을 저술한 것이 다름 아닌 '자아의 각성으로 내화'한 학문적 결실이었다고 하겠다.

(4) 반계는 자신의 필생의 저술인 『반계수록』에 붙인 글에서 "천하국가가 이 지경에 이르러 잘못된 법을 변경하지 않고는 치세(治世)로 돌아갈 수 없다"라고 전면적 개혁을 주장했다. 국정 개혁의 설계도는

---

22) 임형택, 「동아시아 실학의 개념 정립을 위하여」, 『한국실학연구』 18, 61~63쪽.
23) 柳馨遠, 「「自崇禎甲申北京淪沒之後~」의 「再賦二首」」其二, 『磻溪逸稿』; 『韓國漢文學研究』 38, 432쪽.

어떻게 작성할 것인가? "천지의 이치는 만물에 드러나니 물(物)이 아니고는 드러날 곳이 없으며, 성인의 도는 만사로 행해지니 사(事)가 아니고는 행해질 바가 없다."[24] 반계는 이렇게 천명한 것이다. 창계가 말한 "도외무사(道外無事) 사외무도(事外無道)"[25]와도 통하는 발상법이다. 반계는 대의와 원칙을 견지하면서도 그것이 사공(事功)의 실현이 아니면 무의미한 것으로 보았다. 그가 설계한 경세의 플랜은 구체적 절목(節目)을 갖춘 내용으로 작성될 수 있었다. 이 점에서 경세실학의 의미는 확실하게 되었다.

(5) 실학의 자기발전 과정에서 기본 패러다임인 체용(體用)=본말(本末)의 구도는 바뀌지 않았다. 이는 실학의 성격이 유학의 보편적 틀에서 벗어나지 않았음을 의미한다. 그러나 그 내용과 관계에 있어서는 여러 가지로 창조적 변화가 일어났다. 성호에 와서 이미 경전의 해석이 사실상 주자와 많이 달라진 것이다. 다산으로 오면 경학으로 새로운 방향을 잡았을 뿐 아니라 성리학적 이(理) 개념 자체를 수용하지 않았다.[26] 다산의 실학은 성리철학을 해체한 위에 구축된 것이다. 이후 최

---

24) 『磻溪逸稿』, "天下國家盖至於此矣, 不變弊法, 無由反治."
   "天地之理, 著於萬物, 非物理無所著; 聖人之道, 行於萬事, 非事道無所行"(위의 책, 438~439쪽).
25) 林泳, 『滄溪集』卷26 張20, 「日錄」.
26) 다산이 이(理) 개념을 수용하지 않았다는 주장과 이 글의 앞에서 거론했던 「이발기발변」에서 편 다산의 논지 사이에는 모순점이 보인다. 이 개념을 받아들이지 않고 부정해버린 데 반해 「이발기발변」에서는 이기개념을 전제하고 있는 것이다. 이 점을 어떻게 설명할 것인가? 「이발기발변」은 퇴계와 율곡 이래 일대 쟁점이 되었던 사칠논쟁에 다산이 개입해서 논변한 내용이다. 그 글 자체가 성리학적 이기개념을 가지고 논변할 수밖에 없는 것이며, 다산 자신의 철학을 개진하는 자리가 아님을 유의할 필요가 있다.

한기(崔漢綺)와 심대윤(沈大允)으로 와서 탈주자학적 방향으로 학문의 길이 열리기에 이르렀다.

■ 『국학연구』 23, 2013

성리학과 실학의 관련성 문제
-「함장록」의 분석

1. 시작하는 말

「함장록」(函丈錄)은 순암 안정복(安鼎福, 1712~91)이 성호 이익(李翼, 1681~1763) 선생을 집으로 찾아가 뵙고 가르침을 받은 일을 기록한 글이다. 사실의 보고적 성격을 갖는 내용이다.

「함장록」에는 순암이 직접 경험한 성호의 생활 단면이 자연스럽게 그려져 있다. 그들의 만남은 어디까지나 스승과 제자 사이의 만남이기에 학문적 대화가 주를 이룬다. 이 텍스트는 전체적으로 학자의 일상을 보여준다. 따라서 「함장록」을 분석한 이 글은 '성호의 삶의 일상'을 먼저 살펴보고 이어서 '성호와 순암 사이의 학적 대화'를 검토하는 순서로 들어간다. 이 학적 대화도 학문적 일상의 일부분임은 물론이다.

우리 선조들은 마련된 공적인 제도가 없었는데 학문을 어떻게 하였을까? 위대한 업적을 남긴 학자들은 실제로 어떤 생활환경에서 학문을 하였을까? 그리고 수준 높은 스승과 제자 사이의 가르침은 어떤 방식으로 이루어졌을까? 학문하는 우리로서는 특히 관심사가 되지 않을 수 없는 물음인데 이렇다 하게 밝혀진 사실이 있는 것 같지 않다. 이 글은 이런 의문점에 구체적인 사례 연구로서 의미를 갖게 되기를 기대한다.

제자는 스승에게 무엇을 물었고, 스승은 어떤 대답을 했던가? 스승은 제자에게 학문을 어떻게 가르쳤고, 제자는 스승의 가르침을 어떻게 받아들였던가? 「함장록」이 담고 있는 핵심 내용임이 물론이다. 「함장록」을 분석한 시각도 여기에 맞췄다.

한국실학연구사에서 쟁점이 되고 있는 사안의 하나는 실학이 성리학의 연장선에 있는 것이냐, 아니면 '탈성리학적' 또는 '반성리학적'인 것이냐는 것이다. 실학의 성격에 관한 문제인데 지금도 학계에서 심심찮게 논란이 되고 있다. 성호학은 한국실학의 본격적인 출발점으로 공인된 터이며, 성호와 순암의 학문적 만남으로 한국실학의 중요한 학맥이 형성되기에 이르렀다. 이 글이 이 쟁점사안에 관련해서도 구체적인 사례 연구가 되기를 희망한다. 하나의 사례고찰에 해당하기 때문에 여기서 도출된 결론은 한계가 있을 수밖에 없다. 하지만 사례 자체가 한국실학의 중심을 형성한 부분이라서, 그런 만큼 의미를 가질 수 있을 것으로 여겨진다.

성호와 순암 사이에 오고 간 학문적 대화는 이 「함장록」보다 실은 편지글에서 더 많은 것을 확인할 수 있다. 성호와 순암의 문집을 보면 두 분 사이에 오고 간 편지글이 서(書)라는 문체로 수십 통 수록되어 있고 내용도 훨씬 풍부하다. 이것은 물론 두 분만의 특수한 방식이 아니며, 전근대 사회에서 학문의 소통과 교류가 이루어진 일반적인 관행이었다. 성호와 순암의 학문적 관계를 본격적으로 연구하자면 응당 이 편지글을 살펴볼 필요가 있다.

그런데 「함장록」은 사제 간의 학문적 대화가 직접 대면으로 전개되는 데다가 학자의 일상이 꾸밈없이 드러나는 특징이 있다. 이 글에서 필자는 「함장록」을 재료로 삼아 학자적 일상을 묘사하면서 성호와 순암의 학문적 관계를 살피려고 한다. 성리학과 실학의 관련성을 해명하려는 문제의식을 염두에 둔 것이다.

2. 「함장록」개관

「함장록」[1]은 전편이 모두 4,877자로 엮어진 글이다. 한문의 압축적인 표현 형식의 특성으로 보면 상당히 긴 편에 속한다.

'함장'이란 『예기』(禮記, 「曲禮」上)에 스승이 제자를 가르칠 때 한 길 정도 거리를 둔다고 나와 있는 데서 유래하여, 강학의 자리를 가리키거나 스승에 대한 존칭으로 쓰는 말이다. 「함장록」이란 곧 스승을 찾아뵙고 대화한 기록이란 의미로 붙인 제목이다. 서두에 「함장록」을 쓰게 된 경위를 간략히 적고 있다.

성호가 세상을 떠나심에 평소 선생님에게서 받은 깊은 사랑을 생각해보면 은덕과 의리가 함께 무거운데다 대들보가 무너져 내린 듯한 심경이 날이 갈수록 더욱 절실해졌다. 이에 옛 문서 상자를 들추어 (스승과의) 4일간 일록(日錄)을 찾아내서 이제 따로 정리하여 조그만 정성을 붙인다.

　•『순암집』권16, 장1 좌

성호가 세상을 떠난 것은 계미(1763)년 음력으로 12월 17일이었으니, 「함장록」의 작성 연대는 1764년경으로 잡혀진다. 「순암연보」에 "성호 선생의 부음을 듣다"는 기사 아래 심상(心喪)을 입었으며, "선생께 학문

---

1) 「함장록」은 『순암집』권16 잡저(雜著) 장1~14에 수록되어 있다. 이 글에서 「함장록」은 번역하여 인용하고, 원문을 제시하지 않으며 쪽수만 밝힌다.

을 물은 기록으로 「함장록」이 있다"고 밝혀놓았다. 성호가 돌아가신 당시 순암의 나이는 53세였다. 위 인용문에서 「함장록」은 4일간의 일록을 정리한 것이라고 했는데 바로 여기에 의문점이 있다.

성호가 사시던 집은 지금의 안산시 상록구로 성호의 묘소와 기념관이 위치해 있는 지역이다. 순암은 자기 처소를 「함장록」 서두에서 "광주(廣州) 경안면(慶安面) 덕곡(德谷)의 선산 아래"라고 밝혔듯이 지금 이곳에 순암의 산소와 종가가 있다.

순암은 전부터 성호 선생을 흠모하여 배움을 청하려다가 35세에 비로소 찾아뵙는데 그때가 1746년 10월 17일이었다. 당시 성호의 나이는 66세였다. 이때 성호 선생 댁을 이틀이 걸려 찾아가서 1박을 하고 돌아왔다. 이듬해 9월 20일에 두 번째 찾아가서 역시 1박을 하고 돌아왔으며, 다시 1748년 12월 14일에 세 번째 찾아가서 이번엔 하루를 더 머물고 돌아왔다. 이렇게 순암이 성호 선생께 문학(問學)을 한 날수는 도합 4일이 된다. 이후로 한 번 문병을 간 적은 있으나 사정이 있어 곧 돌아와야 했으며, 다시는 직접 찾아뵙지 못하고 말았다.

순암이 살던 광주의 덕곡과 성호가 살던 안산의 성촌(星村, 당시 행정구역으로 성촌은 광주부에 속해 있었음)은 거리가 200리(里) 정도로 그다지 먼 길은 아니었다. 그럼에도 이런저런 사정 때문에 직접 찾아뵙는 일은 용이하지 않았다고 한다. 그 대신 앞서 언급했듯 순암이 성호를 만난 이후 17년 동안 편지로 자주 학문적인 소통을 한 것이다. 그렇긴 해도 성호를 뵙고 직접 학문을 논한 4일이 순암으로서는 더없이 소중한 경험이었기에 특별히 기록으로 남긴 것임이 물론이다.

그런데 『순암집』에 실린 「함장록」에는 첫 번째로 찾아뵈었을 때의 사적만 기재되어 있다. 서두 다음에 이어진 「함장록」의 원문은 "병인년 10

월 16일 집에서 출발하여 17일 오후에 점섬(占剡, 성촌의 별칭)에 당도했다"로 시작하여 그 이튿날 아침식사를 한 다음 하직인사를 드리고 "드디어 물러나 돌아왔다"는 것으로 전편이 끝난다. 「함장록」은 실상 첫 번째 찾아뵌 기록이 전부이고, 두 번째와 세 번째 만남의 기록은 보이지 않는다. 이 점을 어떻게 설명할 것인가? 왜 이렇게 되었는지 지금으로서는 밝힐 근거가 없다. 다만 두 가지로 추정해볼 수 있겠다.

하나는 두 번째 만남과 세 번째 만남의 기록은 실전되었거나 문집의 편찬 과정에서 삭제되고 첫 번째 기록만 전해졌을 것이다. 다른 하나는 순암이 당초에 두 번째와 세 번째를 첫 번째 기록에 포함시켜서 구성했을 것이다. 다른 하나의 경우는 논리적으로 상정해보기는 했으나 가능성은 희박하다. 「함장록」 자체의 성격과 순암의 서술태도로 미루어 아무래도 그렇게 꾸밀 수는 없지 않겠는가. 그렇다면 지금 우리가 읽는 「함장록」은 온전한 상태가 아니라는 결론에 도달한다. 물론 단정하기는 어렵지만 이렇게 생각할 수밖에 없다. 그러나 현전하는 「함장록」은 첫 번째 만남의 기록이 전부이지만 하루의 기록이라고 믿기 어려울 정도로 내용이 풍부하다.

그리고 「함장록」에는 또 하나의 조그만 의문점이 있다. 전근대 사회에서 사문(師門)에 입문하기 위해 찾아갈 때는 으레 폐백(幣帛)을 지참하는 것이 예절인데, 이를 집지(執贄)라고 일컬었다. 그런데 「함장록」은 이런저런 사실들을 상세히 기록하면서도 집지에 관해서는 아무런 말도 비치지 않고 있다. 예물로 무엇을 준비해갔는지는 굳이 언급하지 않을 수도 있겠다. 그러나 제자로 받아들이는 어떤 간소한 절차라도 거쳤다면 기록에서 빠질 수 없는 대목이다. 「함장록」을 읽어보면 성호가 처음 대면한 순암을 제자로 받아들이는 과정은 절차라고 할 것도 없이 자연스럽게 서술되어 있다.

성호는 초면의 순암에게 "전일에 서로 만난 적이 있소?"라고 물어서 순암은 "뵌 적이 없습니다" 하고 자신의 성명을 말씀드린다. 이에 성호는 "내가 소싯적에 안 전부장(安典簿丈)을 만난 적이 있는데 그대[尊]와 어떻게 되시오" 하고 다시 묻는다. 안 전부장이란 이는 순암의 증조부인 안건행(安健行, 1625~1711)으로 전부(典簿, 종친부에 속하는 5품직)란 벼슬을 지냈으며, 성호의 선배이기 때문에 존칭을 쓴 것이다. 성호는 바로 이어서 "나의 외숙이 그대의 종증조인 진사장(進士丈)과 동서간이어서 그대의 집안일을 잘 알고 있소"라고 친근감을 표하고 있다. 성호가 진사장이라고 칭한 사람을 순암은 도동대부(桃洞大夫)라고 밝히는데 족보상에서 안서채(安瑞采, 1657~1721)로 확인이 된다. 성호는 이처럼 순암과 세의(世誼)가 자별한 관계임을 확인하고 나서 "그대는 무슨 일로 여기에 왔소?"라고 묻는다. 이에 순암은 몸을 굽혀 예를 표한 다음 이렇게 말씀드린다.

저는 나이가 사십이 가까운데 학문의 방도를 알지 못하고 있습니다. 선생님이 도를 강구하시는 처소가 멀지 않은 줄 듣자옵고도 정성이 부족하와 10년을 흠모하는 마음을 가지고 이제야 비로소 찾아뵙습니다.

•『순암집』권16, 장2 좌

순암의 대답에 "선생은 묵묵히 빙긋이 웃기만 하며 편안하고 즐거운 표정을 지으시는데 꾸미는 태도는 전혀 없다"고 한다. 순암은 선생님의 이런 표정을 이미 자신을 제자로 받아들인 것으로 읽는다. 그래서 곧바로 학문상의 대화로 이어지게 된다. 성호의 순암에 대한 호칭 역시 처음에는 '그대'[尊]였는데 이로부터 '군'(君)으로 바뀌는 것이다. 이 두 분의 관계는 스승과 제자로 학연을 맺는 데 하등의 형식적 절차를 요하지 않았던 것으로 여겨진다.

사제 간에 학문적 대화의 말문을 먼저 연 것은 순암이었다. 순암은 미리 준비해간 듯 『대학』(大學)의 이른바 '보망장'(補亡章)[2]에 대해 먼저 문제를 제기한다. 이로부터 이어진 논의는 성호가 적극적으로 주도한 형세였다. 취침은 닭이 여러 회 울 무렵이었으므로 2, 3시경이었을 듯싶고 기상도 매상(昧爽)이라 했으므로 동이 트지 않은 새벽이었다. 저녁식사, 짧은 취침, 아침식사 시간을 빼고는 학문적 대화가 계속된 것이다. 이에 대한 자세한 기록이 다름 아닌 「함장록」이다.

3. 성호의 삶의 일상

우리가 학문과 사상을 파악하자면 주체의 현실, 즉 학자가 어떤 처지에서 사고하고 작업했나를 살피는 것이 당연히 요망된다. 되도록 자세히 대상인물의 삶의 일상으로 밀착해 들어갈 때 우리의 인식은 리얼리티를 획득할 수 있지 않을까.

지금 이 「함장록」은 학문적 대화가 이어지는 사이사이로 순암의 눈에 포착된 성호의 일상이 그려져서 성호의 삶에 대한 미시적인 인식을 어느 정도 가능하게 하는 텍스트다. 이제 성호가 어떤 주거환경에서 학문

---

2) 『대학장구』(大學章句)에서 『대학』 원문의 격물치지(格物致知)를 말한 부분에 결락이 있는 것으로 보아 "정자(程子)의 뜻을 취해서 보충한다"고 하면서 제시한 단락이 있다. 이를 보망장이라 이른다. 보망장은 『대학장구』가 지닌 권위로 경문(經文)과 같이 인정을 받았으나, 객관적인 근거가 없기 때문에 의혹을 불러일으켰고 하나의 쟁점사안이 되었다.

을 하였고 삶의 기본인 생활은 어떠했는지 눈여겨본 다음 성호의 신상으로 눈을 돌려볼까 한다.

1) 주거환경

순암은 성호의 집을 찾아 들어선 장면을 이렇게 그려낸다.

조그만 산자락을 넘어가니 산자락이 다한 곳에 한 초가집이 나왔다. 마당가에 노복이 있다가 손님을 보고 와서 절을 하는 것이었다. 나는 그에게 물어서 선생님 댁임을 알고 말에서 내려 통고한 다음, 바로 들어갔다. 사랑채는 삼간으로 앞의 한 칸은 토청(土廳, 토마루)이었고, 뒤의 두 칸은 방인데 모양새가 심히 소박하고 누추했다. 선생의 중씨인 옥동(玉洞, 李漵)이 육영재(六楹齋)라고 이름 붙인 건물이다.

• 『순암집』 권16, 장1~2

성호의 가계는 남인의 명문으로서 특히 학자를 많이 배출한 가문으로 손꼽혔다. 남인이 권력으로부터 밀려난 결정적 계기가 된 경신환국(1680) 때 성호의 부친 이하진(李夏鎭)이 평안도 운산(雲山) 땅으로 유배를 간 까닭에 성호는 멀리 변경에서 태어난다. 성호가 태어난 그해 부친이 작고하여 바로 이듬해인 1682년 선영이 있는 성촌으로 들어와 살게 되었다. 가세가 영락했기 때문이다.

성호가 그 위대한 학문을 이루고 제자와 강학을 한 처소는 초가삼간이다. 기둥이 여섯 개라는 뜻에서 육영재(六楹齋)라고 불렸는데, 이는 성호의 셋째 형님인 옥동 이서(李漵, 1663~1723)가 이름을 지은 것이라 한다. 옥동이 서법으로 일가를 이루어 옥동체로 일컬어지고 있으니, 아마 비록 초가삼간이라도 '육영재'라는 현판이 옥동체로 달려 있지 않았을까. 한 칸은 토마루로 되어 있다 했으니 얼마나 질박한 규모였는지를 짐작케 한다.

이곳을 지금 찾아가보면 성호가 사시던 때와는 상전벽해로 달라진 상태다. 1977년으로 기억하는데 필자는 성호의 묘소를 참배하러 간 적이 있다. 성호의 묘소 가까이 건너편 아래로 몇 호의 초가집 마을이 있었다. 그곳에 성호가 사시던 집터가 있다고 했다. 육영재 그대로는 아니었던 듯싶은데 집터에 초옥이 있었으며, 집 앞의 우물은 성호가 마시던 그 우물이었다. 1976년 당시 '반월(半月) 신공업도시'를 조성한다는 정부발표가 나왔다. 성호의 묘도 이장할 수밖에 없다 하여 유관 학계와 학자들이 나서서 성호 선생의 유적을 보존하자는 여론을 일으켰다. 그런 결과 성호의 묘는 공원화한다는 명분으로 겨우 유지할 수 있었다. 그래서 그 이후에 성호묘소 아래 성호기념관이 들어서게 되었고 지명도 안산이라는 옛 이름을 되찾았다. 그러나 개발의 논리에 밀려 성호의 묘 주변에 있던 성호의 윗대, 아랫대 산소들은 모두 옮겨졌을 뿐 아니라 순암이 찾아갔던 성호 선생의 그 집터는 흔적도 없이 사라지고 말았다.

2) 식생활

순암이 성호 앞에서 첫 물음으로 개시된 『대학』 담론이 미처 끝나지 않아 저녁식사가 나오는데 절차는 다음과 같았다.

이윽고 석식이 차려졌다는 말과 함께 여종이 상을 내와서 먼저 내 앞에 상이 놓였다. 나는 몸을 굽히고 물러나 감히 먼저 받을 수 없다는 뜻을 표하는데 선생님 앞으로 또 상이 놓였다. 선생님께서 숟갈을 들며 먹

기를 권해서 나도 숟갈을 들었다. 선생님은 제반(祭飯)을 하고 나는 제
반을 하지 않았으며, 선생님께서 먹기를 시작하여 나도 따라서 먹었다.

• 『순암집』 권16, 장3 좌

위의 글은 사대부가의 식사예절의 한 사례라고 하겠다. 성호가 행한
제반은 농신(農神)에게 감사의 뜻을 표하는 의식으로 우리말의 '고수레'
에 해당하는 것이다. 주객 간에 상을 따로 차려 내는 것도 그때의 법식이
다. 순서를 지켜서 시작할 때는 상이 객 앞에 먼저 놓이고 주인 앞엔 나
중에 놓인다. 식사를 들고 나서 물이 나오고 상을 내갈 때 역시 이 순서
를 꼭 지켰다. 이를 '빈주의 예'[賓主之禮]라고 했다. 이처럼 제반과 빈주
의 예가 이행되는 식사예절을 보았는데 순암 앞에 놓였던 상에는 어떤
음식이 차려졌을까?

밥은 그릇에 차지 못했으며, 반찬은 새우젓이 백사기 접시에 조금 담
겼고 무김치가 한 접시, 따로 토호갱(土瓠羹)이 놓여 있었다. 반찬은 간
이 모두 짠 편인데 절약하는 뜻임을 짐작할 수 있다. 상과 그릇은 모두
정갈했다.

• 위와 같은 곳

손님 밥상에 밥도 한 그릇이 못 되고 찬은 기껏 새우젓과 무김치 두 가
지뿐이다. 토호갱이란 국은 무엇인지 분명치 않으나 호박이나 박속으로
만든 것이지 싶다. 성호댁의 식생활이 얼마나 검박했는지 실로 우리 눈
앞에 역력하다. 성호의 경제적 상황에 관해서 다산이 자세하게 남긴 기
록이 있다.

196

성호 선생은 소시엔 몹시 가난해서 추수가 겨우 12석(石)이었다. 이를 12개월로 나누어놓고, 열흘 만에 양식이 떨어지더라도 어쨌거나 따로 다른 물건을 마련해서 팔아 곡식을 구해 죽을 쑤어 연명했다. 그리고 새달 초하루에 비로소 곳간의 곡식을 꺼내 먹었다. 중년으로 와서는 연간 24석을 거두어 매월 2석을 배정했으며, 만년에는 60석을 거두어 매월 5석을 배정할 수 있었다. 아무리 양식이 떨어져 곤란하더라도 이 달에는 다음 달 양식을 결코 손대지 않았다. 이는 좋은 방도다.[3]

다산은 성호가 서거하기 한 해 전에 태어났다. 그래서 직접 만날 기회는 없었고 사숙(私淑)해 마지않았다. 위 성호의 행적은 전문(傳聞)에 의거한 것이지만 신빙할 수 있다고 본다. 성호의 가정경제는 소시에서 만년 사이에 어떻게 5배나 확대될 수 있었을까? 농사는 가작(家作)으로 했을까, 병작(倂作)으로 했을까? 이런 점들이 궁금한 사항으로 떠오르지만 구체적인 실상을 지금의 나로서는 알아낼 길이 없다. 짐작컨대 성호 자신의 학자적 명성이 높아지면서 글을 받아가거나 학문을 물으러 오는 사람들이 늘어가고 그에 따라 폐백도 늘어난 것이 수입원의 한몫이 되지 않았을까 싶다. 그런데 무엇보다 가계 경영의 비결은 위에 서술한 것처럼 규모 있는 생활방식과 철저한 근검절약이었을 것으로 생각된다. 순암이 방문할 당시 성호의 나이는 66세였으므로 노년이다. 형편이 훨씬 나아진 시기였음에도 한 달 5석으로 소비를 충당하기에는 빠듯했던 모

---

3) 丁若鏞, 『與猶堂全書』詩文集 卷18, 「爲尹輪卿贈言」, "星湖先生蚤歲貧甚, 秋穫僅十二石, 分之以配十二月. 旬後糧絶, 卽別辦他物, 變賣得粟米, 以給饘粥, 至新月初一, 始出庫中粟食之. 中歲收二十四石, 每月用二石, 晚年收六十石. 每月用五石. 雖窘匱百端, 此月之內, 終不犯彼月糧. 此良法也."

양이다.

　선생님은 웃으며 "내 집이 가난해서 음식이 워낙 형편없기 때문에 오는 손님 입에 맞지 않아서 더러 행찬(行饌, 여행 중 휴대한 음식)을 가지고 와서 먹는 이도 있다네"라고 말씀하셨다.

　•『순암집』권16, 장2 우

순암은 성호의 이 말씀에다 "전에 들으니 정모(鄭某)가 와서 식사를 할 적에 행찬을 들여와서 먹었다 한다"는 주석을 붙인다. 그리고 성호의 식생활에 관련해서 자기의 소회를 적고 있다.

　(선생님의) 상재지탄(傷哉之歎, 가난의 괴로움)이 대개 이와 같았다. 그러나 선비라면 응당 가난은 상례(常例)로 여겨야 할 일이다. "나물을 씹어야만 백 가지 사업을 이룰 수 있다"[咬菜做百事]는 옛말은 뜻이 아주 좋다. 일상에서 긴요하기로 음식보다 더한 것이 없다. 마땅히 긴요한 곳에서 먼저 극기(克己) 공부를 하여 이 생활습관이 쌓여서 타고난 체질처럼 편하게 되어야 할 것이다.

　•『순암집』권16, 장3 우

범상한 듯싶지만 실로 의미심장한 내용의 발언이다. 사족들이 정치권력에서 소외된 경우 영호남 지역은 지주적 기반에서 안정된 생활을 누리며 문한(文翰)을 이어갈 수 있었으나, 근기 지역은 사정이 많이 달랐다. 정치적 부침의 영향을 직접적으로 받는데다가 실세를 하고 나면 대개 토지가 협소하고 척박해서 가난을 면하기 어려웠다. "나물을 씹어야만 백 가지 사업을 이룰 수 있다"라는 격언은 『소학』에 보이며 『목민심서』에도 나오는데 인간이 배고픈 고통을 체험해야만 사업뿐 아니고 학문도 견실해질 수 있다고 순암은 자기 자신에게 다짐을 하고 있다. 성호가나 순암가는 정치적으로 공동운명체일 뿐 아니라, 삶의 현실도 마찬가지였다. 고궁(固窮)의 자세로 가난을 생활화하여, 돈독히 학문에 힘쓰는 것이 공동의 출구전략이었던 셈이다.

3) 성호의 인상과 일상생활

눈을 들어 선생님을 보니 키는 보통을 넘는데 수염이 좋고 눈빛이 사람을 쏘는 듯했다. 머리에는 당건(唐巾)을 쓰고 검은 비단을 접어 쌍각(雙脚)으로 몇 자를 뒤로 드리웠다. 당건 위로 포건(布巾)을 겹쳐 썼으니 지난 5월에 실내(室內, 부인을 뜻함)가 돌아가신 까닭이다.
 • 『순암집』 권16, 장2 우

순암의 눈에 비친 성호의 첫인상이다. 우리가 볼 수 있는 성호의 초상화는 근래 제작된 것인데 이런 이미지를 제대로 살려냈는지 솔직히 잘 모르겠다. 성호가 머리에 쓴 당건이란 선비들이 집안에서 일상으로 착용했던 탕건이다. 따라서 당건은 일반적인 의관의 일종인데 당건 위로 늘인 쌍각이 특이한 것이었다. 밤이 깊어 모자를 벗을 때 순암이 쌍각의 의미에 대해 묻는다. 이에 성호는 옛날 사각건(四脚巾)의 유제(遺制)라 하면서 설명을 하고, 이어 도포, 갓 등 의관제도에 미쳐서도 길게 언급하고 있다. 성호가 의관제도에 대해서도 관심이 각별했던 사실을 확인할 수 있다.

성호는 당건 위에 삼베로 만든 건(巾)을 덧쓰고 있었다. 그해 5월에 성호의 부인이 돌아가셨으므로 포건을 쓴 것은 그 표시였다. 순암이 찾아갔을 당시 성호댁은 상기(喪期) 중에 있었던 것이다.

성호는 아들 하나를 두었는데 이맹휴(李孟休, 1713~51)로 만경현령을 지냈기 때문에 「함장록」에서 그를 만경(萬頃)이라 호칭하고 있다. 이맹휴는 예학에 정통한 학자로 순암과 동년배지만 상주로서 복중인 까닭에 손님을 나와서 만나지 않는다. (이맹휴의 아들, 즉 성호의 손자가 할아버지를 옆에서 항시 모시고 있는 것으로 그려지는데 이 아이는 아명이 여달如達이고 뒤에 구환九煥으로 불렸다.) 순암이 먼저 조문하기를 청하여 여달의 안내를 받아 상차(喪次)로 가서 상주를 대면해서 조문의 식을 행한다. 그리고 나서 밤에 만경이 성호의 처소로 나와 모시고 앉았다가 혼정(昏定)을 한 다음 절을 하고 들어간다. 다음 날 성호가 기상하자 만경이 여달을 데리고 나와 배알하고 물러서 시좌(侍坐)를 하는 것이었다. 혼정신성(昏定晨省)의 예를 곡진히 이행하고 있음을 볼 수 있다.

성호와 순암이 기상을 한 시각은 새벽이었다. 2, 3시까지 대화가 계속되었던 터이므로 겨우 한숨 자고 일어난 셈이다. 성호는 일어나면서 "평소에 늘 인정후(人定後, 밤 10시 이후)에 잠을 자고 매상시(昧爽時)에 일어나는 것으로 정해놓고 있다"고 말한다. 이날은 학문토론에 정신이 팔려서 늦게 잠들었지만 기상시각은 평소와 마찬가지였다. 이러한 성호의 학자적 일상 속에 성호와 순암 사이의 학적인 문답이 들어 있었다.

4. 성호와 순암 사이의 학적 대화

순암이 성호를 방문한 당일 저녁때부터 시작된 대화는 다음 날 아침 순암이 떠날 때까지, 중간에 두 번의 식사시간과 짧은 취침 시간을 제외하고 쉼 없이 이어졌다. 비록 두 분 사이에 주고받은 말이었지만 그야말로 학술의 향연이요, 한마당의 연토회(研討會)였던 셈이다. 물론 체계적일 수 없고 순암이 묻거나 성호가 제기하는 데 따라 자연스럽게 주제가 바뀌면서 진행된 것이다. 성호는 기왕에 작성해놓은 자신의 저술 중에서 일부분이나 도설(圖說)을 대화 중에 꺼내 보여주기도 한다.

고금의 학술을 거침없이 종횡으로 토론한 대화의 중심은 처음부터 경학(經學)에 두어져 있었다. 역사서술에 관해서는 한 번 언급되었을 뿐이다. 그리고 또 공통의 관심사는 학문을 어떻게 할 것인가라는 문제였다. 이 두 가지 사안으로 가닥을 잡아서 요지를 정리해보기로 한다.

1) 경학(經學) 담론 및 사론(史論)

성호와 순암의 첫 만남에서 펼쳐진 학술적 대화의 중심을 이룬 경학 담론은『대학』으로부터 시작되어『중용』으로 이어지다가 잠깐『맹자』로 가서『시경』과『역경』(易經)으로 넘어가더니 홍범(洪範) 구주(九疇), 설시법(揲蓍法) 등에까지 뻗어나간다. 그 내용과 논지를 전부 파악해서 설명하자면 일이 결코 만만하지 않은데다가 방만해질 터이므로 여기서는 사례를 몇 가지 들어보는 정도로 그친다. 궁극적으로 성호는 크게 기대되는 제자를 맞아서 어떤 방향으로 학문적 지침을 주고자 했는지 살펴보기 위한 것이다.

• 『대학』『중용』에 대해서

『대학』과『중용』은 본디『예기』의 한 편으로 들어 있었던 것인데 송대에 와서 사서(四書)로 편성됨에 따라『논어』『맹자』와 나란히 특별한 위상을 갖게 된 책이다. 주자가『대학』은 수기치인(修己治人)의 방법론으로, 『중용』은 도통(道統)을 전한 내용으로 더없이 중대한 의의를 부여한 것이다. 그래서 각기 장구(章句)로 정리, 체계를 세운 교본으로 만들어냈으니 곧 『대학장구』와 『중용장구』다. 주자의 『대학장구』와 『중용장구』는 『논어』, 『맹자』와 함께 유학의 기본 텍스트로서, 과거시험의 표준서로서 그야말로 경전적 권위를 누리기에 이르렀다.

우리나라에서도 마찬가지로 중시했던 두 텍스트는 아울러 '용학'(庸學)이라고 일컬어졌다. 성호도 『대학장구』와 『중용장구』를 기본 텍스트로 인정한다. 그럼에도 성호는 두 텍스트를 어떻게 읽은 것인가 하는 문제를 제기하여 매우 심각하게 제자를 일깨우고 있는 것이다.

'용학'을 읽어보면 구절구절마다 의문점이 있다. 요즘 사람들은 독서를 함에 의문을 갖지 않기 때문에 학문이 향상하지 못한다. 사람이 학문을 하는 것은 이 두 책에서 벗어나지 않는데, 공부를 제법 좋아한다는 자들도 모두 이 책에만 골몰해 있기 때문에 마침내 소득이 없다. 매우 안타깝다.

•『순암집』 권16, 장5 좌

『대학』과 『중용』에 대한 토론이 길게 진행된 다음에 성호가 결론적으로 한 말이다. 요컨대 『대학장구』와 『중용장구』에 대해서 의문을 갖고 비판적으로 읽지 않기 때문에 학문이 진보하지 않는다고 성호는 개탄을 하였다.

앞서 진행된 답론의 내용을 보면 『대학』에 대해서는 순암이 맨처음 질문했던 보망장에 대한 논의에서부터 혈구지도(絜矩之道)에 대한 독법으로 나아가, 격물치지(格物致知)의 문제로 들어가서 『대학』의 구조적 인식을 위해 성호 자신이 『대학질서』(大學疾書)에서 그렸던 대학도(大學圖)를 제시하고 있다. 대학도는 일찍이 양촌(陽村) 권근(權近)이 작성하여 퇴계(退溪) 이황(李滉)이 성학십도(聖學十圖)에서 약간 수정해 받아들였는데 성호는 모두 만족스럽게 여기지 않고 개작을 한 것이다. 『중용』에 대해서는 성호가 먼저 중용의 대의를 묻는 것으로 시작하는데 순암이 귀신장(鬼神章)에 대한 자신의 견해를 제출하고 성호는 그 전문의 구성을 체계적으로 파악하는 논의를 개진하고 있다.

이와 같이 펼쳐진 여러 주제는 그 하나하나가 간단치 않은 사안이어서 모두 언급하자면 논의가 복잡해질 수밖에 없다. 그래서 한 가지 사례로 『대학』에서 '혈구지도'를 들어보기로 한다.

'혈구지도'란 군자가 치국평천하를 이룩하는 방도로서 역설한 개념이다. 도의 실현에 중대한 의미를 갖는 방법론이 곧 '혈구'다. 그렇다면 '혈구지도'는 어떻게 하는 것일까? 지금까지도 소상하게 풀리지 않은 사안 중의 하나다. 이에 관한 『대학』의 원문은 두 번에 걸쳐서 강조하는 어세(語勢)로 나온다. 한 번은 위에서 노인을 노인으로, 고아를 고아로 잘 보살피면 백성들은 저절로 효도하고 우애하며 배반하지 않게 된다. 그렇기 때문에 군자는 '혈구지도'를 중요시한다는 것이다. 이어서 또 상하관계에서 윗사람이 싫어하는 바로 아랫사람을 부리지 않고 아랫사람이 싫어하는 바로 윗사람을 섬기지 않으며, 평등관계에서 오른편 사람이 싫어하는 바로 왼편 사람을 사귀지 않고 왼편 사람이 싫어하는 바로 오른편 사람을 사귀지 않으니 이것이 '혈구지도'라는 것이다.[4] 즉 "나로 미

---

4) 『大學章句』傳十章, "所謂平天下在治其國者, 上老老而民興孝, [……] 上恤孤而民不倍, 是以君子有絜矩之道也. 所惡於上, 毋以使下, 所惡於下, 毋以事上, [……] 所惡於

루어 남에게 미친다"[推己及人]는 의미여서 유교의 기본 실천방안인 서(恕)와 통한다고 하겠다. 성호가 의문을 제기한 것은 '혈구'라는 두 글자의 풀이에 기존의 통설과 다른 독법을 제시한 것이다.

'혈구지도'(絜矩之道, 大學章句 傳10章)
• 기존의 풀이: 구(矩)로 혈(絜)하는 도(道), 자로 재는 도
• 성호의 풀이: 혈(絜)하야 구(矩)하는 도(道), 헤아려서 바르게 하는 도
(『대학장구』에서 주자는 "혈絜은 재다는 뜻이며, 구矩는 사각형을 그리는 도구다"라고 주를 달았으므로 기존의 풀이는 주자의 주에 의거한 풀이다.)

성호의 독해로 '혈구지도'는 사물을 헤아려서 바른 도리를 얻음을 뜻하는 것이다. 성호는 새벽에 일어나자 바로 학술담론을 재개하는데 '혈구'의 문제를 다시 꺼내든다. 어제 제자를 충분히 설득시키지 못했다고 판단했던 듯 문법적으로 자상하게 설명을 한다.[5] 그러고 나서 덧붙인 말이 있었다.

右, 毋以交於左, 所惡於右, 毋以交於右, 此之謂絜矩之道."
5) 성호가 혈구(絜矩)에 대해 재차 해설한 말은 이러하다. "'구(矩)로 혈(絜)하는'이라고 풀이하면 아무래도 말이 되지 않는다. 이제 '칼로 물건을 자른다' 하면 응당 도할(刀割)이라 해야지 할도(割刀)라 하면 말이 틀리지 않는가. 또 '몽둥이로 물건을 친다' 하면 응당 장격(杖擊)이라 해야지 격장(擊杖)이라 하면 역시 틀린 말이 된다. 지금 만약 '구(矩)로 혈(絜)하는'이란 뜻이라야 한다면 응당 '구혈'(矩絜)이라고 써야지 '혈구'(絜矩)라고 쓸 수 없지 않은가. 그래서 '혈(絜)하야 구(矩)하는'이라고 읽어야 옳은 줄 알았던 것이다"(『順菴集』 卷16, 張12).

선비는 응당 치지(致知)로 학문을 하고 실행을 중요하게 여겨야 할 것이다. 그런데 순진하고 조심성 많은 사람은 본떠 따르기만 힘써서 정해진 길을 밟아 궤도를 지키기에 그칠 따름이라. 그래서 견해가 종시 선명하지 못하지. 선비는 응당 지식을 위주로 공부해야 할 것일세.

•『순암집』권16, 장12 우~좌

'혈구지도'의 독법은 그야말로 성호의 독견이다. 당시는 물론이고 중국과 한국에 오늘날 통용되는 해석은 대개 '기존의 풀이'와 동일하다. 어느 편이 옳은지 판정하기 쉽지 않으나, 어법상으로 보면 성호의 독법이 맞는 것 같다. 어쨌건 기존의 권위에 머리 숙여 성설(成說)을 따르지 않고 독창적으로 궁구했던 그의 학문자세는 더없이 분명하다. 성호가 '혈구' 두 글자의 풀이에 그토록 열을 올렸던 데는 배움을 청하러 온 제자에게 '지식'의 중요성을 일깨우기 위한 충정이 담겨 있을 것이다.

• 『시경』(詩經)의 음시설(淫詩說)

성호는 "『주역』과 『시경』은 읽기 가장 어려운 책"이라 한다. 『주역』은 성인의 뜻이 담겨 있고 『시경』은 시인의 뜻을 표현한 것이기 때문에 후인으로서는 전부 알아내기 어렵다는 것이다. 정자(程子)는 『역전의』(易傳義)를 짓고 스스로 '칠분서'(七分書, 담겨진 뜻의 10분의 7만 파악했다는 의미)라고 일렀으나 자부를 크게 했다고 보지 않을 수 없으며, 주자는 『시집전』(詩集傳)에서 대지(大旨)를 직접 지었으나 시인의 본뜻이 과연 그런지 알 수 없다는 지적을 하고 있다. 정자·주자 같은 현인으로서도 『역경』이나 『시경』의 해석은 한계가 있을 수밖에 없다는 취지의 말인데 그렇다면 이 '읽기 어려운 책'에 어떻게 접근할 것인가? 성호는 원전으로 돌아가서 자신의 눈과 마음으로 읽어야 할 것임을 역설한다.

무릇 시를 읽을 때는 응당 그 뜻이 있는 바를 자세히 음미하여 풍송(諷誦)을 하면 거의 고인의 성정이 담긴 곳을 헤아릴 수 있을 것이다.
•『순암집』 권16, 장6 좌

그리고 나서 성호는 음시설에 대해 이견을 제기하고 있다. 주자는 『시집전』에서 특히 정풍(鄭風)과 위풍(衛風)의 시편들을 음란한 내용으로 규정지어, 도덕적으로 선한 시는 본받도록 한 것이거니와 악한 시도 반면교사로 삼도록 한 것이라 주장했다. 이 음시설에 대해 성호는 "시 300편은 한마디로 말해서 사무사(思無邪)"라고 한 공자의 말씀을 『시경』 이해의 기본으로 전제한 다음, "정풍 위풍의 음분(淫奔)이라고 한 시를 악기의 반주에 맞추어 노래하고 탕자와 정녀(情女)들로 하여금 '너희는 음란한 생각을 갖지 말라'고 하면 어불성설이다"라고 단호하게 비판한 것이다. 음시로 규정했던 시편들은 달리 해석을 해야 맞다는 주장이었다.

•『자치통감강목』의 필법에 관한 문제 제기

주자의 방대한 학문 체계에서 역사학의 성과로 중요시되는 것은 『자치통감강목』(資治通鑑綱目, 이하 『강목』으로 약칭)이다. 이 『강목』은 중국역사를 정통론에 입각해서 서술한 것인데 포폄(褒貶)을 가해서 기술한 점이 특색이다. 공자가 『춘추』에 도입해서 '춘추필법'(春秋筆法)이라고 하는 그것이다. 성호는 『강목』이 전부 주자의 붓에서 나온 것은 아닐 것이다라고 단서를 붙인 뒤에 필법에 문제점이 있는 것으로 두 조목을 예시한다.

"원위(元魏)의 호태후(胡太后)가 임금 아무개를 시했다"[弒其君某]고 썼는데 사실은 어미가 아들을 죽인 것이다. 무릇 아랫사람이 윗사람을 죽인 것을 '시'라고 하니 이 경우에 '시'라고 쓴 것은 부당한 것 같다. 또 양웅(揚雄)에 대해서 '사'(死)라 쓰면서 이임보(李林甫) 따위에 도리어 '졸'(卒)이라 쓴 것은 무슨 까닭인지 모르겠다.

• 『순암집』 권16, 장9 우

이러한 성호의 지적에 순암은 승복하지 않고 "모후(母后)가 후계의 임금을 죽인 데 '시'라고 쓴 뜻에 대해서는 『강목』의 범례 주(註)에 이미 언급하고 있습니다. 또 여자는 남편이 죽으면 아들을 따르는 것이 도리이기 때문이 아니겠습니까. 왕망(王莽)은 찬탈을 한 역적임에도 양웅이 그의 신하노릇을 했기 때문에 '사'라고 쓴 것이요, 이임보에 대해서는 관직을 붙이지 않았으니 이미 포폄한 뜻을 나타냈으므로 '졸'이라 쓴 것이 타당한 듯합니다"라고 자신의 견해를 개진한다. 성호도 순암의 말을 긍정하지 않고 "나는 그렇게 하는 것이 옳은지 모르겠다"고 응답한다.

이 대목에 와서 사제 간에 최초로 의견대립을 보인 셈이다. 순암은 원위 호태후가 아들을 죽인 행위에 대해 아들이라도 제위를 계승했으므로 군주며 여자로서 지켜야 할 삼종지도(三從之道)에 저촉되었으니 '시'라 쓴 것이 타당하다고 생각한 것이다. 그리고 사상가로 역사상 위대한 업적을 남긴 한나라 양웅의 죽음에 그가 반역을 도모한 왕망의 신하노릇을 했다 해서 폄하하여 주자가 '사'라고 쓴 것은 후세에 쟁점이 된 사안이다. 성호가 주자를 비판하는 데 대해서 순암은 주자를 옹호하는 입장이다. 사제 간의 의견대립에서 스승에 비해 제자 쪽이 보수적 입장을 드러냈다고 볼 수 있겠다.

이 소단원을 마무리하는 취지에서 두 가지 점을 언급해둔다. 하나는 성호의 주자에 대한 태도다. 위에서 본 경학담론과 사론이 증언하듯 성호의 의론은 주자의 성설(成說)을 비판한 내용이 사실상 대부분이다. 성호는 자신의 『맹자질서』(孟子疾書)에서 춘왕정월(春王正月)을 논한 글과 정지변(井地辨) 두 편을 보여주고 웃으며 "이는 주자를 반박한 일대 망론(妄論)일세"라고 한다. 변명조의 겸손으로 들린다. 그런데 이에 붙여 "곧 '주자의 충신'이 되기 위함이지. 주자가 보시더라도 크게 배척하지는 않을 듯싶네"라고 말한다. '주자의 충신'이란 유래가 있는 문자다. 원나라 때 진력(陳櫟, 黃勉齋의 문인으로 饒魯라 일컬어진 학자)이 주자가 범한 착오를 지적하면서 "주자의 충신이 되기를 바라지 주자의 영신(佞臣)이 되기를 바라지 않노라"고 말했다 한다. 성호가 '주자의 충신'이 되고자 한다는 발언은 단순한 변명으로 그치는 것이 아닐 터이다. 이에 대해서는 뒤에 다시 논할까 한다.

다른 하나는 경세(經世) 문제에 관해서 거론이 되지 않은 점이다. 관심이 없었다기보다 미처 화제가 돌아가지 못했던 것으로 여겨진다. 다만 성호가 짧게 한 말이 있다. "다른 여러 학문이 어렵지 않은데 오직 경학이 가장 어렵다. 경학은 그래도 문자가 있어서 의지할 곳이 있지만 사무(事務)에 이르러서는 본래 형체가 없으니 가장 알기 어렵다." 사무란 경세의 업무를 뜻하는 말이다. 비록 짧지만 뜻 깊은 격언이다.

2) 학문 방법론

순암이 벼르고 벼르던 끝에 성호를 찾아갔던 뜻은 첫째로 자신의 처지에서 학문을 어떻게 해야 하느냐에 있었을 터요, 성호도 일견해서 크게 촉망되는 순암에게 어떤 방향으로 학문의 길을 인도하느냐는 문제를 신중히 생각했을 터다. 사제 간의 경학담론이 한참 진행되는 중간에 순암은 국궁(鞠躬)을 하고 가르침을 청한다. 국궁은 두 손을 모으고 머리를 숙이는 예절인데 이 경우 특히 중요한 가르침을 청하는 뜻에서 새삼 국궁의 자세를 취했을 것이다. 순암이 묻는 말은 이러했다.

　지금 세상은 학술이 지리멸렬한 상태에 당론(黨論)이 횡행하고 있습니다. 한쪽 편은 비록 따로 연원이 있다고 하나 그들의 학문은 단지 훈고(訓詁) 소주(小註)에만 얽매여 있으며, 그들이 외우고 익히는 것은 『중용』『대학』『심경』(心經)『근사록』(近思錄)에 지나지 않습니다. 그나마 이록(利祿)에 끌려가는 자들이 많습니다. 다른 편은 곤궁·치폐해져서 여유가 없기 때문에 이 일에 뜻을 두지 못합니다. 학문을 강구하지 못하고 도가 밝혀지지 않는 까닭은 실로 여기에 있습니다. 학문하는 요체를 듣고자 하옵니다.
　•『순암집』권16, 장7~8

위에서 훈고 소주에 매인데다가 출세주의에 빠져 있다는 한쪽 편은 곧 당시 집권당인 서인-노론 측을 가리킨다. 이에 대해서 곤궁·치폐하여 학문에 힘쓰기 어려운 형편이라는 다른 편은 권력에서 밀려난 남인 측을 지칭하고 있으니 다름 아닌 성호와 순암의 입장이다. 성호도 순암을 처음 대면했을 때 "우리들이 곤궁·치폐하여 뿔뿔이 흩어진 상태는 대체로 다 그렇다"고 개탄해 마지않았던 터였다. 이런 고민 속에서 순암은 성호 선생에게 "학문하는 요체"를 물은 것이다.
　순암의 고민을 듣고서 성호는 "지금 상황은 양편이 모두 다 병폐가 있지만 그렇다고 이것으로 단정해서 말해버리는 것은 옳지 않다"고 한다.

또 성호는 "한편이 세도(世道)를 주장하여 의리를 만들어가지고 재갈을 물리는 수단으로 삼고 있는 것은 참으로 두려운 일이다"라고 말한다. 다름 아닌 노론 측이 국시로 내세운 존명대의(尊明大義)를 가리키는 것이다. 이 점을 심각하게 우려하면서도 아주 침착한 학적 대응자세를 사고하고 있다.

학문은 오직 뜻을 겸허히 갖는 데 있다. 뜻을 겸허히 갖는 공부를 오래 하게 되면 의리가 저절로 성숙하여 마음이 평온하고 기운이 화평하게 될 것이다. 그 요체는 오로지 자기 일신에 달려 있는 것이요, 타자와 관계되는 것이 아니다.
• 『순암집』 권16, 장8 우

요컨대 주체 확립을 강조한 논법이다. 저들이 아무리 출세주의로 가더라도 나는 알찬 학문을 추구할 것이요, 이들이 곤궁한 나머지 학문을 폐기하더라도 나는 극기(克己)하여 참된 학문에 힘써야 한다는 주장이다. "그러자면 어떻게 해야 하겠습니까"라는 순암의 재차 질문에 성호는 두 측면을 강조하고 있다. 하나는 도덕적 자아확립을 뜻하는 '입어례'(立於禮)라는 공자의 말씀을 원용하여 덕성의 함양을 강조한 것이다. 즉 극기복례(克己復禮)다. 다른 하나는 성호가 누차 강조한 지식추구인데 관련하여 자득(自得)을 말한 것이다. "학문은 자득이 귀하다. 참으로 이 일이 귀함을 알아서 마음에 자득하게 되면 면강교위(勉強矯僞, 억지를 부리고 거짓을 행하는 것)의 버릇이 없어져서 날로 참되고 바른 지점으로 나아가게 될 것이다." 스승이 제자의 물음에 준 답은 지금 우리가 읽으면 너무 추상적인 느낌이 든다. "참으로 자득이 있어야만 억지를 부리고 거짓을 행하는 버릇이 없게 된다"는 말씀은 소중하게 들리기는 하지만 과연 자득은 어떻게 이룰 수 있는지 의문이 든다. 성호 역시 자신의 답이 미진하다고 생각했던 것 같다. 이튿날 일어나서 학술담론이 재개되는 과정에서 이 문제를 다시 거론하고 있다.

> 세상 사람들은 모두 정주(程朱) 이후로 경서(經書)의 뜻이 크게 해명되어 더 밝힐 곳이 없으며, 응당 따르기만 하면 될 뿐이라고 말한다. 이 말이 대체로는 맞지만 꼭 그렇지도 않다. 성현이 후인에게 바라는 바는 그 의리를 연구해서 밝혀내자는 데 있다. 뜻이 어찌 더 밝힐 곳이 없다 하여 후인으로 하여금 말하지 못하도록 했겠는가. 이는 정주의 본뜻이 아니다.
>
> •『순암집』권16, 장12 좌

학문의 방법론으로서 옛사람이 마련한 틀을 고수하여 추종하지만 말고 자신이 탐구해서 새로운 의미를 개척하라는 취지다. 그래야만 참다운 자득이 생긴다는 뜻이다. 이러한 성호의 말씀에 순암은 조심스럽게 반론을 제기한다.

> 감히 여쭙건대 또한 두 단계로 보아야 할 것 같습니다. 행실과 덕성이 갖춰지고 지식이 탁월한 사람이라면 선생님 말씀처럼 해도 좋겠습니다. 하지만 공부가 깊지 못한 후생으로서는 지식이 아직 견고하지 않은데 오로지 지식을 밝히는 것을 위주로 삼고 선인들의 오류를 찾기로 든다면 필시 새로운 것만 좋아하고 기이한 것을 찾는 버릇이 생겨서 선인을 경시하는 폐단이 생길 우려가 있습니다. 그런즉 '근수규구'(謹守

規矩)를 주장으로 삼는 것이 대원칙이 되어야 할 듯합니다. 어떨까요?

•『순암집』 권16, 장12 좌

이러한 순암의 발언에 성호는 "참으로 그렇겠지" 하고 일단 긍정하는 태도를 보인다. 성호로서는 제자의 위의 발언에 대놓고 틀렸다고 말하기가 어려웠을 것이다. 실제로도 순암이 지적한 그런 병폐가 지금의 세상에는 물론 그 당시에도 없지 않았을 듯싶다. 그래서 일단 긍정해놓고 뒤에 가서 다시 말을 꺼내 일깨우고 있다.

서인의 학문은 오로지 '근수규구' 네 글자로 세상을 탈 없이 살아가는 결정적인 방편으로 삼고 있다네. 그래서 지식이 끝내 거칠게 됨을 면치 못하고 있으니 매우 딱한 일이지.

•『순암집』 권16, 장12~13

성호의 이 지적은 일차로 서인-노론 측의 학문경향을 두고 한 말이지만, '근수규구'라는 표현을 그대로 써서 순암에게 경종을 울린 것으로 여겨진다. '근수규구'는 일종의 처세술이 되고 말았다는 것이다.

그러고도 성호는 아침식사 후에 하직하고 떠나는 순암에게 "군은 연부역강(年富力强)하니 마땅히 지식에 힘써야 할 것이네. 지식이 밝은 연후에라야 가는 길이 평탄해서 막힘이 없는 법이지"라고 다시 또 지식의 추구에 힘쓸 것을 당부하고 있다.

5. 순암의 실학 ─ 성호학의 계승과 관련해서

순암은 성호가 기대했던 대로 과연 학문을 대성하였다. 『동사강목』(東

史綱目)과 『열조통기』(列朝通紀)라는 저술로 역사학에서 뚜렷한 업적을 남긴 것은 주지하는 사실이다. 이우성 선생은 "성호가 근기학파의 대종으로 실학의 학문방법과 사상적 기반을 확립시켜 놓았지만 성호의 문하에는 백화난만(百花爛漫)한 기상으로 여러 갈래의 새로운 경향이 다채롭게 전개되었다. 그중에도 소장층(少壯層)의 급진주의를 대표하는 인물이 녹암(鹿庵) 권철신(權哲身)이라면 노성층(老成層)의 온건주의를 견지한 인물이 순암이다"[6]라고 성호학파에서 순암의 위치를 자리매김했다. 성호학파에서 녹암이 좌파라면 순암은 우파를 대변하는 존재가 된 것이다.[7]

「함장록」의 분석을 통해 성호와 순암의 학자적 일상을 묘사한 이 글은 성호학(星湖學)의 계승관계의 현장을 살펴보려는 의도를 가지고 있었다. 이제 주자학에 대한 태도와 서학(천주교)에 대한 입장을 언급하는 것으로 끝맺음을 삼고자 한다. 학계의 쟁점 사안의 하나인 실학과 성리학의 관련문제에 관해 비록 짧게나마 구체적 논의가 될 것이다.

앞의 절에서 익히 보았듯 성호가 순암에게 시종일관 강조했던 학문방법론은 고인의 설을 묵수하지 말고 의문을 가져라, 그리하여 새로운

---

6) 이우성, 「순암집 해제」, 『한국고전의 발견』, 한길사, 1995, 332쪽.
7) 순암의 학문성격을 단적으로 규정한 표현으로 "그의 학문은 경학을 날줄로, 역사학을 씨줄로 하였고 그의 학문의 길은 염·락·관·민이었다"(其學問則經經而緯史, 其門路則廉洛而關閩, 순조 원년 鄭瀚이란 분이 순암의 시호를 청하기 위한 상소문에 나오는 구절, 『순암집』연보 장65)를 들 수 있다. '경경위사'(經經緯史)는 경학을 기본으로 역사학에 힘쓴 실학적 학문태도를 표출한 말이며, '염락관민'(廉洛關閩)은 송학(宋學)=성리학적인 학문 방향을 의미한다. 순암의 학문을 한송절충(漢宋折衷)으로 규정한 셈이다. 당시 경직된 분위기에서 보수정통의 입장으로 순암을 평가한 것인데, 그럼에도 성호의 실학적 측면을 매몰시키지 않은 것으로 여겨진다.

지식의 탐구에 힘쓰라는 주지적 방향이었다. '의문'과 '지식', 이 두 단어는 학문의 전당으로 들어가는 열쇠였다. 그런데 성호는 이렇게 하는 것이야말로 '주자의 충신'이라고 말했다. '주자의 충신'이란 관용어이긴 하지만, 한낱 변명조의 수사적 표현으로 돌릴 성질은 아니라고 본다. 성호는 자신이 저술한 『중용질서』(中庸疾書)의 후기에 이렇게 적었다.

　　이 책은 장구(章句)를 굳게 지켜 감히 바꿔놓지 않으면서 『장구』에서 말하지 않는 내용을 기탄없이 말했다. 그 취지는 요컨대 문로(門路)를 탐험해서 부자(夫子)의 본지로 돌아가기로 노력한 때문이다. 만약 『장구』 밖에 말을 한 자라도 덧붙이는 것을 외람된 짓이라고 한다면 이는 나의 진심을 이해하지 못할 뿐 아니라, 주자를 제대로 아는 도리도 아닐 것이다.[8]

　　위 인용문에서 '장구'란 주자가 『중용』의 원문을 장구로 정리해서 텍스트로 정한 그 자체를 가리키기도 하고, 거기에 주해를 붙여서 『중용장구』란 이름으로 간행한 책을 가리키기도 한다. 성호는 주자가 정한 장구 자체는 경전으로 인정하면서 주해는 『중용장구』를 묵수하지 않고 자기 소견대로 주자의 설과 다른 해석을 내리는 것도 거리껴하지 않았다. 경학의 지식을 창출한 셈이다. 성호는 어디까지나 주자가 마련한 『중용』의 틀을 존치하고, 그 틀 속에서 새로운 해석을 가했으며, 그렇게 하는 목적

---

8) 李瀷, 「中庸疾書後說」, "是書也堅守章句, 莫敢移易, 而章句之所不言, 時或不憚言之. 其意都只爲探討蹊俓, 務歸於夫子本旨, 若曰章句之外一字皆濫云爾, 則是不但不識愚之所存, 亦非所以知朱子也乎"(『韓國經學資料集成』 中庸 3, 大東文化硏究院, 1989, 239쪽).

지를 주자의 본지(本旨)로 상정하고 있었다. 이 점은 『중용』과 『대학』이 공히 마찬가지였다.

'의문을 가져라' '지식의 탐구에 힘쓰라'는 성호의 이 가르침에 순암의 반응은 적극적이지 못했다. 순암은 반론을 제기하지는 않았지만, 공부하는 태도로서는 근수규구가 아무래도 긴요하다는 생각을 표명했던 터였다. 성호가 돌아가신 뒤 순암은 녹암 권철신에게 학문 방법론의 문제로 논쟁적인 서한을 보낸 바 있다. 순암은 녹암에 대해 자기주장이 앞서 그런 식으로 나가면 차분하지 못하고 잘난 척하여 겸허하게 받아들이는 자세가 부족해지게 되어 결국 진덕수업(進德修業)의 큰 공부에 방해가 된다고 공박을 한다. 그리고 다음과 같은 말을 첨부했다.

공(公)은 매양 『대학』은 고본(古本) 자체가 좋으니 개정할 필요가 없다 하며, 또한 격치장(格致章)은 그대로 있으니 보망(補亡)이 필요 없고 청송장(聽訟章)은 어긋나고 탈락된 곳이 없다고 주장하신다지요. 이는 공이 자득한 견해가 아니고, 이미 선유(先儒)들이 여러 가지로 말하지 않았습니까. 나의 소견으로는, 먼저 『장구』를 충분히 익혀서 주자의 본의에 한 구절 한 글자라도 행방을 숙지한 연후에 비로소 제가의 설을 살펴보고 그 의론을 검토해야 한다고 항상 말해왔습니다. 지금 공부가 축적되고 정밀하지 못한 상태에서 무슨 새로운 의론이 눈에 띄는 경우 가슴속에 오락가락하다가 입에 붙은 대로 옳으니 그르니 하고 소리를 높이면 학문의 진취에 무슨 유익함이 있겠습니까?[9]

---

9) 安鼎福, 『順菴集』卷6 張15, 「與旣明書」, "公每謂大學古本自好, 不必改定. 又謂格致章自存, 不必補亡. 又謂聽訟章似無着落. 此非公自得之見, 先儒已爛漫言之矣. 愚意則

위의 끝 대목에서 순암이 심각한 병폐로 지적한 것은 녹암이 꼭 그렇다는 뜻은 아니다. 학문하는 태도가 겸허의 자세를 잃고 새로움만을 쫓다보면 그렇게 될 우려가 있다는 말이다. (당시 그런 병폐를 노정한 경박자들이 순암의 눈에는 적지 않았을 것이다.) 또한 순암은『대학』은 고본(古本)으로 돌아가야 한다는 주장이 꼭 틀렸다고 단정한 것도 아니다. 다만 과정상에서『대학장구』를 기본으로 삼아 익숙히 학습한 연후에 신설을 접하거나 다른 방향을 모색해야 한다는 생각이었다. 이는 성호가『대학장구』와『중용장구』를 기본 틀로 정해놓고 해석한 태도와 유사한 면이기도 하다.

한국의 경학사는 성격을 개관해보면 '주자학적 경학'과 '탈주자학적 경학'으로 양분할 수 있다. 요컨대 전자는 주자의 경전주해를 기본으로 삼은 위에서 궁구한 방식이요, 후자는 주자의 주해를 여러 경학적 성과의 하나로 격하시킨 위에서 경전에 접근한 방식이었다. 대체로 성리학자들의 경학이 전자에 속한다면 실학파 학자들의 경학은 후자의 성향을 띠고 있었다. 성호의 경우 주자학적 경학의 외피를 쓰고 있으면서 탈주자학적 경학의 내용을 실현한 것으로 볼 수 있을 것 같다.[10]

성호학의 좌파 계통은 녹암을 거쳐서 다산에 이르러 탈주자학적 경학으로 성격이 확실하게 되었다. 다산 경학의 탈주자학적 성격은 그 자신의 철학이 이기론의 틀을 벗어남으로써 가능했다. 순암은 경학에 있어서는「경서의의」(經書疑義) 한 권이 문집에 실린 정도이고 특별한 성과

常謂讀章句爛熟, 其於朱子本意, 一句一字, 皆有下落. 然後始觀諸說, 觀其議論而已. 今無積累專精之工, 而客見新義橫在肚間, 率爾曰此是而彼非, 其於進學之工, 有何益?"

10) 임형택,「한국경학의 역사적 의미와 그 정리사업」,『民族文化』33, 2009.

를 남기지 않았다. 반면 역사학을 비롯해서 여러 부문에 방대한 학문적 업적을 이룩했다. 그의 저술목록에 『잡동산이』(雜同散異)란 문헌이 있다.[11] 굉장히 방대한 내용인데 책 제목이 말해주듯 다양하고도 새로운 지식정보를 담고 있는 것이다. 이와 함께 그의 저서롱(著書籠)과 초서롱(抄書籠)이 증명하는 박학적인 학문 태도는 지식을 강조했던 성호의 간곡한 가르침의 실천이라고 보아도 좋을 것이다.

실학은 조선조 후기에 일어난 신학풍으로 성립한 것이다. 그것은 일국 사적 현상이 아니었다. 동아시아 지역에서 역사적 동시성으로 실학이 발생한 데 있어서는 내적 요인과 외적 요인을 짚어볼 수 있다. 내적 요인은 17세기 이래 동아시아 대국(大局)의 변화에 맞물린 한·중·일 각국이 처했던 현실이지만 여기서는 이에 관한 언급을 생략한다. 외적 요인이라면 서세동점으로 일컬어지는 전 지구적 변동의 파장이다.

한반도상에는 행인지 불행인지 이 지구적 변동의 파장이 마치 사각지대처럼 직접 와닿지 않았다. 그러다가 18세기 성호와 순암의 시대에 드디어 서교는 이 땅에서 문제시되기 시작했다. 성호는 학자로서 누구보다도 서학과 서교를 예의(銳意) 주시했거니와 순암은 여기에 학문적 관심이 지대했다. 그리하여 순암은 「천학고」(天學考)와 「천학문답」(天學問答)을 저술하였다. 서세가 몰고 온 사상적 충격과 정신적 위기를 심각하게 인식하고 학적 대응을 한 내용이다. 순암의 천주교에 관련한 발언을 보자.

---

11) 『잡동산이』는 규장각 소장에 두 종이 현전하고 있다. 하나는 저자의 초고본으로 42
책(3책 결)이 남아 있으며, 다른 하나는 전체 53책으로 후사본이다. 53책본은 외견
상으로 잘 정리되어 있지만 초고본에 담긴 다양하고 새로운 지식정보가 많이 삭감
된 듯 보인다.

『시경』에는 "상제가 너에게 임해 계시니 네 마음을 이랬다저랬다 하지 말라"[上帝臨汝 無貳爾心], "상제를 마주 대하고 있다"[對越上帝], "천명을 두려워하라"[畏天命]고 나와 있다. 우리 유학은 계신공구(戒愼恐懼)하여 홀로 있을 때 조심하지 않음이 없다. 경(敬)을 위주로 해서 상제를 공경해 받드는 도리가 이보다 더할 수 있겠는가. 그러니 서양 선교사를 기다릴 것 없이 분명하다. 통탄할 바는 서양인들이 상제를 사적으로 자기네들의 주인으로 삼고서 우리 쪽은 모르고 있다고 말하는 것이다.[12]

순암은 유학의 기본 입장에 확고히 서서 천주교에 사상적·종교적으로 대응하고 있다. 위 인용문에서 유학의 경전에 자재해 있는 상제=천(天)을 서학의 천주와 동일시한 순암의 관점이 매우 주목할 곳으로 생각된다. 순암은 우리 유교의 상제를 서양인들이 독점하고 사유화한 것을 통탄한다. 성리학적 천리(天理)가 아닌 상제=천 개념을 부활, 유교 고유의 천학(天學)을 일깨워서 서학에 대응논리를 삼은 것이다. 다산이 취했던 서학 대응논리와도 통한다고 보겠다. 순암은 다산처럼 신독(愼獨)을 새롭게 해석하여 천주교 신앙에 대응한 실천 방법론을 마련하지는 못했지만 '계신공구'의 대상으로서 상제의 존재를 발견하였다. 순암은 서학에 대한 자세가 대척적이었음에도 성호학파로서의 공통점을 지녔던 것으로 보인다.

---

12) 『順菴集』卷6 張33, 「權旣明」, "詩曰:上帝臨汝, 無貳爾心. 曰:對越上帝, 曰:畏天命, 無非吾儒戒懼謹獨, 主敬涵養之工, 尊事上帝之道, 豈過於是? 而不待西士而更明也. 所可痛者, 西士以上帝爲私主, 而謂中國人不知也."

실학은 성리학의 연장선에 놓인 것은 아니었다. 그것은 어디까지나 17세기 이래 당면한 내적 현실의 해법을 찾아 고민하고 외적 상황에 대응책을 강구함으로써 형성된 신학풍이다. 따라서 실학이 성리학에 대해 비판, 극복의 의미를 갖게 됨은 불가피했다. 그렇다 해서 양자를 무관한 것으로 치부할 수는 없다. 한국실학은 16세기 성리학의 축적과 고도 위에서 발양, 변모한 것이다. 따라서 실학의 학맥을 찾아가면 뿌리가 성리학에 닿게 된다. 성호학의 연원이 퇴계학에 있다는 것은 정설이거니와, 실학의 다른 여러 유파의 경우 율곡(栗谷)이나 어떤 학자로 소급해서 연맥 관계를 파악할 수도 있을 것이다.

■『한국실학연구』25, 2013

개항기 유교지식인의 '근대' 대응논리

−혜강 최한기의 기학을 중심으로

1. 머리말

1876년의 강화도조약은 근대적 세계를 향해 빗장을 굳게 걸어 잠그고 있던 한반도가 문호를 개방한 시발점이 되었다. 그래서 개항(開港), 즉 개국통상(開國通商)은 특별한 역사적 의의를 부여받고 있는 것이다.

이 개국통상은 이미 15세기 말경부터 시작된 서세동점이라는 세계사적 조류가 한반도상에 본격적으로 상륙한 것을 뜻하였다. 그로 인해 '동양적 전통 세계'로부터 '전 지구적 세계'로 진입할 수 있게 되었는데 그것은 곧 한국사회가 자본주의 세계체제의 지배구조 아래 놓인 결과를 초래하였다. 그리하여 한국은 개방에 따르는 개혁에 성공하지 못한 나머지 자주적 국민국가의 건설이란 근대적 과제를 수행하는 데 크나큰 차질을 빚은 것이다. 그렇기 때문에 우리는 지난 20세기를 식민지로 통과하고 분단국가로 이어져서 오늘에 이르고 있다.

결과론적으로 말하면 개항은 우리에게 민족적 재난이었다. 그 상흔은 21세기, 새 천년을 맞은 지금껏 치유되지 못한 상태다. 실로 그런 가운데서 우리들은 살아왔다. 현재 한국의 사회제도·문화양식이 성립한 계기를 찾아서 올라가면 거의 예외 없이 개항에 가 닿는다. 그렇기에 개항 이후부터를 대체로 '한국사회의 근대전환기'로 보고 있다.

실로 미증유의 역사적 전환점에 직면해서 당시 지식인들은 대응책을 어떻게 강구하였던가? 19세기로 들어와서 서세(西勢)는 종교적 침투에 그치지 않고 군사적 위협을 가해왔다. 이웃의 중국대륙은 아편전쟁으로부터 영불 연합군의 북경함락(北京陷落)에 이르는 무력침공으로 이루 말할 수 없는 수모와 함께 문명전통이 해체되기 시작했다. 남쪽의 베트남은 프랑스에 의해 식민지로 분해되는 중이었으며, 바다 건너 일본열도 역시 강압에 의한 개항(1853)이 막번체제(幕藩體制)의 붕괴로 이어졌다. 이렇듯 동아시아가 위태롭게 요동하는 상황에서 한반도는 서양의 위협에 상대적으로 늦은 편이기는 해도 이때 직접적으로 노출된 것이다.

누구나 익히 알고 있듯 조선왕정의 당국자들은 종교적 침투에는 탄압으로 일관했고, 개항의 요구에는 쇄국으로 대응하였다. 실상이 그랬다. 이 측면만 보면 우리 민족은 세계사적 대세에 자폐적으로 버티다가 마침내 속수무책이 되어 문을 열어준 꼴이다. 물론 이것이 전부는 아니다. 개항 전부터 일단의 학자 지식인 사이에서 일어났던 반성적 사고를 통한 새로운 학문의 모색이 없지 않아 있었다. 필자는 이쪽 측면에 나름으로 학적 관심을 가져왔다.[1]

우리의 정신적 유산으로서 중요시하고 있는 실학의 세계사적 의미는 서세동점의 조류에 대한 주체적 대응이라고 해석할 소지도 있고 그렇게 해석할 필요도 있는 것이다. 개항의 직전단계로 내려와서 살펴보면 실

---

1) 필자의 학적 관심을 구체화한 논문으로는 「19세기 서학(西學)에 대한 경학(經學)의 대응: 정약용(丁若鏞)과 심대윤(沈大允)의 경우」(『창작과비평』 1996년 봄호)와 「실사구시의 학적 전통과 개화사상」(『韓中實學史硏究』, 1998)을 들 수 있다. 이 두 편은 필자의 『실사구시의 한국학』(창작과비평사, 2000)에 실려 있다.

학의 학문전통에서는 최한기(崔漢綺, 1803~77)와 함께 박규수(朴珪壽, 1807~77)와 남병철(南秉哲, 1817~63)이 특히 빛나는 존재들이다. 「실사구시의 학적 전통과 실학」이라는 글에서 필자는 18세기 이래 우리 학술사를 '구시폐(救時弊)의 실사구시' → '고고(考古)의 실사구시' → '격치(格致)의 실사구시' → '개화사상의 실사구시'로 계통을 잡아보았다. 각 시대의 요구를 실사구시의 자세로 대변하고 있는데 '격치의 실사구시'는 서세의 가공할 만한 위협이 눈앞에 어른거리는 지점에서 거기에 대응하는 학문의식을 담은 것이었다. 수학에 대한 인식과 서양의 과학기술 수용이 그 중심 내용을 이루고 있으니 개화사상과의 연결 관계를 뚜렷이 포착할 수 있었다. 이 '격치의 실사구시'는 박규수와 남병철이 제기한 방향이었다.

박규수와 남병철은 개항을 눈앞에 둔 시점에서 '근대 대응의 논리'로 '격치의 실사구시'를 강구했던 것이다. 그 당시 실학의 계보에서 가장 위대한 학자로서 특히 서양의 학술을 적극적으로 수용하여 방대한 저술을 남긴 최한기의 경우는 어떠했던가? 위의 글에서 필자는 최한기의 학문 세계는 실사구시라는 개념으로 포괄하기 어렵다고 보아, 자리를 달리하여 고찰할 과제로 남겨두었던 터였다.

최한기의 학문은 문사철(文史哲) 중심의 종합적인 동양학의 틀에서 머물지 않고 물리·천문·지리에서 의학 등으로 펼쳐진 광활한 영역으로 그 전체는 기학(氣學)이라는 개념으로 이름 붙일 수 있는 성질이다. 그의 학문의 총체에서 기(氣)는 언제, 어디에서나 핵심이 되고 있다. 최한기의 기학은 학문의 새로운 패러다임이다. 동서가 곧 하나로 통하게 되는 시대를 대면해서 최한기는 기학으로 동양학과 서양학을 회통(會通)하여 학문의 총체를 구도한 것이다. 기학은 우주의 만물·만사를 해명하고 당면한 현실을 판단하는 유효한 인식 틀일 뿐 아니라, 인류의 정치·사회적, 윤리도덕적 문제 전반을 해명하는 방도 역시 여기에 기초하고 여기서 강구되고 있다. 우주적·총체적으로 확대된 최한기의 학문기획을 바라보면 혁신적이란 말이 꼭 어울리는 듯싶다.

한편으로 동시대에 정통 성리학의 계보에서는 기호지방의 이항로(李恒老, 1792~1868, 號 華西), 호남지방의 기정진(奇正鎭, 1798~1879, 號 蘆沙), 영남지방의 이진상(李震相, 1818~86, 號 寒洲)이 우뚝 솟아오른 거봉이다. 이분들의 인식논리는 약속이나 한 듯 주리(主理)로 기울어져서 이(理)가 핵심에 좌정하고 있다. 외세의 위기가 긴급해진 상황에서 한편은 기(氣)로, 다른 한편은 이(理)로 대응논리를 수립한 셈이다. 지금 최한기의 기학을 '근대' 대응논리로서 분석하려고 하는데 이(理)를 중심에 놓은 논리와도 대비해봄직한 일이다.

최한기의 기학은 사상사적으로 위대한 것이었음에 반해 그것이 당대 현실에 미친 영향력으로 따지자면 유감스럽게도 풀잎 하나 움직일 바람도 일으키지 못했다고 말하는 편이 실제에 부합할 것이다. 그도 그럴 것이, 그의 방대한 저술들이 모조리 파묻힌 채로 있었다. 그러다가 학적 조명을 받기 시작한 것은 지금으로부터 반세기도 채 되지 못했다. 하지만 그것이 일단 관심권으로 들어오자 경이롭게 여겨져서 발굴·연구 작업이 자못 활발하게 진척되어 이제는 방대한 저작집의 발간과 함께 연구 성과물이 축적되기에 이르렀다. 그런 가운데 최한기를 기학으로 주목하고 해석한 연구도 없지 않다.[2]

---

[2] 최한기를 남한학계에서 주목하게 된 것은 1960년대로 들어와서 박종홍(朴種鴻) 박사가 처음이 아닌가 한다. 필자는 당시 학부생으로서 선생의 최한기 강의를 청강한

필자는 최한기의 기학을 세계사적 시야에서 혁신적인 유교지식인의 근대기획의 학문으로 이해하고 있다. 대략 이런 취지로 최한기를 다시 읽고서 이 논고를 엮어보려는 것이다.

2. 동서 교류 시대 앞에서―최한기의 반응, 독서·저술

바다로 선박이 주유하고 서적은 상호 번역되어 견문의 소통이 이루어지고 있으니 법제의 좋은 것, 기용(器用)의 편리한 것, 토산(土産)의 양호한 것 등은 참으로 우리보다 우수한 경우 나라를 위한 방도에 있어 실로 취해 씀이 마땅하다. 다만 풍속·예교(禮敎)에 이르러는 스스로

――――

기억이 있는데 최한기를 경험주의(empiricism)로 규정짓고 있었다. 그리고 이병도(李丙燾) 박사는 『한국유학사략』(韓國儒學史略, 아세아문화사, 1986. 원래 유인본의 상태로 있었던 것을 이때 공간한 것임)에서 특별히 한 장을 추가해 다루었는데 최한기를 기계론(mechanism)으로 규정지은 것이 특징이다. 두 선학이 취한 관점은 타당성이 없지는 않으나 일면적이고 서구적 개념에 끼워 맞추기라는 혐의가 있어 보인다. 『명남루총서』(明南樓叢書, 대동문화연구원, 1971)의 편찬과 함께 혜강연보(惠岡年譜)가 작성된 것은 1970년대 초 이우성 선생에 의해서였다. 그 후로도 저술들이 속속 발굴되어 이우성 선생에 의해 다시 『명남루전집』(明南樓全集, 驪江出版社, 1985)으로 묶여지게 되었다. 이렇듯 자료의 확충과 함께 연구가 진전되어 이미 상당한 성과가 쌓이기에 이르렀으며, 그 학문의 성격은 기학으로 일컬어져서 이미 학계의 공인을 받은 셈이다. 최근 혜강의 후손가에서 여러 자료를 얻게 되어, 당초 『명남루총서』를 편찬했던 성균관대학교 대동문화연구원은 신자료를 포함해서 총서를 재간하는 작업을 진행 중에 있다. 필자는 이 신자료의 일부를 이 글에 이용하였다. 필자의 이 논문은 80년대 이래 신진학자들에 의해 활발하게 이루어진 연구성과에 도움을 받은 것이 물론인데 특히 권오영(權五榮), 『최한기의 학문과 사상연구』(집문당, 1999)를 두루 참고하였다. 최근에 또 이현구(李賢九), 『최한기의 기철학(氣哲學)과 서양과학』(대동문화연구원, 2000)이 간행된 바 있다.

풍기의 적합함이 있으면 자연히 젖어들고 길러지는 바이므로 아무리 우리보다 우수한 점이 있더라도 갑자기 바꾸기는 어렵다.

　•『추측록』(推測錄) 권6,「추물측사·동서취사」(推物測事·東西取捨)

　서양문물을 수용하되 취사선택이 필요하다는 논지의 위 인용문은『추측록』에서 뽑은 것이다.『추측록』은 1836년, 최한기의 나이 34세 때의 저작이다. 서양을 대하는 태도가 받아들일 것과 받아들이지 말 것으로 양분하고 있으니 동도서기적(東道西器的)인 논법으로 비춰지기도 한다. 그렇지만 수용 부분에 법제가 들어 있으며, 수용불가 쪽도 절대적이 아니고 유보적이며, 점진적인 길이 열려 있다. 정신과 물질을 물리적으로 양분하는 동도서기론과는 입장이 처음부터 다른, 개방적 사고의 논리를 보이고 있다.

　중국 성현의 경전을 서양국가의 현자·지식인들에게 읽히면 필시 취할 것이 있고 버릴 것이 있으며, 서양 성현들의 경전도 중국의 현자·지식인들에게 읽히면 필시 취할 것이 있고 버릴 것이 있기 마련이다. 그 버리고 취할 바를 통괄해서 변별해보자면 취택이 된 것들은 천하통행의 도(道)요, 버려진 것들은 천하통행의 도가 아니다.

　•『명남루수록』(明南樓隨錄),「중국성현경전조」(中國聖賢經傳條)

　동서 교류의 방안으로서 제기했던 취사의 원칙은 성현의 경전에까지 그대로 적용되고 있다. 위의 글은 최한기의 학문이 이루어진 원숙한 경지에서 쓰인 작품으로 추정되는『명남루수록』에서 뽑은 것이니 그는 19세기 중반을 통과하면서 서양에 대응하는 자세가 좀더 개방적·진취적인 방향으로 진전하였음을 확인할 수 있다. 취사의 원칙은 '도'의 차원에서 정초하였을 뿐 아니라, 나아가서 그 원칙을 서양에도 동일하게 적용, 동서양이 하나로 통하는 '천하의 도', 즉 우주보편의 도리를 상정하게 된 것이다. 이러한 사고의 논리가 놀랍기도 하지만 의아스러운 느낌을 떨쳐 버릴 수 없다. 서양과의 만남을 최한기는 당시에 어쩌면 그렇게나 적극적으로, 낙관적으로 사고할 수 있었을까?

서세와의 접촉이 우리보다 훨씬 먼저, 광범위하게 이루어졌던 중국 대륙에서도 지식인들의 서양에 대한 인식 방향이 획연히 달라진 것은 아편전쟁의 통렬한 교훈을 체감하고 나서였다. 천주교도의 탄압으로 개시된 19세기 한반도는 종교적 침투에 따른 정신적 위기의식을 떨쳐내지 못했을 뿐 아니라, 이양선(異樣船, 서양선박을 일컫던 말)의 빈번한 출몰과 함께 들리는 '대국'이 양이(洋夷)에게 깨졌다는 소식으로 인해 '서양 공포증'에 걸린 상태였다. 최한기로 하여금 장차 도래할 동서 교류의 시대를 미리 내다보고 개방적·적극적인 사고를 하도록 만든 요인은 무엇이었을까?

최한기는 위의 『추측록』에서 해운은 수운(水運)에 비교가 안 될 정도로 이득이 무궁하다고 역설한다. 왜냐하면 역내의 거래는 계절적 시차로 이득을 보는 데 불과하지만 해운을 이용해서 천하의 물산과 통하게 되는 경우 상호간에 있고 없는 것을 교역해서 큰 재리(財利)를 취할 수 있다는 주장이었다.[3] 아무래도 농본적 사고에서는 착상하기 어려운, 상업

---

3) 『推測錄』 권6, 「海舶周通」, "舶檣之制, 在海洋, 自有無窮之用; 在江湖, 別無可施之利矣. 貿遷之商, 通天下之物産, 則隨其地之有無而贏羨有術, 在一鄉而周旋, 則乘其時之貴賤而擔負徒勞"(『明南樓叢書』 1, 대동문화연구원, 1971, 213쪽).

에 기반을 둔 발상이다.

　최한기는 서울에서 생활하며 일생 동안 서울을 벗어나지 않았던 것은 전부터 알려진 사실이거니와, 최근 연구에서 그의 가계가 개성(開城)에서 세거하던 부호로 밝혀졌다.[4] 최한기는 개성 출신의 인물로서, 말하자면 신흥 계층에 속했던 셈이다. 개성은 조선조 사회에서 일종의 상업특구처럼 되어 그곳 사람들은 일찍이 돈벌이를 위해 적극적으로 활동하여 재미난 일화를 허다히 남기기도 하였다. 최한기의 서양관은 그 자신의 출신배경과 연결해볼 수도 있을 것 같다. 최한기의 사상은 개성의 독특한 분위기에 영향을 받음으로써 상인자본을 대변하는 면모를 띠게 된 것은 아닐까. 필자는 여기서 이렇게 볼 수 있지 않느냐고 언급하는 데서 일단 그치려 한다. 한 사상가를 그의 출신 배경에 천착해서 이해하고 싶지 않거니와, 그의 학문 세계는 쉽게 규정짓기 힘들 만큼 광활하고도 근원적이기 때문이다.

　그런데 더욱 의아스러운 점은, 당시 양이(洋夷)의 군사적 위협을 목전에 둔 상황에서 그는 홀로 동서 교류를 낙관할 수 있었느냐는 것이다. 같은 무렵 추사(秋史) 김정희(金正喜) 역시 서세의 진출 앞에서 벌벌 떨 일만은 아니라고 말한 바 있다. 서세는 이미 전 지구적 대세를 형성하고 있음을 간파한 때문이다.[5] 최한기도 서세의 무력적·정신적 침투를 간과하고 있었던 것은 아니었다. "해협에서 때때로 대포가 발사되고 우매한 사람들에게 교술(敎術, 종교─인용자)이 전파되고 있다." 이런 사실을

---

4) 權五榮, 『崔漢綺의 학문과 사상 연구』(집문당, 1999).

5) 金正喜, 「與權彝齋」, 『阮堂全集』 卷3 張34~36. 필자는 「분단 반세기의 우리 문학의 연구 반성」(『민족문학사연구』 제1집, 1991; 『한국문학사의 체계와 논리』, 창작과비평사, 2002 재수록)에서 이에 대해 거론한 바 있다.

그는 분명히 짚고 나서, "이는 교통하는 초기의 현상이요 미구에 점차 종식될 것이다"[6]라고 그야말로 낙관적인 전망을 하고 있다. 물론 서세의 침략적 본성을 이해하지 못하고 침략적 실상에 정보가 어두웠던 데서 내려진 오판이다. 하지만 낙관적 판단에 따른 인식논리가 그에게 있었음은 물론이다.

그는 동서 교류를 학문이 운화(運化)하고 물리(物理, 천지 만물의 이치를 총괄한 개념)가 개명되는 천재일우(千載一遇)의 기회로 반기고 있다. "학문·물리가 트이고 밝아지는 시운을 당해 옛날 못 보던 서적을 얻어 보고 우주에 통하는 물리를 알 수 있게 됨이 더없는 다행이라"고 동서 교류의 시대를 마치 서광처럼, 새 세상이 열리는 것처럼 바라본다.[7] 최한기는 '동서 교류'를 지식의 개명, 즉 계몽시대의 도래로 인식한 것이다. 요컨대 최한기는 그 자신의 계몽주의적 사고를 가졌던 까닭에 동서의 교류와 소통을 낙관했던 것으로 여겨진다.

최한기가 동서 교류에서 무엇보다도 중시한 것은 서적이었다. 그에게 독서는 비상한 의미를 지닌 것이었다. 그의 독서벽은 이건창(李建昌)이 남긴 「혜강최공전」(惠岡崔公傳)에 눈앞에 보듯 그려져 있다.[8]

---

6) 『明南樓隨錄』, 「當此學問運化之機條」, "或作害民之事, 火炮時發于海滋, 敎術要傳於 愚迷, 是雖交通之初有, 未久浸息"(『明南樓叢書』 4, 303쪽).

7) 위의 책, "當此學問運化之機·物理昏明之會, 有大幸焉, 有不幸焉. [……] 適當學問物 理闡明之運, 得見古未有之書籍, 得聞宇內之物理, 七大幸也." 이 조목에서 그는 서양과의 교류현상이 가져오는 크게 다행한 일로 7가지를 들고, 불행한 일로 5가지를 들고 있다. 5가지 불행도 교류가 발전하지 못한 데서 나타나는 과도적 현상으로 본 것이었다.

8) 「혜강최공전」(惠岡崔公傳)은 이우성 선생이 「혜강(惠岡) 최한기(崔漢綺)의 사회적 처지와 서울 생활」(『제4회 동양학 국제학술회의 논문집』, 대동문화연구원, 1990)이

(혜강은) 집이 본래 부유하여 좋은 책이 있는 줄을 알면 값을 아끼지 않고 구입해 읽고 나서 시일이 지나면 헐값에 팔았다. 이 때문에 국중의 서쾌(書儈, 서적중개상)들이 다투어 와서 사갔다. 연경(燕京) 서점의 신간서들이 동국으로 들어왔다 하면 혜강의 열람을 거치지 않은 것이 없었다. 누군가 그에게 서적을 구하는 데 돈을 많이 쓴다고 탓하자 혜강은 이렇게 대답하는 것이었다. "가령 이 책 가운데 사람이 동시대에 산다고 하면 천리 길이라도 나는 꼭 가서 만날 것이다. 지금 나는 노고를 하지 않고 앉아서 그 사람을 만나고 있다. 책을 구입하는 데 비용이 아무리 들더라도 양식을 짊어지고 멀리 찾아가는 데 견줄 수 있겠는가."

•「혜강최공전」

마치 미지의 세계를 향해 멈추지 않고 탐색해 들어가듯 그는 새로운 책을 구입해서 자신의 부유했던 재산을 아낌없이 투척했다는 것이다. 마침내 가산이 바닥나자 이미 읽은 책을 팔아치워 새 책을 구입했다고 한다. 새로운 지식의 광맥을 찾아서 그칠 줄 모르고 탐구해 들어갔다. 그 자신이 직접 술회한 말 가운데도 "나를 이해하지 못하는 사람들은 서적에 혹해서 고질병이 되었다고 하지만 나를 이해하는 사람들 중에는 책을 구해 읽을 수 있도록 협력하여 그만두지 않는 이도 있다"[9] 하였다. 이렇듯 끝없이 구한 서적은 어떤 종류였을까? "나라의 원근, 사람의 귀

라는 논문에서 다루고 원문을 소개한 바 있다.

9) 『明南樓隨錄』, 「無論國之遠近條」, "不知我者, 以貪求書籍爲癖; 知我者, 協力求見, 有不能自止焉"(위의 책, 314쪽).

천은 물론하고 실린 내용을 취택하되 홀로 나의 마음에 좋은 것만 위주로 하는 것이 아니요, 실로 우내(宇內)의 현자·지식인들이 공히 열락(悅樂)한 바 천지기화(天地氣化)의 동일한 범위의 것들을 취한다."[10] 그의 주장은 세계 보편의 도리를 성취하기 위한 것이다. 이 대목에서 유의할 점이 있다. 그의 관심은 현재에 가까울수록 더 커지고 있다는 사실이다.

전대의 서적에서 미처 밝혀지지 못한 기화(氣化)의 문제가 다음대의 서적에서 더 밝혀지고, 다음대의 서적에서 미처 밝혀지지 못한 것이 오늘의 서적에서 다시 더 밝혀지기도 한다. 당대의 서적을 목마르게 구하는 심정은 전대의 서적을 구하고 싶었던 때보다도 배나 더하다. 그 반쯤의 실상은 드러나고 반쯤의 실상은 드러나지 않은 까닭이다.

　•『명남루수록』,「무론국지원근조」(無論國之遠近條)

인간의 경험이 확대되고 실험·관측이 진보함을 따라서 옛사람들의 무지와 착오를 바로잡고 부족했던 부분을 보충하게 되는 것으로 최한기는 생각하고 있다. 지식의 발전을 확신한 때문이다. 그래서 앞의 서적에서 뒤의 서적으로 관심이 계속 옮겨가게 된다. 그런데 그는 자신이 처한 현시점을 '기화의 실상'이 반쯤 드러나고 반쯤 가려진 상태로 인지하고 있다. 그의 용어로 표현하면 '물리 개명'의 고비다. 어둠이 채 가시지 않은 동트는 새벽이다. 그렇기 때문에 신지식의 광맥을 추구하는 욕구는 더욱더 치열하였으니, 그의 치열한 독서욕은 다름 아닌 '지식욕' 그것이었다.

---

10) 위의 책,"無論國之遠近·人之尊卑,擇取其所著籍,非獨主乎我心所好,實有取乎宇內賢知所共悅樂·天地氣化所同範圍."

최한기는 인간이 성취한 위업으로서 사무공덕(事務功德)과 저술공덕(著述功德)을 들고 있다. 사무공덕은 만인이 다 보고 아는 것임에 비해 저술공덕은 현자로서 통견(洞見)을 가진 자라야 알 수 있다고 말한다. 동양 전래의 관념인 도덕·공업(功業)·문장의 삼불후(三不朽)를 변형시킨 구도인데 사무와 저술, 양자는 상대적 개념으로서 서로 분리될 수 없는 관계라 한다. 저술은 이론적 작업에 해당하고 '사무'는 저술이 실현되는 형태로 본 것이다. 저술이 발휘하는 공덕을 그는 이렇게 묘사한다.

> 태양이 바다에서 솟아올라 뜨거운 빛이 사해만방에 두루 비치는 듯, 단비가 때맞춰 뿌려져서 산천초목을 윤택하게 자라도록 하는 듯하니, 문(文)이 여기서 드러나고 기(氣)는 저기서 호응하며, 장(章)은 아름답게 빛을 발해 광채가 멀리 비치게 된다. 이리하여 공(功)은 이미 만물에 나타나며 덕(德)은 만민에 저절로 발현될 것이다.
> • 『명남루수록』, 「사무지공덕조」(事務之功德條)

저술이 인류와 우주에 미치는 공덕의 극대치를 묘사한 내용이다. 삼불후의 하나인 '문장'의 개념을 여기서는 본뜻을 취해 저술의 위대한 성과를 수식하는 데 사용하고 있다. 또 '사무'는 삼불후의 '공업'에 해당할 터인데 당초 저술과 공업으로 분리시키지 않으려는 의도를 가지고 사무공덕과 저술공덕을 상대개념으로 표출한 것으로 여겨진다. 한편 또 도덕의 경우 추상적인 독존(獨尊)을 부정하고 만민의 소망에 부응해야 하는 것으로 말하고 있다.[11]

---

11) 『明南樓隨錄』, 「道德功業條」, "道德功業, 不就萬姓大願, 不能致無窮之景慕; 志行才

위 인용문에서 최한기는 저술공덕을 바다의 일출광경에 비유하고 있다. 박지원(朴趾源)은 총석정(叢石亭)에서 바라본 일출의 장관을 문명의 상징으로 감명 깊게 표출한 바 있거니와,[12] 최한기는 천지의 어둠을 뚫고 솟아올라서 찬란하게 온 누리를 비치는 태양, 그것을 저술공덕의 위대한 상징으로 비유한 것이다. 여기서 계몽적인 '근대주체'를 상정해볼 수 있겠다. 그는 "진정한 부귀는 자신의 한 몸에서 양성되는바 항상 넉넉함을 가져서 정교(政敎)에 시행해도 부족함이 없다" 하였는데 자신의 몸에서 길러지는 그것은 다름 아닌 저술이다. "언어로 전하면 곁에 있는 자들이 그 은혜에 기뻐하는 데 그치지만 문자로 남기면 먼 나라 사람들까지 즐겨 취해 쓸 수 있다"고 그는 역설한 것이다. 그리고 "세상에 학문하는 사람은 많으나 이 부귀를 아는 자 드물며, 이 부귀를 얻은 자 몇 명도 안 된다"[13]고 안타까워하였다. 그 자신은 아는 자 드물고 얻은 자 몇 명도 안 되는 이 부귀, 즉 저술공덕에 자신의 전 생애를 바쳤다.

최남선(崔南善)은 『조선상식문답』(朝鮮常識問答)이란 책에서 우리나라의 저술가로서 최고 기록을 세운 것은 혜강(惠岡) 최한기(崔漢綺)의 『명남루집』(明南樓集) 1천 권이라고 말하였다. 1천 권이란 수치가 사실에 어느 정도 근접하는지 현재로서는 확인할 길이 없으나, 최한기라는 존재는 최남선에게 우리나라 최대의 저술가로 기억되고 있었다. 그리고

術, 不能拔於俗流, 何可出類之學術. 盖道德功業, 本無形體以所統攝之人衆事務"(위의 책, 310쪽).

12) 『燕巖集』卷4, 「叢石亭 觀日出」.

13) 『明南樓隨錄』, 「尊卑貴賤條」, "眞正富貴, 養之于一身而常有餘, 施之于政敎而無不足, 傳之於言語, 在傍者悅其惠, 被之于文字, 遠國人樂取用. 世之學問人雖多, 知此富貴者稀罕, 得此富貴者未幾"(위의 책, 314쪽).

최남선은 최한기 저술의 성격에 관련해서 "신구학을 구통(溝通)한 그 내용도 퍽 자미 있는 것"[14]이라는 언급을 남기고 있다. 신구학의 '신'은 사실상 서양학을 수용한 부분을 지칭하는 것으로 최남선 역시 최한기의 학문을 동서학문을 회통한 것으로 간주하고 있었다. 최한기의 방대한 저술은 마침 도래하는 동서 교류의 시대에 당면한 계몽적 '근대주체'의 학문적 대응이었다. 이는 곧 혜강학(惠岡學)의 기본 성격이다.

3. 혜강학의 체계, 기학의 탈중세적 성격

최한기는 1836년에 『신기통』(神氣通, 3권)과 함께 『추측록』(6권)을 저술하고 이 둘을 묶어서 『기측체의』(氣測體義)라는 이름으로 간행하였다. "기의 체(體)를 논해서 『신기통』을 짓고 기의 용(用)을 밝혀서 『추측록』을 지었으니 두 책은 서로 표리를 이루고 있는 것이다"라고 『기측체의』 자서에서 양자의 성격과 상호 관계를 간결하게 밝혀놓았다. 그로부터 30년이 지나서 그는 다시 1857년에 『기학』(氣學, 2권)을, 그리고 1860년에 『운화측험』(運化測驗, 2권)을 저술하였다. 『기학』은 『신기통』에, 『운화측험』은 『추측록』에 각기 연계되는 것임은 책 제목만 보더라도 짐작할 수 있다. 평생을 독서와 저술에 오롯이 바쳤던 그 자신의 학문 궤적이 두 표점으로 드러나는 것도 같다. 『기측체의』가 청년기 학문이론의 체계라면 『기학』과 『운화측험』은 노성기에 다다라서 자신의 학문 체계를 재정립한 것이다. 혜강학에서 전자는 중간 결산에 해당하며, 후자는 완성 단계라고 하겠다. 최한기 학문의 총체, 즉 혜강학은 스스로 호명한 기학이다.

---

14) 崔南善, 『朝鮮常識問答續編』(東明社, 1949, 262~263쪽).

『운화측험』을 지은 1860년에 그는 또 최대의 역저인 『인정』(仁政, 22권 12책)을 완성한다. 다산 정약용이 자신의 학문을 총괄하여 "육경(六經)·사서(四書)에 대한 연구로 수기(修己)를 삼고 일표(一表)·이서(二書)로 천하국가를 위한다"라고 한 그 논법을 빌려서 표현하자면 최한기는 기학으로 근본을 세우고 『인정』으로 경국제세(經國濟世)의 포부를 담은 셈이다. 이 논법은 수기(修己)로부터 치인(治人)으로 확장하는 유교적 패러다임이다. 여기서 그 스스로 표명한 학문관을 들어보자.

학문이 '사무'에 있으면 '실학문'이 되고 사무에 있지 않으면 '허학문'이 된다. 크게는 치법정모(治法政謨), 작게는 이용후생(利用厚生) 어느 것인들 인간세상의 실용사무 아닌 것이 있겠는가![15]
• 『승순사무』에 붙인 글

위의 '사무'는 앞서 거론한 '사무공덕'의 사무다. 이때 '실'의 학문이란 다름 아닌 실학이다. 그리고 '치법정모'는 경세치용(經世致用)과 의미가 통하는 말이다. 혜강학의 실학적 성격이 분명하여 경세치용학과 이용후생학을 종합하고 있다. 그런데 이우성 선생이 이미 지적하였듯 혜강학에 있어 '수기치인'은 논리구조로 남아 있기는 하지만 사실 그 구성내용은 현격히 달라진 상태다.[16] 종래의 학문전통 내지는 정신체계에 대

---

15) "學問在事務爲實學問, 不在事務爲虛學問, 大而治法政謨, 小而厚生利用, 何者非人生實用事務也"(『승순사무』 별지). (최한기의 신자료인 『승순사무』란 책에 자필 초고로 보이는 적발 두 장이 꽂혀 있었는데 『승순사무』의 서문처럼 여겨졌다.)
16) 李佑成, 「崔漢綺의 社會觀 『氣學』과 『人政』의 連繫 위에서」(『동양학』 제28집, 1988; 『實是學舍散藁』, 창작과비평사, 1995).

한 반역과 해체를 감행한 것이다. 그러한 성격을 다음의 몇 가지 측면에서 조명해보고자 한다.

현재성의 깨달음

예로부터 오늘에 이르도록 변천이 무한하고 상하사방에 순환도 끝이 없다. 만약 오늘의 귀와 눈으로 보고 기억한 바와 행동으로 직접 실천한 바로서 기초와 표준을 세우지 않는다면 닿는 곳마다 들뜨고 학문에 있어서 또한 불투명하게 될 것이다.
   • 『기학』 권1, 「우내나열조」(宇內羅列條)

동양적 사상의 일각에서 상하사방을 우(宇), 왕고래금을 주(宙)라고 시간과 공간을 통일적으로 사고한 논리가 있었다. 우리나라에서는 성호 (星湖) 이익(李瀷)이 이런 사고의 모형을 제시한 바 있거니와,[17] 최한기의 경우 명시적인 표현은 보이지 않으나 논리에서 이미 시공간을 통일적으로 사고하고 있음이 확실하다. 우주를 최한기는 변천과 순환이 계속되는 것으로 인식하고 있다. 그리하여 과거에서 미래로 끝없는 시간, 상하사방으로 가없는 공간, 즉 변천·순환이 일어나는 우주에 처한 인간 주체는 오직 자신의 현재적 견문과 실천을 표준으로 삼아야 할 것임을 천명하고 있다. 퇴계(退溪) 이황(李滉)이 "가던 길 앞에 있거든 아니 가고 어쩔고"라 노래했던 바와 같이 중세인들은 전반적으로 상고적 태도에서 벗어나지 못했다. 행동과 사고의 표준은 오로지 옛 성현의 말씀에 있었

---

17) 李佑成, 「星湖의 宇宙에 관한 新解釋」, 『實是學舍散藁』, 창작과비평사, 1995.

다. 자신의 현재적 견문과 실천을 표준으로 삼아야 한다는 최한기의 발언은 실로 반역적이라 하지 않을 수 없다.

　　중고(中古)의 학문은 허다히 무형지리(無形之理)와 무형지신(無形之神)을 숭상하여 상승(上乘)의 고상한 것으로 여기면서 유형지물(有形之物)과 유증지사(有證之事)는 하승(下乘)의 범속한 것으로 취급하였다.
　　•『기학』,「자서」(自序)

'무형지리'는 성리학적 이(理)를, '무형지신'은 종교적 내지 미신적인 신을 각기 지칭하는 것이다. 반면 '유형지물'과 '유증지사'란 기(氣)와 기의 운화 및 그 결과물까지 가리키고 있다. 이 가시적 형질과 경험적 사실을 천하게 보고 소홀히 넘긴 '중고의 학문'은 기학의 발전에 따라 극복되고 당연히 그렇게 되어야 할 것으로 그는 확신하고 있다.

　　예로부터 오늘에 이르는 4, 5천 년에 대기운화(大氣運化)는 조금도 차이가 없으나 인간의 식견에 있어서는 여러 곱절로 차이가 있다. 상고에는 단지 천도(天道)의 변화가 있는 줄만을 알아서 귀신에게 현혹되었으며, 중고에는 단지 지도(地道)가 천(天)에 순응할 줄만을 알아서 끌어다 붙이는 식으로 매몰되었으며, 근고인들은 경험이 자못 넓어져서 비로소 기(氣)가 천지운화(天地運化)의 형질이 됨을 알았으되 아직 재제(裁制)·수용(須用)에는 미치지 못했다. 바야흐로 지금에 이르러는 기구를 설치하여 형질의 기(氣)를 시험할 수 있게 되었다.
　　•『운화측험』권1,「고금인언기」(古今人言氣)

과거에서 현재로 아득히 무한한 시간에서 그는 왜 굳이 4, 5천 년을 끊어서 말하였을까? 『기학』에서 "문자를 최초로 만든 이후[造書契後] 4, 5천 년이 지나서 비로소 기학이란 개념이 드러났다"[18]고 표명한 것처럼 그의 사유 속에 들어온 시간은 문명사적인, 즉 역사시대에 준하는 의미를 갖는 것이다. 이 4, 5천 년 동안에 대기운화는 고금의 차이를 논할 것이 없지만 인간의 인식능력에 있어서는 고금의 차이가 큰 것으로 본다. 해와 달이 뜨고 지고 바람 불고 비 내리는 등의 자연현상은 예나 지금이나 그대로지만 그것을 관찰하고 이용하는 인간적인 영역이 시간의 진행을 따라서 달라졌다는 뜻이다. 이에 인간의 인식능력의 발전을 기준으로 시간을 구분하여, 상고·중고·근고라는 개념을 도입한 것이다. 고대·중세·근대라는 역사학적 개념에 상응하는 듯 여겨져서 흥미롭다.

그런데 이 대목에서 특히 유의할 점이 있다. 최한기는 어디까지나 현재적 관점으로, 자신이 제창하는 기학을 기준으로 역사를 본 것이다. 그는 다른 곳에서 "응당 현재의 기(氣)로서 근기(根基)를 삼아야 할 것이다"라고 선언한 다음, 현재의 자신이 관찰하고 체험한 바로써 근기와 표준을 삼지 않으면 닿는 곳마다 흔들려서 학문이 부실해진다고 힘주어 말하였다.[19] 기학적 사관이요, 기학에 의거한 현재성의 깨달음인데 자아의 각성을 수반한 것이었다.

현재성의 깨달음은 인간주체의 역사적·변혁적 각성에 다름 아니다. 자기 자신이 처한 과거와 현재를 기학의 인식논리로서 판단하는 그 특

---

18) 『氣學』卷2 張35, 「造書契後條」.
19) 『氣學』卷1 張4, 「宇內羅列條」, "宇內羅列方今運化, 資賴之根基·前後之標準. 學者 須定根基·立標準, 然後庶尋方向, 亦可措行, 當以現在之氣爲根基. [……] 若不以當今 之耳目所覩記·動靜所踐行爲根基標準, 觸處悠泛, 所學罔昧."

성이 최한기적인 것이다. 앞의 절에서 그가 자신이 처한 지점을 '기화의 실상'이 반쯤 드러나고 반쯤 가려진 그런 단계로 판단하고 있었음을 주목하여 거론하였다. 그는 더욱 명확히 "반쯤 열리고 반쯤 열리지 않아 전환을 하려 해도 미처 못한 고비"[半開半閉 欲轉未轉之機]로 현재를 파악하고 있었다.[20] 문제는 이 고비에서 변혁의 과제를 어떻게 성취하려 하였느냐다. "전반적으로 교대가 일어나는 운세로서 새로움으로 옛을 바꾸고[以新換故], 옛을 이어 지금을 개혁[紹古革今]할 때에 당했다"[21] 는 발언이 나온다.

20세기 초엽의 동아시아에서 제구포신(除舊布新)이 시대적 요구로 제기되었거니와, 최한기는 그 반세기 앞서서 이신환고(以新換故)를 제창하였다. 역사적 전환시대의 인식에 있어 최한기의 선각성은 선명하기 그지없다.

측험의 방법론

최한기는 자기 학문의 인식논리로서 30대에는 '추측'이란 개념을 내세우더니 5, 60대로 와서는 '측험'(測驗)을 내세우고 있다. 기학이라는 학문을 체계화하면서 인식의 방법론으로서 '측험'을 제기한 것이다. '추측'에서 '측험'으로 인식방법론이 전환한 것으로 볼 수 있겠다. 왜 이처

---

20) 최한기는 『명남루수록』의 다른 조목에서도 신기형질(神氣形質)이 근래 점차 개명되었으나 세계인민의 이해 정도로 보면 신기에 통하는 자 소수에 지나지 않으며, 대다수는 신기에 의뢰하여 일상생활을 영위하면서도 인식이 미치지 못하고 있다 하였다. 그러면서 이 반개반폐(半開半閉)·욕전미전(欲轉未轉)의 계기를 잘 타야 할 것으로 전망하고 있다(「誠欲宇內經常學問條」).

21) 『明南樓隨錄』, 「在神氣運化條」, "當此遍運交代, 以新換古, 沼(紹의 오기인 듯–인용자)古革今, 同與不同, 自分其路"(『明南樓叢書』 4, 305쪽).

럼 달라졌을까?

『추측록』의 첫머리에는 "하늘을 이어받아서 성(性)이 되는데, 성을 따라서 학습한 것이 추(推)며, 추로 인연해서 적의(適宜)함을 헤아리는 것이 측(測)이다"라 하고, 바로 이어서 "추측의 문은 자고로 만민이 모두 통행하는 대도이다"라고 선언하였다. 최한기가 정의한 추측의 개념과 의미인데『중용』첫머리에 놓인「천명장」(天命章)과 논리구조가 유사하다. "추측의 문은 자고로 만민이 모두 통행하는 대도이다"라고 한 추측의 의미는, "도란 잠시도 이탈할 수 없는 것이니 이탈하면 도가 아니다"는 '중용의 도'와 역시 다르지 않은 것으로 여겨진다.[22] 추측의 방법론은 '주공·공자의 도'를 궁극의 지향으로 설정하고 있었다. 요컨대 추측의 논리는 '중용의 도'를 연역한 셈이다.

추측에서 측험으로 달라진 단계에서 궁극적인 지향점은 어떻게 수정이 되었을까? 이것이 문제의 초점이다.『운화측험』은 첫머리를 "생령(生靈)의 사무는 스스로 대소가 있다. 일상의 행위는 처사의 소절(小節)이요, 천지운화는 생도(生道)의 대본이다"로 시작한 다음, "이 물(物)을 저물에 비교해봄으로써 '측'이 생기며, 한 가지 두 가지 일을 거쳐나감으로써 '험'을 얻게 된다"고 측험의 개념을 규정짓고 있다. 인간이 '처사의 소절'과 '생도의 대본'을 바르고 확실하게 인식하는 방도로서 그는 측험을 든 것이다. 이 측험에서 '측'은 추측의 의미를 포괄하는 것이겠거니와 '험'은 경험을 뜻하고 있다. 본래 제기했던 추측에다 경험을 추가한

---

22) 『推測錄』,「自序」, "繼天而成之爲性, 率性而習之爲推, 因推而量宜爲測. 推測之門, 自古蒸民所共由之大道也"(『明南樓隨錄』1, 79쪽).

『中庸』,「首章」, "天命之謂性, 率性之謂道, 修道之謂敎. 道也者, 不可須臾離也, 可離非道也."

형태가 바로 측험의 방법론이다.

지구가 천명(闡明)된 이후로부터 측험을 할 수 있게 되었다. 기수(氣數)가 점차 밝혀져서 (지구는) 자전하여 밤과 낮이 되고 윤전(輪轉, 공전)을 하여 사계절을 이루며, 열기(熱氣)는 상승하여 구름과 비가 되고 몽기(蒙氣, 대기)는 해와 달에 접해서 만사·만물을 성수(成遂)하는 것이다. 운화의 대본은 상고로부터 이미 그러했으되 사람들이 미처 알지 못했는데 대지·대기의 측험이 이루어지고부터 가능하게 되었다. 이는 결코 어느 한 사람이 일시에 자기 생각을 가지고서 배포해놓은 것이 아니요, 우주가 통합됨에 따라 측험의 서적으로 현재 일어나는 운화를 맞추어 볼 수 있게 된 것이다.
 •『운화측험서』(運化測驗序)

위의 내용은 '생도의 대본'에 해당하는 천지운화에 관해서 말한 것이다. 지구가 하나로 통하는 시대를 맞아 측험의 서적을 접하게 됨으로써 '대기운화'를 이해할 수 있게 되었다는 뜻이다. 측험은 관측기구가 없이는 제대로 시행할 수 없는 일이다. 앞 절의 인용문에 "기구를 설치하여 형질의 기를 시험할 수 있게 되었다"고 적혀 있듯, 최한기는 관측기구의 필요성을 절실히 느끼고 있었다. 하지만 쇄국정책이 완강한 당시 상황에서 세계 첨단의 지식을 섭취하는 일이 늘 제약을 받았는데 더구나 '형질의 기'를 실험할 수 있는 관측기구에 이르러서는 사실상 꿈속에서나 그려보는 물건이었다. 이 점을 최한기는 지구가 통하는 시대에 당해서 가장 불행으로 여기고 있었다.[23] 그가 서책에 비상한 관심을 쏟은 까닭은 다른 어디보다도 여기에 있었다.

만약 신기·형질운화(神氣形質運化)를 두고 옛날에는 없던 말씀이라 하여 무시하려고 든다면 이는 200~300년 이래 세계의 현자 지식인들의 실측경험(實測經驗)이 축적되어서 민생 일용에 도움이 되고 점차 밝아지는 데 유익한 모든 것을 폐기하는 결과를 초래한다. 이는 곧 옛것에 집착하고 한편에 치우친 필부의 의론이요 만세에 걸쳐서 태평을 여는 의미를 가질 수 없다.

　•『명남루수록』,「금이후조」(今以後條)

위에서 '200~300년 이래의 세계'라고 한 시간대는 그가 상정한 시대 구분에서 근고 다음, 즉 근대다. 이 근대를 그는 오직 '실측경험'에 의해 점차 열려지는 것으로 사고하고 있다. 여러 실학자에 의해 제기되었던 실사구시의 방법론이 최한기에 이르러는 측험으로 대치된 모양이다. 물론 실사구시와 측험은 반대되는 관점은 아니다. 그러나 최한기의 경우 실사구시는 거론하지 않고 측험을 내세운 만큼 탈전통의 의식이 강화된 것으로 보인다. 그렇다면 '만세를 내다보는 태평'의 사회상, 그 지향점은 어떤 곳일까? 유교적인 '주공·공자의 도'를 잡고 있는 것이 아니며, 동서의 회통에서 찾은 것이다. "궁극에 있어 중국(동양)과 서양이 서로 좋은 법을 취하되 서양의 좋은 법은 중국에서 통용하여 손익(損益)을 할 것이요, 중국의 좋은 법은 서양에서 통용하여 변통할 일이다"[24]라는 주장을 그는 펴고 있었다.

23)『明南樓隨錄』,「當此學問運化之機條」, "限於國界防禁, 宇內顯達知識, 未得容接觀感, 遠鏡火輪等器, 難以罷疑傳聞, 二不幸."
24)『惠岡雜藁』,「承順事務·中西通用氣數道理」, "畢竟中西相取善法, 西之善法, 行於中而損益焉; 中之善法, 行於西而變通焉. 是爲統一四海之承順事務也."

이학(理學)의 부정, 경전에 대한 관점

    사(士)로서 기화(氣化)를 터득하지 못하면 높은 자들은 도덕 성리에 매몰이 되어 천고불역(千古不易)을 세우려 들며, 중간부류는 정령(政令)과 시폐(時弊)에 격분하여 목전의 개혁만을 논하며, 아래 부류는 문묵(文墨)의 재주에 빠져서 일생을 소모하고 있다.

    • 『기학』 권 1, 「사부득기화조」(士不得氣化條)

    이렇듯 최한기는 인간주체를 '기화'를 인식하는 것으로 확립코자 한다. '기화'란 혜강학적 개념의 하나로서 신기운화, 즉 기(氣)의 신묘한 운동을 지칭한 것으로 생각된다. '기화운행'은 본디 천인(天人)의 사이에 유기적 관련을 맺는 것으로 보고 있다. 기화의 체득에 의해 '우주와 자아의 합일'[天人合一]을 도모하는 사고방식인 것이다. 이는 기학의 특성을 구성하는 핵심고리인데 뒤에 다시 거론할까 한다. 어쨌건 그의 사고의 논리에서 "도덕·성리는 기화와 더불어서 변통하고 정령·시폐는 기화를 밝혀서 조종하며, 문묵(文墨, 글쓰기)의 능력 또한 기화로 미루어 확충되어야 하는"[25] 것이었다. 논리가 이렇기에 기화를 이해하지 못하는 경우 입덕(立德)을 목표로 하는 자 '천고불역'으로 불변의 도리만을 세우려 든다고 한다. 그가 지탄하는 '천고불역'이란 사세의 변화를 고려하지 않고 추상적 도덕률로 인간을 속박하려 드는 태도를 뜻할 것이다. '중간 부류'는 입공(立功)을 목표로 하는 자일 터이니 정치현실에 불만을 품은 나머지 단기적 안목으로 개혁을 서두르며, '아래 부류'는 입언(立言)을

---

25) 『기학』 권1, 「사부득기화조」(士不得氣化條).

목표로 하는 자일 터인데 문예의 잔재주에 빠져든다고 각각에 대해 비판을 가하고 있다. 이 양자는 그 자신이 성취해야 할 임무로 생각하였던 '사무공덕'과 '저술공덕'에 해당하는 것이다. 지금 기학적 기준에서 비판을 가하는 뜻은 기학을 수립, 실천하려는 데 있다 할 것이다. 도덕·성리도 마찬가지다. 그가 도덕은 물론 성리 자체를 부인한 것은 아니다.

『중용』 첫머리에서 성(性)을 규정하여 하늘이 인간에게 품부한 바[天命之謂性]라고 한 것을 최한기는 "하늘을 이어받아서 성(性)이 된다"[繼天而成之爲性]로 표현을 바꾸었던 점은 앞서 지적하였다. 그는 다른 곳에서 "천지운화의 신기를 품부받은 것"이라 한 대목에다 주를 달아서 "이것이 성(性)이다"[26]라고 밝혀 놓았다. 성(性)의 원천이 되는 천(天)의 의미를 '천지운화의 신기'로 설명한 것이다. 성(性)을 기학의 논리로 수용하고 있다. 이(理) 또한 마찬가지다. "기(氣)의 조리가 이(理)이니 조리는 즉 기(氣)다." 왜냐하면 "항시 기(氣) 가운데 있고 항시 기운을 따라 행하고 있기"[27] 때문이라 한다. 천지만물의 시원, 그 변화의 원리로서의 이(理)는 부정된 것이다. 기(氣) 가운데서 이(理)이니 철저히 기(氣)를 위주로 하는 논법이다. 정통 성리학, 즉 이학(理學)에 있어서 이(理)의 위상이 기로 대치된 꼴이다. 이(理)를 기(氣)에 종속시킴에 따라서 이학과 결별하여 대립상태로 들어가기에 이르렀다.

　　주리(主理)의 학문은 운화기(運化氣)가 드러나지 못했던 시기에 성

---

26) "稟受於天地運化神氣(是性也), 身之神氣, 通鍊於天地人物神氣(格物也), 以爲知覺(致知也)"(『承順事務』의 초고본에 끼어진 또 하나의 별지).

27) 『氣學』 卷1, 「氣之條理條」, "氣之條理爲理, 條理卽氣. 常在氣中, 常隨氣運而行."

립한 것이다. 그래서 오직 심리(心理)를 숭상하여 천지의 선후, 만물의 시종을 모두 이(理)로 풀이했던 것이다.

•『기학』권1,「주리지학조」(主理之學條)

주리론의 형이상학적 사변은 기(氣)에 대한 지식이 부족했던 단계의 이론이라고 본다. 최한기에 있어 성리학은 구시대의 유물로 청산되어 마땅한 것이다.

사람이 지키는 바는 동일하지 않다. 허리(虛理)를 고수하는 자는 성의(誠意)에 돈독하고 물욕을 배제한 나머지 흔들리고 빼앗길까 겁을 낸다. 그렇기 때문에 남달리 고상한 태도를 과시하고 오만을 부리는 버릇에서 벗어나기 어렵다. 실기(實氣)를 지키는 자는 밤낮으로 불어나고 양성되어 저절로 이뤄지므로 평소의 자세가 승순화평(承順和平)의 기상에서 벗어나지 않게 될 것이다.

•『명남루수록』,「인지소수조」(人之所守條)

수양론적인 측면의 담론이다. '허리'와 '실기'에서 허와 실은 수식어다. 즉 이(理) 자체가 허임에 대해서 기(氣)는 실의 성질로 형용한 것이다. 헛된 이(理)를 고수하는 경우 오만해져서 화합이 이루어지기 어려운 반면 알찬 기(氣)를 지키는 자는 화평의 기상을 항시 스스로 유지할 뿐 아니라 온 세상에 정교(政敎)를 잘 펼 수 있을 것으로 자신하고 있다. 기학의 공효를 말한 것이다. 위의 '허리를 고수하는 자'는 이학의 사람, 다름 아닌 성리학자를 지칭하는 것으로 보인다. 물론 주류 학문인 정통 성리학 진영에서 기학에 대한 반론이 없을 수 없었다.

최한기의 생애에서 동시기 학자들과 교유한 사실이 거의 드러나지 않고 있다. 그의 다음 세대 학자로서 간재(艮齋) 전우(田愚, 1841~1922)가 최한기에 대해 양명학을 옹호하는 태도를 가졌다고 비난한 내용의 글이 알려져 있는 정도다.[28] 최한기 자신이 남긴 글에서 당시 분위기를 대강 짐작할 수 있다.

> 기학을 비방하는 자 어찌 없겠는가? 무형(無形)을 숭상하는 자 유형(有形)의 학이라고 기롱하며, 고법(古法)을 숭상하는 자 옛 학문이 아니라고 배척하고 있다.
> • 『기학』, 「자서」

'무형을 숭상하는 자'란 다름 아닌 '허리를 고수하는 자'임에 대해서 '유형의 학'이란 기학을 가리키고 있다. 기학은 이학=도학의 진영에 대립하는 신학문이었다. 이학에 대한 부정, 기학의 탈중세적 성격을 극명하게 보여주는 대목이다. 위의 인용문에도 드러나듯 그는 상고주의를 배격하는 입장에 서 있었다. 유가의 경전에 대한 관점은 어떠했던가? 만고의 진리요, 보편의 준칙이라고 믿어 의심치 않았기에 그 책들은 예로부터 경전이라 일러왔던 터이다. 앞의 절에서 성인이 남긴 글을 그야말로 '경전적'으로 묵수하는 것과 현저히 다른 태도를 최한기가 일찍이 드러냈음을 주목하였다. 그에 있어서 경전은 절대적이 아닌 상대적인 차원으로 격하되었다.

---

28) 琴章泰, 『韓國實學思想研究』, 集文堂, 1987, 236쪽.

옛 성현의 경전에 실린 말씀은 어찌 나의 관습과 의사에 따라 취하고 버리고 할 것이랴! 이목으로 경험한바 천인운화(天人運化)를 준거로 하여 합치하면 감복해서 닦아 행할 일이요, 합치하지 않으면 남겨두고 후세를 기다릴 것이다.

　•『기학』권2,「고성현경전조」(古聖賢經傳條)

경전을 경외하는 자세는 아직 잃지 않고 있지만 판단의 영역으로 대하고 있다. 경전에 대한 판단의 기준을 여기서는 '천인운화'라는 개념으로 표현한다. 그에게는 경학의 의미도 소원한 것으로 되었다. 정약용은 서학(기독교)에 대응하는 논리를 경전의 재해석, 즉 경학으로 구축했다. 최한기와 동시대의 재야학자 심대윤(沈大允)은 민중의 물질적 욕구를 옹호하는 방향으로 사상을 수립했는데 그런 반정통적인 논리도 역시 경학 위에 세워졌다. 최한기의 경우 경전적 권위로부터 이탈하고 보니 논리를 경전에 의거할 필요성도 사라지고 말았다. 그리하여 자기 학문을 경학의 기초가 필요치 않은 기학으로 수립한 것이다. 최한기의 기학은 반성리학적·탈경학적 성격이 확실하다.

4. 종교에 대한 비판, 기학의 천인운화

앞의 절에서 최한기 사상의 탈중세적 성격을 살펴보았다. 그의 탈중세는 동양적 범위를 넘어서 지구적 시야를 확보해나갔다. 실기(實氣)의 체인(體認)에 바탕을 두어 '허리'를 배격한 그의 논리는 미신은 물론 종교 일반에 적용되었던 것이다. 그는 인류역사를 논하여 "중간에 귀신잡설이 신기(神氣)의 진적(眞蹟)을 혼탁하게 만들었고, 공허의 학(學)이 신기의 형질(形質)을 흔들고 빼앗았다"[29]고 주장한다. 그가 '공허의 학'이라고 지목한 가운데는 천주학(기독교)도 포함되어 있었다.

기독교적 신의 부정

운화의 기를 넘어서서 누천(陋賤)한 일을 받들어 행하는 것은 서양
학(기독교를 가리킴)·천방학(天方學, 회교를 가리킴)이 그렇다. 서양
학이 섬기는 신천(神天, 기독교적 하느님)은 무형(無形)으로서 최상
의 종동천(宗動天, 중세 신학에서 하느님이 계신다는 가장 높은 하
늘)에 위치하여 천지를 만들고 만물을 만드는 존재이므로 이 신천 이
외에는 다시 섬길 신이 없다고 한다. 천지는 시종이 있으되 신천은
시종이 없으며, 천지는 유형이로되 신천은 무형이니 이는 곧 초월적
인 본원이다.
• 『기학』권1,「유월운화」(踰越運化)

기독교나 회교나 최한기의 관점에서는 '무형의 신천'을 무상의 절대
자로 숭배하고 있으므로 '공허의 학'에 속하는 것이다. 우주 만물에 대
한 과학적 인식이 형성되기 전 단계의 허상에 속하는 것으로 본 때문이
다. 그런데 위 인용문에서 '누천한 일'이란 어떤 행위를 지목한 것이었
을까? 다름 아닌 하느님을 받들어 예배를 열심히 드리면 면죄를 받아 복
을 얻는다거나 지옥을 피해 천당으로 올라간다거나 하는 따위의 종교의
식 내지는 종교적 논리 일체를 부정적으로 표현한 말이다. 세속적일 뿐

---

29) 『明南樓隨錄』,「明世之所常用條」,"其顯著之神氣, 由於中間鬼神之說渾濁神氣之眞
蹟, 空虛之學撓奪神氣之形質"(『明南樓叢書』, 317~318쪽).

아니라 미개한 상태의 행위로 최한기의 눈에 비쳤다. 비판의 초점은 최고 유일의 존재, 신이었다.

신이란 운화의 공능을 가리킨 말이다. 그런 까닭에 운화의 기(氣)가 곧 신이다. 그런데 신을 운화유형(運化有形)의 가운데서 찾지 않고 운화무형(運化無形)의 표면에서 찾고 있다.
- 『기학』 권1, 「유월운지기조」(踰越運化之器條)

우주의 제일추동자(Prime Mover)인 기독교적인 신을 이론적으로 부정하고 있다. 기학적 논리로 신을 재규정한 셈인데 '운화의 기(氣)'는 신기가 된다. "운화의 기는 유형의 신이요 유형의 이(理)다." 기에 앞서서 기를 부리는 이(理)라든지 기를 추동하는 신을 인정하지 않은 것이다. '운화의 기'에 수반하는 신묘함이요, 운화의 기에 속하는 법칙성이니 명백히 형이하(形而下)적인 공능이고 조리다. 그 때문에 "신과 이(理) 두 글자는 귀속이 분명하게 되므로, 천고의 쟁론을 잠재우고 후세의 의혹을 격파할 수 있다"[30]고 그는 이성적 패기로 천명한 것이다. 최고의 정점은 조물주인데 그의 비판의 칼날은 이 정점을 정면으로 겨냥했다.

만약 조화(造化)라 이르고 조물이라 이른다면 제작(制作)의 의미가 들어가서 주재자에게로 귀속될 것이다. 신이다 이(理)다 하면 이 모두 형도 없고 질도 없는 것이다. 무형의 물이 유형의 물을 제조했다면 누

---

30) 『氣學』 卷1, 「運化之氣條」, "運化之氣, 卽有形之神·有形之理也. 神理二字, 有此明證之歸屬, 可以息千古之紛擾·罷後世之疑惑. 神與理乃氣化中之事, 當從氣化中區別."

군들 실제 그렇다고 증명할 수 있으랴! 이미 이 대기의 활동 운화가 적실하여 증거할 수 있으면 조화·조물이라 하는 '지을 조(造)'자는 결코 실상이 아니다.

• 『기학』 권2, 「활동운화조」(活動運化條)

우주의 조화·조물을 으뜸으로 주재하는 주체를 이(유교의 논리)나 신(기독교의 논리)으로 상정하고 있는 데 대해 지적한 말이다. 무에서 유가 나올 수 없다는 유물론적 입장을 그는 확고히 취하고 있다. 천지만물의 운동·생양(生養)을 기라는 형질의 활동운화로 설명하는 논리에 근거하여 절대자·주재자로 믿고 받드는 동양적인 이(理)와 함께 서양적인 신을 싸잡아서 부정하고 있다. 자연의 창조자로서의 신을 부인하고 자연 자체를 신으로 간주한 스피노자(Baruch de Spinoza, 1632~77)의 범신론과 통하는 듯하다. 혜강학–기학은 이 땅에 침투하여 바야흐로 치성하는 기독교에 맞선 대항마적 성격을 견지하고 있음이 여기에서 분명히 드러난다.

그러면서도 인간의 종교적 심성 자체를 그가 간과했던 것 같지는 않다. 그는 교학(敎學)이란 용어를 내세우고 있다. 지리학의 저서인 『지구전요』(地球典要)에 기독교와 회교를 아울러 논평한 한 편의 글이 들어 있는데 이렇게 시작한다.

우내(宇內)에 통행하는, 바뀌지 않을 교학은 마땅히 정치로 근본을 삼아야 하는 것이다. 정치를 외면하고 교학을 설립하면 곧 이단이요, 정치를 해치면서 교학을 설립하면 곧 사도(邪道)다. 정치는 천지기화로 준칙을 삼아야 하는바 만약 기화(氣化)와는 아무 상관없이 정치를 행하면 이는 누습(陋習)이다.

　•『지구전요』권12,「양회교문변」(洋回敎文辨)

　'교학'이란 문자 그대로 가르치고 배움을 뜻하는, 말하자면 종교와 학문을 포괄한 개념이다. 이 교학의 문제에 정치를 기준으로 삼아 이단과 사도를 분별하는 위의 방법론은 가장 최한기적인 논리다. 그런데 기실은 유교적 정치주의를 적극적으로 계승한 논리다. 그는 교학의 근본인 정치도 기학을 준칙으로 삼아야 할 것으로 말하였다. 교학 – 정치 – 기학의 상호관계를 어떻게 이해할 것인가? 정치를 중시하면서도 정치도 기학을 근본 준칙으로 삼아야 한다는 논리는 따져 물을 필요가 있는 대목이다.

천인(天人)의 논리

　공자는 "정치란 정(正)이다"[政者正也]라는 유명한 격언을 남겼다. '정의 정치학'이란 실로 어떤 형태일까? '정의 정치'가 인류역사에서 실현된 사례가 과연 한 번이나 있었을까? 정약용은 '정의 정치'를 "우리 인민을 균평하게 하는 것"[均吾民], 즉 평등으로 해석한 바 있다.[31] 최한기의 경우 공자의 뜻을 조술하여 "인간의 바르지 않은 행위를 금하고 막아서 '천도의 정통(正統)'을 본받고 따르도록 하는 것이다"[32]고 하였다. '천도의 정통'에서 '정'이 어떤 의미를 갖는지 뒤에 다시 논하겠거니와, '천도'란 최한기에 있어서는 형이상(形而上)적 개념이 아니고 대기운화로 표현되는 물질적 현상이다. 이 논법은 "인사(人事)는 천도로 말미암

---

31) 『與猶堂全書』, 詩文集 卷10 張1~2,「原政」.
32) 『人政』,「序」, "政者正也, 禁遏人爲之不正, 效順天道之正統"(『明南樓叢書』2, 1쪽).

아 질서가 있어 어지럽지 않으며 천도는 인학(人學)을 좇아서 보각군생(普覺群生)한다"[33]는 식으로, 하늘과 사람의 사이를 하나로 사고하는 데 기초하고 있다. 달라도 무척 다른 하늘과 사람, 이 양자의 매개항이 기화다. 최한기의 정치학은 인정(人政)이란 개념으로 표출하였는데 '인정'은 '천인기화'(天人氣化)의 정치에 의거하는 형태라고 주장하였다.

최한기는 정치학까지 기화란 개념을 도입한 것이다. 우주와 사회와 인간에 걸쳐서 만물·만사를 그는 모두 기로 설명하였다. 혜강학은 기로서 일이관지(一以貫之)를 하였다고 말할 수 있다. 기는 약방의 감초란 말인가? 이런 의문이 들기도 할 것이다. 기의 작용이 기화일 터인데 기화라는 개념을 휘뚜루 갖다 붙일 수 있을까? 이런 의혹이 들기도 하는데 구체적 이해를 얻기 위한 모색으로서 『지구전요』의 체제를 잠간 살펴보자.

지리학은 근대세계로 진입해서 중요하게 떠오른 학문 분야다. 인간의 경험이 전 지구적으로 확장된 시대를 당면해서 낯선 공간의 인식, 불안한 정세를 판단하기 위해서 지리학에 대한 관심이 일어났던 것이다. 20세기 초 근대 계몽기에 지리학이 특히 각광받은 것은 이 때문이거니와,[34] 앞서 19세기 중엽 이 분야에 선구적인 저술이 출현하였다. 중국의 계몽지식인이 쓴 『해국도지』(海國圖志)와 『영환지략』(瀛環志略)이 그것인데 이 역사적인 저작은 당시에 일본으로까지 지적 영향이 미쳤던 것으로 알려져 있다. 『해국도지』와 『영환지략』을 일찍 받아들여 절충, 개편한 것이 바로 최한기의 『지구전요』 13권이다.

---

33) 『氣學』卷1, 「身心之氣條」, "人事由天道而有序不紊, 天道從人學而普覺群生."
34) 한국의 근대계몽기에 지리학이 중요한 의미를 띠고 부상한 문제에 관해서 필자는 「20세기 초 신·구학의 교체와 실학」(『민족문학사연구』 제9호, 1996)에서 거론한 바 있다.

최한기의 저서목록에 『우주책』(宇宙策) 12권이 들어 있다. 그의 학적 관심이 인체에 집중해서 『신기천험』(身機踐驗)을 지은 한편, 『우주책』을 지은 것이다. 그 자신 『지구전요』와 『우주책』은 '내외전'(內外詮)이 되는 것으로 말하였다.[35] 지구와 우주, 안과 밖의 진리를 해명한다는 뜻일 듯싶다. 안타깝게도 『우주책』은 지금 찾아볼 수 없다. 『지구전요』는 『해국도지』『영환지략』 등에서 얻은 세계에 대한 지식을 자신의 독창적인 방법론인 기학의 체계로 편성한 것이다. 그것의 특색은 서술체제에서부터 드러나고 있다. 저자는 먼저 "천하의 도지(圖志)를 밝히는 자 모름지기 일통(一統)의 요령을 얻어야만 크고 작은 '사무'를 모두 통괄할 수 있고 아울러 순역위합(順逆違合)을 변별할 수 있다"(『지구전요』, 「범례」)고 강조하였다. 세계지리를 엮음에 있어 그가 관건으로 생각하는 '일통의 요령'이란 다름 아닌 기화다. 그래서 각국의 제반 사항을 서술함에 있어 "특히 기화를 들어서 네 부문으로 나눈" 것이다. 참고로 네 부문의 명칭과 각 내용을 요약하면 이러하다.

기화생성문(氣化生成門)　인간의 능력과 의지로 증감·변개시킬 수 없는 것이니 강역·풍기(風氣)·인민·물산 등이 여기에 속해 있다.

　순기화제구문(順氣化諸具門)　인간이 기화에 합리적으로 맞추는 것으로 의식·주거를 비롯해서 농공상과 함께 문자도 여기에 속해 있다.

　도기화지통법문(導氣化之通法門)　인간이 기화에 어두우면 부정적으로 되고 통달하면 긍정적으로 되는데 정치제도와 교육문화가 여기에

---

35) 『地球典要』, 「凡例」, "余所著宇宙策第十二卷, 實與此書爲內外詮. 或得於內而施於外, 或得乎外而制其內"(『明南樓叢書』4, 6쪽).

속해 있다.

기화경력문(氣化經歷門) 지나온 과정을 기화의 경로로 파악하고 있는데 각 부분과 연혁이 여기에 속해 있다.

위와 같이 기화를 기준으로 구분하여 서술한 내용을 제대로 이해하면 세계 각국의 사적에 지식이 터져서 드디어는 "기화를 보고 인도를 세우고 인도를 행한즉 인도가 정해져서 지구 전면에 두루 통달할 수 있다"고 그는 자신 있게 설파하였다. 그가 자신한 만큼 효과를 거둘 수 있을지는 얼른 수긍이 가지 않으나, 그의 기학은 여러 전문분야까지 모두 설명하는 나름으로 체계화를 이룬 것임은 분명해 보인다.

물론 그의 이러한 논리는 천도와 인도를 통일적으로 사고한 데서 나온 것이다. 이 논리의 매개항인 기의 존재형태는 그에 의하면 '형질의 기'와 '운화의 기'의 구분이 있다. 지구를 비롯한 천체와 만물의 형체는 '형질의 기'이고 기상의 변화 등 눈에 보이지도 손에 잡히지도 않는 여러 현상은 '운화의 기'다. '형질의 기'도 '운화의 기'로 말미암아 이루어지는 것이어서 천지간의 조물·조화는 모두 '운화의 기'의 공능이다. 인간이 만드는 공학적 제작뿐 아니라 법률 제도까지 모두 천기(天氣) 운화를 참작해서 이루어지는 것으로 그는 주장하였다. 그리하여 개물성무(開物成務)도 천지간의 기화로 생각하는데 이 과제는 어떤 주관적 의지의 작용이 아닌, 운화에 의해 저절로 이루어지는 것으로 간주하고 있다. 천도와 인사의 자연스런 통일과 조화를 당위의 원칙으로 삼고 있는 것이다. 그런데 이 '운화의 기'는 가시적이 아니고 그 공능이 신묘하기 때문에 불교는 '공'(空)으로, 노자는 '무'(無)로 종지(宗旨)를 세우게 되었으며, 서양의 종교는 창조주로서 신을 상정하게 되었다고 본다. 아무리 그렇더라도 '운화의 기'는 '무형'이 아니고 '유형'이라는 것이 그의 지론이다. 그의 논리의 입각점이기도 하다.[36)

운화유형(運化有形)의 기는 하늘과 사람이 합치한다[天人一致]. 마음 가운데 운화의 기는 천지간 운화의 기를 본받아 선후의 배포와 간격의 조리가 가슴속에 구성이 되어 유형의 물에 베풀어질 수 있다. 그리하여 천하의 정학(正學)이 되는 것이다.
  • 위의 책, 「기유형질조」(氣有形質條)

인간 고유의 지식 능력 내지 사고 작용을 논하여 천지 사이의 '운화의 기'를 본받아서 구성, 발현되는 형태로 말하였으니, "공학적 제작뿐 아니라 법률제도까지 모두 천지운화를 합작해서 이루어지는 것"으로 파악한 그 논법이다. '천인일치'는 인간주체 내부에서 오직 자연의 법칙을 준수해서 창조적으로 연출하는 모양이다. 위에서 누차 확인했듯, 그가 가장 중요시한 것은 학문이었다. 창조적 연출을 가능케 하는 것은 다름 아닌 '천하의 정학(正學)'[37)]이다. 그는 "만국학문은 천인운화를 표준해야 한

---

36) 『氣學』卷1, 「氣有形質之氣條」, "氣, 有形質之氣, 有運化之氣. 地月日星萬物軀殼, 形質之氣; 雨暘風雲寒暑燥濕, 運化之氣也. 形質之氣, 由運化之氣而成聚, 大者長久, 小者卽散, 無非運化氣之自然也. 形質之氣, 人所易見; 運化之氣, 人所難見. 故古人以有形無形, 分別質運化, 老氏之空, 佛氏之無, 皆以無形爲道爲學, 至於心學理學, 俱以無形之理 [……] 然其實運化之氣, 形質最大, 充塞宇內, [……] 是乃有形之明證也."
위의 책, 「氣化物産條」, "人造之法制器用, 參酌于天氣運化."
위의 책, 「天地氣化條」, "天地氣化之開物成務, 豈有意而然? 必須漸次運化而事物自成."
위의 책, 「踰越運化之氣條」, "運化之氣, 卽是神也. 不求神於運化有形之中, 欲求神於運化無形之上."

다."[38]고 역설하였다. 최고의 보편적 학문, 그것은 천인운화를 표준으로 삼을 때 비로소 '정학'이 된다는 뜻이다.

　그는 정치학에서 '정'의 정치를 주장했으며 학문 일반이 '정학'으로 귀결된 것이다. '정'은 과연 어떤 의미를 내포하고 있는 것인가? 여기서 승순(承順)이란 개념으로 돌아가 보자. '승'은 천도에 속해서 천기운화를 어기거나 벗어나지 않고 이어받는 것이요, '순'은 인도에 속해서 인사를 천기운화에 순응하여 성취함을 의미하고 있다.[39] 정치학도 승순이 관건이 된다. 그래서 "인간의 바르지 않은 행위를 금하고 막아서 '천도의 정'을 본받고 따르도록 하는 것"으로 정치의 '정'을 해석했던 것이다. "온갖 사무는 준행해야 하는 일통의 궤도가 있다. 어렵고 의심스러운 데서 바르게 나가고 엇갈리는 길목에서 바르게 돌아가 방향이 혼미하지 않고 흔들려 빼앗김이 없는 그것을 일러 정치라 할 수 있다."[40] 이렇듯 '일통의 궤도'는 오직 '승순의 도'를 따라 놓이는 것이다.

　　일신운화(一身運化)로부터 교접운화(交接運化)에 이르고 통민운화 (統民運化)에 이르기까지 모두 대기운화(大氣運化)를 본받는 것이다.
　　•『인정』,「범례」

---

37) 위의 책,「氣有形質之氣條」.
38) 『運化測驗序』, "人世事務, 盡入一統範圍; 萬國學問, 標準天人運化"(『增補明南樓叢書』5, 61쪽).
39) 『承順事務』,「別紙」, "通論人事, 無非承順運化 [……] 盖承順運化, 承天氣・順人事也. 非人意思排撰, 自有稟受於天."
40) 『人政』,「凡例」, "凡百事務, 有遵行之一統軌轍. 就正其疑難, 就正其歧貳, 不迷方向, 無所擾奪, 皆可謂之政."

'교접운화'는 인간 사회를, '통민운화'는 인민을 위한 정치를 지칭하는 데 대해서 '일신운화'는 한 인간의 주체에 해당하는 것임은 물론이다. 주체적 인간은 교접운화와 통민운화를 '사무'로 감당하는바 이 모두 한결같이 대기운화를 본받고 준행하는 것이라고 그는 말하였다. 이는 천인(天人)이 하나로 어울리는 일통운화인데 이를 일컬어 인정(人政)이라 하여, 자신의 정치학을 체계화한 책의 제목으로 삼았던 터였다. 앞의 절에서 거론한 학문은 모름지기 '사무'에 있어야 실학이 된다는 그 사무다. 그는 '승순사무'란 표제로 한 편의 저작을 남긴 바 있다. 그의 말년작으로 추정된다. 이 책에 붙인 총론적 글에는 이렇게 적혀 있다.

계왕(繼往)은 확실히 승순으로부터 나오며 개래(開來) 또한 승순으로 말미암는 것이다. [……] 하늘에 있어서의 대기운화와 인간에 있어서의 정교운화(政敎運化)는 모두 승순을 따라서 성취되는 것이다.[41]

혜강학-기학을 마지막 매듭짓는 말로 읽어도 좋을 것 같다. 계왕개래(繼往開來)는 실로 학문 주체가 추구하는 최상의 목표다. 이 목표치는 천인합일(天人合一)의 논리에서 도출된 승순이란 방법론에 의해서 달성될 수 있는 것으로 결론이 나왔다. 이러한 천인의 논리를 우리는 어떻게 평가할 것인가?

천도와 인도를 연계해서 사고하는 방식은 동양적인 정신유산이다. 서양 근대과학은 바로 이 양자를 분리하는 데서 발단하였다. 근대과학의

---

41) 『承順事務』, 「別紙」, "繼往固出於承順, 開來亦由於承順, 皆從此而益可驗. 在天之大氣運化, 在人之政敎運化, 皆從承順成就."

할아버지로 일컫는 갈릴레오(Galileo Galilei, 1564~1642)가 자연과학의 논증에 대해『두 가지 주요 세계 체계에 대한 대화』에서 "그것의 결론이 필연적으로 참이며, 인간의 의지와는 아무런 관련이 없다"고 천명한 것이다. 이에 반해 최한기의 머리에는 자연과 인간의 영역을 분리하는 사고의 논리가 들어오지 않았다. 배제했다고 보아야 할 것도 같다. 그렇다면 동양적 틀에서 벗어나지 못한 과학적 사고에는 미달한 것으로 치부하고 말 것인가?

혜강학에서 천인의 논리는 "도의 근원은 하늘에서 나왔다"[道之大原出於天]는 명제로 체계를 세운 동중서(董仲舒)의 사상과 무관하지 않겠지만 좀더 순자(荀子)에 근친성이 있는 것으로 여겨진다. 순자는 천행(天行)은 상도(常道)가 있으니 요(堯)를 위해 존재하는 것도, 걸(桀)을 위해 없어지는 것도 아니라고 천의 객관적 항상성을 인지한 것이다. 그런데 거기에 바로 이어진 논리는 "천에 다스림으로 응하면 길하고 어지러움으로 응하면 흉하다"는 것이었다. 인간이 천도에 순응해서 어긋나지 않으면 천이 인간에 화를 끼칠 수 없다는 논법이다.[42] 혜강학의 승순은 연원이 여기 순자에 있지 않은가 한다.

최한기는 자기의 기학을 독견·독득이 아니고 "우내인(宇內人)이 함께 측험(測驗)해서 성취한 것"[43]임을 분명히 밝혔다. 서구 과학의 성과를 혜강학은 포함하고 있다는 의미다. 그는 서구 과학을 섭취함에 있어 동양적 패러다임인 천인의 논리를 바탕으로 수용하였다. 그리하여 "만국

---

42)『荀子』,「天論篇」, "天行有常, 不爲堯存, 不爲桀亡. 應之以治則吉, 應之以亂則凶 [……] 修道而不貳則天不能禍."

43)『氣學』卷2,「造書契後條」, "是豈我獨見而獨得! 乃宇宙人共驗而成就也."

의 학문은 천인운화를 표준으로 한다"는 혜강학 특유의 세계 보편적 학문 방향이 수립된 것이다.

5. '근대'에 대한 이학적 대응논리

개방이 민족의 위기를 초래하고 개혁이 전통의 해체를 촉진하는 19세기 말 20세기 초의 시대현실에서 유학자 면우(俛宇) 곽종석(郭鐘錫, 1846~1919)은 서양학에 관심을 두지 않을 수 없었다. 그는 서양학의 특성을 지적하여 천리 인륜에 근본을 두지 않고 오직 측험의 방법론으로서 기기지화(氣機之化)를 추구한 나머지 공리(功利)의 달성에만 목표를 두고 있는 것이라고 비판을 가하였다. 유학의 관점에서 근대 세계를 선도한 서양 과학에 대한 관점이다. '기기지화'란 기화와 같은 개념으로 생각된다. 서양의 과학은 그리스 철학에서 분파된 것으로 곽종석은 간주하는데 그리스 철학이 당초 공리에 사로잡혔던 것은 아니지만 기화만을 진리로 인정했던 까닭에 폐단을 열었다는 견해다.[44] 필자는 이러한 지적이 타당한지 아닌지 여기서 따지려는 것이 아니다. 곽종석에게 '기화'란 개념은 최한기와 달리 서양적인 것으로서 부정적으로 인지되었다는 점을 주의하려는 것이다.

곽종석은 영남권에서 이학(理學)을 수립한 한주(寒洲) 이진상(李震相, 1818~86)의 적통이었다. 이진상은 기 자체에 대해서까지 다분히 부정적인 눈길을 보냈다. "이단의 설이 백길 천 갈래라도 시발은 모두 기를

---

44) 『俛宇集』 卷142, 「書李汝材哲學攷辨後」, "然其(歐洲 - 인용자)爲學, 不本於天理之倫之正, 而惟推測於氣機之化. 究達乎功利之私而已. [……] 彼之科學, 乃哲學(그리스 철학 - 인용자)之派分者, 而哲學者, 初非公利之私心, 只認得氣化爲眞理, 可以開其蔽而論之道也."

인식함에 말미암았고 끝내는 모두 주기(主氣)로 귀결이 된다."[45] 기 자체를 이단시한 논조로 여겨진다. 최한기가 기학을 수립하고 있던 그즈음 중부권에서 주리(主理)의 학으로 선봉에서 기치를 세운 것은 화서(華西) 이항로(李恒老, 1792~1868)였다. 곽종석은 이항로에 대해서 "화서 선생은 기학이 요란한 세상에서 우뚝 몸을 일으켜 [……] 주리의 진전(眞詮)을 천명하였다"[46]는 찬사를 바쳤던 것이다. 여기서 기학은 곧 최한기의 기학을 지칭한 것이 아니다. 아마도 최한기의 학문에 대한 정보를 가지고 있지도 못했을 터이다. 이항로의 학적 입장이 "선생은 젊어서부터 양교(洋敎)를 물리치는 데 힘을 다하였"던 것으로 묘사했듯 주로 서양학 일반을 성격화시킨 개념으로 생각된다. 아울러 주기(主氣)로 기울어진 당시의 사상 경향 일반까지 싸잡아 지칭한 것으로 보인다.

성인과 장인바치의 귀천의 지위, 성명(性命)과 형기(形氣)의 대소의 구분, 중화와 사이(四夷)의 존비의 등급, 음과 양, 이(理)와 욕(欲)의 소장(消長)의 기미, 인류와 금수의 같고 다른 경계를 모두 대[竹]를 쪼개고 쇠를 절단하듯 여지없이 실상을 변파하였다.

• 『아언』(雅言) 권수, 「화서선생사장」(華西先生事狀)

---

45) 『寒洲集』附錄 年譜 卷1, 「異端說」, "異端之說, 百途千岐, 而其始皆由於認氣, 其終皆歸於主氣." 「이단설」은 이진상의 23세 때 저작이다. 그의 철학의 완성기 저작인 『이학종요』(理學綜要)에서도 "이단의 학은 주기로서 이(理)를 파멸하는 것임을 변석하는 것"을 요지로 삼고 있다.

46) 『俛宇集』卷130 張21, 「柳省齋重教心說辨」, "華西先生, 挺出於氣學擾攘之世, 不由師承, 潛心體究, 闡明主理之眞詮."

이항로의 저작을 두고 화서학파(華西學派)의 유력한 후계자 김평묵(金平默, 1819~91)이 논평한 대목이다. 체제와 질서 전반의 반역적인 위기에 대결하는 이념적 수호자로서의 사명을 능히 감당했다는 의미의 말이다.

처(妻)가 부(夫)의 지위를 빼앗고 신(臣)이 군(君)의 지위를 빼앗고 이(夷)가 화(華)의 지위를 빼앗는 이 세 가지는 천하의 큰 변란이다. 기가 이의 지위를 빼앗게 되면 저 세 가지 변란은 곧바로 닥칠 것이다.[47]

• 「노사연보」(蘆沙年譜)

동시기 호남권에서 솟아오른 이학의 거봉인 노사(蘆沙) 기정진(奇正鎭, 1798~1876)의 발언이다. 여기서는 체제와 질서의 전도 현상을 지아비와 지어미의 관계로 집약되는 가정적 위기, 군주와 신하의 관계로 집약되는 국가적 위기, 중화와 이적의 관계로 집약되는 문명적 위기로 문제점을 선명하게 드러냈다. 이 세 가지 위기 상황은 이와 기라는 철학적 논리와 인과관계를 갖는 것으로 적시한 것이다. 기정진은 천지간의 생성변화를 주기의 이론으로 설명하여 이의 존재를 무력화시킨 논리가 세상을 휩쓸고 있다고 판단한 나머지 "학자가 이기 문제에 대해 발언하지 않으면 실로 무해하지만 말하여 정확하지 못하면 본진(本眞)을 어지럽혀서 후세에 화가 심대하게 된다"[48]고 일갈을 하였다. 그 역시 이학의 천명은 현실에 대응하는 철학적 사명이었다. 이항로와 기정진이 함께 현실을 위

---

47) 『年譜』, 「蘆沙集附錄」 卷1, "妻奪夫位, 臣奪君位, 夷奪華位, 三者天下之大變, 而氣奪理位, 則彼三變者, 是次第事"(기정진이 「納涼私議」를 지은 사실과 관련해서 기록한 말임).

48) 위와 같음.

기 상황으로 진단하게 된 배경에는 서양과의 부딪힘이 있었다. 기정진은 프랑스 함대가 강화도를 침범한 사태 앞에서 이렇게 고민하고 있다.

당시 양이가 침범하여 화의론이 비등하였다. 선생(기정진을 가리킴-인용자)은 분노와 우려로 병이 되어 침식을 폐할 지경이었다. 이에 상소하여 양이의 돼먹지 않은 실상을 진술하고 방비책을 제시한 다음, 끝에서 내수(內修)로 외양(外攘)의 근본을 세워야 함을 역설하였다.
•「노사연보」, 고종 3년의 기사

무릇 외부의 무력적 침입에 직면해서 화의를 주장하는 것은 기실 투항론이 되기 십상이다. 가만히 있는 우리를 윽박지르며 문을 열라고 강압하는 서양 함대의 도발에 대해 주전으로 기우는 것은 정당성을 논하기 전에 불가피한 형세라고 보아야 할 것이다. 위에서 특히 주목할 대목은 내수외양(內修外攘)이라는 서양에 대항하는 기본방향이다. '외양', 즉 외세를 배격하기 위해 안으로 가다듬는다는 '내수', 그것은 주체의 이념적 정립을 뜻하였다. 이항로는 서양의 침략 앞에서 이렇게 말한다.

서양이 도를 어지럽히는 상황은 가장 우려할 사태다. 천지간에 한 줄기의 양(陽) 기운이 우리 동국에 남아 있거늘 이마저 파괴되다니 천심(天心)이 어찌 차마 이렇게 하랴! 우리 사람들은 정히 천지로 입심(立心)을 하여 이 도를 밝히는 과업에 불을 끄려 달려가듯 급급히 서둘러야 할 일이다. 일국의 존망은 이차적인 문제다.
•『아언』권12, 「양화」(洋禍)

서양의 침공을 도의 위기로 판단하고 있는 것이다. 도란 무엇인가? 중국대륙에서 한족의 명조가 만주족의 청조로 대치된 상황에 대해서 조선조의 정통유학은 존화양이(尊華攘夷)의 논리를 수립했던 터였다. 위에서 "천지간에 한 줄기의 양 기운", 정도를 회복할 에네르기가 유일하게 이 땅에 남아 있다는 자부심은 바로 이에 근거한 논리였다. 이항로는 존화양이의 논리를 계승하여 "중국의 도가 망하면 이적·금수가 달려든다"고 전제하고 나서, "북쪽 오랑캐는 이적이라 그래도 말할 수 있거니와 서양은 금수라 말할 수조차 없다"[49]고 단정하였다. 청의 만주족은 비록 이적이긴 하지만 인간의 종에 속하는데 저 서양 무리는 금수이기 때문에 논의할 대상이 아니라고 아예 인간 밖으로 몰아낸 것이다. 이런 서양의 세력에 침몰당하는 상황을 도의 위기로 판단하는 것은 논리상으로 보면 당연한 귀결이라 하겠다.

절대당위로 지켜야 할 도는 물론 '중화의 도'였다. 그렇긴 하지만 본디 인류보편의 도로 의식한 터에 이 도의 원적지 중국이 이적의 지배 하에 놓인 상황에서 조선은 이 도를 지키는 최후의 보루, 그야말로 '성지'였던 셈이다. 그런데 "일국의 존망은 이차적인 문제"라고 말하였다. 후일 국권을 상실한 마당에서 "국가는 망할지라도 도는 망할 수 없다"는 논리를 내세워 항일 투쟁의 대열에 참여하기를 거부한 학자가 실제로 나왔다. 논리상으로 보면 양자는 똑같다. 다만 처한 현실이 서로 같지 않다. 이항로의 경우 최후의 보루로서의 '성지'가 아직은 남아 있는 상태다. 서양과 싸우는 목적은 '성지' 수호에 있었으니, '성전'(聖戰)으로 규

---

49) 『雅言』卷12,「洋禍」, "中國之道亡, 則夷狄禽獸至. 北虜, 夷狄也, 猶可言也; 西洋, 禽獸也, 不可言也."

정짓기 위한 수사법인 셈이다.

이항로는 "이(理)가 주인이 되어 기(氣)를 제어하면 이가 순후하고 기가 바로 잡혀 만사가 잘 다스려지고 천하는 안정된다"고 주장한다. 반대로 기가 주인 노릇을 하고 이가 종속하면 기는 강해지고 이는 밀려나서 만사가 어지럽고 천하가 위태롭게 된다는 경종을 발하였다.[50] 주리는 존재론이라기보다는 당위론, 바꾸어 말하면 이데올로기로서 제창된 것이다. 즉 척양(斥洋)·척사(斥邪)를 위한 위정(衛正)의 논리 그것이었다. 따라서 이란 인간과 우주 만물에 관통하는 유일의 절대자로 군림하지 않으면 안 되었다. "하늘을 두고 명물지주(命物之主)로 말하면 천(天)이라 제(帝)라 하며, 사람에 있어 명물지주로 말하면 심(心)이라 천군(天君)이라 하며, 물(物)에 있어 명물지주로 말하면 신이라 신명(神命)이라 할 수 있는데 기실은 일리(一理)다."[51] 천지만물을 본원적으로, 항상적으로 주재하는 주인을 천이라 신이라 또는 심(心)이라고 나누어 부르지만 그 모두가 하나의 이(理)라는 논법이다.

요컨대 이항로 철학의 이를 최한기는 기로 전도시킨 것이었다. 이항로의 입장에서는 이의 전도된 위상을 바로 세우려는 것임이 물론이다.

"기가 이의 지위를 빼앗음"[氣奪理位]을 철학적 위기로 판단했던 기정진도 기에 복종·제약받을 수 없는 이의 독존적 권위를 회복하는 과제로 고뇌하였다. "기가 발동하고 실행함에 있어서는 실로 이의 명령을 받는다"는 것이 논리의 기본 전제다. "명령하는 자가 주인이고 명령받는 자

---

50) 『雅言』卷1, 「理氣」, "理爲主, 氣爲役, 則理純氣正, 萬事治而天下安矣; 氣爲主, 理爲貳, 則氣彊理隱, 萬事亂而天下危矣."

51) 위의 책, "是故, 在天言命物之主, 則曰天曰帝; 在人言命物之主, 則曰心曰天君; 在物言命物之主, 則曰神曰神明, 其實一理也."

는 노복이다." 그리하여 노복=기(氣)가 수고로운 역사를 담당하고 주인=이(理)는 공적을 차지하는 것이 천지간의 바른 도리[天經地義]임을 다시 천명하였다.[52] 응당 이치가 그럴진대 "이(理)의 존엄은 상대가 없다. 기(氣)가 어찌 짝이 될 것이랴! 그 광활함은 대적이 없으니 기(氣) 또한 이(理) 가운데 일이다"[53]라고 주장하여, 기는 이에 종속된 한 부분에 불과하므로 '이기'(理氣)라고 대칭하는 것부터 잘못된 관행임을 지적하였다. 이를 기의 조리로 간주하는 최한기의 논리는 기정진의 입장에서는 더불어 대화도 할 수 없을 정도로 이단적인 것이다.

화서학파의 맹장으로서 국권을 침탈하는 일본에 저항하여 이론으로 반박하고 의병투쟁을 주도한 끝에 비장한 최후를 맞은 최익현(崔益鉉, 1833~1906)은 일찍이 기정진과 이항로를 함께 거론하여 "하늘이 노사와 화서 두 선생을 낳아 바로 이 시대 이 세상에서 척사(斥邪)의 공을 맡도록 하여 주기의 학문을 축출, 치세의 운을 감당하였으니 이 또한 우연이겠는가"[54]라고 칭송한 것이다.

성리학이라고 하는 동아시아 중세 학문의 체계를 중국에서는 이학(理

---

52) 『蘆沙集』 卷12 張23, 「搢笏」, "其發其行, 明是氣爲, 而謂之理發理行, 何歟? 氣之發與行, 實受命於理. 命者爲主, 而受命者爲僕, 僕任其勞而主居其功, 天之經·地之義."

53) 위의 책, "理之尊無對, 氣何可與之對偶? 其濶無對, 氣亦理中事."

54) 崔益鉉, 『蘆沙集』 附錄 卷2, 「蘆沙神道碑銘 幷序」, "天之生蘆沙華西二先生, 必於此時此世, 任闢邪之功, 黜主氣之學, 以當一治之運, 亦豈偶然乎哉"(丹城 新安社 開刊). 노사신도비문(蘆沙神道碑文)은 『면암집』(勉庵集)에 실린 것과 『노사집』(蘆沙集) 부록에 실린 것이 문장 표현상에서 차이가 보인다. 지금 인용한 이 대목도 면암집본(勉庵集本)에는 그대로 나와 있지 않다. 차이가 발생한 경위는, 박석무(朴錫武) 선생의 가전(家傳)의 들음에 의하면 노사문인(蘆沙門人)들이 원고에 약간 수정을 가해 면암(勉庵)의 인정을 받았다 한다. 면암의 후손인 최창규(崔昌圭) 선생도 그렇게 들은 바 있다고 말했다는 것이다.

學)이라고도 칭해왔다. 그렇지만 이기론이라고 부르듯, 그 철학적 구조
는 주기와 주리로 다툼이 계속되었으나 이와 기를 통합적으로 사고했
고 양자의 균형이 깨뜨려지진 않았다. 드디어 19세기 중엽 개항을 눈앞
에 둔 시점에서 '주기'는 한쪽으로 기울어 기학을 성립시킨 한편, 정통
성리학의 계보는 '주리'로 치달아서 이학을 수립한 것이다. 이 단계에서
이학은 기를 부정, 배제한 논리였다. 근대세계에 직면하면서 성리학의
패러다임은 전에 없이 파탄을 일으킨 것으로 보인다.

서양과의 만남이 정신적 침투, 무력적 침략에 다름 아닌 근대 상황에
부딪혀 위기의식이 고조된 현실에서 보수적인 입장은 이(理)로 편향하
여 철학적 농성체제를 구축한 형국을 이루었다.

6. 결론을 대신하여—기학에 대한 평가

위의 글은 혜강학–기학을 유교지식인의 '근대기획'이란 시각으로 독
해한 것이다. 서세동점이라는 세계사적 운동이 19세기로 들어와서는 동
아시아 국가들로 하여금 문호개방을 피하려야 피할 수 없도록 압박했다.
여기에 직면한 조선의 유교지식인들은 나름으로 사상적 대응책을 궁리
하여 주류 성리학자들은 주리로 기울어 이학의 농성체제를 구축하였다.
한편으로 실학의 계보에서는 유수한 학자들이 실사구시의 방법론으로
접근하였거니와, 최한기의 경우는 기학의 체계를 수립한 것이다. 당시의
시대상황에 비추어 기학은 어떻게 평가할 수 있는 것인가?

최한기는 기독교 신학을 원천적으로 부정했다는 측면에서 반서구적
이지만, 서양 문물을 적극적으로 수용하는 입장을 취해 동서의 학문적
회통을 시도하였다. "중국을 배우는 자 서법(西法)을 배우려 들지 않고
서법을 배우는 자 중국을 배우려 하지 않는다."[55] 동서 학문이 합류하는

과정에서 야기되는 편향을 그는 벌써 예견한 듯 경종을 발하고 있다. 그리하여 동양의 기철학 전통과 서양과학을 종합한 형태가 다름 아닌 기학이다.

19세기 사상계는 이학과 기학의 양극화로 이기철학의 논리적 균형이 깨지게 되었다. 성리학이 그 스스로 이론적 파산에 이른 셈이다. 성리학은 자신의 역사적 수명이 다한 시점에서 해체 과정에 들어간 것이다. 이 양극화 현상을 창조적 변형의 계기로 전망할 수도 있을 듯하다. 이렇듯 순수철학의 관점에서의 해석이 가능하다고 보지만 당면한 시대의 급박한 상황에 우선 주의하지 않을 수 없다. 한반도의 문호개방—개항은 당초 외세에 의해 강요된 일이었을 뿐 아니라, 이후 전개된 상황이 또 주권을 상실하고 식민지로 전락하는 결과를 초래한 것이다. 외세는 십분 악마로 비치게 되었으니 반외세의 싸움은 척사위정(斥邪衛政)이란 명분이 섰다. 곧 성전(聖戰)이라고 주장할 수 있었다. 이학은 반외세 수구 노선의 이론적 기반으로 이념적 선명성이 돋보였다. 이학의 역사적 의의는 여기에 있었다.

수구와 대립한 개혁·개방의 노선은 실사구시의 방법론과 맥락이 통해 있었다. 그래서 필자는 '개화의 실사구시'로 그 성격을 파악하여 연맥 관계를 그려보았다. 최한기의 사상이야말로 적극적인 개혁·개방의 노선이라고 말할 수 있겠으나, 기학의 논리가 직접 개항 이후의 현실에 수용된 사실은 드러나지 않는다. 최한기의 '근대기획'은 근대의 과정에서 도외시되었던 것으로 여겨진다.

---

55) 『人政』卷12,「敎人門」·「立本有偏黨」, "學中國者不願學而法, 學而法者不願學中國."

그렇다면 최한기의 기학은 의의를 별로 인정할 수 없는 것이 아닌가? 무릇 어떤 사상이고 값진 것이라면 그 의미는 결코 한시적으로 소진되지 않으리라. 기학의 경우 한국 근대사에 그 이론을 수용할 현실 기반이 부재했던 터이니 19세기 말에서 20세기를 지나온 역사 상황이 곧 그러했음을 우리는 유의해야겠다. 지금 21세기, 새로운 천년에 즈음해서 우리가 서구 주도의 근대를 극복하고 서양 문명이 초래한 병폐를 치유하고자 한다면 혜강학—기학은 진지하게 고려해야 할 대상의 하나다. 이와 관련해서 두 가지 점을 들어둔다.

하나는 최한기가 학문을 인류보편의 차원에서 추구하고 제창하였다는 점이다. 그는 이론 자체가, "인세(人世) 사무는 일통의 범위에 모두 들어가며 만국 학문은 천인운화를 표준으로 한다"고 동서와 고금에 통할 수 있어야 하는 것으로 주장했다. 그리고 학문은 "말을 하지 않으면 그만이려니와 말을 하면 천하인이 취해 쓸 수 있고 발표하지 않으면 그만이려니와 발표하면 우내인(宇內人)이 감복할 수 있어야 한다"고 설파했다. "그것은 오직 기학이다"라고 자신이 수립한 학문에 무한한 자신감을 표명하였다. '세계화'가 피할 수 없는 대세처럼 되어 국론도 '세계화'로 가고 있는 지금, 혜강학—기학은 세계 학문으로서 그 선구적인 의의를 평가할 수 있다. 그뿐 아니라 오늘의 '학문의 세계화'는 주체를 상실한 채 표류하면서 정히 부실화되는 꼴이다. 지금 우리가 혜강학을 돌아볼 때 근대는 무엇을 성취했으며, 장차 어디로 가는 것인지 이모저모 착잡한 마음이 든다.

다른 하나는 최한기의 기학이 서구의 근대과학의 지식을 수용하였지만 사고의 틀 자체는 서구 근대의 과학적인 것과는 사뭇 다르다는 것이다. 기(氣) 개념 자체가 동양적인 것이거니와 천인일치를 지향하는 논리도 근대과학의 정신과는 거리가 있다. 이와 관련하여 잠깐 정약용을 거론해본다. 정약용은 기를 매개로 한 천인의 논리를 철저히 부정하였다. 그 대신 '천'은 오직 신앙의 대상으로만 포착한 것이다. 유교 경전에 나오는 상제(上帝) 개념을 부활시킴으로써 기독교적인 신앙방식을 대체한 꼴이다. 다산학이 경학을 근본으로 구성하게 된 것은 당연하다. 거기서 중요한 점은 '천'을 신앙의 대상으로 확립함으로써 자연현상을 분리시켜 볼 수 있게 된 사실이다. "천은 도덕적 실천의 담보자로서 존립시킨 한편 과학이 개척할 길을 연 것이다."[56] 경학 중심의 다산학의 논리에는 기학이 놓일 자리가 마련되기 어려웠다. 반면 탈종교적인 혜강학은 기학으로 체계화하기에 이른 것이다. 혜강학에서 기학은 과학적 합리성을 바탕으로 하여 종래의 황탄하고 신비론적인 요소는 일체 청산하였다. 기학의 패러다임에서 세계를 해석하고 인류의 장래를 설계할 때 과연 어떤 형상이 그려질 것인가? 주로 서구 문명이 주도한 결과로 초래된 인류적·우주적 재앙에 대해 반성적 사고를 하는 실마리로 삼아 볼 수 있지 않을까. 기학적 논리는 인간과 우주와 자연, 동양과 서양을 아우르는 일통사상에 도달하고 있는 점이 특히 주목되는데 이에 관해서는 후일의 과제로 남겨둔다.

보론 — 동도서기론

이른바 동도서기론(東道西器論)은 서양문명에 압도당한 유교지식인들이 생각해낸 또 하나의 논리다. 정신도덕과 물질기술로 이원화시킨 점

---

56) 임형택, 「19세기 서학(西學)에 대한 경학(經學)의 대응: 정약용과 심대윤의 경우」, 『실사구시의 한국학』, 창작과비평사, 2000, 219~221쪽.

이 그 사고의 특색이다. 유교지식인들은 위정척사(衛正斥邪)로 버티던지 아니면 '동도서기'로 변통을 취하는 편이 첩경이었을 것이다. 동도서기론은 마침 유사한 역사 환경에 처했던 이웃나라들, 즉 중국의 중체서용(中體西用), 일본의 화혼양재(和魂洋才)와도 좋은 대비를 이루어 다른 어떤 대응논리보다도 근자에 논의의 표적이 되고 있다. 동도서기론이 한국역사에서 특히 문제시된 시점은 개항 이후라고 보아 위에서 거론하지 않았지만, 간과할 수 없는 문제로 생각되어 따로 그에 관한 필자의 소견을 정리해서 제시해둔다.

먼저 '동도서기'가 학적 개념으로 성립하게 된 경위를 알아보자. 중국의 중체서용[57]과 달리 동도서기는 출처가 모호한데 학술용어로 등장시킨 것은 한우근(韓㳓劤) 선생의 『한국 개항기의 상업연구』(1970)인 것 같다. 한우근은 윤선학(尹善學)이란 사람의 상소문을 인용한 다음, "요컨대 동양의 도(道)는 고수하고 서양의 기(器=技)는 이를 채용할 것을 강조했던 것이다. 이를테면 '동도서기'라고도 할 수 있는 주장이었다"고 밝혔다. 그런 다음 다시 "이를테면 청의 '중체서용'론이나 일본의 '화혼양재'론이나 그 규(規)를 같이하는 것이라고 할 수 있겠다"고 덧붙였다. 가정법을 구사해서 매우 조심스런 어조로, 그렇지만 확실하게 주장하고 있다. '동도서기'란 역사학자 한우근의 조어라고 봐야 할 것 같다. 물론 날조한 것이 아니고 내용에 적합한 이름을 붙여준 셈이었다.

윤선학이 제언한 요지는 이러하다. 서양의 물질문명은 아무리 강태공

---

57) 『이언』(易言)의 저자 정관응(鄭觀應)의 『성세위언』(盛世危言)에 "중국학은 그 근본이요 서양학은 그 말이다"[中學其本也 西學其末也]라는 말이 보이며, 장지동(張之洞) 같은 양무파(洋務派) 인사들의 글에서 "중국학으로 체를 삼고 서양학으로 용을 삼다"[中學爲體 西學爲用](「勸學篇」) 같은 표현이 드물지 않게 나온다.

이나 제갈공명같이 비상한 인물이 살아나더라도 따라잡을 수 없을 만큼 놀라운 수준이다. 그것을 수용하기 위해서는 변통을 도모해야 한다는 주장이었다. 그런데 "신(臣)이 바꾸고자 하는 것은 기(器)이지 도가 아니다"[是器也 非道也][58]라는 이 발언에 의거해서 한우근은 동도서기란 개념을 표출한 것이다. 여기서 짚고 넘어갈 사실이 있다.

윤선학의 상소문은 1882년 임오군란을 진압한 직후 국왕 고종이 민심 수습책의 일환으로 구언(求言)의 교서를 내렸는데 그에 호응해서 제출된 상소 가운데 하나였다. 이광린(李光麟) 교수의 연구보고에 의하면 당시 100여 명이 상소를 하였는데 그중에 개화사상가도 20명 정도 끼어 있었다는 것이다. 그 개화사상의 내용은 대부분 『이언』을 토대로 하고 있음을 이광린 교수는 지적하고 있다.[59] 『이언』이란 중국의 양무사상(洋務思想)을 담은 저작으로 당시 번역까지 되어서 한국의 개화사상에 적지 않은 영향을 준 사실을 이광린 교수가 밝혀냈다. 윤선학도 『이언』의 논리에 근거하고 있었다. 윤선학은 『이언』을 권도(權道)에 통하고 변통할 줄 아는 자의 '치세요결'(治世要訣)이라고 높이 평가했던 것이다.

『이언』이란 책에는 중국 양무파(洋務派) 인물인 왕도(王韜)의 발문이 실려 있다. 거기에 "형이상은 도이고 형이하는 기(器)다"라는 유명한 『주역』의 구절을 전제해놓고서 "기우생(杞憂生, 『이언』의 저자 鄭觀應의 필명 - 인용자)이 변통하려는 것은 기요, 도가 아니다"라고 천명하였다. 그리하여 "기는 서국에서 취해 쓰고 도는 나의 몸에 적당하도록 할 것이다"[器則取諸西國, 道則備自當躬]라고 거듭 강조하고 있다. 이 논리는 개

---

58) 『承政院日記』光緖 8(高宗 19) 壬午 12월 22일조.

59) 李光麟, 「易言과 韓國의 開化思想」(『韓國開化史研究』全訂版, 1999).

항 이후 부딪힌 현실을 수구보수만으로 타개할 수 없음을 깨달은 조선 유교지식인들의 귀에 쏙 들어왔던 듯하다. 윤선학의 상소문에도 드러나 거니와, 김병욱(金炳昱, 1808~85)의 「난언」(難言)이란 제목의 글에서 더욱 뚜렷이 읽을 수 있다.[60]

김병욱이란 인물은 광무기(光武期) 양전감리(良田監理)로 활동했던 김성규의 부친이고 신문학운동에서 극작가로 역할이 컸던 김우진(金佑鎭)의 조부다. 「난언」은 임오군란이 일어난 그 해에 쓰인 것이다. 이 글은 『이언』을 읽은 소회를 적은 것으로 『이언』이 하기 어려운 말을 능히 하였다 하여 붙인 제목이 「난언」이다. "가장 말하기 어려운 바를 능히 말하였으니 곧 기는 서국(西國)의 법을 쓰고 도는 공자의 교리를 지키자는 것이다"(「難言」, 『磊棲集』 권6). 이렇듯 조선의 개항기 유교지식인들의 동도서기론은 『이언』의 변통논리를 수용한 것으로 볼 수 있겠다.

그런데 이 논리의 특징은 서학을 종교 신앙과 과학기술로 분리해서 대응책을 모색한 데 있다. 개항기의 앞 단계에서 '격치(格致)의 실사구시'를 강구했던 남병철은 서양의 수학·천문학을 두고서 "천에 측험(測驗)이 되는지 여부만 따질 일이요, 화이(華夷)는 논하지 않는 것이 옳다"는 견해를 개진한 바 있다. 수학·천문 등 과학의 영역은 이념과 분리해서 자연 자체의 규율을 따져야 한다는 생각이다. 서양의 과학 기술을 수용해야 할 필요성을 통감한 나머지 존화양이(尊華攘夷)라는 이념적 장애물을 제거하기 위한 의도의 논리다. 말하자면 정신적 '해방구'를 설정

---

60) 김병욱이란 인물의 사상에 대해서 김용섭(金容燮) 선생이 「광무개혁기(光武改革期) 김성규(金成圭)의 사회경제론」(『한국 근대 농업사연구』, 일조각, 1975)에서 거론한 바 있으며, 특히 동도서기에 관해서는 노대환, 「19세기 동도서기론 형성과정연구」(서울대 박사학위논문, 1999)가 있다. 김병욱의 저술로는 『뇌서집』 6권 2책이 전한다.

한 셈이다. 이 사고의 논리를 동도서기론적이라고 하겠다.

필자는 앞서 언급했던 「실사구시의 학적 전통과 개화사상」이란 논제의 글에서 개항 이후 변혁이 피할 수 없는 대세로 밀려든 어려운 상황에서 '격치의 실사구시'로부터 '개화의 실사구시'로 전환이 이루어진 것으로 파악하였다. 「난언」의 저자도 동도서기적 방식으로 부국책을 추진하되 어디까지나 실사구시에 입각해야 함을 역설하고 있다. 요컨대 개화사상의 연원은 실사구시의 학적 전통에 있거니와, 동도서기론은 그중의 한 흐름이라 할 것이다. 동도서기론의 대표적인 인물로는 김윤식(金允植)을 꼽을 수 있는데 그는 곧 박규수의 제자다.

도와 기는 고래의 동양적 사유에서 대립 개념이다. 체용(體用)이나 본말(本末)과 의미구조가 동일한 것이므로, 동도서기와 중체서용은 다 같은 패러다임이다. "문(文)이란 관도지기(貫道之器)"라고 규정한 논법의 경우 도는 내용에, 기는 형식에 해당시켜 볼 수 있다. 도와 기, 양자는 서로 같지 않으면서도 분리될 수 없다고 설명하는 것이 일반이론이다. 이러한 원칙에 준거해볼 때 도와 기로 양분시킨 방식은 논리적 괴리를 범한 셈이다. 위정척사의 논리가 원칙에 철저하여 타협의 여지를 전혀 남겨놓지 않은 반면, 동도서기론은 현실에 절충을 꾀한 것이었다. 여기서 절대당위로 지켜야 할 '동도'는 유교의 도를 가리키는 것임이 물론이다.

중국 근대 변법유신(變法維新)의 사상가 담사동(譚嗣同, 1865~98)은 "도가 용(用)이요 기는 체(體)다"라고 하여 체용론의 틀을 완전히 뒤집어놓았다. 전통적인 사유구조의 틀을 혁파한 것이다. "도는 성인이 홀로 독차지하는 것이 아니며, 더욱 중국만이 사유(私有)하고 있는 것이 아니다. 다만 성인이라야 기(器)에서 공능을 전부 발휘할 수 있기 때문에 성인에게 귀속이 되는 것이다"라고 담사동은 주장한 다음, "저 바다 밖의 사람들이라고 달성할 수 없는 것이 아니거늘 도를 중국의 사유(私有)로 삼는 것은 옳지 않다"(「報貝元徵書」)고 천명하였다. 담사동에 이르러 드디어 도기(道器) - 체용(體用)의 사유구조가 전도되면서 중국 중심적 도 개념의 해체를 감행한 것이다. 실로 철학적 개변이라 하겠다.

한편 성리학적 논리에서 형이상의 도는 이(理)에, 형이하의 기는 기(氣)에 연계되기 마련이다. 시험 삼아 동도서기론을 이기에 결부시켜 논하자면 이(理)의 질서를 수호하면서 기(氣)의 차원에서 서양의 과학기술을 수용하는 방식이라고 설명할 수 있다. 본디 기(氣)를 배격한 위정척사의 논리에서 동도서기는 이론적으로 용인할 수 없는 것이다. 반면 기학으로 학문체계를 세운 최한기의 경우 이(理)는 처음부터 '기(氣)의 이(理)'고 도는 형이상적 굴레를 파탈한 개념이었다. 기학에서 도기(道器)의 대립개념은 당초에 성립할 수 없으니 최한기와 담사동 사이에 이론적 친연성을 짚어볼 수 있지 않은가 한다.

동도서기론은 서구 주도의 근대세계로 진입하면서 문명적 충격, 군사적 위협에 반응하여 형성된 사상조류 가운데 하나다. 유교를 유일한 교리로 신봉하던 조선의 지식인들은 강경한 태도를 고수하면 응당 위정척사의 논리로 버티겠거니와, 현실을 고려하게 되면 동도서기로 절충을 시도하는 것이 첩경이었다. 정약용이나 최한기는 서양에 대해 서로 방향은 다르지만 양분법적 단순 논리를 넘어서 사고하고 학문하였다. 근래에 와서 동도서기론은 그 실체와 논리적 특성에 비추어 과대하게 인식되는 것 같다. 문제는 동도서기론의 부풀려진 몸집에 좀더 의미 있는 다른 사상 조류가 가려지는 점이며, 더 큰 문제는 동도서기론을 부실하게 과장하고 되살리려는 오늘의 이런저런 정신현상이다.

▪『대동문화연구』38, 2001

정약용의 경학과 최한기의 기학
-동서의 학적 만남의 두 길

1. 19세기의 다산과 혜강

1803년 혜강(惠岡) 최한기(崔漢綺)가 탄생한 때 다산(茶山) 정약용(丁若鏞)은 유배지 강진에서 학문 연구에 몰두하고 있었다. 다산이 귀양살이의 외로움과 괴로움을 인내하며 이룩한 학문의 거대한 체계는, "육경(六經) 사서(四書)에 대한 연구로 수기(修己)를 삼고 일표이서(一表 二書)로 천하국가를 위한다"고 스스로 표명하였듯, 경학(經學)이 중심을 이루고 있다.

1836년 다산이 75세로 생을 마친 그 해에 혜강은 34세의 청년으로 중국의 북경에서 『신기통』(神氣通)과 『추측록』(推測錄)을 발간하여 자기 학문의 방향을 정립하였다. 그리하여 혜강은 75세로 1877년(개항 이듬해) 세상을 떠날 때까지 끊임없이 저술을 하는데 『기학』(氣學)과 『인정』(人政)이 그의 주저로 손꼽힌다. 다산학의 체계는 '수신'이라는 도덕적 주체 확립과 '치국평천하'라는 주체의 정치적 실천으로 짜여 있다. 이 다산학의 구도를 혜강학에 적용시켜보면 『기학』은 주체의 확립, 『인정』은 주체의 정치적 실천에 해당하는 셈이다. 하지만 혜강학의 체계는 유학적 패러다임으로 구획하기 어렵다. 차라리 혜강학은 그 전체로서 '기학'이라 일컫는 편이 타당할 것이다.

다산과 혜강은 19세기 한국이 낳은 위대한 학자다. 때마침 밀어닥친 서세(西勢)·서학(西學)에 대한 선각적 지식인의 학적 대응의 결과로서 한편은 경학을, 다른 한편은 기학을 성취했다고 보는 것이 이 글의 관점이다. 그래서 '동서의 학적 만남의 두 길'이라는 부제를 붙이게 되었다.

필자가 지금 다산의 경학이건 혜강의 기학이건 오로지 서세·서학(종교와 학술을 포괄한 개념)에 대응하기 위해서 구축된 것으로 단정하거나 양자의 의미를 그 방향으로 한정시키려는 의도를 가지고 있는 것은 물론 아니다. 한국의 학술 문화의 발전 과정상에서 파악하는 것이 당연한데 기본적으로 당시 사회 내부에서 발생한 여러 문제와 관련해서 고찰해야 할 것임은 말할 나위 없다. 다만 우리의 관심을 안에만 두지 말고 밖으로 돌릴 필요가 있다고 본다.

우리가 경험한 '근대'는 서구 주도로 전개되어 오늘에 이르렀다. '서세'의 측면이 결정적 요인으로 작동해왔다고 해도 지나친 말은 아닐 듯싶다. 그것은 부인하기 어려운 객관적 사실이었을 뿐 아니라 오늘의 현실도 그렇지 않은가. 무릇 인식론상에서 '안'과 '밖'은 아울러 살피지 않으면 안 되는 양면이지만, 바야흐로 밀어닥친 서세·서학에 어떻게 대응했던가 하는 측면에 대해 주시할 필요가 있다는 생각이다.

그런데 19세기 한국이 서세·서학에 대해 국가적으로 취한 태도로 말하면 다산이 제기한 '경학적 논리'와도, 혜강이 제기한 '기학적 논리'와도 무관한 방향이었다. 체제 측은 '서교'에 대해서는 금압으로, '서세'의 진출에 대해서는 쇄국으로 일관하였음은 잘 알려진 사실이다. 천주교를 이단적 사교로 규정한 나머지 '벽위(闢衛)의 논리'를 세운 것이다. 그래서 천주교도에 대한 사법적 처리를 '사옥'(邪獄)으로 일컬었는데 19세기는 신유사옥으로 시작되었다. 이 신유사옥에 다산도 연루되어 18년 동안 귀양살이를 한 것이다. 물론 서세를 추종하고 서교를 수용한 인간 현실이 있었기 때문에 '벽위의 논리'가 성립하였다. 종교 신앙을 바꾸었다는 점에서 '개종의 논리'라고도 부를 수 있겠다. '개종의 논리'가 밑에서 퍼져가고 밖으로 힘을 얻게 된, 그야말로 정체성의 위기상황에서 '벽위의 논리'는 맹위를 떨칠 수 있었다. 동서가 만난 역사적 시점에서 조선은 표면적으로 보면 상반되는 양극단의 논리가 부딪쳐서 부질없이 분란만 일으킨 꼴이다.

17세기 이래 신학풍으로 발흥한 실학 자체가 밖의 측면을 중시해서 보면 서세동점(西勢東漸)이란 세계사적 조류에 대한 주체적 대응의 방법론이라고 규정할 수 있다. 실학의 세계사적 의미는 다른 어디보다도 여기서 찾아야 할 것이다. 지금 거론하는 다산 경학과 혜강 기학은 곧 사상적 대응의 구체적 증거로 해석할 수 있다. 이 양자의 대응논리는 배타적·폐쇄적인 '벽위의 논리'와 달리 개혁·개방의 자세이고, 문화적·정신적 중심이 흔들리지 않고 있다는 점에서 '개종의 논리'와 구별되는 방법론이다.

19세기 '동서의 학적 만남'으로 이루어진 선구적 두 길, 즉 다산 경학과 혜강 기학은 학적 사고의 입각점이 판이하며, 논리의 틀도 서로 같지 않다. 다산 경학이나 혜강 기학이나 각기 엄청난 분량의 저술로 구축되어 있다. 서로 다른 위대한 두 정신세계를 한 편의 글로 해명한다는 것은 불가능한 일이다. 이 글에서는 먼저 다산과 혜강의 학적 사고의 입각점을 달리하고 있는 데 착안하여 양자의 이론적 근거의 차이를 살피면서 혜강기학의 사상이 지향한 곳을 부각시켜 보고자 한다.

2. 다산과 혜강의 천관(天觀), 양자의 다름과 그 의미

혜강은 학문론에 해당하는 발언을 곧잘 하였는데 "학문이 사무(事務)에 있으면 실(實)학문이 되고 사무에 있지 않으면 허(虛)학문이 된다"(『承順事務』)고 주장한다. 여기서 '사무'란 지금 쓰이는 사무란 말과 전혀 다른 것은 아니지만 확장된 의미로서 인간사회에 필요한 일체를 일컬어 '인생사무'(人生事務)라 하고 있다. 요는 기학의 실천적 방향으로서 혜강학의 요긴한 개념이다. 학문은 오직 사무와 관련해서 '실학문', 즉 '실학'이 된다는 주장을 하고 있다. 우리가 혜강학을 실학으로 규정지을 수 있는 단적인 증거라고 하겠다.

다산의 경우 도(道)를 규정하여 "여기서부터 저기에 이르는 길"[自此之彼之路](『中庸自箴』)이라고 하였다. 도란 선험적인 당위의 도리가 아닌, '죽음에 이르도록 스스로 밟아감'으로써 이루어지는 실천의 길인 것이다. 다산학의 도(道)는 혜강학의 사무와 '실천적'이라는 면에서 상통하고 있다고 하겠다. 다산학과 혜강학의 성격은 실학으로서의 공통점을 가지고 있다. 그럼에도 양자는 이론 구성의 틀이 벌써 다르다. 상호간의 패러다임의 차이는 무엇보다도 천관(天觀)에서 비롯된 것으로 생각된다.

다산의 천관은, 학계에서 공인하듯, 전지전능의 인격신적 존재로서 상제를 떠올린 것이다. "천지에 귀신이 환히 펼쳐 있고 삼삼이 늘어서 있는데 지존지대한 존재는 곧 상제입니다"(『中庸講義』)라고 그는 천명하고 있다. 천지의 사이에서 최고의 신격인 천=상제(上帝)는 우리 인간들을 내려다보고 감시하는 '강감'(降監), 잘못을 다스리는 '위벌'(威罰)의 권능을 행사하고 계시는 것으로 생각한다. 이 천관에 의거해서 다산은 그의 독특한 신독론(愼獨論)을 펴게 된다. '신독'이란 남의 시선에 뜨이

278

거나 세상에 알려지지 않을 은밀한 상태에서 처신과 행동을 조심하라는 유교적 수양론의 핵심 개념이다. '신독'의 해석에서 초점은 아무도 보지 않고 들킬 염려도 없는데 무엇 때문에 조심조심해야 하느냐는 것이다. 이 의문점에 대한 다산의 해답은, 요컨대 세상의 눈은 피할 수 있다 하더라도, '하느님'의 감시망을 벗어날 수는 없기 때문이라는 논법이다. "군자가 어두운 방 가운데서도 전전율률(戰戰慄慄)하여 감히 악을 행하지 못하는 이유는 상제가 내 앞에 다다라 있는 줄 알기 때문이다"(『중용자잠』).

이러한 다산의 신독론은 주자의 해석과 엄중하게 배치된다. 주자는 인간 내면에 암세포처럼 잠복해 있는 '악의 요소'를 미연에 제거하는 자기억제책으로 '신독'을 설명한 것이다. '악의 요소'란 다름 아닌 '인욕'이다. 인간은 본연의 착한 마음을 타고났지만 기질적인 인욕이 악을 키울 개연성을 다분히 갖고 있으므로 남의 눈에 뜨이지 않는 은미한 상태에서 미리 스스로 절제토록 하는 것이 꼭 필요한데 그 방법론이 다름 아닌 '신독'이다. 주자에 있어서 신독의 논리는 처음부터 인욕을 자제하고 천리(天理)=성(性)을 준수하여 잠시라도 도(당위의 도리)를 위배하지 않도록 하는 거기에 주안점을 둔다. 이러한 신독의 논리에는 '강감의 천'이 끼어들 여지조차 없다. 주자의 신독론은 성리학적 패러다임에 의거한 것임이 물론이다.

반면 '강감의 천'을 영입한 다산의 논리는 그와 다른 패러다임이다. '인격신적 주재자'를 상정한 다산의 천관은 유교의 경전에 근거하고 있음도 두루 지적된 사실이다. 즉 고대의 경전에서 다산은 성리학의 이(理)로 가려진 천(天)의 원형을 재발견한 셈이다. 그리하여 신독의 의미가 새롭게 해석되고 '실천적 도'가 밝혀질 수 있었다. 다산에 있어서 '탈

성리학'의 귀결처는 경학의 세계였다고 하겠다.

'하늘을 섬기'[事天]는 대상으로 생각하는 점에 있어서는 혜강도 다산과 마찬가지다. 그러나 천관 자체는 같지 않다. 혜강은 다산이 영입한 '전지전능의 인격신적 존재'를 인정하지 않고 있다. "활동운화(活動運化)가 신이 됨을 알지 못하고 문득 천지에 지극한 신의 조화가 있다고 운운하다니 이는 기(氣)에 우선하여 신이 있다는 뜻이다"라고 여지없이 공박하였다. 혜강은 신이란 다른 무엇이 아니고 '운화의 권능'을 가리키므로 "운화의 기가 곧 신이다"(『기학』)라고 확신한 것이다. 다산의 경우 절대적인 보편자로서의 이(理)를 추방한 빈자리에 인격신적인 천(天)을 모셔왔다면 혜강에 이르러는 인격신적인 천(天)까지 싸잡아 부정해버린 대신 기(氣)에다 모든 권능을 부여하고 있다. 무신론이다. 아니면 창조주로서의 신을 부인한 나머지 자연 자체를 신으로 간주한 스피노자의 철학과 통한다고 하겠다.

혜강의 경우 다산처럼 먼 옛날의 경전의 권위에 의존할 필요가 사라진 것이다. "오늘의 귀와 눈으로 보고들은 바와 행동으로 실천한 바로서 기초와 표준을 세우지 않는다면 닿는 곳마다 들뜨고 학문에 있어서도 몽매하게 될 것이다"(『기학』)라고 회고의 늪에서 빠져나올 것을 종용했던 혜강으로서는 경전의 구절에 집착할 이유가 없어졌으며, 성인의 권위로부터 자유롭게 되었다.

성인을 배우는 것은 운화(運化)를 배우느니만 못하다. 성인은 본디 천(天)의 운화를 배워서 도학을 이루고 천민(天民)에게 교화를 베풀었다. [……] 후세에 성인을 배우려는 자들은 단지 성인의 동정시위(動靜施爲)만을 배우고 그들의 운화승순(運化承順)은 배우려 하지 않는다.

[……] 경문(經文)의 해석에 천착하고 지리한 고증작업으로 말류의 폐단은 천도를 해치고 성학을 위배하는 데 이르렀다.
- 『인정』, 「용인·사운화」(用人·師運化)

중국과 한국의 중세 사회는, 주지하듯 사고와 행동의 기초와 표준을 성인의 경전에서 끌어왔다. 다산도 새로운 사고의 논리를 펼치면서도 그 근거를 아무쪼록 경전에서 마련하려고 하였다. 그렇기 때문에 다산은 그토록 필생의 노력을 경전 해석에 바친 것이다. 반면 혜강은 눈앞에 펼쳐지는 인간의 경험과 인식 바로 여기에다 기초와 표준을 잡아야 할 것으로 확신하게 된다. 혜강의 눈으로 보면 경학은 회고적 천착이요 지리멸렬한 작업에 다름 아니었다. 드디어는 "성인을 배우는 것은 운화를 배우느니만 못하다"고 선언을 하게 된 것이다. 하지만 성인을 추방하지 않고 포섭하는 방식을 취한다. 본원적으로 성인이란 "천(天)의 운화를 배워서 도학을 이루고 천민에게 교화를 베"푸는 그런 존재로 규정된다. 기학적 성인상이라고 하겠다. 그런데 천지의 운화는 고금의 차이가 별로 없지만 운화를 인식하고 활용하는 인간의 능력은 시대의 진행과 함께 날로 발전하고 있다고 혜강은 보고 있으므로 회고적 권위를 갖는 성인상은 성립할 수 없다.

다산의 학문의 길은 탈성리학으로 나가서 경학으로 중심을 잡은 반면, 혜강은 성리학을 해체하고 탈경학으로까지 나가서 기학의 신경지를 열었다. 다산 경학에는 '강감의 천'이 있었고 혜강 기학에는 '운화의 천'이 있었다. '강감의 천'을 사고해서 경학을 중심으로 잡은 다산학과 '운화의 천'을 사고해서 기학이란 신경지를 열은 혜강학은 기본적 틀이 서로 다른 만큼 서로 다르게 전개될 수밖에 없었다고 보아야 할 것이다.

따지고 보면 천관은 천의 문제가 아니고 인간의 문제다. '강감의 천'을 사고한 다산의 경우 인간은 선(善)을 좋아하는 품성을 지니고 있긴 하지만 행위하는 인간 앞에는 선과 악의 두 갈래 길이 놓여 있다고 본다. 인간의 행위는 '자주지권'(自主之權)에 속하므로 여기서 자율적 인간을 만날 수 있다. 그런데 악으로 가는 길은 내리막처럼 빠져들기 쉬운 반면 선으로 가는 길은 오르막처럼 쉽지 않다는 것이다. 곧 인간의 형세다. 이 점을 유의한 다산은 자율적 인간 앞에 감시자로서 '강감의 천'을 모셔 와서 실천 주체의 도덕적 확립을 의도한 것이다.

　'운화의 천'을 사고한 혜강학=기학에서는 이와 전혀 다른 인간을 만나게 된다. 앞의 인용문에서 "천민에게 교화를 베풀었다"는 대목이 있었는데 그냥 지나쳤다. 천민은 바로 기학적 인간 개념이 아닌가 한다. 혜강의 기학적 인간론은 정치학으로 직결되어 또 하나의 만만치 않은 과제인데 다음 장에서 간략하게나마 언급하려고 한다.

　다산과 혜강은 서양과 학적 만남의 길이 서로 달랐거니와, 양자의 다른 길은 천관에서 비롯되었다고 말할 수 있다. 다산의 천은 기독교의 천주 개념과 그대로 통함을 대체로 느끼게 될 것이다. 천이란 존재는 최고 유일의 보편자에 속하므로 천에 대해 서로 다른 세계에서 서로 유사한 관념이 얼마든지 형성될 수 있다. 유가 경전에 나오는 천은 그런 가운데 하나다. 다산은 한때 서교에 비상한 관심을 가지고 신앙심까지 내면에서 일어났음을 스스로 고백한 바 있다. 그리고 서학에 대한 신앙심을 방기했다는 것도 그 스스로 고백한 바이며, 황사영(黃嗣永) 백서(帛書)에서도 이 사실을 분명히 증언하고 있다. 다산은 서양과의 종교적 만남을 내면화해서 보편자 천을 유가의 경전에서 발견한 셈이다. 앞서 주자가 불교의 형이상학을 유학에 용해시켜서 성리학을 이론화한 것과 경우는 다르지만 상통하는 방식이라 하겠다.

다산에 있어서 서양과의 종교적 만남이 경학으로 선회한 때문에 개방적 논리를 끌어내기는 어렵게 되었다고 일단 보아야 할 것이다. 다산의 천관이 "천을 도덕적 실천의 담보자로 존립시킨 한편에 과학이 개척할 길을 연 것이다"라고 평가할 수 있으나 이는 논리적 가능성으로 그치고 말았다. 반면 혜강의 기학적 사고의 논리는 밖을 향해 무한히 개방적일 수 있었다. 동서가 만나고 통하게 된 근대적 세계의 입구에서 혜강은 전 지구적 일통을 제기한 것이다. 혜강 기학의 사상적 정점이다.

3. 혜강의 기학적 사상의 전개

혜강은 학문 연구를 통한 저술이 갖는 의미를 태양이 떠올라 세상을 밝게 비추는 현상에 비유하고 있다. 그 스스로 학문이 추구해야 할 원대한 목적지로서, 지구상의 모든 나라가 하나로 어울리는 '만국일통', 온 누리에 평화가 깃드는 '우내녕정'(宇內寧靖)을 잡은 때문에 저술의 의미를 그토록 대단하게 생각한 것이다. 그가 구상한 일통론은 기존의 중화주의적 대일통(大一統)의 개념을 대폭 개편한, 동서가 만난 시대에 당해서 인류가 지향해야 할 세계관으로 제시한 것이라는 평가를 내릴 수 있으리라고 본다.

혜강의 일통론은 대단히 경이롭다. 그렇기에 현실의 비약이요 황당하다는 인상마저 들기도 하는 것이다. 하지만 그 자신의 기학적 사고의 논리를 따라가면 도달하게 되는, 말하자면 기학의 이론적 귀착지다. 필자는 최근에 「개항기 유교지식인의 '근대' 대응논리」로서 혜강의 기학을 중점적으로 분석하고, 이어서 「혜강 최한기의 시간관과 일통사상」이라는 제목의 소고를 발표한 바 있다. 필자로서는 혜강의 기학과 그 기학에서 일통사상이 도출된 문제를 굳이 재론할 것은 없게 되었다. 지금 여기서는 일통론을 제기한 혜강 자신의 사상적 배경과 그 실현 가능성에 초점을 맞춰 논의할 생각이다.

'전 지구적 일통'은 오늘의 '세계화'라는 시대상황에서도 시각에 들어오기 어려운 과제다. ('세계화'는 일통의 실현에 순기능을 할 수 있겠지만 지금의 '세계화'는 역기능으로 치우쳐 작동하고 있는 것으로 보인다.) 그런데 19세기 당시 제국주의 서구의 전 지구적 진출은 전 지구적 식민화를 초래하였으며, 크고 작은 전쟁으로 지구촌은 평온한 날이 없었다. 더구나 한반도를 포함한 동아시아 지역은 서구의 진출이 침탈의 위기로 이어지는 상황이 아니었던가. 그럼에도 그는 어떻게 동서의 만남을 긍정적으로 전망하고 전 지구적 화합을 구상한 그림을 거대하게 그려낼 수 있었을까?

혜강의 일통사상은 당시 세계상황에 대한 무지에서 온 낙관론에 불과한 것으로 치부되기 쉽다. 혜강 자신이 서세·서교의 이면에 숨어 있는 제국주의적 속성에 대한 이해가 부족했음에 틀림없다. 그러나 '만국일통'을 역설하고 있는 그의 글을 가만히 뜯어보면 안이하게 낙관하고 있지 않다는 점을 알아차릴 수 있다.

이 단원의 서두에서 혜강이 학문 저술의 의미를 대단하게 생각하였음을 거론했는데 곧 사(士)의 주체적 각성 그것이다. 사의 존재의의는 오직 저술에 있었다. 그는 "작위(爵位)를 얻고 못 얻고를 염두에 둘 것이 없으며, 도가 행해지도록 밝히는 것으로 자기 임무를 삼아 저서를 후세에 남겨 천하 사람이 취해 쓸 날을 기다려야 한다"(『明南樓隨錄』, 「士之德業條」)고 하였다. 그날이 언제인가? 저서하는 뜻은 후세에 행해지기를 기다림이니 "어찌 꼭 조만간 자신의 몸과 눈으로 확인하기에 마음이 매

284

달려 있으랴"(위의 책, 「運化政敎條」)고 느긋하게 생각하도록 주의를 주고 있다. 그날은 가까운 시간표가 아닌 것 같다. "매양 십년 백년의 조급한 마음으로 정교(政敎)가 하나로 돌아가지 못한다고 다들 늘 걱정하고 있다"(위의 책, 「地面各國條」). 그는 백년 단위를 조급한 기다림으로 보고 있는 것이다. '만국일통'은 그의 사고의 논리에서 사뭇 긴 시간표상에 놓여 있다. 그렇긴 하지만 '만국일통'이 불확실하거나 불가능한 미래는 아니었다. 인간의 시간표는 '만국일통'으로 가기 마련이라는 확실한 전망을 그는 하고 있었다.

혜강이 구상한 '만국일통' '우내녕정'은 장밋빛 환상이 아니지만 그 가능성을 목전에 두고 있는 것도 아니었다. 다만 동서가 교통하는 세계 상황을 긍정적으로 바라보고 적극적으로 대응하려 한 점이 그의 독특한 사고방식이다. 이런 사고방식은 그 자신의 상업유통을 중시하는 관점과 직결되어 있는 것으로 보인다.

상업유통에 기반한 사고의 논리

물론 혜강이 농업을 경시하고 있는 것은 아니다. "대개 국가는 농민이 없으면 될 수 없다"(『人政』, 「用人·農」). 이렇듯 농본적 사고를 유지하면서도 사·농·공·상을 골고루 생각한 데서 특이한 면이 드러난다. 그는 논하기를 "사·농·공·상은 인민의 업(業)으로 네 가지 구분이 있지만 정교(政敎)에 있어서는 한 가지로 보아서 차등을 둘 수 없다"(『承順事務』, 「十餘條事務」) 하였으니, 사·농·공·상을 신분 등급이 아닌 사회적 분업으로 인식한 것임이 분명하다. 이 점은 당시 통념과는 다르지만 실학파 학자들의 관점과 대체로 합치한다. 그리고 사의 임무를 "농·공·상의 방략(方略)을 지도"하는 데 둔 것은 특히 박지원과 통하는 생각이다. 요컨대 상공업의 중요성을 강조한 점에서 실학파 일반과 혜강은 다르지 않다. 그런데 상공업의 중요성을 주장함에 있어 중국 모델이 아닌 서양 모델로 눈을 돌린 점에서는 다름이 뚜렷하다.

"서양 국가들은 상공인들이 사공(事功)을 이룬 것으로 존경을 받고 영예를 누리게 되기 때문에 상공인들이 정력을 다 바쳐서 수립한 바가 큰 데 반해 중국은 상공인을 비천하게 대하기 때문에 상공업은 볼 만한 것이 없고 대체로 먹고사는 수단으로 여기는 무리들이 많다"(위의 글). 종래 실학파 학자들이 제시한 개혁 개방의 모델은 중국이었는데 혜강의 경우 중국을 도리어 반면교사로 삼고 서양으로 향한 것이다. 그 이유는 다름 아닌 상업유통의 중요성에 착안한 때문이다. 농본상말(農本商末)이라는 전통적 관념으로부터 이탈하여 사고의 중심이 상업유통으로 다가가 있다.

혜강은 상업의 중요성을 특히 해외 교역에서 발견한 것이다. 전 지구적으로 무역이 행해지는 현상 자체를 긍정적으로 인식한 것이다. "천하 물산이 만국으로 두루 통하게 됨에 따라, 교역에 있어서는 이해로 따져지며, 견문에 있어서는 경험이 더욱 넓혀진다"(『인정』, 「用人·商」). 해운을 통한 물화 유통이 수운(水運)보다 훨씬 많은 이득을 창출할 수 있음을 그는 일찍이 간파했던 터에 국제 교역이 갖는 경제적 이해를 말한 것은 당연하다 하겠다. 그런데 거기서 그치지 않고 교류를 통한 지식의 확대에 착안한 점이 주목되는 것이다. 동서가 열림으로써 지식의 교류가 이루어지고 있는 사실을 그는 여기저기서 기회 있을 때마다 긍정적으로 평가했던 터였다.

일국을 정치하는 자는 국내로 통상이 이루어지도록 해야 할 것이지만 천하의 치평(治平)을 도모하는 자는 천하의 상인과 접촉해서 자부(資斧, 행객이 소지한 짐)를 손대지 말 일이요 인정을 막지 말 일이다. 이로 인해서 소식이 통하고 이로 인해서 교화가 바로잡힐 것이다.

　•『인정』,「용인·상」

위에서 강조한 '천하의 치평'은 만국일통·우내녕정이라는 대경륜을 성취하는 과정상의 문제라 하겠으며, '교화의 바로잡힘'은 혜강의 정치학인 인정(人政)의 목표다. 혜강이 기획한 전 지구적 프로젝트는 해외통상·국제교류를 전제로 하며, 그 방법을 통해서 성취할 수 있는 것으로 생각한 것이다. 일통사상 자체를 상업유통에 기반을 둔 사고로 볼 수 있다.

혜강은 해상에 출몰하는 선박의 부정적 측면에 대해 눈을 꼭 감고 있었던 것은 아니었다. 그는 "천하를 주유(周遊)하는 상인은 국량(局量)이며 배포가 행상이나 점포를 벌이고 앉아 있는 자와는 다르다"고 이르면서 "또는 천하의 선도(善道)를 수합 채취하는 자도 있고 병선(兵船)을 이끌고 침략을 일삼는 자도 있다"(위의 글)고 한다. 서세의 무력적 측면을 언급한 것이다. 그러면서도 이 무력침략의 측면에 대해서는 가볍게 본다. 그는 한 사람이 불량한 것으로 온 나라를 불량국가로 규정한다면 말이 안 되듯 서양 제국(諸國)을 싸잡아서 불량국가로 단정하면 좁은 소견이라고 지적하였다. 19세기 당시 전 지구를 누비고 다니던 서양 제국주의의 실상과는 거리가 먼 판단을 했다고 보아야 할 것이다. 이런 까닭으로 근대 서구의 제국주의적 본성에 대해 혜강은 이해가 부족했던 것으로 보았다.

혜강은 서울에서 낳고 자라서 일생을 마쳤는데 본디 개성 사람이다.

조선조 사회에서 일종의 상업 특구였던 개성이 혜강의 출신 배경이다. 필자는 이 점에 유의하여 혜강의 독특한 사상을 그의 출신 배경과 관련지어서 설명해보려고 한 바 있다. 그러면서도 "한 사상가를 그의 출신 배경에 지나치게 천착해서 이해하고 싶지 않다"[1]고 한발 물러서는 태도를 취했었다. 지금 필자는 이 문제를 다시 거론하면서 혜강 특유의 일통사상의 배경을 상업유통에 더 접근시켜본 셈이다.

다산과 혜강은 사고의 논리가 확연히 구분된다. 농본적 사고의 틀에서 벗어나지 못했던 다산은 해외통상을 혜강처럼 적극적으로 사고하지 못했다. 혜강은 상업유통적 사고에 의해서 동서가 열린 시대를 낙관하여 일통론을 구상하게 되었다고 말할 수 있다. 그는 요즘으로 말하자면 세계화론자다.

기학적 인간관

혜강의 상업유통을 중시한 데서 착상된 사고의 논리는 실로 21세기 오늘의 세계상황에서도 놀랍게 여겨지는 바가 있다고 하겠거니와, 그의 사고의 저변에 깔린 또 하나의 주목해야 할 점이 있다. 혜강이 학문연구를 통한 '저술 공덕'을 더없이 위대하게 상정한 그 자체가 계몽이성의 효용치를 극대화한 것이다. 동서가 열린 시대를 낙관한 것도 시간의 진행을 계몽이성의 발전으로 본 때문이었다. 그런데 계몽이성이 추구한 사고의 논리라고 해서 필연적으로 일통론에 가 닿은 것은 아닐 터이다. 이 점은 혜강 기학의 특수성이다. 앞서 논의 과정에 종종 등장했던 운화(運

---

1) 임형택, 「개항기 유교지식인의 '근대' 대응논리」, 『대동문화연구』 38, 2001; 이 책, 224쪽.

化)는 기학적 개념임이 물론이다. '운화의 하늘' 아래 지상에서 살아가는 인간 존재를 혜강은 어떻게 바라보고 있는지를 보자.

> 각국의 생령(生靈)들이 원근에 두루 퍼져서 천도를 받들어 승순(承順)하여 저마다 생업에 종사하고 있는 것은 이치에 당연하다.
> • 『남명루수록』, 「각국생령조」(各國生靈條)

이처럼 '생령'으로 일컬어진 인간 존재는 천도에 승순하는 것이 당연한 이치이므로 '천민'(天民)이라고도 표현했던 것이다. '천민'이란 하늘로부터 따로 선택받은 인종이라는 그런 선민의식이 아니며, 하늘 아래 살아가는 그야말로 보통 사람들이다. 천지자연의 운화를 벗어날 수 없는 것이 인간이므로 인간의 정치도 '승순 정교'를 주장하게 된 것이다. 그래서 혜강은 '천민'을 '중서'(衆庶) 또는 '민중'이라 지칭하기도 하였다. 그리고 천민으로 생각한 만큼 인간은 보편성으로 인식되고 있다. 혜강에게서 민족이나 국민은 개념으로 잡히지 않는다. 오히려 국경에 제약된 사고는 벗어나야 할 문제점으로 혜강은 지적하게 된다.

> 천하를 논하는 자 하나라면 각기 제 나라만을 위해 논하는 자 열이요 백이다. 그런즉 중과부적으로 졸지에 지식을 다투고 능력을 겨룰 수 없다. 응당 운화가 점차 개명되기를 기다려 다중의 지식이 옮겨가 대도(大道)를 어길 수 없는 줄 알게 되면 자연히 전날의 소규모를 돌려 대범위의 가운데로 전환하게 될 것이다. 세상에 어찌 대도를 듣고서 감흥을 일으키지 않으며, 운화를 보고서 고치지 않을 자 있으랴!
> • 위의 책, 「운화정교조」(運化政敎條)

제 나라만을 위하는 일국주의적 사고를 '소규모'로, 천하를 위하는 만국일통의 사고를 '대범위'로 규정한 것이다. 물론 '소규모'는 '대범위'로 통합, 전환되어야 마땅하지만 인간현실은 절대 다수가 국가본위에 얽매인 상태다. 그럼에도 운화의 개명에 따라 다중의 지식이 열리게 되어서 '대범위', 즉 만국일통이 가능하게 될 것이라고 내다본다. 그야말로 낙관적 전망인데 "세상에 어찌 대도를 듣고서 감흥을 일으키지 않으며, 운화를 보고서 고치지 않을 자 있으랴"고 말한다. 혜강의 낙관은 계몽이성의 발전에 대한 낙관이었다. 그것은 또 그 특유의 인간관에 기초하고 있다.

> 필시 생령 중에는 재주와 국량을 지닌 자들이 있어 일통도평(一統圖平)의 구상은 곳곳에서 일어나고 연년이 진보할 것이다. 각기 저마다 작위(作爲)한 것으로 말하면 필부가 천하를 근심한 데 불과하겠지만 다중의 지모를 취합하면 우내대동(宇內大同)의 막기 어려운 형세를 이루게 될 것이다.
> • 위의 책, 「각국생령조」

혜강은 만국일통의 구상이 곳곳에서 일어나고 연년이 진보하여 마침내 '우내대동'의 막을 수 없는 형세가 조성될 것으로 내다보고 있다. 이 형세는 특별한 지위와 권력을 가진 누구누구에 의해서가 아니요 필부들의 지모가 결집되어 가능하다는 논법이다. 다만 그 필부는 '천하를 근심'하는 필부들임을 유의할 필요가 있겠다.

필자는 이런 혜강의 사고 논리에 주목하여 "일종의 시민운동적 차원으로서 계몽이성의 국제적 연대를 떠올린 것처럼 보인다"[2]고 논평한 바 있다. 만국일통·우내녕정이란 대기획을 그는 막연한 이상론으로 떠올린 것이 아님은 앞서 언급한 바다. 그는 대기획의 실현 가능성을 지금까지 살펴보았듯 기학적 인간관에 두고 있었다. "천하를 경리함에 당해서는 의당 천하의 사람들과 더불어 일통을 도모해야 할 것이다"(『명남루수록』, 「각국생령조」)는 그의 다분히 희망적인 결론을 실현하자면 아무래도 국경을 넘어선 시민운동적 차원이 될 수밖에 다른 길이 없지 않을까 한다.

혜강의 시대에 시민운동은 상정하기 어려운 개념이다. 혜강 자신도 시민운동이라는 말을 써서 제기한 일도 없었음이 물론이다. 하지만 그는 "필부로서 천하를 근심하고 지위가 없으면서 정교(政敎)를 도모하면 혹자는 광인(狂人)이라 이를 것이다"라고 분명히 말했다. '광인'은 세속을 초월한 인간을 뜻한다. 즉 '초인'이다. 이들의 사명은 어디에 있는가? "만약 천하에 가득 찬 필부들이 천하를 위해 한마디 언급도 하지 않으면 누구와 일통도평을 의논할 것이며, 또 '지위 없는 현자·지식인'[無位賢知]들이 정교를 연구해 밝히지 않으면 '지위 있는 자'들이 어느 누구에게 들어서 제대로 할 수 있을 것인가"(위의 글). 바로 이 때문에 "천하를 경리함에 당해서는 천하의 사람들과 더불어 일통을 도모해야 한다"는 주장을 폈던 것이다. 여기서 '지위 없는 현자·지식인'이란 근대적 의미의 인텔리겐치아에 해당하는데, 혜강 자신의 입장으로 간주해도 좋을 것이다. 세속에 매몰되지 않은 보통사람들과 지식인들이 나서서 세계의 하나됨을 위해 힘쓴다면 그것은 곧 시민운동과 같은 모습이 되지 않을까.

---

2) 임형택, 「혜강 최한기의 시간관과 일통사상」, 『창작과비평』 115, 2002; 이 책, 443~444쪽.

4. 다산 경학과 혜강 기학의 평가

이 글은 다산의 경학과 혜강의 기학을 '동서의 학적 만남의 두 길'이라는 관점에서 읽은 것이다.

다산은 경학으로 성리학을 부정하고 이탈하여 자신의 학문체계를 구축하였는데 혜강은 기학으로 성리학을 해체하고 나아가 탈경학의 입장에서 다른 학문체계를 구축하였다. 다 같이 기존의 학적 사고의 논리로부터 전면적 전환이 이루어졌다는 평가를 내릴 수 있으며 실학으로 묶여지는 공통성이 있다. 그럼에도 양자는 패러다임 자체가 서로 다르다. 경학이고 기학이다. 이렇듯 전혀 다른 두 거대한 학문체계의 차이는 '천관'에서 비롯되었다고 보는 것이 필자의 관점이다. 요컨대 '강감의 천'을 사고한 다산은 경학으로, '운화의 천'을 사고한 혜강은 기학으로 경도했다고 판단한 것이다.

경학=다산학은 일견 '경전적 고대로의 복귀'로 비춰질 수 있다. 하지만 '인격신적 주재자'로서의 천(天)의 존재를 발견함으로써 경전의 의미를 다시 해석한 것이 곧 호한한 질량으로 이루어진 다산 경학이다. 그렇기 때문에 다산 경학은 경학사에서 국경을 넘어서 매우 독특한 성과와 성격을 지닌 것으로 여겨진다. 특히 주목할 것은 천(天)을 신앙의 대상으로 파악하고 천리(天理)를 부인함에 따라 우주자연의 이치를 그 자체로 인식할 수 있게 된 점이다. 이에 천(天)을 도덕적 실천의 담보자로서 분립시킨 한편 과학이 나갈 문을 열었다. 다산 경학은 서양학과의 만남을 위한 이론적 준비라는 굉장히 중요한 의미를 내장한 것으로 해석할 소지가 충분히 있다.

기학=혜강학은 동양 고래의 기(氣) 개념에 서양의 근대과학의 성과를 수용한 형태다. 천인합일(天人合一)이란 동양적 사고의 논리에 의거한 것이었다. 이 점에 있어서 혜강학은 다산학에 비해 오히려 동양적 틀에 매어 있으며, 서양의 과학적 사고와 위배되는 것도 같다. 이런 면모는 서양적 잣대로 판정해버리기 쉬운데 그렇게 해서는 바람직하지 않으며, 역시 서양학문과의 만남에서 모색된 하나의 독특한 방식으로 이해해야 할 것이다.

19세기 한국의 걸출한 두 학자가 개척한 '동서의 학적 만남의 상이한 두 길', 즉 다산 경학과 혜강 기학을 어떻게 평가할 것인가? 동서의 역사적 만남의 영향, 그것이 오늘에 미친 결과까지 고려할 때 실로 의미심장한 물음이라 하지 않을 수 없다. 다산 경학은 사고의 논리로 말하면 서구적 과학정신에 통하지만 경학적 중심성이 상고적으로, 중국고대로 기울어질 수밖에 없어 여러 다른 문명과의 상호 회통의 가능성은 비좁게 만든 셈이다. 반면 기학적 사고의 논리는 밖을 향해서 무한히 개방적일 수 있었다. 그래서 동서의 학적 회통이 혜강 기학에서는 원만하게 되었다. 나아가서 기학은 지구적·우주적 차원의 일통이란 인류적 과제를 확실히 제기하기에 이르렀다. 이 글은 이 사실에 주목하여 혜강학의 의의를 평가한 것이다.

혜강은 진정한 의미의 세계화론자라고 말해도 망발은 아닐 듯싶다. 그가 능히 그런 사고를 끌어낼 수 있었던 근거는 다른 어디가 아니라 그 자신의 기학이었다. 그는 인류적·우주적인 공론(公論)과 대도(大道)를 사고하고 역설한 나머지 천하통행의 종지(宗旨)를 세우려 않고 당장 제 나라의 시류에서 숭상하는 바를 들고 오면 천인운화(天人運化)의 대동정교(大同政敎)와는 거리가 멀다고 주장하였다(『명남루수록』, 「中國聖賢條」). 그런 공론과 대도를 세울 방법론은 어디에서 찾았던가? 다른 어디가 아니고 동서의 학적 만남에서 방법론을 안출했으며 상호간의 우성결합을 도모한 취사(取捨)와 변통(變通)으로 잡고 있었다. 이는 분명히 부정·극복의 논리학이 아닌 화해·상생의 논리학이며, 투쟁이 아니요 오직 평화였다.

이제 끝맺음을 대신해서 혜강 기학의 일통사상을 칸트철학의 평화론과 간략히 대비해보는 논의를 붙여둔다. 칸트(Immanuel Kant, 1724~1804)가 세상을 뜨기 한 해 전에 혜강이 출생하였는데 칸트는 자기 생애의 끝자락에서 『영원한 평화를 위하여』라는 문제의 논문을 발표한다. 인간세상에 영원한 평화가 과연 깃들 수 있을까? 그것은 "무덤 속에서나 발견할 수 있을 것"이라고 칸트 스스로도 절망적인 생각을 갖고 있었다. 오히려 그렇기에, 그는 전쟁이 빈발하고 대규모화해가는 유럽적인 근대 상황을 목도하면서 영원한 평화의 가능성을 사색하여 논리적으로 증명한 것이 곧 이 논문이다. 그것은 '철학적 공상'이 아니며, 비록 지난하기는 하지만 그래도 "영원한 평화에 끊임없이 가까워지고 있다"고 실현 가능성을 전망하면서 쓴 것이다.

혜강이 칸트를 읽은 흔적은 아무데도 보이지 않는다. 당시 그에게는 칸트의 저작에 접할 길이 원천적으로 막혀 있었다. 그렇지만 혜강의 평소 발언으로 미루어, 혜강이 만남을 염원했던 서방의 현지(賢知)들 가운데 칸트는 응당 첫 번째로 꼽혀야 하지 않을까. 물론 추정이지만 논리적으로 말하면 틀리지 않을 것이다. 『영원한 평화를 위하여』는 혜강적 동서 만남의 방법론에서 가장 좋은 '취사'의 대상이 아닐 수 없다 하겠다.

칸트의 평화론과 혜강의 일통사상은 맞대보기 어려울 정도로 현격히 다른 것이다. 철학과 기학, 양자는 문화의 뿌리부터 사유의 방식까지 판이해서 사고 유형을 달리하는, 말하자면 문법체계가 상이하였다. 또 각기 처한 상황이 크게 달랐다. 칸트의 영원한 평화를 위한 '철학적 설계도'는 기본 논리가 공화제 국가를 전제하여 국제법에 의한 그 국가들의 연방체제로 짜인 것으로 세계시민의 보편적 우호에 정초하고 있다. 칸트 평화론의 공화제·국제법·세계시민 같은 키워드들이 혜강의 사고의 논리에는 들어올 수 없었다. 따라서 칸트 평화론에 비해 혜강 일통사상은 구체성 내지 근대성을 결여했다는 지적도 가능할 듯싶다. 그럼에도 양자는 계몽이성의 확신으로 인류적 염원을 대변하고 있다는 측면에서 통하는 것이다.

"영원한 평화를 보증해주는 것은 참으로 위대한 예술가인 자연이다"라고, 칸트는 『영원한 평화를 위하여』에서 추가조항을 두어 천명하고 있다.[3) 그는 지구상에서 인류가 누려야 할 평화를 인간이성의 영역에서 설계하였지만 그것만으로는 한계를 느끼고 '참으로 위대한 예술가인 자연'을 보증자로 내세운 것이다. 하느님이 아닌 '자연'을 보증자로 삼은 것은 계몽주의자다운 논법이라 하겠거니와, 여기에 또 혜강과의 사상적 접점이 느껴진다. 그리고 우리로서 흥미로운 것은 칸트는 지구의 표면을 인류에게 공동으로 귀속되는, 따라서 공동의 권리를 갖는 것으로 인식한 점이다. 지구상 어디건 방문객과 원주민 쌍방이 '우호의 권리'를 가지고 있다고 주장한다. 그렇기 때문에 칸트는 "중국과 일본은 그런(약탈·정복 등 비우호적 행위를 일삼는—인용자) 방문객의 형태를 이미 겪은 탓에 현명하게도 그들의 출입을 봉쇄했다"는 판단을 내리기에 이르렀다. 칸트의 이런 발언은 혜강의 논법으로 표현하자면 '무위현지'(無位賢知)의 공론이라 할 것이다. 그러면서도 지구상 여러 민족국가의 학술문화가

---

3) 임마누엘 칸트, 이한구 옮김, 『영원한 평화를 위하여』(*Zum ewigen Frieden. Ein Philosophisher Entwurf*), 서광사, 1992.

소통·화합하는 과제를 칸트의 평화론은 간과하였는데 혜강의 일통사상
은 중요한 사안으로 제기하고 있다.

■『대동문화연구』45, 2004

3

실학을 사상사적으로 다시 읽기

실학의 경제사상과 이용후생론은 한국근대의
정신적 자산으로 의미를 갖는다.
복지가 정치적 의제로 떠오른 오늘의 단계에
당면해서도 '이용'과 '후생'을 항시 연계해서
강구하고 '정덕'까지 아울러 사고했던
실학의 사상을 다시 새겨볼 필요가 있다.

연암의 경제사상과 이용후생론

위의 제목에 나오는 '경제'란 용어의 개념을 짚어보는 것으로 이 글의
첫말을 삼아볼까 한다.

오늘날 경제는 인간이 먹고사는 데 필수적인 재화를 다루는 문제를
지칭하는 말이다. 그러나 이 글에서 탐구의 대상이 된 연암(燕巖) 박지
원(朴趾源, 1737~1805)만 해도 경제의 의미를 '경세제민'(經世濟民)의
준말로 생각했을 것임은 의심할 여지가 없다. 경제라는 두 글자는 고금
이 똑같이 써도 개념 차가 분명하다. 그런데 연암의 '경세제민의 사상'
을 들여다보면 근대적 개념의 경제에 해당하는 내용을 중요시하고 있었
음을 알 수 있다.[1] 즉 경세제민의 방도로 이용후생(利用厚生)을 강구하
고 '유민익국'(裕民益國)을 제창한 것이다. 여기에서 주목하는 것이 그
점이다. 요컨대 연암이 추구한 경세제민은 다른 무엇이 아니고 유민익국
이다. 연암에 있어서 '경세제민의 사상'은 오늘의 경제사상에 다름 아니

---

1) 연암의 아들 박종채(朴宗采)의 기록에 의하면, 연암이 평소에 강구한 학문이 '경제
   실용지사'(經濟實用之事)에 있다고 했는데, 이때 '경제'는 바로 경세제민을 가리키며
   '실용지사'는 이용후생에 해당하는 것이다(박종채, 『過庭錄』 卷3, 「築桂山草堂條」).

라고 말해도 좋을 듯싶다.

대략 이런 취지에서 「연암의 경제사상과 이용후생론」이라고 제목을 붙여보았다. 이 주제는 오늘의 분과학문의 제도 하에서는 사회과학에 속하는 것임이 물론이다. 필자 같은 문학 전공의 인문학도가 범접할 영역이 아니다. 그럼에도 주제넘게 이 주제를 잡은 데는 나름의 뜻이 있다.

근대학문은 연암을 포함한 실학이라는 대상을 놓고서도 문학과 역사와 철학 그리고 사회과학이라는 분화된 지식의 경계에 따라 서로 다른 그림 그리기를 해왔다. 그야말로 '장님 코끼리 만지기'를 한 꼴이다. '탈분과학문적 연구'를 지향하여 '하나의 인문학'을 회복해야 한다는 주장이 설득력을 갖는 사례다. 주제 자체가 마침 근래 인문학의 통합학문적 방향으로 제기된 사회인문학의 성격을 갖는 것으로 보인다.

우리의 실학이야말로 주지하다시피 인문정신이 고도로 발휘된 위대한 정신적 성취다. 필자는 최근에 근대학문의 분과적 틀을 지양하기 위한 방법론적 모색으로서 다산(茶山) 정약용(丁若鏞)의 공부법을 거론한 바 있다.[2] 이번의 「연암의 경제사상과 이용후생론」은 사회인문학이라는 새로운 방향을 구체화해보려는 하나의 시도라고 하겠다. 이 글은 사회과학적 내용의 인문학 담론으로 비춰지기 십상이다. 요즘 경제 제일주의가 판을 치는 것은 실로 큰 문제이기는 하지만, 다시 생각해보면 그럴 만한 정도로 경제는 인간 모두에게 한시도 떼놓을 수 없는 문제다. 인문학이라고 경제문제에 관해서 담을 쌓는다면 스스로 공리공담을 만드는 꼴이 되지 않을까 싶다. 인문학은 사회인문학의 성격을 필수로 갖춰야

---

2) 임형택, 「전통적인 인문개념과 문심혜두: 정약용의 공부법」, 『창작과비평』 151, 창비, 2011.

하지 않을까.

위 주제는 연암의 전체상을 그려보기 위한 일환이지만, 필자는 연암의 리얼리티로 다가가는 길이 곧 연암시대의 리얼리티로 다가가는 길이 되기를 소망하고 있다.

1. 한국실학의 인식사에서 연암

실학은 요컨대 17~19세기에 발흥한 신학풍을 지칭하는 말이지만, 이 신학풍을 실학이란 개념으로 파악하게 된 것은 20세기로 들어와서의 일이다. 이런 한국실학의 인식사에서 연암은 다산과 나란히 쌍벽을 이룬 존재다. 말하자면 다산이 학술적인 측면에서 조명을 받았다면, 연암은 문학적 측면에서 조명을 받은 편이었다. 그렇다 해서 연암의 학술적 측면에 조명이 가해지지 않았다는 뜻은 아니다. 문학적 비중이 크게 인식된 그 자체가 연암의 실학자로서의 특징적 면모라고 할 수 있다.

이 단원에서 필자는 지난 20세기의 초두에서 김윤식(金允植, 1835~1920)과 김택영(金澤榮, 1850~1927)이 연암을 주목한 발언을 들어본 다음, 1930~40년대에 홍기문(洪起文, 1903~92)과 김석형(金錫亨, 1915~96)의 연암론에 눈을 돌려보려 한다. 이들은 실학 인식사에서 각기 소중한 문헌임에도 연구자들의 관심이 거의 미치지 못하는 실정이다. 지금 이 문헌들을 굳이 들춰내서 거론하는 취지는 무엇보다도 우리 지성사에서 꼭 기억해야 할 인물들의 연암에 대한 견해를 경청해보자는데 있다. 한국실학 인식과정의 초창기에서 의의를 갖는 내용임에 유의한 것이다.

전자의 김윤식과 김택영의 논리는 근대계몽기의 시대의식을 반영한 내용이다. 1900년을 전후한 기간의 한국사회는 제도적·문화적 지각변동이 폭발적으로 일어난 시점이었다. 조선왕조가 대한제국으로 개편된 것은 위로부터의 개혁의 징표라 할 것이다. 이 변혁의 시대는 내우외환이 중첩된 위기의 시대이기도 했다. 사상문화의 개조에 주력하는 애국계몽운동이 확산되는 한편, 외세를 배격하고 주권 수호에 주력하는 의병투쟁이 일어났다. 바로 이 상황에서 다산의 『목민심서』(牧民心書), 『흠흠신서』(欽欽新書), 『아방강역고』(我邦彊域考) 등의 저작들이 중시, 간행된 것이다. 동시에 연암의 작품들도 평가를 받아 새로운 매체에 소개되는가 하면, 『연암집』(燕巖集)도 발간되었다. 전환기 시대의 호명을 받았다고 하겠다.

연암의 창조적 예지가 어린 노작들은 그의 사후 반세기가 지나도록 햇빛을 보지 못한 채 사장되어 있었다. 연암의 손자가 다름 아닌 박규수(朴珪壽)다. 그는 개화파의 사상적 지도자로 알려져 있으며, 벼슬도 우의정에까지 오른 인물이다. 그가 평안감사로 있을 당시 집안에서 『연암집』을 간행하자는 의논이 나왔으나 유림의 비난을 받을까 두려워 그만두었다는 말이 전한다.[3] 이렇듯 연암의 작품은 불온시된 것이었지만, 20세기로 진입하는 시점에서는 사정이 확연히 달라졌다. 조선왕조가 대한제국으로 바뀐 광무 4년, 1900년에 『연암집』이 드디어 공간(公刊)이 된다. 『연암집』의 공간을 주도한 인물은 다름 아닌 김택영이다. 그것은 전집의 형태가 아니고 3책 분량의 선집이었다. 당시 물력이 미치지 못했던 때문이다.

---

3) 金澤榮, 『重編燕巖集』卷首, 「朴燕巖先生年譜」, "太上皇初, 孫右相珪壽之爲平安監司也, 其弟判書瑄壽請刊之, 右相公以虎叱文許生傳之屬, 素被儒林譏謗不從之."

김윤식의 연암론

김윤식은 1902년의 시점에서 연암을 애독하는 사람이 많다고 하면서 연암을 읽는 태도를 "식견이 있는 자들은 '경제지문'(經濟之文)으로 읽고, 식견이 부족한 자들은 한낱 '유희한묵'(遊戱翰墨)으로 읽는다"라고 지적한다. 연암의 문학이 유희적이란 비난은 연암 당시부터 이미 들어온 말이다. 김윤식은 연암을 '경제지문'의 작가로 주목하고 있음이 물론이다. "지금 문집의 글들을 살펴보면 오늘날 가장 요긴하고 가장 중대한 시무(時務)의 제반 학술과 서로 의논한 바 없음에도 합치하고 있다." 이처럼 김윤식은 연암을 자기 시대를 넘어서 지금의 현실에 가장 부합하는 인물로 인식하였다.

김윤식은 연암에 대해 자신의 시대를 넘어서 개혁개방의 이론을 수립한 지적인 호걸이요, 그런 의미에서 동양의 선각자라고 실로 최고의 찬사를 바친다. 그리고 구체적으로 10개조를 잡아서 연암의 글들은 오늘의 '시무의 학술'에 적절한 내용임을 논증하고 있다. 그러고 나서 김윤식은 하나의 의문을 던진다. "선생의 시대에는 서양의 문자를 접할 수 없었는데 어떻게 그의 언론이 서양인들의 학리(學理)·정술(政術)과 일일이 부합될 수 있었는가?" 이 물음에 김윤식은 다음과 같이 답을 했다.

서양의 훌륭한 법은 육경(六經)과 암합(暗合)이 되지 않을 것이 없다. 선생은 유자다. 그의 경술(經術) 문장은 모두 육경 가운데서 나오지 않은 것이 없으니 그의 언론이 저쪽과 부합하게 된 것을 어찌 이상하다고 할 것이랴![4]

---

4) 金允植, 『雲養集』卷10, 「燕巖集序」, "曰泰西善法, 未嘗不暗合於六經. 先生儒者也. 其

서양 것이라도 참으로 훌륭하면 동양의 육경과 부합하기 마련이다. 최상의 보편적 차원에 올라서면 동서가 상통하게 된다는 생각이다. 그렇기에 육경에 근거한 연암의 개혁적 논리가 서양의 학술과 뜻하지 않게 합치된 것이라는 주장이다. 이 논법은 따지고 보면, 연원이 동도서기론(東道西器論)에 닿는 것이다. 그러면서도 철저히 유교적 보편주의의 입장에 서 있다. 김윤식은 실학이란 개념을 직접 쓰지는 않았으나 연암을 20세기의 시대현실에 절실한 학문, 즉 실학으로 인식했다고 하겠다.

김택영의 연암론

김택영은 광무 4년(1900)판 『연암집』의 발간을 주도한 이후로도 연암에 대해서 지속적으로 관심을 표명했다. 그의 연암에 대한 평가의 논리는 「연암집원서」(燕巖集原序)라는 제목의 글에 잘 나타나 있다.

무릇 연암 선생은 어찌하여 생존한 시기가 청대의 중엽이면서 그의 글은 선진(先秦)을 하면 선진이 되고 사마천(司馬遷)을 하면 사마천이 되고 한유(韓愈)·소식(蘇軾)을 하면 한유·소식이 될 수 있었던가? 웅장·굉걸(雄壯宏傑)하면서도 우유한가(優遊閑暇)하여 우뚝이 천년의 역사를 내려다보고 있다. 동방의 작가들로서는 전에 감히 취하지 못했던 태도다.[5]

經術文章, 皆自六經中來, 其言之相符, 曷足異也!"
5) 金澤榮, 『重編燕巖集』, 「燕巖集原序」, "夫何朴燕巖先生者, 其生也在淸之中世, 而其文欲爲先秦則斯爲先秦, 欲爲遷則斯爲遷, 欲爲愈與軾則斯爲愈與軾, 壯雄閎鉅, 優遊閑暇, 傑然睥睨于千載之上, 而爲東邦諸家之所未有也."

김택영은 산문작가로서 연암의 존재에 최고의 찬사를 바치면서도 어떻게 능히 그렇게 될 수 있었느냐는 문제를 제기하고 있다. 이 의문에 김택영이 제출한 답은 "참으로 훌륭한 작가는 시대에 구애받지 않을 수 있다"라는 보편론에다 "중국에서 문자는 그 유래가 워낙 오래된 까닭에 명·청대에 이르러서는 이미 파쇄(破碎)의 지경에 이르렀지만, 우리 동방은 문자를 쓴 기간이 상대적으로 짧기 때문에 선생의 시대에 와서도 기운이 아직 질박하고 온전한 상태다"라며 후발주자라는 조선적 특성을 들었다. "이 두 가지 점을 선생에게 맞춰보면 하나로 합치하는 바가 있다"라는 것이다.

연암의 위대성을 설명한 김택영의 논지는 한문학의 전통적인 입장이다. 홍기문의 논평을 원용하자면 이 논지를 '고문가(古文家)의 진부한 안목'이라고 폄하할 수도 있다. 그런데 개인의 천재성과 함께 시대적 환경을 중시하는 김택영의 논지는 동시기 프랑스의 문예사가 이폴리트 텐(Hippolyte Taine, 1828~93)의 이론과도 어느 면에서 통하는 듯하다. 그렇다면 이 또한 '암합'이라 하겠다.

김택영은 국운이 이미 기운 상황에서 중국으로 망명하였다. 망명지에서 그는 한문학 유산의 정리·간행 사업에 주력하고 있었다. 이미 잃어버린 조국의 빛을 민족의 문학유산에서 살려내려 한 것이다. 방금 살핀 김택영 특유의 연암론에서 민족의식을 읽을 수 있다. 반면 계몽기의 개혁적 열정은 식을 수밖에 없었다. 그렇다 해서 연암의 경세가적 측면을 무시한 것은 아니었다. "(연암은) 당시 자국의 정치제도가 소루함을 고민하여 이용후생의 학설에 관해서 반복하여 거론했다"고 김택영은 강조하는 어법으로 지적하였다.

홍기문의 연암론

일제가 군국주의로 치달은 1930년대에 민족정체성의 상실 위기에 처해서 자아를 지키기 위한 노력의 일환으로 조선학운동이 일어났던 것은 공인하는 사실이다. 특히 다산 서거 100주년을 계기로 실학연구가 촉구되었다. 지금 바야흐로 일으켜 세우려는 조선학의 뿌리로서 실학을 발견한 것이다. 1937년은 마침 연암 탄신 200주기인데 이를 기념해서 홍기문은 「박연암(朴燕岩)의 예술과 사상」[6]이란 제목의 논문을 『조선일보』 지면에 발표한다.

연암의 위대한 점은 그 문학에만 있는 것이 아니다. 그보다 몇 배 더 많이 그 당시에 있어 가장 참신하고 탁월한 그 사상에 있는 것이니, [……] 고문가(古文家)의 모든 금단 밑에서는 도저히 그의 사상의 자유로운 표현을 얻지 못하였던 까닭일지도 모르나, **문학에 대한 그의 초일한 견해와 진지한 태도가 한 걸음 내키어 모든 사물에까지 예리한 관찰과 심각한 사색을 요구한 것이라고도** 생각지 못할 것은 없다. 하여튼 연암은 단순한 고문가만이 아니다. 조선사상사에 있어서도 커다란 지위를 점령한다.(강조는 인용자, 이하 같음)

위의 글은 연암문학의 위대성을 전제하고서 그의 사상적 위대성·진보성을 역설한 데 특징이 있다. 연암사상의 위대성·진보성을 문학의 자유를 추구하고 진정한 문학을 하려는 그 자신의 자세와 연계하여 설명

---

6) 洪起文(1937.7.~1997.8.1),「朴燕巖의 藝術과 思想」,『朝鮮日報』1937.7.27~8.1;
金榮福·丁海廉 편역,『洪起文 朝鮮文化論選集』, 현대실학사, 1997.

한 것이다. "문학에 대한 그의 초일한 견해와 진지한 태도가 한 걸음 내키어 모든 사물에까지 예리한 관찰과 심각한 사색을 요구한 것"이라는 발언은 그야말로 정곡을 찔렀다. 해묵은 표현을 빌리자면 연문소도(沿文泝道)[7]라고 할까. 홍기문 자신이 한문학의 풍부한 교양에서 출발했기 때문에 연암의 문학과 사상을 통일적으로 읽을 수 있었다고 하겠다.

홍기문의 「박연암의 예술과 사상」이 문학적 입장의 담론이었다면, 김석형이 1941년 5월호 『춘추』(春秋)에 발표한 「박연암과 『열하일기』」[8]라는 표제의 글은 역사학적 입장의 담론이라 하겠다.

김석형의 연암론

김석형은 조선학 창도자들의 후속 세대로, 이 글에도 조선학운동의 영향이 감지되는 것 같다. 비록 대중잡지에 발표된 것이지만 『열하일기』를 논한 최초의 논문으로 본격적인 사론의 성격을 띠고 있다. 『열하일기』의 성격에 대해 그가 내린 결론은 이렇다.

오직 그(연암—인용자, 이하 같음)가 제출한 실천의 과제는 소위 **북학**—배도 만들어보고 길도 내어보고 다리도 놓아보고 차도 만들어보자는 데 지나지 않았다. 이렇듯 그의 이상론은 일개의 **온건한 사회개량론**이라고 할 수 있을 것이다. [……] 그 일파, 소위 **실학파는 당시에 있어**

---

7) '연문소도'는 문학을 따라서 도의 경지로 올라간다는 뜻이다. 퇴계 이황이 점필재 김종직의 문하에서 도학의 제자들이 배출된 사실을 두고 쓴 표현이다(李滉, 『退溪集』 卷2, 「閒居 次趙士敬·具景瑞·金舜舉·權景受諸人唱酬韻 十四首」, "佔畢師門百世名, 沿文泝道得鴻生").

8) 김석형, 「朴燕巖과 『熱河日記』」, 『春秋』 제2권 제4호, 1941.

서는 이단자였음과 동시에 시대의 아들이었다. 이 사회의 새로운 싹은 주의(注意) 깊은, 또 어디까지든지 이단자이기를 두려워하는 양반계급의 일우(一隅)에서 싹트기 시작하였던 것이다. 이러한 새싹이 얼마만한 결실을 이 사회에 선물하였던가?

위 인용문에 구사된 용어들에 먼저 눈길이 끌린다. 실학/실학파는 조선학운동을 통해 학술용어로 정착되었음을 확인할 수 있겠거니와 '북학'이란 개념도 채용되었다. 실학파를 역사변혁의 추진세력으로 인식, 이들의 주의주장에 비상한 관심을 둔 것이다. 그런데 실학의 성격을 '온건한 사회개량론'으로 규정짓고 있다. 실학파의 주의주장을 '사회의 새로운 싹'으로 주목하면서도 결코 싹수가 있는 싹으로 보지는 않았다. 실학은 사회개량론에 지나지 못하다는 관점이다. '개량론'이라는 말도 사회과학적 개념인데 '사회의 새로운 싹'이란 비유적 표현이 '근대 맹아론'을 연상케 한다. 하지만 1940년대의 김석형은 실학에서 자생적 발전의 싹이 자라는 것을 전망할 수 없었다.

그의 도학(道學)에 대한 독설과 단출한 지전설(地轉說)에서 우리는 기성관념에 대치하려 하는 야망과 박력을 보지는 못하는 것이다. 『열하일기』는 이러한 그들 실학과 자신의 희망 없는 움직임과 또 그들이 지적하는 저러한 현실 — 아울러 18세기 말엽 조선의 전모를 보여주고 있다.

실학은 개혁적 동력을 갖지 못한 사상이라는 결론에 도달한 것이다. 실학을 산생한 그 시대 — '18세기 말엽의 조선의 전모'와 직결되는 문제점으로 판단하고 있다. 그 자체로서는 개혁 발전을 추진할 동력이 부재한 사회라는 생각이다. 왜 이렇게 절망적일까? 거기에는 두 가지 요인이 있었다고 본다. 하나는 그 당장의 현실, 1940년대 암흑기로 일컬어지는 내일을 전망할 수 없는 암담한 시대에 처해 있었던 까닭이요, 다른 하나는 이론적 제약인데, 당시 학계에 풍미한 정체성 논리에서 그 역시 벗어나지 못했던 까닭일 터이다.

어쨌건『열하일기』, 나아가서 실학의 역사적 성격에 대해 김석형은 문제제기를 한 셈이다.『열하일기』의 분석을 통해서 제기한 문제의 핵심은 특히「허생전」(許生傳)에 있다. 먼저 거론했던 홍기문의「박연암의 예술과 사상」에서도 연암사상에 대해 의문을 제기한 것 역시「허생전」에 집약되어 있다.「허생전」은 '북벌(北伐) 계획의 소루함을 탄핵한 것일 뿐' 존명의리(尊明義理)에는 변함이 없다고 본다. "여기(존명의리-인용자) 이르러는 일보의 전진이 허락되지 못하였음을 볼 때 사상의 시대적 제한을 다시 한 번 깨닫게 한다"라는 논지였다. 결국「허생전」을 어떻게 해석할 것인가 하는 문제로 귀결된다. 실학의 초창기 인식과정에서 제기된 중대한 문제점이고 해명해야 할 과제다. 이에 관련해서는 뒤에 다시 거론해볼까 한다.

20세기 한국실학의 인식과정에서 1900년대 근대계몽기가 제1단계이고 1930년대 조선학운동기가 제2단계라면 1960~70년대를 제3단계로 설정할 수 있다. 이 제3단계로 와서 실학은 풍부한 내용으로 규명되어 학술사·사상사에서의 위상이 뚜렷하게 되었다. 이때 잡힌 주요한 성과 중 하나는 사회변혁의 사상적 동력으로 실학을 인식한 점, 다른 하나는 실학의 전모를 체계적으로 파악한 점, 이 두 가지를 들 수 있다. 실학의 계보에서 경세치용(經世致用)을 위주로 한 성호학파(星湖學派)에 대

해 이용후생을 중시한 연암학파(燕巖學派)가 위치하게 된 것이다.[9]

2. 사(士)와 실학

후세에 농·공·상의 일이 제대로 되지 못하는 것은 사(士)가 실학을
하지 못한 과오에 있다.[10]

농업과 공업과 상업이 제대로 발전하지 못하는 이유를 연암은 다른
어디가 아니고 사의 학문자세에서 찾고 있다. 요컨대 사가 실학을 하지
않기 때문에 경제발전이 이루어지지 못했다는 견해다. 이는 연암의 확론
이다. 연암에 있어서 과연 '사'란 어떤 존재며, 실학이란 어떤 의미를 담
고 있는 것인가?

1) 사(士)로서의 자각과 문명의식

사(士)란 '선비'에 대응되는 개념으로, 양반(兩班)과는 인연이 깊은 말
이다. 오늘의 한국어에서 독립된 단어로는 잘 쓰이지 않으나 사가 들어
간 단어가 많다. 예컨대 문사(文士)의 사는 선비에 해당하는데 무사(武
士)의 사는 선비와는 다른 부류다. 사와 선비는 등치되지 않는 경우도
있다. 그리고 사녀(士女)라고 하면 남녀와 같은 뜻이 되므로 이때 사는
남자에 대한 통칭이 된다.

---

9) 이우성,「實學研究序說」,『文化批評』7·8, 1970;『한국의 역사상』, 창작과비평사,
   1982.
10)『課農小抄』,「諸家總論」, "後世農工賈之失業, 卽士無實學之過也."

요컨대 사는 동아시아 보편의 역사적 개념이며, 우리의 고유어인 양반이나 선비는 그에 상응하는 말이라고 하겠다. 중국계 학자로 미국에서 활동한 위잉스(余英時)는 『사와 중국문화』(士與中國文化)[11]라는 제목의 책을 내놓았는데 '사'라는 한 글자로써 중국의 거대한 사상사·문화사를 통관한 내용이다. 한국의 경우 역시 사를 하나의 열쇠말로 삼은 사상사·문화사가 가능하며, 그것은 매우 바람직한 작업으로 여겨진다.

연암은 사에 대해 시종일관 관심을 기울였는데, 그의 고심처가 곧 사의 존재에 있었던 것으로 보인다. 연암의 청년기 문제작으로 손꼽히는 「양반전」(兩班傳)과 장년기 문제작으로 손꼽히는 「옥갑야화」(玉匣夜話)[12]는 사라는 존재를 주제로 잡아서 다룬 것이고, 노경의 작으로 보이는 「원사」(原士)는 연암사상의 핵심이 담긴 것이다.

「양반전」에서 연암은 "양반에 대한 호칭이 여러 가지인데 독서를 하면 사, 벼슬하면 대부(大夫)요, 덕이 있으면 군자(君子)라 이른다"라고 규정짓는다. 독서·벼슬·도덕 이 세 가지는 상이한 것임은 말할 나위 없지만, 양반에 있어서는 하나로 엮어져 있다. 독서를 하여 벼슬길에 오르는데 이들에게 군자의 인품이 필수로 요망되는 때문이다. 이것이 양반의 전형이다. 문제는 독서를 하고도 벼슬길에 오르지 못하는 양반이 양

11) 余英時, 『士與中國文化』, 上海: 人民出版社, 1987.
12) 일반적으로 「허생전」이라 일컬어지는 이 작품은 원래 『열하일기』 가운데 「옥갑야화」라는 제목의 편 중에 일부분으로 들어 있는 것이다. 후세에 분리해내서 「허생전」이라고 이름 붙여 통행되고 있다. 「옥갑야화」는 전체로서 하나의 작품임이 물론이다. 이것이 작자의 창작 의도였을 뿐 아니라, 그렇게 보아야 내용도 훨씬 풍부하다. 그래서 필자는 『이조한문단편집』(일조각, 1978)에서 「옥갑야화」를 작품 제목으로 뽑고 그 전체를 하나의 작품으로 다루었다. 이 글에서도 뒤에서 다시 「옥갑야화」를 거론할 것이다.

산되는가 하면, 명색이 양반이면서 문학적 교양을 결여했거나 품위를 갖추지 못한 양반이 산재하게 된 것이다. 우리 속담에 '양반이 글도 못한다'거나 '수염이 다섯 자라도 먹어야 양반이다'라는 말이 있다. 양반이란 존재는 문학적 교양이 필수 요건으로 전제되어 있으며, 어느덧 사회적 기롱의 대상으로 전락한 것이다. 이런 현실을 눈앞에 보면서 쓴 작품이 「양반전」이다.

그리고 사에 대해서 발본적으로 성찰한 글이 여기서 주목하는 「원사」다. 물론 조선조 지배층이라는 양반, 즉 사의 사회적 성격을 배제하고 생각한 것은 아닐 터요, 벼슬길에서 밀려난 많은 몰락양반, 사의 현실에 눈을 감은 것도 아닐 터이다. 연암은 이런 점들을 고려하고 고민하면서 사의 기본으로 돌아가서 사고하였다. 당시의 형편은 제반 모순이 중첩된 가운데 고식과 미봉에서 헤어나지 못하는 것으로 그는 진단했다. 사라는 존재를 그는 당면한 국가사회의 문제에 대처하는 주체로 본 것이다.

「원사」에서 "대부를 '사대부'(士大夫)라 하는 것은 높임이요, 군자를 '사군자'(士君子)라 하는 것은 어질게 여김이다"라고 주장했다. 사대부는 사와 대부의 합성어요, 사군자는 사와 군자의 합성어일 텐데, 이와 같은 주장은 어디까지나 사를 기본으로 사고하는 연암적 논법이다. 나아가서 천자까지도 '원사'라는 개념을 써서 사로 규정짓는다. '작위는 천자이지만 본원은 사'라는 것이다. "관직의 고하는 있으되 신원이 바뀌는 것은 아니요, 지위는 귀천이 있으되 사가 옮겨지는 것은 아니다"라는 논리를 펴고 있다.

무릇 사는 아래로 농공(農工)과 같은 대열에 서고 위로는 왕공(王公)

과 벗이 된다. 지위로 말하면 등급이 없지만, 덕으로 말하면 '아사'(雅事)다.[13]

지식인을 가리켜 '무관의 제왕'이란 말도 있지만, 연암은 사를 그야말로 무관의 제왕으로 간주한 것이다. 초계급적인 매우 특별한 존재로 여긴 것 같다. 그럼에도 "사람마다 사"[人人而士]라고 말한다. 사람이라면 누구나 사가 될 자격이 있다고 하여, 결코 특별한 존재가 아닌, 인간의 보편적 지향(志向)임을 분명히 하고 있다.

연암의 논법에서 사의 최고 이상형이라면 당연히 요순(堯舜) 그리고 공맹(孔孟)을 들어야 할 것이다. 「원사」에서 요순을 두고는 "효제(孝悌)의 아사(雅士)"로 규정했고, 공맹에 대해서는 "옛날 훌륭한 독서자"[古之善讀書者]라는 표현을 쓰고 있다. 특히 독서에 비상한 의미를 부여한다. "아무리 효제충신(孝悌忠信)하는 사람이라도 독서를 하지 않으면 온통 사사로운 생각에 집착할 것이요, 아무리 권략경륜(權略經綸)의 법술을 지닌 사람이라도 독서를 하지 않으면 권수(拳數) 가운데 빠질 것이다"라는 경종을 발한다. 연암은 다른 글에서 문자 지식이란 게 별것이 아님을 일깨운 바도 있지만,[14] 사가 사답게 되는 데 독서는 기본적인 필

---

13) 『燕巖集』卷10, 「罨畵溪蒐逸‧原士」, "夫士下列農工, 上友王公, 以位則無等也, 以德則雅事也." 번역문은 신호열‧김명호 옮김, 『국역 연암집』을 참고하여 작성하였다 (이하 같음).
이 문맥에서 '아사'(雅事)는 사(士)란 존재에 대해서는 왕공도 본원적으로 존경을 해야 한다는 의미로 풀이되는 말이다("以位, 則子君也, 我臣也, 何敢與君友也; 以德, 則子事我者也, 奚可以與我友"(『孟子』, 「萬章」下).

14) 연암은 인간이 지식을 가지고 있다 하여 오만한 태도를 취하는 것을 비꼬아서 나무위의 매미나 땅속의 지렁이도 나름으로 글 읽는 소리를 내지 않는다고 어떻게 단정

수 요건이었다. 그래서 「원사」는 사론의 성격을 가지면서 동시에 독서론의 의미를 강하게 띠었던 것이다. 요순을 두고 "효제의 아사"라고 규정하고, 공맹을 두고는 "독서는 잘한 분"으로 인정하였다. 결국 독서를 어떻게 하느냐가 중요한데 어쨌건 독서를 하지 않으면 아사가 될 수 없다고 생각하였다.[15)]

　내 이른바 아사란 "뜻은 갓난애 같고"[志若嬰兒], "처신은 처자 같아"[貌若處子] 일년 내내 "문을 닫고 독서"[閉戶讀書]하는 사람이다. 갓난애는 몸이 연약해도 사모하는 바가 전일하며, 처자는 수줍어해도 자신을 지킴이 확고하다. 우러러 봐도 하늘에 부끄럽지 않고, 굽어봐도 세상에 부끄럽지 않은 것은 오직 '문을 닫고 독서'하는 일이다.[16)]

　순수한 독서인을 진정한 사의 전형으로 그려 보인다. 위에 쓴 비유가

할 것이냐고 말한 바 있다(『燕巖集』卷5, 「映帶亭賸墨·與楚幘」, "吾輩臭皮俗中裏, 得幾個字, 不過稍多於人耳. 彼蟬噪於樹, 蚓鳴於竅, 亦安知非誦詩讀書之聲耶").

15) 『燕巖集』卷10, 「罨畵溪蒐逸·原士」, "堯舜, 其孝悌之雅士也, 孔孟, 其古之善讀書者乎. 何莫非士也, 鮮有能雅者也; 孰不讀書也, 鮮有能善者也." 이 문맥에서 '아'(雅)는 『중용』의 "군자는 자기의 위상에 바탕해서 행동하며 그밖에 대해서는 바라지 않는다"[君子素其位而行, 不願乎其外]의 '소'(素)와 통하는 의미다. 연암의 아사(雅士)는 '본바탕의 선비'라는 뜻으로 풀이할 수 있으니 사의 본원적 의미를 강조한 것으로 생각된다. 「원사」(原士)란 제목의 '원'(原) 또한 내포 의미가 한문학의 문체에 해당하지만 아사의 아와 통하는 뜻이다. 연암에 있어서 아사＝원사는 성인으로 상징되는 인간의 이상형이지만 특별한 존재라기보다 자아를 지키는 인간의 본모습으로 생각한 것이다. 요컨대 인간의 주체성을 잃지 않고 지키는 자세가 연암이 상정한 사의 원형이다.

16) 『燕巖集』卷10, 「罨畵溪蒐逸·原士」.

지금 세상에서는 실감이 상당히 떨어질지 모르겠으나 엄마의 젖꼭지를
향한 어린 아기의 전일성, 자기 몸을 지키는 처자의 순수성, 그것이 독서
의 자세라는 것이다. 이렇듯 세상과 단절한 '폐호독서'(廢戶讀書)를 강
조하는 뜻은 어디에 있을까? 종래 독서는 관인으로의 진출을 목적으로
한 것이며, 결국 출세주의에 빠질 수밖에 없었다. 이에 반해서 순수학문
의 경지를 착안한 것인데, 지식인의 자각에 다름 아니다.

　그런데 연암이 착안한 순수학문의 경지란 학문을 위한 학문으로 가
는 데 있는 것은 결코 아니었다. 오히려 그 반대로 인간현실에 있었다.
"효제충신은 강학(講學)의 실(實)이요, 예악형정(禮樂刑政)은 강학의 용
(用)이다"라고 역설한 다음 "강학의 귀중한 바는 실용이다"라고 천명한
것이다. 이때 실용은 도구적 실용과는 의미가 크게 다르다. 곧 효제충신
의 실과 예악형정의 용을 아우른 개념이다. 우리가 학문하는 것은 모름
지기 주체를 효제충신으로 가다듬고 예악형정으로 사회적 실천을 해야
한다는 의미다. 이런 주장에 이어 연암은 '성리다, 천명이다'를 소리 높
여 논하고 '이(理)다, 기(氣)다'를 극도로 따지는 따위는 강학에 있어서
유해한 것이라는 비판을 가하고 있다. 이는 물론 당시 주류 학문인 성리
학을 겨냥한 발언이다. 번쇄한 이론 추구로 공담에 빠져든 성리학의 말
폐에서 벗어나자는 데 참뜻이 있으니 '사의 각성'이 그것이다.[17]

　「옥갑야화」의 주인공 허생은 각성한 사의 전형으로 간주해도 좋을 것
이다. 「원사」에서 연암은 '독서지사'(讀書之士)의 궁극적 임무는 문명세

---

17) 위의 책, "講學論道, 讀書之事也; 孝悌忠信, 講學之實也; 禮樂刑政, 講學之用也. 讀書
而不知實用者, 非講學也, 所貴乎講學者, 爲其實用也. 若復高談性命, 極辨理氣, 各主
己見, 務欲歸一, 談辨之際, 血氣爲用, 理氣纏辨, 性情先乖, 此講學害之也."

계의 실현에 있는 것으로 전망했다. 연암의 이 문명의식을 필자는 다른 글에서 거론한 바 있기에 인용한다.

한편 돌이켜 생각해보면, 문명개념 자체가 영원한 이상이고 현실화되기 요원한 것도 같다. 그렇지만 참다운 지식인, 사라면 진정한 의미의 문명을 회복하려는 의지를 포기해서는 결코 안 되는 노릇이다. 문명을 실현하기 어려운 인간현실에서, 문명의 위기가 차츰 다가오는 상황에서 참다운 문명을 수립하기 위해 노심초사하며 방책을 강구한 일단의 학자들이 출현했다. 특히 18, 19세기의 실학을 들 수 있다. 대표적인 실학자의 한 분으로 손꼽히는 연암은 "한 사(士)가 독서함에 은택이 사해에 미치고 공적이 만세에 드리운다. 『주역』에서 이른바 '현룡재전(見龍在田) 천하문명'이라 함은 곧 '독서지사'의 존재를 가리키는 것이다"(「원사」)라고 천명했다. 문명을 천하에 펼치는 주체의 상징물, 용은 본디 제왕을 가리켰는데 그것을 연암은 지식인 고유의 사명으로 역설하고 있다. 실학은 일종의 문명기획이었던 셈이다.[18]

2) 연암의 실학 개념

연암이 포착한 실학의 개념은 '사의 실학'이다. '사의 실학'으로 그 자신이 하나의 역작을 완성했는데, 그것이 바로 『과농소초』(課農小抄)다. 국왕 정조의 농서를 구하는 윤음(綸音)에 부응해서 1799년, 그의 나이 63세 때 올렸던 것이니 저자의 학문이 원숙해진 단계의 결실이라고 할 수 있겠다. 정조는 『과농소초』를 '경륜문자'(經綸文字)라고 높이 평가하여 애

---

18) 임형택, 『문명의식과 실학』, 돌베개, 2009, 40쪽.

독했던 것으로 전한다.[19] 이『과농소초』는 바로 연암 자신의 실학 개념이 구체화된 내용으로 자신의 문명의식에서 발단된 것이기도 했다. 역대의 농학이론을 총정리한「제가총론」(諸家總論)에서 이렇게 말하고 있다.

(농학의 저술들은) 혹은 옛것을 추적해서 윤색(潤色)을 하고 혹은 지혜를 창출해서 편익을 취한 것이니 **유민익국**(裕民益國)의 실효를 거두지 못한 것이 없었습니다. 이 모두 농학의 보전(寶典)이요, 옛 성인의 **개물성무**(開物成務)의 유산입니다.[20]

농학을 중시한 것은 농본주의 사회에 있어서 당연한 논리로 여겨진다. '유민익국'과 '개물성무'라는 두 개념을 도입한 것이 흥미로운데 유민익국에 관해서는 뒤에 가서 거론하고 여기서는 개물성무에 대해 언급한다. 개물성무는 만물의 이치를 개발, 활용해서 인간세상에 사업을 이룬다는 뜻이니 곧 문명론적 개념이다.

연암은 자신이 속한 조선왕조의 개국을 문명론적으로 인식하여 "인문이 아름답게 열렸다"[人文淑開]라는 표현을 쓰고 '개물성무의 공'과 '이용후생의 법'이 갖춰진 것으로 평가했다. 조선왕조를 우리 역사상에서 문명국가의 기틀이 가장 잘 잡힌 것으로 인정한다. 상투적 예찬만은 아니라고 생각된다. 유교적 문명론의 관점에 서면 당연히 그렇게 보일 것이다. 그런데 자기 시대인 17, 18세기의 현실을 그렇게 바라보는 것은

---

19) 朴宗采,『過庭錄』卷3,「奉旨撰農書條」, "上嘗於筵中敎曰: '近得好經綸文字, 以消永日.' 又敎曰: '農書一部大典, 當屬朴某撰出也.' 後接諸閣臣稱善者屢焉."

20)『課農小抄』,「諸家總論」, "或跡古而潤色, 或刱智而趨便, 莫不有裕民益國之效. 此皆農之故實, 而古聖人開物成務之遺業也."

결코 아니었다.

　국초 이래 사대부들은 누구나 근검으로 가문을 일으키고 경원(經遠)한 제도로 국가를 세우니 조야를 막론하고 풍속이 돈후하고 산업이 안정되었습니다. 그러더니 안일과 자족에 빠진 세월이 오래되고부터 점차로 "허식이 실질을 소멸시키고"[文滅其質], "본말이 전도되는"[末傾其本] 사태에 이르렀습니다. 사는 성리나 천명만을 고상하게 되뇌이고 '경제의 학'은 소홀히 하며, 사화(詞華)만 숭상하고 정사에 대해서는 어디다 손을 쓸 줄 모릅니다.[21]

　현재를 왕조의 기틀이 완전히 이완된 상태로 판단하고 있다. 이 상태에 책임을 느끼고 솔선해 나서야 할 사는 공허한 성리설이나 기교적인 문학에 빠져 있다는 것이다. 이런 상황을 "지금 부화(浮華)하여 학문이 없는 사들이 타성에 젖은 무지한 농민들을 인솔하는 꼴이니 만취한 사람이 소경을 안내하는 것과 무엇이 다르리오!"라고 연암은 통탄해 마지 않았다. 이는 사의 각성을 촉구하는 역설적 표현이며, 결국 이 모든 현실은 다른 어떤 이가 아니라 사가 주체적으로 감당해야 할 과제라고 생각한 것이다.

　예전의 민은 사·농·공·상을 일컫는 것이었습니다. 사는 말할 것도

---

21) 위의 책, "而國初以來, 士大夫莫不立家勤儉, 體國經遠, 朝野之間, 風流敦樸而產業有常. 逮至豫泰盈盛之日久, 而駸駸然文滅其質, 末傾其本, 士或高談性命而遺於經濟, 或空尙詞華而罔施有政."

없거니와 농·공·상의 일 또한 당초에는 성인의 이목과 사려에서 나와, 세대를 이어 학습해서 각기 모두 학술로 성립이 되었습니다. [……] 그런데 사의 학문은 실로 농·공·상의 이치를 포괄하여 농업·공업·상업 또한 필히 사를 기다려서야 이루어질 수 있었습니다. 대저 이른바 농업을 밝힌다[明農], 물화를 유통시키고[通商], 공업으로 세상을 이롭게 한다[惠工]는 데서 밝히고 유통시키고 이롭게 하는 등등의 이치는 사가 아니고 누가 할 것입니까? 그런 까닭에 신(臣)은 후세에 **농·공·상의 일이 제대로 되지 못하는 것은 사가 실학을 하지 못한 과오**에 있다고 생각하는 것입니다.[22]

연암은 사·농·공·상을 신분적 등급이 아니며 직능적 구분이라는 뜻으로 말한 바 있다. 그러나 실제로는 농·공·상에 종사하는 사람들이란 대개 상민 아니면 천민이므로 직업적 불평등의 사회구조가 완고하게 형성된 상태였다. 『우서』(迂書)의 저자 유수원(柳壽垣, 1694~1755)은 일찍이 "문벌을 숭상하는 까닭에 사민의 업이 구분되지 못하며, 사민의 업이 구분되지 못하는 까닭에 '상업유통'이 성행하지 못하고 있다"[23]는 지적을 하고 있다.

연암은 사회구조상의 문제점을 직접 거론하지 않았으나, 농업·공업·

---

22) 위의 책, "古之爲民者四, 曰士農工賈. 士之爲業尙矣, 農工商賈之事其始亦出於聖人之耳目心思, 繼世傳習, 莫不各有其學. [……] 然而士之學, 實兼包農工賈之理, 而三者之業, 必皆待士而後成. 夫所謂明農也通商而惠工也, 其所以明之通之惠之者, 非士而誰也? 故臣窃以爲後世農工賈之失業, 卽士無實學之過也."

23) 柳壽垣, 『迂書』卷7, 「論宣惠大同」, "崇尙門閥, 故四民之業不分, 四民之業不分, 故賣買不盛."

상업의 학술도 '성인의 이목과 사려'에서 나온 것이라고 하여, 이들 농업·공업·상업을 천시하거나 소홀히 하는 관념을 원천적으로 부인한 것이다. 연암이 주장하는 '사의 실학'은 농업·공업·상업의 발전을 강구하는 '실업의 학' 그것이었다. 물론 '실업의 학'만 실학이라는 것은 아니겠으나, '실업의 학'이 실학의 긴요한 부분이었음은 분명하다. '실업의 학'을 연구하고 진작시켜서 유민익국의 실효를 거두고 개물성무의 문명적 이상을 실현시키고자 한 것이 연암의 포부였다고 말할 수 있다.

3. 시장경제에 대한 인식과 화폐론

> 물화를 흔한 데서 옮겨 귀한 데로 가게 하는 일은 상인의 권한인데, 인민과 나라가 그에 힘입게 된다.[24]

물화가 값이 싼 곳에서 비싼 곳으로 이동하는 것은 물이 위에서 아래로 흐르듯 자연스러운 형세이지만, 기실 상인의 역할에 의해서 실현되는 일이다. 이 점은 쉽게 이해가 되는데 상인의 이 권능에 의해서 "인민과 나라"[民國]가 아울러 힘입게 된다는 것은 연암의 선견지명으로 여겨진다. 시장경제의 중요성을 인식한 발언이다.

연암의 시대는 농본주의 사회였다. 그 역시 농업에 관심을 기울여 『과농소초』같은 저술을 하였거니와 시장경제의 중요성에 일찍이 착안하였으며, 그에 따라 화폐론에도 일가견을 갖게 되었다.

---

24) 朴宗采, 『過庭錄』, "以徙賤就貴, 商賈之權, 而民國賴之也."

1) 물화 유통과 시장에 대한 인식

바로 앞의 인용문이 나오게 된 배경이 있다. 시점은 1791년(정조 15)이다. 연암의 생애를 보면 계속 재야 지식인으로 있다가 노경(老境)에 생계를 위해 벼슬을 시작하는데, 벼슬길에 나선 초기 한성부 판관으로 있을 때다. 그해에 흉년이 들어서 곡식이 귀해지자 사방의 양곡상이 서울로 몰려들어 많은 이익을 남겼고, 부민들은 이때를 틈타 양곡을 축적해서 곡가가 등귀하는 현상이 일어났다. 이에 해당 장관이 곡가를 억제하고 알적(遏糴, 양곡을 마구 매입하지 못하도록 막음)을 건의하려고 하면서 관계 부서 관료들에게 논의를 붙였다. 연암은 시장에 인위적으로 접근하는 방식에 반대하는 의견을 제출했다. 이때 작성한 논설이 문집에는 빠져 있는데, 그의 일생 사적을 아들이 정리한 『과정록』(過庭錄)에 초록되어 있다. 편의상 글의 내용을 고려해서 제목을 「통상의」(通商議)라고 붙여둔다.[25]

---

25) 『過庭錄』 卷2에 실려 있는 「通商議」(가제)의 전문은 이러하다. "古人所以戒無搖市者何哉? 以徙賤就貴, 商賈之權, 而民國賴之也. 苟無利於其業, 則勢將不顧而去. 豈肯低下其價而賣之乎. 今行此令, 京商將轉輪而之他. 又復阻遏之, 則四方之穀商來者, 聞而必不復入於京江矣. 如是則京師將益困矣. [……] 率土莫非王民. 假令四方之穀, 都聚都下, 遏而不散, 則四方之民, 其將棄而不恤乎. [……] 商賈不可自官操縱. 操縱則停格, 停格則失利, 失利則貿遷之政廢, 而農工具困, 生民無資. 是故商賈之徙賤就貴, 實有袞多益寡之理. 譬如水底輕沙, 蕩漾均鋪, 無有阜陷, 自然之勢也. [……] 民雖私藏, 亦有積貯之效, 貴賤隨勢, 積散有時, 假令今歲抑價傾出, 安知明年又遭荐歉, 其當奈何? 此令決不可行也." 이 글이 나오게 된 경위에 대해 『과정록』은 "其在京兆也, 時値辛亥凶荒, 四方穀商齊集五江, 欲乘京底穀貴以獲倍利. 富民輩亦各乘時貿積而穀價稍騰. 時相有抑減市價, 及遏糴之論, 將建白行之. 於是, 收議於貢市堂上及平市·京兆諸提擧堂上郎官. 先君議略曰, 云云"이라고 서술한 다음, 위의 글을 제시하고 이어 "마침내 선군의 주장을 받아들여서 과연 계속된 흉년에도 해를 입지 않았다"[竟從先君議, 果荐饑而不害]라

고인(古人)들이 시장을 흔들지 말라고 경계한 까닭은 무엇 때문인가? 물화를 흔한 데서 옮겨 귀한 데로 가게 하는 일은 상인의 권한인데 인민과 나라가 그에 힘입게 된다. 진실로 상인들은 자기 사업에 이롭지 못하면 돌아보지도 않고 떠나는 것이 그 형세다. 누가 제값을 잃고서 물화를 팔려고 하겠는가? 지금 이 조처를 취하면 서울에 모인 상인들은 곧 물화를 도로 싣고 다른 곳으로 가 버릴 것이요, '알적'을 하게 되면 서울로 오려던 사방의 양곡상들은 필시 경강(京江)으로 들어오지 않을 것이다. 실정이 이러한 것이니 서울은 장차 더욱 곤란에 빠지게 될 것임이 물론이다.[26]

실무정책적인 성격을 갖는 발언이지만, 연암의 시장에 대한 이론, 즉 그의 경제사상을 엿볼 수 있는 대목이다. 상인의 특성은 물화를 "천한 데서 옮겨 귀한 데로 가게 하는 것"[徙賤就貴]으로, 이를 "상인의 권한"[商賈之權]이라고 규정지은 다음, 상인의 이 고유한 권한은 인민을 유익하게 하고 국가에도 공헌하는 것[民國賴之]이라는 논지를 펴고 있다. 시장기구 자체의 자율적 조절기능을 연암은 분명히 인식했다. 이 이론에 의거, 관권을 행사해서 물가를 억제하고 물화를 단속하는 방식에 반대 의견을 낸 것이다.

상인은 관에서 조종하려 들어서는 안 된다. 조종을 하려 들면 정격

는 말을 덧붙이고 있다. 필자는 일찍이 이 자료에 근거해서 연암의 경제사상의 특성을 논한 바 있다(임형택, 「박지원의 실학사상과 문학」, 『계간사상』 1992년 겨울호).
26) 朴宗采, 『過庭錄』 卷2, 「其在京兆也條」, 『과정록』은 김윤조(『역주 과정록』, 태학사, 1997)와 박희병(『나의 아버지 박지원』, 돌베개, 1998)의 역주가 있다.

(停格, 정지되고 막힘)이 올 것이요, 정격이 오면 실리(失利)를 하게 될 것이요, 실리를 하면 무천(貿遷)의 정사가 황폐하게 되어 농공(農工)이 모두 곤궁하게 되며 생민이 자뢰할 수 없게 될 것이다. 이 때문에 상인의 물화를 천한 데서 옮겨 귀한 데로 가게 하는 일은 실로 부다익과(裒多益寡, 많은 쪽을 삭감해서 적은 쪽을 보태줌)의 이치다. 비유컨대 물밑에 있는 모래가 물살에 흔들려서 가지런히 펴지고 움푹짐푹 되지 않는 현상이 자연스런 형세인 것과 마찬가지다.[27]

'조종'이나 '정격'은 당국이 시장 통제책으로 흔히 쓰던 방식이었던 모양이다. 연암은 관의 무리한 시장 개입은 상인의 손실을 가져오는 데 그치지 않고 '무천의 정사'를 황폐하게 만들어, 직접 생산자인 농민이나 수공업자도 곤궁하게 되는 결과를 초래한다고 주장한다. 상인의 입장을 중시하고 옹호하는 논리에서 출발했지만, 농공을 연관 지어 사고하고 국민 일반에까지 그 사고가 미친 것이다. 특히 시장의 자율적 조절기능을 설명하기 위해 끌어온 물속의 모래 비유는 경제학에서 유명한 '보이지 않는 손'의 조화를 연상케 한다.

선군(先君)께서 일찍이 말씀하셨다. "상인의 업무는 사민 중에서 천업이긴 하지만 상인이 아니면 백물이 유통·운용될 수 없다. 한쪽에 치우쳐 폐기되면 안 되기 때문이다. 또한 재부가 민에 수장된 연후에라야 국용(國用)이 풍족해진다."[28]

---

27) 위의 책.

28) 위의 책, "先君嘗言 : 商賈在四民中, 雖爲賤業, 非商賈百物莫可以流通運用, 所以不可

위의 첫머리에 선군이라 한 것은 『과정록』의 기록자인 박종채의 입장에서 연암을 지칭한 말이다. 연암은 청초의 학자 황종희(黃宗羲)처럼 '농상개본'(農商皆本)이란 표현을 쓰지 못하고 상업이 천업(賤業)임을 일단 인정했다. '농본상말'의 전래적 관점을 고수한 듯 보인다. 하지만 상업의 유통·운용의 역할은 대단히 중요시했다. 내용상으로는 상업의 사회적 기능을 농업에 못지않게 인정했다고 말할 수 있다. 이것이 연암의 지론이었음을 박종채의 기록은 증언하고 있는 것이다. 널리 알려진 인문지리서 『택리지』(擇里志)에서도 "무천(貿遷)·교역의 도(道)는 신농씨(神農氏) 같은 성현이 마련한 법이다. 이것이 없으면 재부를 산생할 방도가 없다"라고 천명했던 터였다. 그리고 무천·교역을 위해서는 "말보다 수레가 더 효율적이며, 수레보다는 선박이 더 효율적이다"라는 견해를 제기하고 있다.[29] 당시로는 대단한 탁견으로 연암보다 앞서 착안한 것이다. 연암과 『택리지』의 저자 이중환(李重煥) 사이에는 경제사상에서 상통하는 면이 선명하다. 그럼에도 상호간에 변별점이 있는 것으로 보인다. 연암이 제출한 상업유통의 논리는 다음과 같은 도식으로 그려볼 수 있다.

사천취귀(徙賤就貴) → 상고지권(商賈之權) → 민국뢰지(民國賴之)

偏廢也. 且藏富於民, 然後國用豊足."

29) 李重煥, 『擇里志』, 「卜居總論·貿遷」, "貿遷交易之道, 乃神農聖人之法也. 無此則無以生財. 然馬不如車, 車不如船. 我國山多野少, 車行不便, 一國商賈皆以馬載貨, 道遠盤纏之費, 贏得少. 是故, 莫如船運載貨以爲貿遷交易之利." 『택리지』의 신문관본은 이 대목이 「생리편」(生理篇)에 포함되어 있는데 규장각본은 「무천편」(貿遷篇)을 구분지어놓았다. 여기서는 규장각본을 인용했다.

이중환의 경우, 첫째 도식상의 목적처인 '민국'을 아울러서 사고했느냐, 둘째 도식상의 중간 과정에서 시장의 자율적 기능을 유의했느냐고 물어볼 수 있겠다. 아마도 이중환은 사고가 그런 방향으로 나아가지는 못했던 것 같다. 연암의 경제사상이 착안했던 아주 귀중한 대목이 아닌가 한다.

그런데 인간 생활에 필요한 온갖 문화의 유통을 시장의 자율적 기능에 맡겨 두느냐, 아니면 가격과 거래를 통제하느냐 하는 문제는 오늘날의 경제정책에서도 항시 현안이 되고 있다. 연암이 제기한 방식의 자유방임적 대응책은 당시 경제현실에서 받아들여지지 않았던 것으로 보인다. 다시 또 박종채의 증언을 들어보자.

그 후로 불초(不肖, 박종채)가 본바 알적(遏糴)할 때도 있었고 늑가(勒價, 가격을 억지로 통제하는 것)할 때도 있었고 조종할 때도 있었다. 서울에서만 그런 것이 아니고 여러 도의 감사와 지방의 수령들도 이런 방식을 채택한 사례가 있었다. 매양 살펴보면 백성의 폐해가 되지 않는 경우가 없었다. 근래 공사(公私) 모두 재용이 고갈 상태에 이른 것은 이 유폐가 아니라고 어떻게 단언할 것이랴![30]

박종채가 기록한 시점은 연암의 사후인 순조연간으로 1820년대 말경이다. '그 후로'라 한 것은 1791년 이후를 가리킨다. 그리고 "공사 모두

---

30) 朴宗采, 『過庭錄』卷2, "其後, 不肖見有遏糴時 · 勒價時 · 操縱時, 非特在京師, 道伯守宰亦或有用此政者. 每審覘之, 未嘗不爲害於民. 而近日公私匱用, 安知不流弊所致耶. 先君右論之明驗, 如執左契, 故幷錄如此"(앞의 주26)에 이어서 붙여진 박종채의 말).

재용이 고갈 상태"라 한 것은 공적영역도 민간영역도 돈이 바닥났다는 뜻이니, 곧 '민국구곤'(民國具困)의 상태에 이르렀다는 말이 된다. 이는 연암이 「통상의」에서 제언한 것과 반대로 시장정책을 폈으며, 그 때문에 19세기 전반기의 경제 상황이 극히 나빠진 것으로 박종채는 진단하고 있다. 당시 상업유통이 제법 활발하게 일어나던 상황에서 고식적이고 방편적인 간섭·통제 위주의 대응책을 썼기 때문에 경제를 곤핍하게 만든 것이라 유추할 수 있겠다.

여기에서 앞서 비유로 쓴 '보이지 않는 손'과 관련해 덧붙여 두고 싶은 말이 있다. 이 말은 필자가 연암을 논하는 자리에 끌어들인 수사적 표현에 지나지 않는다. 자유주의 경제학의 열쇠말인 '보이지 않는 손'(invisible hand)이 갖는 의미와 그대로 동일시할 수 없는 것임은 물론이다. 그렇지만 시장의 자율적 조절기능을 들여다본 연암의 논리와 상통하는 바가 전혀 없다고 단정할 수도 없는 것 같다.

애덤 스미스(Adam Smith, 1723~90)에 의해 창도된 고전적 자유주의는 20세기에서 21세기로 넘어가던 과도기에 맹위를 떨친 신자유주의와는 역사적 의미가 다른 것이다. 고전적 자유주의는 주지하다시피 산업자본주의를 창출한 사상적 모태였으며, 이로부터 근대 경제학이 성립하게 되었다. 인간을 중세적 속박에서 자유롭게 만들고 사회와 국가의 부를 가져다준 것이다.

스미스의 '보이지 않는 손'의 논리에는 두 가지 전제가 있다. 하나는 사상적으로 인간의 이기심·자리심(自利心)을 긍정한 점이요, 다른 하나는 방법상으로 경쟁의 논리를 도입한 점이다. 연암의 '보이지 않는 손'에는 이 두 가지 점이 그렇게 선명하지 못하다. 연암의 사상도 인간성에 바탕을 두고 '손이 안으로 굽기 마련'인 형세를 간과하지 않았으므로 이기심의 긍정이 전제된 것이며, 자연스럽게 이루어지는 균형에는 경쟁의 논리가 내포된 것으로 여겨지기도 한다. 문제는 연암의 경우 아직 경제학의 이론을 갖출 수 있는 사회 배경이 조성되지 않았으며, 따라서 정책적 제언에 그치고 있었다. 요컨대 '보이지 않는 손'이란 비유적 표현을 같이 쓸 수 있다 해도 양자는 역사적 문맥이 동일하지 않다. 그렇지만 시장의 자율적 기능을 옹호한 연암의 경제사상에는 흥미롭게도 국부(國富)라는 개념이 들어와 있다.

2) 화폐론

한국실학의 비조로 일컬어지는 반계(磻溪) 유형원(柳馨遠, 1622~73)은 화폐에 관해서도 일가견을 표명한 바 있다. 그는 화폐의 본질을 '무용'으로 '유용'의 물화를 유통시키는 것이라고 규정짓는다. 이에 비추어 당시 조선은 유용의 면포(綿布)를 화폐로 대용하고 있기 때문에 여러 가지 문제점을 야기하고 있다는 것이 그의 지론이었다. 그는 금속화폐를 통용시킴으로써 훼손이나 부패로 인한 손실을 막고 운반의 노고를 줄일 수 있다고 말한다. 무용의 화폐가 발휘하는 매개적 기능은 무궁한 가치를 발휘할 수 있다는 논법이다. "화폐는 국용(國用)을 풍족하게 하고 민생을 부유하게 하는 수단이 되므로 국가를 경영하려면 필히 통행시켜야 할 것이다"[31]라고 주장하였다. 이처럼 유형원은 화폐시대를 여는 사상적 준비를 한 셈이다.

17세기 말엽, 숙종 4년(1678) 금속화폐인 상평통보(常平通寶)가 통용되기 시작한 이후로 조선은 화폐경제의 발전을 보았다. 그에 따른 부작

---

31) 柳馨遠, 『磻溪隨錄』, 「本國錢貨說附」 卷8 張19~23.

용이 여러 가지로 발생했으며, 특히 전황(錢荒)이라고 일컬어지는 문제점은 화폐경제의 진로상에 두고두고 해결하지 못한 만성적 장애였다. 실학자라면 화폐 문제에 관심을 두지 않을 수 없었다. 그래서 화폐에 대한 논의가 여러 가지로 제기되었는데 크게 보아서 화폐긍정론과 화폐부정론으로 구분해볼 수 있다.[32] 전자의 입장을 대표하는 학자로는 유수원, 후자의 입장을 대표하는 학자로는 성호(星湖) 이익(李瀷)이 손꼽힌다. 먼저 양측의 화폐에 대한 서로 다른 견해를 간략히 청취해본 다음, 연암의 경우로 들어갈까 한다.

화폐긍정론은 상업을 중시하는 관점과 일맥상통하고 있다. 유수원은 상업을 천시하는 전통적 관념을 화폐경제의 정상적 발전을 가로막는 주요인으로 본다.

우리나라 사람들은 실속 없이 명분을 좋아해서 한갓 선비만 존귀한 줄 알고 상공인을 천시한다. 그런 까닭에 아무리 모리배라도 겉으로는 장사치의 일을 부끄럽게 여기니 전화(錢貨)를 비축해두고 암암리에 이익을 노리고 있다.[33]

명분론(名分論)에 사로잡힌 조선조 사회의 고질적 병폐를 정확히 짚은 발언으로 생각된다. 상공인을 천시하기 때문에 음성화되며, 사회 전

---

32) 필자는 「화폐에 대한 실학의 두 시각과 소설」(『민족문학사연구』18, 2001)이라는 논문을 발표한 바 있는데, 실학자들의 화폐에 대한 시각을 긍정론과 부정론으로 구분해 보았다.
33) 柳壽垣, 『迂書』卷7, 「論錢幣」, "我國之人, 好名無實, 徒知士人之可貴, 賤汚工商. 故雖牟利之輩, 外恥商賈之事, 不得不貯蓄錢貨, 暗中射利."

반의 풍조가 "전화(錢貨)를 비축해두고 암암리에 이익을 노리는" 행태
가 자행된다는 것이다. 화폐가 화폐의 기능을 발휘하지 못하고 퇴장되어
기껏 횡재를 노리거나 아니면 농토에 투여되고 만다. 그리하여 양반이란
부류들은 겉으로는 장사치라는 말을 듣는 것을 무척 싫어하지만, 기실은
"행상(行商)·좌고(坐賈)의 광명하고 통쾌함만 못하다"라고 양반의 위선
을 매도한다. 이에 비해 돈을 벌기 위해 발벗고 나선 상인들의 상행위는
오히려 당당한 행위로 말하였다.[34]

화폐긍정론자인 유수원의 과제는 화폐 유통상의 장애요인을 제거하
고 그 소통을 정상화·활성화시키는 데 있었다. 유수원은 여기에 두 가지
원칙을 제시하는데 '출납유방'(出納有方), 돈이 나가고 들어오는 데 질
서정연해야 한다는 것이요, 그리하여 '전법자통'(錢法自通), 그 자체의
이치에 따라 소통되도록 해야 한다는 것이다. 즉 돈의 흐름 그 자체의 속
성에서 해법을 찾았다. 또 주목할 점은 화폐를 다루는 전문기구로 전관
(錢官)의 설치를 제안한 점이다. 유수원은 국가가 화폐를 통일적·합리
적으로 관리 운영하면 상공업의 문이 활짝 열리고 시장기능이 활성화
될 것으로 내다본다. 그리하여 "사민이 모두 각기 직업을 얻어서 부강
(富强)의 실효를 빠른 시일에 기대할 수 있다"[35]는 낙관적 전망을 내놓
고 있다.

화폐부정론자들은 화폐라는 것이 인간의 삶에 왜 필요하냐는 원천적

---

34) 위의 책, "[……] 終不肯販賣飜轉, 深藏伺便, 以爲求田買僕之計. 此雖外似厭避商賈之
名, 而其所以暗地營利, 自壞心術, 則反不如行商坐賈之光明痛快也."
35) 위의 책, "今之救此, 莫如設置錢官, 督理錢法, 歲鑄額錢, 以救錢荒, 仍以設法, 禁行惡
錢, 使之納官而代給新錢. 要使一國之利, 出於一孔, 然後大開工商之門, 興行商販, 則
私鑄之姦, 無自而售, 四民各得其職, 而富强之效, 指日可俟矣."

인 질문을 던진다. 다음은 성호의 발언이다.

　지금 이 돈이 통행되기 시작한 것은 기껏 40년 전부터인데 쓰이기 전
에는 그 손실이 어떠했으며, 쓰인 이후로는 그 이익이 어떠하였던가?
민산(民產)으로 말할 것 같으면 날로 줄어들고, 민풍(民風)으로 말할
것 같으면 날로 야박해지고, 국고로 말할 것 같으면 날로 텅 비는 실정
이다. 그 손익을 따져 보면 대략 알 수 있다. 오직 징렴(徵斂)의 편이함
때문에 많이들 돈이 유익하다고 말한다. 그러나 민이 이미 손실을 입고
있거늘 나라가 어떻게 홀로 이득을 얻으랴![36]

　위의 글을 쓴 시점은 18세기 초반으로 추정된다. 화폐시대로 진입한
이후의 손익계산서를 뽑아본 셈이다. 그 결과 성적이 지극히 불량할 뿐
아니라 부작용도 많은 것으로 판단하고 있다. 성호는 돈의 유익함을 모
르지 않았다. "돈을 폐지하면 곡식이 썩어나고 옷감이 거칠어지는 병폐
가 발생한다"라고 말했다. 요는 농민적 입장에서 화폐경제를 결산한 것
이다. 이 점이 성호가 가졌던 화폐론의 특성이다.
　성호는 화폐가 통용되는 세상에 대해 비관적 인식을 하고 있었다. 그
는 '무전(無錢)의 사회'를 동경했는데 이미 돈 없는 세상으로 돌아가는
일이 불가능하게 된 현실 또한 모르지 않았다. 그래서 궁여지책으로 돈
한 개의 무게가 1천 푼(分)이 나가는 대전(大錢)을 만들자고 고안해보기
도 했다. 돈을 아주 무겁게 주조해서 화폐통용을 제약하자는 생각이다.
　성호의 이러한 화폐부정론도 화폐긍정론과 나란히 화폐시대의 사상

---

36) 李瀷, 『藿憂錄』, 「錢論」.

이라는 점에 유의해야 할 것이다. 화폐에 대한 긍정론과 부정론은 입장 차가 너무 커서 같이 실학의 범주에 속할 수 있을까 하는 의문이 들기도 한다. 실학의 사상적 진폭으로 해석해야 할 것이다.

양자의 차이는 궁극적으로 구상하는 국가사회의 상을 각기 다르게 그리게 된다. '무전의 사회'를 동경한 성호는 "(한 사람이) 힘을 들이는 것은 1경(頃)을 넘지 못하고 지혜를 쓰는 것은 100리를 나가지 못한다. 그 땅에서 안주하고 그 식량으로 살아가며 자기 생업을 즐기니 국가는 여기에 기초한다"라고 말한다. 이는 마치 톨스토이의 동화적 세계, 다름 아닌 '이반의 나라'를 연상케 하는데 동양사상에서 원류를 찾자면 노자(老子)의 소국과민(小國寡民)의 국가상에 닿는 것 같다. 반면 유수원의 중상(重商)에 기초한 국가사회의 지향점은 '부강'에 있었다.

시장경제에 대한 이해가 깊었던 연암이 화폐긍정론의 입장에 섰던 것은 당연하다. 연암의 생각은 유수원의 논리와 전반적으로 통하고 있다. 유수원은 당파상에서 이른바 준소(峻少, 과격파 소론)에 속하며 1755년에 당화를 입어 처형당한 인물이다. 이에 대해서 연암의 가계는 그 반대파에 속했다. 당파적 입장과 학술이론은 일단 구별해서 보아야겠지만, 양자의 경제논리가 어떻게 통할 수 있었는지는 따로 따져 보아야 할 점이다.

연암이 화폐 문제를 본격적으로 다룬 「천폐의」(泉幣議)를 쓴 시점은 1792년이다. 그가 1년 전에 쓴 「통상의」와 경제이론이 연계되어 있다.

「천폐의」의 주제는 전황을 어떻게 해결하느냐다. 유수원이 화폐를 논한 시점으로부터 40년 정도 지나서였다. 그사이에 긴 세월이 지났음에도 전황은 여전히 해결을 보지 못한 난제 중의 난제였다. 그 당시에 전황의 대책으로 돈을 중국에서 수입해 오자는 논의가 진행되고 있었다. 이 사실을 듣고 연암이 「천폐의」를 작성해 당시 신임 우의정을 통해 올린 것이다. 당시 현안이었던 중국화폐, 즉 당전(唐錢)을 들여오려는 데 대해서 연암은 이렇게 비판하고 있다.

들건대 국내에 당전(唐錢)을 통용시켜 전황을 구제하기로 하고 바로 이번 동지사(冬至使) 편에 들여오도록 허용했다 한다. 이는 결코 옳은 정책이 아니다. 동전은 한발이나 홍수로 재해를 입는 물건도 아닌데, 어찌 곡식이 흉년을 만난 것처럼 '황'(荒)이라 일컫겠는가. '황'이라 일컫는 까닭은 돈길[錢道]이 너무도 난잡해져서 마치 논밭에 우거진 잡초를 제거하지 않은 것과 같다는 의미다.[37]

전황이란 논밭에 잡초가 무성하듯 돈의 통로가 혼잡해진 상태를 가리키는 말이라 한다. 따라서 해결책은 돈의 통로, 돈길을 맑게 하는 데 있다. 전황을 해결한다고 당전을 들여오려는 것은 '화살 따라 과녁 세우기' 아니면 '언 발에 오줌 누기' 같은 임시방편에 지나지 않으며, 그 수입업자인 역관들의 주머니만 채워주는 짓이라는 판단이다. 그뿐만 아니라 당전을 수입하자면 은을 밖으로 유출할 수밖에 없으며 자국의 돈길을 스스로 혼란하게 만드는 결과를 가져올 것이라 한다. 앞서 유수원은 화폐 퇴장 현상이 일어나는 근본 원인을 상업을 천시하는 사회적 통념에서 찾았거니와, 연암은 화폐 퇴장으로 인한 전황 문제를 접근함에 있어서도 원칙에 입각할 것을 첫째로 강조했다.

---

[37] 『燕巖集』卷2,「煙湘閣選本·賀金右相履素書」.

그러므로 재부를 잘 다스리는 방도는 다른 데 있는 것이 아니다. **화폐가치의 경중을 잘 헤아리고 물화의 귀천을 적절히 조절하는 것**이 긴요하다. 그래서 막힌 것은 소통을 시키고 넘쳐 나는 것은 막아서, 화폐의 가치가 지나치게 오르거나 지나치게 떨어지지 않도록 하며, 물화가 너무 귀해지거나 너무 천해지는 때가 없도록 해야 할 것이다.[38]

인간들이 생산하고 인간들이 필요로 하는 각종 물자들이 화폐의 매개·조절기능으로 상호 균형을 취하도록 하는 것이 요령이다. "막힌 것은 소통을 시키고 넘쳐 나는 것은 막"는 일은 화폐가치의 적정선에 달려 있다. 앞서 주목해 거론했던 「통상의」에서 연암이 자율적 조절기능을 착안했던 바로 그 논법이다. 돈을 우리나라에서 '상평통보'라고 칭한 것도 화폐와 물화의 균형을 상시 유지하려는 뜻이었음을 연암은 일깨우기도 한다.

연암은 전황 문제에 임시변통으로 대응하거나 좁은 소견으로 덤벼들어서는 안 된다는 점을 거듭 역설했지만, 그렇다고 원론만 펴고 그만둔 것이 아니었음은 물론이다. 당면한 현안에 대해서 구체적이고도 실무적인 방안을 여러 가지로 제시하고 있다. 현행의 법화인 동전에 대해 전반적인 관리 운용 차원에서의 획기적인 제안, 당시 국제적인 결제 수단인 은을 화폐의 중심으로 살리자는 주장 등이 그것이다. 이들 방안은 화폐경제를 정상적으로 발전시키려는 데 취지가 있었다. 그리고 거기에는 국부(國富)에 대한 고려가 따르고 있었다.

---

38) 위의 책.

3) 국부 문제

다음은 「천폐의」의 첫 단락이다. 이 대목은 글 전체의 강령에 해당하는 내용이다.

> 오늘날 **"백성의 근심과 국가의 계책"**[民憂國計]**은 전적으로 재부**(財賦)**에 달려 있다.** 우리나라는 배가 외국으로 통하지 않고 수레가 국내에 다니지 않기 때문에 생산된 재부는 항상 일정한 양이 그대로, 관에 아니면 민간에 있을 수밖에 없다. 그런데 공사간(公私間)에 다 고갈이 되고 상하가 모두 곤란을 겪고 있는 것은 무엇 때문인가? **이재**(理財)**의 법술**이 제 길을 얻지 못한 까닭이다.[39]

"오늘날 '백성의 근심과 국가의 계책'은 전적으로 재부에 달려 있다"는 제일성은 화폐경제 시대의 실정을 간단명료하게 드러낸 말이다. 오늘날 우리가 살아가는 현실에 있어서도 대다수 사람의 이해도 애환도 오직 돈에 있고 국가정책도 경제가 우선 아닌가. 기본적으로 화폐경제 시대의 연장선에 놓여 있기 때문이 아닌가 한다. 이어서 "우리나라는 배가 외국으로 통하지 않고 수레가 국내에 다니지 않"는다라고 지적한 데는, 그렇기에 무역·유통이 부진할 수밖에 없고 따라서 경제가 발전하기 어렵다는 안타까운 뜻이 담겨 있다. 개개의 인간도 국정의 차원에서도 오로지 재부에 매어 있기 때문에 "이재의 법술"이 제 길을 찾는 것, 오로지 여기에 달려 있다는 것이다. "이재의 법술"이란 곧 재부를 운용하고 관리하는 방도를 가리킨다.

---

39) 위의 책.

위의 논리는 항상 민(民)과 국(國) 양자를 연계해서 사고한 점이 특색이라 하겠다. 국부 문제도 민부와 분리해서 생각하는 것이 아니다. 유민익국(裕民益國)이 바로 그것이다. 그런데 국가적으로 마땅히 챙겨야 할 '이재의 법술'이 있다. 이와 관련해서 연암이 가장 역점을 두어 논한 것은 은이다. "은은 재부로서 최상의 화폐이며, 천하가 공히 보물로 여기는 것이다." 그럼에도 당시는 동전만을 법화로 인정하고 은은 돈으로 취급조차 하지 않는 실정이었다. 밖으로 눈을 돌려 보면 국제간의 교역에서는 오직 은이 결제 수단이었다. 연시(燕市)에서 물화를 사들이느라고 지출하는 은이 1년만 해도 10만 냥이니 10년을 치면 100만 냥이나 된다고 연암은 통탄한다.

천년이 가도 부서지지 않을 보물을 들고 나가서 한 해 겨울이면 해져 못 쓰는 것을 바꿔 오고, 산에서 채굴하는 유한한 재물을 실어다가 한 번 가면 다시 못 돌아올 땅으로 보내버리다니 천하의 졸렬한 계책이 이보다 더한 것이 있으랴![40]

은이 해외로 빠져나가는 사태를 두고 연암은 고도로 심각한 표현을 써서 반성을 촉구한 내용이다. 이에 은을 법화로 공인하는 방법과 함께 은의 해외 유출 방지책을 여러 가지로 고안하고 있었다.

연암은 국제적 안목이 있었기에 은을 최상의 화폐로 보았고, 그래서 보존하지 않으면 안 되는 국부로 인식한 것이다. 영국의 경제이론가 토머스 먼(Thomas Mun, 1571~1641)이 "가능한 한 수출을 늘리고 수입

---

40) 위의 책.

을 억제해서, 그 차액을 귀금속의 형태로 나라에 유입하게끔 하는 것이 국가를 풍요롭게 하는 길이다"라고 한 중상주의적 주장과 유사한 논지로 여겨진다. 중상주의적 보호무역 정책에 대해서 비판적이었던 스미스의 견해와는 다름이 있다. 그렇다 해서 스미스가 자유무역으로 마구 개방하고 귀금속이 해외 소비재의 구입으로 유출되는 사태를 방관했던 것 또한 아니었다.[41] 스미스의 국부 개념과 연암의 국부 개념을 등치시켜 볼 것은 아닐 터이다. 스미스와 연암은 비록 동시대를 살았지만 스미스가 국부를 사고한 근대국가, 국제무역이 성행한 서구를 연암이 경험했던 것은 아니지 않는가. 그렇지만 연암에게도 국부의 문제를 중요하게 떠올린 경제현실이 있었고, 거기에는 사상적 연원도 있었다.

연암이 제기한 국부의 논리는 '유민익국'이라는 네 글자에 요약되어 있다. 이 유민익국이라는 말은 우리나라의 문집 총간이나 왕조실록 같은 문헌에서 용례가 잡히지 않는다. 중국고전에서도 출전을 확인할 수 없었다. 연암이 처음 쓴 용어가 아닌가 한다. 이와 비슷한 말로 『순자』(荀子)의 「부국편」에 '유민족국'(裕民足國)이란 말이 보인다. 『순자』의 「부국편」에는 '국부'란 표현도 나온다. 연암은 아마도 『순자』의 「부국편」을 읽고 영향을 받았을 것이며, 유민족국이라는 순자적 표현을 유민익국으로 바꾸었을 듯싶다.

그런데 순자적 유민족국과 연암적 유민익국은 표면상으로는 의미가 다르지 않으나 성격을 따져 보면 차이점이 적지 않다. 순자는 부국의 방도에 대해서 결론적으로 "농토의 세(稅)를 가볍게 하고 관시(關市)의 세를 공평하게 하며, 상인의 숫자를 줄이고, 백성을 역역(力役)으로 동원

---

41) 애덤 스미스 지음, 유인호 옮김, 『국부론』, 동서문화사, 2008, 1108~10쪽.

하기를 드물게 하여 농번기의 시간을 빼앗지 않고 이렇게 하면 '나라가 부유'[國富]해진다. 이것이 정치로써 '유민'을 이루는 방도라고 할 수 있다"라고 말했다. 맹자가 늘 강조했던 인정(仁政) 애민(愛民)과도 다르지 않다. 다만 부국에 힘쓰는 정책은 맹자에게 있어서는 고려 밖에 있는, 긍정하지 않는 방향이었다. 또 유의할 점은 순자의 경우 억상적(抑商的) 방향에서 부국의 길을 찾고 있다는 점이다. 순자는 "공상인이 늘어나면 나라가 가난해진다"라는 발언도 하고 있다. 순자적 '유민족국'은 농본주의에 기반한 것으로 읽힌다. 반면 연암적 '유민익국'은 상업유통의 조절, 균형의 기능을 활성화해서 농업도 발전하고 공업이 육성되는 방향으로 나아가자는 취지였다.

요컨대 연암은 국부의 문제를, 농업을 소홀히 본 것은 결코 아니지만 상업을 중심에 놓고서 사고하였다. 그것은 화폐경제 시대의 사상이다. ① 안으로 화폐경제가 마침 발흥하고 ② 중국과의 교역 및 중국과 일본을 연계하는 중개무역이 행해졌으며 ③ 서양의 진출이 가시적으로 확장되는 당시의 제반 상황이 연암에게 국부 문제를 인식하도록 만든 배경이 되었다고 말할 수 있다.

연암이 제기한 국부의 논리는 민부와 짝을 이루고 있는 점이 중요하다. 민부의 실현에서 국부의 증진을 사고한 것이었다. 연암의 국부 개념은 경제이론으로 체계화되는 수준에 이르지 못했던 사실도 아울러 유의해야 할 점이다.

4. 『열하일기』와 이용후생론

'이용'(利用)이 된 연후에 '후생'(厚生)이 가능하며 '후생'이 된 연후

에 덕을 바로잡을 수 있다.[42)]

'이용'은 도구를 예리하게 개발해서 생산력을 증대하는 것을, '후생'은 삶을 풍요롭게 만드는 것을 뜻하는 말이다. 즉 기술개발을 도모해서 인간의 삶을 풍요롭게 가꿔 가자는 취지다. 이러한 이용후생은 어디까지나 목적지를 '정덕'(正德)에 두고 있음에 유의할 필요가 있다.[43)]

『열하일기』에서 그 저자가 압록강을 건너 중국대륙으로 들어가면서 했던 발언이다. 이용후생의 목적지로 잡은 정덕은 어디일까? 정덕은 글자풀이 그대로 좁은 의미의 도덕질서를 바로잡자는 의도로 그치는 것이 아님은 물론이다. 이용후생과 연계해서 해석해야 할 물음인데, 『열하일기』를 어떻게 읽을 것인가라는 문제와 직결되어 있다.

1) 『열하일기』의 독법

『열하일기』의 주지는 북학(北學)에 있다는 것이 종래의 통설이다. 이 글의 제1절에서 거론했지만, 『열하일기』를 역사학적으로 접근한 시발점인 김석형의 논문에서부터 이미 북학이란 말이 긴요한 개념어로 들어와

---

42) 『熱河日記』, 「渡江錄」, "利用然後, 可以厚生, 厚生然後, 正其德矣."
   『열하일기』의 번역문은 이가원(『국역 열하일기』, 민족문화추진회, 1968), 리상호 (『열하일기』, 보리, 2004), 김혈조(『열하일기』, 돌베개, 2009) 등을 참고해서 필자가 작성한 것이다(이하 같음).

43) 원래 『서경』(書經), 「대우모」(大禹謨)에는 "정덕·이용·후생, 유화"(正德·利用·厚生, 惟和)로 나와 있다. 정덕은 "스스로 덕을 바로 한다"라는 뜻으로, 윗자리에 있는 사람이 자신의 덕을 바로 해서 남을 다스린다는 의미다[孔穎達疏]. 즉 통치자의 입장에서 자기 수양을 의미하는 것이 전통적인 해석이었다. 연암은 정덕을 이용후생의 뒤에 배치하여 세상을 바로 한다는 의미로 새롭게 해석한 것으로 보인다.

있었다. 이후 오늘에 이르도록 『열하일기』 하면 으레 '북학의 책'으로 생각되고 있는 형편이다. 북학이 가리키는 의미를 김석형 자신이 "배도 만들어보고 길도 내어보고 다리도 놓아보고 차도 만들어보자"라는 것이라고 명쾌하게 규정한 바 있다. 여기서 북학은 이용후생에 다름 아니다. 그 당시에는 배울 곳이 오직 중국이었기 때문에 북학이라고 지칭했을 뿐이다. 나아가서 연암을 중심으로 하는 학술유파를 학파로 일컫게까지 되었다. 이런 『열하일기』에 대한 '북학적' 독법은 문제점이 있다는 것이 필자의 지론이다.[44] 이에 관한 견해를 누차 표명했던 터요, 지금 이 지면은 그런 논의를 펼칠 자리도 아니다. 다만 연암의 이용후생 사상을 제대로 이해하자면 필요하다고 여기기 때문에 먼저 짚고 가려는 것이다.

『열하일기』는 북학적으로 읽을 소지가 다분히 있다. 그 작가는 중국의 발전상을 곳곳에서 직접 눈으로 확인하고 자국의 낙후한 실상을 돌아보며 동포들의 미개한 생활상을 생각하여 깊은 한숨을 내쉬곤 한다. 조선이 낙후하게 된 이유는 다른 무엇보다도 숭명반청(崇明反淸)이라는 이데올로기적 질곡 때문임을 뼈저리게 느낀다. 숭명반청이 불러온 북벌(北伐)이라는 허위의 정치논리를 북학이라는 현실적 실천논리로 전도시키려 한 셈이다.

여기에 한 가지 주의할 점이 있다. 당시 동아시아의 청 황제 체제를 작가 연암이 긍정하고 지속되어야 할 것으로 인정하였느냐 하면 그것은

---

44) 임형택, 「박지원의 주체의식과 세계인식: 『열하일기』의 분석」, 『제3회 국제학술회의 논문집: 동아시아 삼국 고전문학의 특징과 교류』, 성균관대 대동문화연구원, 1985; 『실사구시의 한국학』, 창작과비평사, 2000.
『열하일기』에 대한 종합적인 연구로는 김명호, 『熱河日記硏究』, 창작과비평사, 1990을 들 수 있다.

아니었다. 연암은 만청(滿淸)이 중국의 주인으로 군림하고 있다는 사실을 명분론적으로 부인한 것은 아니지만, 궁극적으로는 청산되어야 할 역사적 과제로 사고하고 있었다. 따라서 청 황제 체제의 붕괴 징후는 어디에서 발생할까, 천하대세는 장차 어떻게 될까를 예의주시한 것이다. 특히 「심세편」(審勢篇)을 비롯해서 「곡정필담」(鵠汀筆談), 「망양록」(忘羊錄) 등은 "천하의 대세를 속상풍요(俗尙風謠)에서 살핀 것"이라는 『과정록』의 지적처럼 대국(大局)의 정세를 파악하려는 작가의식이 구현된 내용이다.

『열하일기』는 '이용후생의 문제'와 '천하대세의 전망'이란 두 축으로 구성된 작품이다. 작가의 주제의식으로 볼 때, 양자는 분리할 성질이 아니고 작가 특유의 글쓰기 형식을 통해서 하나의 전체를 이루고 있다.

그런데 『열하일기』는 애초부터 오늘에 이르도록 북학적 측면으로 부각된 반면 천하대세의 전망이란 측면으로는 조명을 받지 못했다. 그 두 측면은 경중과 우열을 따질 성질은 아니라고 보지만, 주제의 귀결처는 오히려 후자에 가 있는 것으로 생각된다. 작가는 북학을 대국적인 세계 개편을 위한 물적 기반 조성으로까지 의식했던 것으로 보인다. 그럼에도 정작 중시되어야 할 이 측면은 왜 간과해왔을까? 요컨대 우리 근대의 정신 상황이 『열하일기』의 해석상에 투영된 결과로 보인다. 다름 아닌 주체적 세계인식을 결여한 근대주의 말이다. 필자는 "오늘날 미국과 긴밀한 관계를 맺어왔고 학계 및 일반의 관심이 온통 그쪽에 경도되어 있음에도 아직 『열하일기』에 비견되는 주제의식을 담은 '미국기행'(美國紀行)이 한 권도 나오지 않은 현재의 한국적 풍토와 무관하지 않을 것이다"[45]라는 반성적인 발언을 한 바 있다.

이제 『열하일기』라는 텍스트 읽기의 한 사례로 「옥갑야화」를 들어본다. 한국문학사의 정전으로 위치가 확고한 「허생전」은 기실 『열하일기』 중 「옥갑야화」의 일부분이다. 「옥갑야화」는 북경을 다녀오는 도중에 옥갑(玉匣)이란 처소에서 하룻밤 묵으며 사행의 여러 인원과 침상에 둘러 앉아서 나눈 이야기들을 엮어놓은 형식이다. 『천일야화』(千一夜話)가 시간적 제목이라면, 「옥갑야화」는 공간적 제목이다. 「옥갑야화」의 이런저런 이야기 중에서 '허생의 일'이 가장 압권이어서 분리 독립을 하게 된 것이다. 전체에서 달걀의 노른자위처럼 또렷하기 때문에 이렇게 되었다고 이해할 수 있다. 하지만 그것을 앞뒤로 둘러싼 부분까지 포괄해서 원 상태를 복원해 읽는 편이 작가의 본뜻이기도 하고, 작품의 내용을 훨씬 풍부하게 맛보게 되는 이점이 있다. '허생의 일'이 전개되기 전에 나온 한 편의 삽화를 들어보자.

변승업(卞承業)이 병으로 드러눕자 돈놀이로 나가 있는 돈이 얼마나 되는지 알아보려고 회계 장부를 전부 모아서 계산해보니 도합 은(銀) 50만여 냥이 되었다.
　그의 아들이 말했다.
　"이 많은 돈을 출납하는 것이 번거롭고 오래가면 축날 우려도 있으니 차제에 거둬들이는 것이 좋겠습니다."
　이 말을 듣고 변승업은 벌컥 화를 내 꾸짖었다.
　"이것은 서울 성중 만호(萬戶)의 생명줄이다. 어떻게 하루아침에 끊는단 말이냐! 빨리 돌려주도록 하여라."
　변승업은 늙어 죽음이 가까운 줄 알고 자손들에게 경계하여 일렀다.

45) 임형택, 「박지원의 주체의식과 세계인식: 『열하일기』의 분석」, 위의 책, 154쪽.

"내가 섬긴 조정의 대감 중에 한 손에 국정을 장악한 이들이 많은데, 자기 살림처럼 주무른 어른도 삼대를 내려가는 경우가 드물더라. 국중에 돈놀이하는 사람들이 우리 집에서 돈이 나가고 들어오는 것을 보아 이율의 고하를 삼고 있으니[視吾家出入爲高下] 이 또한 국정을 장악하고 있는 셈이다. 흩어버리지 않으면 장차 화가 미칠 것이다."

그의 자손들이 번창하면서도 대부분 가난한데 이는 변승업이 노경에 많이 흩어버렸기 때문이라 한다.[46]

위 이야기의 주인공 변승업은 17세기 중엽에 활동한 실재 인물이다. 역관가계에 속했는데 "국중에 돈놀이하는 사람들이 우리 집에서 돈이 나가고 들어오는 것을 보아 이율의 고하를 삼고 있다"라고 했으므로, 독점적인 금융자산가라고 할 수 있겠다. 오늘날 우리가 경험하는 후기 자본주의 단계의 금융 형태와는 성격이나 존재 방식이 물론 크게 다르다. 그럼에도 당시 벌열(閥閱)이 국정을 장악하듯, 변씨 일가는 금융으로 잡고 있으니, 이 또한 국정을 장악한 셈이라고 스스로 자부한 것이다. 실로 경제사에서 주목할 내용이다.

변승업은 허생 이야기에 등장하는 변 부자 그 사람으로 대개 알고 있으나 그렇지 않다. 작중에서 생면부지의 허생에게 사업자금을 빌려주었다가 큰돈을 벌게 된 변 부자는 이름이 밝혀 있지 않으나 시기를 맞춰보면 대략 변승업의 조부대에 해당한다. 허생 이야기는 변씨 가의 치부 유래담인 셈이다. 한편으로 「옥갑야화」의 전체 구성상으로 보면, 위의 변승업 일화는 본론의 도입부로 일종의 복선으로 읽혀진다.

---

46) 『熱河日記』, 「玉匣夜話」.

주인공 허생은 사(士)의 전형으로 설정된 인물로 해석할 수 있는데 작가의 분신이기도 하다. 작가는 허생을 통해서 자신이 실현하지 못한 경륜을 펼쳐 보인 형태다. 허생은 '남산골딸깍발이'로 독서를 하던 끝에 집을 나와서 변씨에게 융자하여 사업가로 변신했다. 그리하여 국내에서 상행위로 크게 이익을 남긴 다음 해외로 진출하여 무인도를 개척한 뒤 국제무역을 해서 마침내 엄청난 부를 이루게 된다. 그리고 다시 '글 읽는 선비'로 원위치 한다. 오늘의 눈으로 보면 허생은 실로 굉장히 치부를 하여 자본을 축적하고도 그 자본을 자본으로 운동시키는 방향으로 가지 않고 어이없게 물러서버린 것이 아닌가. 이때 허생은 변씨를 향해서 "재화로 인해서 얼굴빛이 달라지는 것은 그대들의 일이오. 만금이 어찌 도를 살찌게 하겠소!"라고 자신을 변씨와 뚜렷이 경계 짓는다. 일시 사업가로 나섰지만 그것은 탈바꿈에 지나지 않으며 사의 정체는 바뀔 수 없다는 논법이다. 그것은 다름 아닌 연암이 희구해 마지않던 원사(原士)의 전형이다. 그가 말하는 도는 사로서의 가치지향일 텐데 내포 의미는 무엇일까?

허생은 사업가로 대성공을 거둔 다음 "이제 나의 조그만 시험이 끝났다"라고 혼잣말을 한다. '조그만 시험'이란 무엇을 가리킬까? 국내교역과 국제무역 등의 사업이 '조그만 시험'에 포함된 것임은 물론이다. 하지만 그것이 다는 아니다. 허생이 개척한 섬에 남녀 2천 명을 남겨놓고 떠날 때 그가 한 말이 있다.

내가 처음에 너희와 이 섬에 들어올 적엔 먼저 부(富)를 이룬 연후에 "문자를 따로 창제하고 의관을 새로 제정하려"[別造文字 刱製衣冠] 하였더니라. 그런데 이곳은 "땅이 좁고 덕이 박하니"[地小德薄] 여길 떠나련다.[47]

허생이 천명한 '별조문자(別造文字) 창제의관(刱製衣冠)'이란 여덟 자는 극히 추상적이기는 하지만, 나름으로 이상국가 건설을 계획한 것으로 여겨진다. 『홍길동전』의 율도국에 비견된다. 율도국의 사회 모습이 "강구(康衢)의 동요와 노인의 격양가(擊壤歌)는 요순에 비길러라"라고 상찬하였듯, 기껏 고대적 이상국가의 재현에 그친 데 반해 허생의 기획은 기존의 한자·유교권과 다른 문명세계의 건설을 상정한 것임이 분명해 보인다.

한편으로 「옥갑야화」는 『홍길동전』의 율도국과 서사적 문맥이 같지 않다. 율도국으로 간 홍길동은 영영 본국으로 돌아오지 않았지만 「옥갑야화」에서는 허생을 조선으로 데려오는 것이 서사의 문맥이었다.

사의 본분으로 원위치한 허생이 보여준 가장 현저한 행적은 북벌(北伐)의 총참모격인 이완 대장을 대면해서 포문을 연 '시사 3언'(時事三言)이다. 당시 조선의 국시인 북벌 계획에 대한 발언이다. 「옥갑야화」의 작가가 말하고자 했던 핵심으로 여겨지는 대목이다. 그런데 이 대목의 해석이 엇갈린다. 요는 조선의 국시인 북벌책이 허위임을 폭로, 비판하는 의미를 담고 있다고 보는 것이 대체적인 견해지만 반론도 만만치 않다. 앞서 실학연구사에서 중요하게 거론했던 홍기문의 논문은 허생의 입을 빌려 "북벌계획이 소루한 그것을 탄핵하였을 뿐"이며 "대명의리(對明義理)란 [……] 여기 이르러는 일보의 전진이 허락되지 못하였"던 것으로 지탄하고 있다. 이 문제를 어떻게 봐야 할 것인가?

홍기문의 이러한 견해는 꼭 틀렸다고는 말하기 어렵다. 그렇게 간주할 만한 구절들이 『열하일기』와 『연암집』의 본문에 들어 있기 때문이다.

47) 위의 책.

344

「옥갑야화」에서 허생이 '시사 3언'을 발언할 때 딱히 북벌 자체를 반대한 것은 아니었다. 여기에 두 가지 측면을 들어둔다. 하나는 『열하일기』의 표현 수법에 관련한 사항이다. 작가는 필요에 따라 '논설적'인 방식으로 전개하기도 하지만, 많은 경우 '보여주기'의 방식을 구사하고 있다. '제시적 수법'을 써서 판단은 독자에게 맡기는 것이다. 문제의 이 대목도 '제시적 수법'으로, 북벌을 어떻게 생각하느냐는 판단은 독자들의 몫이다. 다른 하나는 좀더 중요한데, 청 황제 체제에 대한 작가의 시각이다. 비록 작가는 우리의 필요에 따라 청국과 교류하여 선진 문물을 받아들여야 한다는 주장을 펴지만, 그렇다 해서 청 황제 체제를 긍정한 것은 아니었다. 허생이라는 인물현상으로 표현한 주제는 북학의 긍정이냐 부정이냐는 식의 단순 논리로 재단할 성질이 아니라는 것이다.

작가의 궁극적인 문제의식은 중국대륙에서 청 황제 체제의 청산이었다. 이 거대한 과제를 과연 어떻게 해결할 수 있단 말인가? 조선 단독으로 압록강을 건너 쳐들어가서 성사할 수 있는 일이 아님을 연암은 확실히 인지하고 있었다. '시사 3언' 가운데 제3언에 가장 중요한 책략이 들어 있다. "천하의 대의를 외치려면 먼저 천하의 호걸들과 접촉하여 결합하지 않으면 안 된다"라고 전제한 다음, 당나라나 원나라 때처럼 중국과의 교류, 개방정책을 적극적으로 펴나가야 한다는 것이다. "국중의 자제들을 가려 뽑아 머리를 깎고 되놈의 옷을 입혀서, 그중의 선비는 가서 빈공과(賓貢科)에 응시하고 서민은 멀리 강남지방으로 건너가 장사하면서 그 나라의 실정을 정탐하는 한편, 그 땅의 호걸들과 결탁한다면 한번 천하를 뒤집고 국치를 씻을 수 있을 것이다." 이는 호랑이를 잡기 위해 호랑이굴 속에 들어가는 책략이다.

북학과 북벌은 논리적으로 통합되어 있다. 청 황제 체제의 청산이라는 역사적 과제에 우리 조선이 주체적·적극적으로 개입하자는 동아시아적 차원의 경륜으로 해석할 수 있는 것이다. 그러고 보면 「옥갑야화」는 『열하일기』 전체의 주제, 이용후생의 사상과 천하대세의 전망을 한데 집약해놓은 작품이다.

2) 이용후생의 논리

변 부자는 어느 날 허생을 대해 "5년 사이에 어떻게 100만 냥이나 되는 거금을 벌어들일 수 있었습니까" 하고 묻는다. 변씨로서는 가장 궁금한 일이었을 것이다. 허생은 "그야 알기 쉬운 일이지요. 조선이라는 나라는 배가 외국으로 통하지 못하고 수레가 국내에 다니지 못하기 때문에 온갖 물화가 제자리에 나서 제자리에서 사라지지요"라고 하면서 유통이 발달하지 못한 상태이기 때문에 도리어 돈을 벌기에 용이했던 것으로 설명한다. 그의 치부술이란 기실 매점매석의 행위인데, 이 행위는 허생 스스로 나라의 경제를 병들게 하는 술책이라는 말을 덧붙이기를 잊지 않는다. 이 대목에 있어서도 배와 수레의 효용가치, 이용의 필요성을 역설하지만, 『열하일기』에는 수레에 관해 본격적으로 길게 논한 글이 따로 또 한 편 들어 있다. 바로 「차제」(車制)다.

우리나라는 그래도 사방 수천 리 땅인데 백성들의 살림살이가 이처럼 가난한 것은 한마디로 말해서 수레가 국내에 다니지 않기 때문이다. 묻건대 수레는 왜 다니지 않는가? 한마디로 말해서 사대부들의 과오다. 그들은 평생 독서를 하는데 『주례』(周禮)는 성인이 지은 글이요, 윤인(輪人)이다, 여인(輿人)이다, 거인(車人)이다, 주인(輈人)이다를 들먹이면서도 이런 것들을 제작하는 법이 어떤지, 이런 것들을 통용하는 법이 어떤지 필경 강구하지 않고 있다. 이런 태도는 그야말로 책을 공연스레 겉껍데기로 읽는 것이니 학술에 무슨 도움됨이 있으랴! 아아, 참으로 안타깝다.[48]

연암은 당시 우리나라가 당면한 최대의 문제는 빈곤에 있으며, 그렇게 된 요인은 수레가 통행하지 못하는 데 있는 것으로 진단하고 있다. 그렇게 된 결정적인 원인을 다른 어디가 아니라 사대부들의 독서 태도에서 찾은 것이다. 『주례』를 성인의 글이라고 받들면서도 실행하려는 노력을 기울이지 않고 겉껍데기로 들먹이고 만다고 통렬히 비판하고 있다. 이 글의 제2절에서 주목한 "후세에 농·공·상의 일이 제대로 되지 못하는 것은 사(士)가 실학을 하지 못한 과오에 있다"라는 주장이 바로 그것이다. 연암의 비상한 관심은 바퀴의 원리를 응용한 이기(利器)에 집중되어 있다. 그래서 「차제」란 제목으로 긴 보고문을 작성한 것이다. 위 인용문의 논의는 이렇게 이어진다.

황제(黃帝)가 수레를 처음 제작하여 헌원씨(軒轅氏)로 일컬어진 이래 천백 년을 경과하면서 여러 성인이 마음으로 궁리하고 눈으로 관찰하고 손으로 재주를 발휘함에 정력을 다 바쳤다. 또한 공수(工倕)와 같은 명공을 얼마나 거치고, 또 상앙(商鞅)·이사(李斯)의 제도 통일을 거쳐서 실로 '현관(縣官)의 학술'이 아마도 몇 백이나 될 것이다. 모두 익숙히 강구하고 요령 있게 실행한 결과다. 어찌 까닭없이 되었겠는가. 참으로 **민생의 일용에 유익한바 수레는 나라를 맡아 다스리는 대기**(大器)

---

48) 『熱河日記』, 「馹迅隨筆·車制」.

다. 지금 나는 (중국에 들어와서) 날마다 놀랍고 기뻐해야 할 것들을 눈앞에 대하니 이 수레의 제도만 미뤄 보아도 만사를 징험할 수 있다. 또한 천년 역사에서 여러 성인의 고심을 조금이나마 터득할 수 있겠다.[49]

작가가 중국을 여행하는 도중에 편리한 각종 도구들이 길 위에 굴러다니고 실생활에 쓰이는 실상을 경험하고 자신의 소감을 논술한 내용이다. 결국 기술학(테크놀로지)에 대한 견해인데, 그 사고의 논리에는 두 가지 특성이 드러난다. 하나는 기술의 발전을 '성인들의 고심'으로 인식하는 것이다. 물론 전문 장인들의 기여를 무시하지 않았으며 '제도를 통일'시킨 것으로 규격화의 과정까지 언급하고 있으나, 기술학은 기원적으로 역대 성인들의 "마음으로 궁리하고 눈으로 관찰하고 손으로 재주를 발휘"한 결과물로 여기고 있다. 다른 하나는 기술학을 국가 경영의 차원에서 중시한 것이다. 각종 도구는 인간의 일상에 유익한 물건이기에 곧 "나라를 맡아 다스리는 대기"[有國之大器]라고 말한다. 조선왕조가 기술 자체를 천시했다고 할 수 없다 해도 기술로 살아가는 인간들을 천하게 취급했기에, 따라서 기술도 천시되었던 것이 사실이었다. **기술학을 '성인들의 고심'이라고 재삼 강조한 것은 기술 천시의 관념을 바꿔 놓기 위한**

---

49) 위의 책, "自黃帝造車而稱軒轅氏, 經千百載, 幾聖人竭其心思目力手技, 而又經幾工倕, 又經商鞅·李斯一制度, 信縣官之學術, 將幾百輩也. 其講之熟而行之要, 豈徒然哉! 誠以利生民之日用, 而有國之大器也. 今吾日見而可驚可喜者, 推此車制而萬事可徵也. 亦可以小識千載群聖人之苦心也夫." 이 대목은 번역상 의견이 다를 수 있기 때문에 원문을 제시한다. '현관의 학술'이란 천자가 나라를 다스리는 데 유용한 학술을 뜻하는 말이다. 여기서 '현관'은 천자를 가리킨다.

의도로도 읽혀진다. 거기에는 기술학을 국가적 차원에서 중시하는 뜻이 담겨 있다.

지금 거론하는 「차제」는 『열하일기』의 「일신수필」(馹迅隨筆)에 들어 있다. 「일신수필」은 작가가 심양(瀋陽)을 지나 산해관(山海關)으로 가는 도정의 기록이다. 『열하일기』 전체의 체제가 그렇듯, 「일신수필」도 일기 형식으로 써나가는 가운데 「차제」와 같이 별도의 제목을 붙인 글이 섞여 있다. 그런데 7월 15일자의 일기를 보면 그날 하루의 여정을 서술하는 중간에 제목을 붙이지 않았지만 시작과 끝이 분명한 한 편의 글이 삽입되어 있다. 내용으로 미루어 '장관론'(壯觀論)이란 제목이 적절해 보인다. 읽기에 따라서는 중국 관광의 포인트가 무엇이냐를 논한 것으로 생각되기도 하고, 청나라 지배 하의 중국을 어떻게 볼 것이냐를 주제로 삼은 일종의 '중국론'으로 생각되기도 한다. 이 또한 흥미롭고 문제적인 작품이다. 이런 한 편의 작품을 일기 중간에 슬쩍 끼워 넣은 작가의 의도는 어디에 있을까? 중국을 어떻게 볼 것이냐는 것은 연암이 평소에 가지고 있던 문제의식이었다. 그는 중국의 변방지역을 거쳐서 바야흐로 중심부로 진입하는 입구인 산해관에 다다르기 직전의 지점에서 그동안 자신의 실제 견문을 기초로 문제의 답을 일차 정리해본 것이 아니었을까. 어디까지나 추정이지만 『열하일기』의 작가가 독자에게 허용한 권리이기도 하다.

'장관론'은 북경을 다녀온 인사를 만나면 사람들이 으레 중국의 장관이 무엇이었냐고 묻는다는 말로 시작한다. 대답은 구구각색이다. 요동 천 리의 평원과 같은 자연경을 들기도 하고, 노구교(盧構橋)나 산해관 같은 인공의 구조물을 들기도 하는가 하면, 시가의 점포나 유리창(琉璃廠)을 들어 상업의 흥성을 말하기도 하는데, 상사(上士)와 중사(中士)는 논점이 전혀 다르다는 것이다. 상사의 경우 오랑캐의 천지로 변질된 중국은 아무 볼 것이 없다고 단정하며, 중사의 경우 춘추(春秋)의 대의(大義)를 들어서 "중원을 깨끗하게 회복한 연후에라야 장관을 운운할 수 있다"라고 서슬이 퍼렇다. 이에 반해 작가 자신은 하사(下士)에 속하기 때문에 "중국의 장관은 기와 조각에 있고 똥에 있다고 말한다"는 것이다. 왜냐하면 기와 조각은 버리는 물건이지만 그것을 잘 활용하여 담장을 아름답게 꾸며놓을 수 있으며, 똥은 더러운 물건이지만 거름으로 만들어 농업생산을 증대하고 있기 때문이다. 그의 관심은 기술공학적인 면뿐만 아니라, 인간 일상의 삶을 아름답고 풍요롭게 가꾸는 일에 자상하게 다가서 있음을 짐작케 한다. 이런 하사의 입장에서 조선의 국시(國是)인 북벌문제에 대한 자신의 입장을 토로한 것이다. "이적(夷狄)이 중화를 짓밟는 것을 분개하여 중화의 존중해야 할 실상까지 싸잡아서 배척한다는 말은 들어보지 못했다"라고 하면서 이렇게 변파한다.

그러므로 지금 참으로 **이적을 물리치고자 한다면 중화의 좋은 법을 배워서 우리의 미개한 문물을 개선해야 할 것이다.** 농경과 양잠, 요업·제철에 이르기까지 공업의 발전, 상업의 유통 등 배우지 말 것이 없다. 남이 열 번 하면 나는 백 번 하는 정도의 노력을 기울여 먼저 우리 백성을 이롭게 해서, 우리 백성들이 몽둥이를 들고 나서서 저들의 견고한 갑옷과 날카로운 병기를 족히 제압할 수 있게 된 연후에라야 중국은 볼 것이 없다고 말해도 좋다.[50]

50) 『熱河日記』,「馹迅隨筆」, 7월 15일조.

위의 인용문에서 "우리 백성들이 몽둥이를 들고 나서서 저들의 견고한 갑옷과 날카로운 병기를 족히 제압할 수 있게 된 연후에라야"[使吾民制梃 而足以撻彼之堅甲利兵 然後]의 구절은 선뜻 납득이 가지 않는다. 맹자가 양혜왕(梁惠王)에게 진정으로 인정(仁政)을 구현하면 아무리 강대국의 침략을 받더라도 백성들이 자발적으로 몽둥이를 만들어가지고 외적을 물리칠 수 있게 되리라고 말한 곳이 있는데[51] 이를 원용한 것이다. 『열하일기』에서 인정을 펴는 구체적 내용은 이용후생이다. 이용후생의 방향에서 중국의 선진기술을 제대로 수용하여 실효를 거둘 때라야 "중국은 볼 것이 없다"라고 말해도 좋다는 그런 발언이다. 이 문맥에서 중국은 청조 치하의 중국임이 물론이다. 『열하일기』의 작가는 북학과 북벌을 통합하는 논법을 구사하고 있음을 확인하게 된다. 이 논법은 19세기 중국이 서양제국의 침략으로 곤경에 처했을 당시 각성한 중국지식인이 제기한 "이적의 선진기술을 배워 이적을 제압하자"[師夷之長技以制夷]와 그대로 통하는 것으로 여겨지기도 한다. 이제 이 4절의 첫머리에 올렸던 말이 들어 있는 대목으로 돌아가보자.

아무리 소 외양간 돼지우리 따위라도 바람이 통하고 반듯하여 법도가 있다. 나무 더미나 두엄 더미까지 모두 다 정치하고 아름다워 그림 같았다. 아하, 이처럼 된 연후에라야 이용이라 할 수 있겠구나! **이용이 된 연후에 후생이 가능하며, 후생이 된 연후에 덕을 바로잡을 수 있다. 이용을 하지 못하고서 능히 후생을 할 수 있는 경우는 드물다. 생존 자체가 어려운 지경에서 정덕이 어떻게 이뤄질 수 있겠는가.**[52]

---

51) 『孟子』, 「梁惠王 上」.

"중국의 장관은 기와 조각에 있고 똥에 있다." 이 한마디는 연암의 실학정신이 십분 드러나는 대목이다. 그리고 "이용이 된 연후에 후생이 가능하며, 후생이 된 연후에 덕을 바로잡을 수 있다"는 주장으로 이용후생이 어떤 문맥에서 발설되었는지 알 수 있다. 이용→후생→정덕으로 정식화된 논리구조다. 요는 후생의 전제 조건으로 이용을, 정덕의 전제 조건으로 후생을 설정한 것이다. 따라서 **생산력과 기술발전을 뜻하는 이용, 인간의 풍족하고 편리한 삶을 뜻하는 후생을 국가와 사회를 바로 세우는 전제 조건으로 중시하는 논리다.** 그런 만큼 연암은 이용후생을 정덕보다 우선시하고 있다고 할 수 있다.

연암의 이용후생은 최근 한국사회에서 쟁점 사안으로 떠오른 복지와도 통하는 개념이다. 특히 후생과 복지는 의미상 일치한다고 보아도 좋겠다. 연암의 논법으로 말하면 저 스스로 먹고사는 길을 해결할 능력을 길러주어야 하는 것이다. 그런데 연암의 후생은 이용을 전제조건으로 삼고 있으며, 또 후생이 전부가 아니라 정덕이라는 목적지를 가진 것이다. 오늘에 있어서도 복지는 필히 이용과 연계해서 사고해야 할 일임을 일깨운 것 같다. 그렇다면 정덕이란 과연 어떤 성격의 것일까?

정덕이란 좁은 의미의 도덕질서에 그치는 것은 아닐 터이다. 유교적 논리로서 '치국평천하'를 연암은 염두에 두었음에 틀림없다. 허생이 무인도를 개척해서 건설하려 했던 사회상은 그가 꿈꾼 이상세계였다. 하지만 그는 그쪽을 추구하지 않고 조선의 현실로 돌아와 눈앞을 가로막고 있는 청 황제 체제의 동아시아를 어떻게 개조할 것인가라는 문제로 고민하고 그 방향을 모색한 것이다.

---

52) 『熱河日記』, 「渡江錄」, 6월 27일조.

3) 이용후생의 실천적 노력

이상에서 연암이 이용후생론을 제기한 사고의 논리와 함께 그 이론적 측면을 살펴보았다. 특히 이용후생의 일이라면 실천에 의미가 있다. 그의 이용후생에 대한 관심도 실생활에 응용하려는 데 목표를 두고 있었다. 그는 실제로 어떤 실천적 노력을 하였으며, 그래서 과연 얼마나 성과를 거두었던가? 이 궁금한 사안을 지금 확인할 방도는 결코 쉽지 않겠지만 다행히도 『과정록』에 관련한 일화 몇 조목이 보인다. 비록 단편적이지만 구체적인 정황을 그려 볼 수 있는 자료다.

연암의 문제의식은 각기 인간의 기초 생활의 안정에 있었음을 앞서 지적했다. 그의 이용후생론은 먼저 자신과 가까이에 있는 사람들로부터 출발했던 사실이 흥미롭다. 연암이 자기 집의 선대로부터 일을 맡아 보아 온 겸인배(傔人輩)들에게 그 사람의 재능이 미치는 바에 따라 각자 후생의 방도 하나씩을 가르쳤다고 한다. 그때 겸인들에게 일깨운 말이 있다.

사대부는 벼슬을 하고 있다가 관직에서 물러나면 오직 폐호독서(閉戶讀書)하는 것이 본분이다. 너희를 보면 일 없이 놀고 있으면 춥고 배고픔을 이기지 못해서 항심(恒心)을 지키는 사람이 드물다.[53]

허생이 변 부자를 향해 "재화로 인해서 얼굴빛이 달라지는 것은 그대들의 일이오"라고 말한 논법 그대로다. 겸인배란 서울 명문세가의 가신(家臣) 그룹으로 신분상으로는 대개 경아전(京衙前)에 속했다. 다 같이 여항인이라는 점에 있어서는 시정의 부호나 겸인배를 동일 신분계층으

---

53) 朴宗采, 『過庭錄』卷 4, 「先君於傔從輩條」.

로 간주해도 좋을 것이다.

여항인은 사대부와 입장이 다르므로 행동 양식도 다를 수밖에 없다는 것이 연암의 관점이다. 겸인들은 자신이 주인으로 삼고 있는 가문의 흥망성쇠에 따라서 달라지기 마련인데, 실업자가 되는 경우 필히 생계의 대책으로 생업을 찾아 나서야 한다는 생각이다.

연암가는 그의 조부 때까지는 벼슬을 높이 하다가 연암 당대로 와서 낙척한 처지였다. 그의 주변에 일자리를 잃고 생계가 어려운 겸인들이 필시 있었을 터이다. 『과정록』은 어떤 한 겸인에게 나염 기술을 가르친 사실을 특기하고 있다. 기름 먹인 두꺼운 종이에다 문양을 새겨서 그것을 면포에 찍어 곱게 염색하는 방식이다. 목각을 해서 찍어 내기도 했다. 화포법(花布法)이라고 일컫기도 하는 방법이다. 그렇게 염색한 천으로 옷감이나 이불·요·휘장 등속을 만드는 데 쓰면 비단처럼 색감이 좋고 경비는 절감이 되었다. 금위영(禁衛營) 군대의 복장에도 이용이 되었다 한다. 그래서 연암에게 나염 기술을 배운 겸인은 많은 이득을 보아 부유하게 되었다는 것이다.[54]

연암은 그야말로 일인일기(一人一技)의 기술 교육을 착안한 셈이다. 『과정록』에는 이 이야기를 전하면서 덧붙인 말이 있다. "무릇 수공업자들이 단 한 번이라도 선인(先人, 연암을 가리킴—인용자)의 지도를 받고 나

54) 위의 책, "先君, 於傔從輩遊手, 每隨其人才藝所近, 拈示厚生一事, 曰: 士大夫, 有官則食, 去位則惟閉戶讀書, 本分也. 爾輩遊手不耐饑寒, 保其恒心者鮮矣. 其在嶺邑也, 使傔人某, 刻油硬厚紙, 作卍字草篆紋綺團窠樣, 展壓綿布上, 用礬灰諸物, 印揻染色如市上花布法. 或又木刻揻之. 以爲衾褥幃帳之屬, 以資其生. 其後, 京營禁旅甲衣, 盡弊改造, 須用錦緞而經費甚夥, 一並以此縫裁. 雖是吉貝, 而紋彩無異綺繡, 堅靭又勝之, 可謂完且不費矣. 其他婚嫁服飾, 亦多用此. 其人果蒙厚利. 凡工匠輩一經先君指使者, 便覺手藝倍長, 逈異他匠."

면 기술이 곱절이나 신장하여 다른 장인에 비해 월등했다"라는 것이다.

연암이 연행 도중에 유심히 관찰했던 것 중에 하나가 전벽(磚甓)이었다. 중국을 가보면 건물이나 성곽을 전이나 벽돌로 축조해서 견고하고도 아름답다고 감탄을 금치 못한 것이다. 당시 조선은 벽돌을 이용할 줄 몰랐다. 『열하일기』 곳곳에서 이 제도를 받아들여야 한다고 주장하며, 그것의 제조법과 축조법까지 상세히 기술해놓았다.

『과정록』에서는 1788년(정조 2)의 기록에서 국왕의 밀지를 받고 창경궁에 축대를 조성하려 했던 일화를 소개하고 있다. 창경궁 내에 있는 춘당대(春塘臺)는 과거시험을 보던 장소인데, 매번 보계(補階)를 설치하여 그때마다 많은 비용이 소모되었다. 호조판서 서유린(徐有隣)이 정조의 뜻을 받고서 연암을 데리고 현장 답사를 한 다음 무슨 좋은 방도가 있을지 물었다. "전(塼)을 구워 축조하면 제도가 견고하고 오래 갈 것이기 때문에 매번 보계를 설치하고 철거하는 비용이 영구히 들지 않을 것입니다." 이 건의가 받아들여져서 와서(瓦署)에서 가마를 만들어 번조(燔造) 했는데 연암이 제자인 이희경(李喜經)과 함께 기술 지도를 했다. 벽돌 수십만 개를 『열하일기』에 기술한 방식대로 구워냈다. 그런데 당시 나라에 무슨 일이 생겨서 춘당대의 축대를 쌓는 데 쓰지 못하고 달리 이용했다 한다. 후일 수원성을 수축할 적에 성첩을 모두 벽돌로 만들었는데 이 제조법을 쓴 것으로 언급하고 있다.[55] 이 기록에 의하면, 연암이 시행한

---

55) 朴宗采, 『過庭錄』 卷1, 「一日戶判徐公條」, "一日戶判徐公有隣, 忽劃掌紫門監, 且微報曰, 有旨, 入見春塘臺形止矣. 於是, 先君隨戶判入闕, 周覽石渠閣 · 暎花堂諸處. 戶判問曰: 每當殿座, 猝設補階, 動費財力. 如今築臺經費幾何? 制度亦當如何? 先君曰: 燒甎築之, 可用十次補階之費, 制度堅固, 可經久遠, 而設輟之費, 可永除矣. 徐公以是入奏. 遂命設窰於瓦署, 以便宜燔造. 先君與李喜經, 用中國立窰法, 甓之尺度亦準其制.

전벽(塼甓) 제조법은 기술 전수가 되었다고 하겠다.

연암은 1791년 안의(安義)현감으로 부임했다가 1796년에 서울로 돌아온다. 안의는 지금의 경상남도 함양군에 속한 땅인데 산수가 아름답기로 유명한 고을이었다. 안의 고을 5년이 연암의 생애에서 그런대로 가장 득의 시절이 아니었던가 싶다. 그는 안의에 있으면서 동헌 정원에 연못을 파고 연못 가까이 대숲과 나무가 어우러진 사이로 특이한 정각 넷을 세웠다. 하풍죽로당(荷風竹露堂), 연상각(蓮湘閣), 공작관(孔雀館), 백척오동각(百尺梧桐閣)이라는 멋진 이름을 붙였는데, 모두 벽돌로 지은 건물이었다. 건물마다 기문을 지어 『연암집』에 그 글이 실려 있는데 하나같이 명작이다.

연암은 안의에서 돌아온 이후 서울 북촌의 계동(桂洞)에 자신이 노경에 거처할 집을 조그맣게 세운다. 계산초당(桂山草堂)이라는 이름으로 아들 박종채, 손자 박규수(朴珪壽)까지 이 집에서 살았다. 계산초당의 건물은 흙벽돌을 찍어서 지은 것으로, 이 역시 중국 토실의 제도를 본뜬 것이었다. 박종채는 계산초당에서 자신이 겪은 일화 한 토막을 적었다.

(부친이 안의에서 돌아오신 지) 30년 후인 갑신년(1824) 여름에 웬 노파가 계산초당을 기웃거리며 하는 말이었다.

"이상도 하다! 이 집 모양이 우리 고을 관정(官亭)과 어찌 이리 흡사할까?"

불초가 마침 마루에 앉았다가 그 노파를 불러 물어보니 안의 고을에

燔得幾十萬顆, 費甚省約, 果如燕行所錄者. 尋公家有事, 臺竟未築, 而甓則他用. 後修華城城堞, 專用甎築, 盖用此法. 今家中所存甎甓數十顆, 卽其時模範也."

서 서울로 구경 온 여인이었다.

 "당신 고을의 관정은 누가 지은 것이요?"

 "박 등내(等內, 백성이 자기 고을 원님을 지칭하는 말) 재임 시에 지은 것이랍니다. 제도가 이 집과 똑같아요."[56]

 앞에서 연암의 생애에서 안의 5년은 가장 득의 시절이라고 말했다. 물론 그의 문벌이나 명망에 비춰보면 다 늙어 백발로 먼 시골 조그만 고을에 처박힌 모습이었다.[57] 하지만 연암은 평생의 포부를 시험해볼 수 있는 좋은 기회라고 스스로 생각했다. 벽돌을 써서 정각을 지은 것도 그 일환으로 일종의 풍류이고 문화적 욕구의 표현이라 하겠다. 또한 거기서 그치지 않고 다방면으로 이용후생을 실천에 옮겼던 것이다.

 선군이 연행을 하실 때 눈여겨보았던 각종 농기구나 방직 도구로 민생에 이로운 것들을 본떠 제작해서 국중에 보급시키고자 했으나 사정이 닿지를 않아서 시험해보지 못했다. 안의현감으로 부임했을 적에 눈썰미와 손재주가 뛰어난 장인들을 뽑아 직접 지도하여 양선(颺扇, 풍구), 직기(織機, 베틀), 용골차(龍骨車, 수차), 용미차(龍尾車, 물을 끌어 올리는 기구), 수전(水轉, 물방아), 윤연(輪碾, 연자방아) 등속을 제

---

56) 朴宗采, 『過庭錄』 卷2, 「丙辰春遞付條」.

57) 정승 윤시동(尹蓍東)이 안의현감으로 내려가 있는 연암을 두고서 "이 친구가 지금 백수에 먼 시골에서 고을살이로 늙고 있으니 동능후가 동문에서 오이를 심고 있는 격이다"[此友如今老白首, 潦倒下縣, 可謂東陵后種瓜靑門也]라고 말했다는 기록이 『過庭錄』(卷4, 「韓生在濂條」)에 보인다. "동능후가 동문에서 오이를 심"는다는 것은 현자가 은거함을 뜻한다.

작하도록 했다. 이들 기기들을 실험해보았더니 한 사람이 열 사람 몫의 일을 해낼 수 있었다. 이후로 따라서 시행한 사람이 나오지 않아 국중에 통행이 되지 못했다. 한스럽기 그지없는 일이다.[58]

이렇듯 연암은 안의 시절에 비로소 자신이 평소에 설계했던 각종 기기들을 제작해서 사용해보았다. 실험은 성공적이었다. "한 사람이 열 사람 몫의 일을 해낼 수 있었다."『과정록』의 기록자는 그토록 민생에 유용한 기기들을 국중에 보급시키고자 한 연암의 포부를 실현할 길이 열리지 못한 것을 통한으로 여겼다. 그렇기는 해도 연암이 한평생 추구한 이용후생의 이론이 국리민복에 효과적일 수 있음을 확인한 것이다. 그런대로 의의를 평가할 수 있으리라고 본다.

5. 결론을 대신해서 ― 연암학파의 성립, 그 이후의 이용후생학

연암이 18세기 말에 제출했던 경제사상과 이용후생론은 19세기로 와서는 어떻게 되었던가? 한국의 개항 이전의 역사 상황과 관련이 깊은 물음이다.

이 글은 주어진 주제 때문에 논의가 연암에게 모아질 수밖에 없었지만, 연암이 고민했던 부분은 딱히 그 혼자 외톨이로 파고든 일이 아니었다. 학문방향을 공유하여 함께 탐구한 지식인 집단이 연암 주변에 일찍이 형성되어 있었다. 연암학파라고 일컫는 그것이다. 그 학문경향을 표

---

58) 朴宗采,『過庭錄』卷2,「先君入燕時條」, "先君入燕時, 畧觀其農織諸器之利於民用者, 欲倣而製之, 以行國中, 而貧無以試之. 及在邑, 選工匠之有目巧手藝者, 使遵指敎, 造颺扇·織機·龍骨·龍尾·水轉·輪碾諸器, 以試之. 皆勞省事捷, 有一人可兼數十人之力作者. 其後無倣而爲之者, 不能畧行國中, 可勝恨哉!"

출해서 이용후생파로 일컫기도 하는데, 이용후생의 방법론으로 북학을 강조했기 때문에 북학파라는 명칭을 부여하기도 했다.[59]

이제 연암학파가 형성되는 경위를 살펴보고 이용후생학의 역사적 행방을 거론하는 것으로 이 글의 결론을 대신하려 한다.

연암학파의 성립 시기는 언제인가? 이 문제는 특별히 거론된 것 같지 않은데, 필자는 대개 1770년을 전후한 시점으로 잡고 있다. 그 직전은 이른바 '백탑청연(白塔淸緣) 시절'이며, 그 후는 연암이 전의감동(典醫監洞, 현재 서울의 조계사 옆 우정국 자리 근처)에서 혼자 우거하고 있던 때다. '백탑청연 시절'은 연암을 중심으로 일군의 진보적 성향의 지식인들이 모여 백탑 근방에서 문학과 예술로 놀았던 것을 가리킨다. 일종의 동인적 성격으로 새로운 문예운동의 의미를 띤 것이었다. 백탑청연에 대해서는 박제가가 재미나게 묘사한 글[60]이 있어서 기왕에 주목을 받았거니와, 전의감동 시절의 소식은 『과정록』이 전하고 있다. 당시 연암의 나이 36, 37세였고 기록자 박종채는 세상에 태어나기도 전이다. "집안의 늙은 겸인들이 종종 그때의 일들을 이야기하는데 들을 만한 말이 많다"고 했

---

59) 북학, 북학파란 말이 일찍이 김석형에 의해 도입된 이래 널리 통행하고 있으나, 필자는 학술용어로서 적절치 못하다는 견해를 가지고 있다. 북학이란 본디 『맹자』(「滕文公」上)에서 유래한바 용하변이(用夏變夷)라는 중화주의적 의미를 담고 있다. 우리의 실학파 학자들이 중국을 배우자, 만청체제 하의 중국이라도 배우자고 주장했던 것은 중화주의와는 성격이 다른 것이다. 그리고 『열하일기』에서 살펴보았듯 중국의 선진문물을 배우자고 역설하였지만 그에 못지않게 중국의 정세파악, 즉 천하대세의 전망을 중시하였다. 북학이란 개념을 가지고는 이 측면이 가려질 우려가 있는 것이다. 종래 『열하일기』에 대한 북학적 인식은 대체로 천하대세의 전망이란 측면을 돌아보지 않았음이 실제 사실이었다.

60) 朴齊家, 『貞蕤集』 文集 卷1, 「白塔淸緣集序」, 233~234쪽.

으니, 이 기록은 겸인들에게서 들은 말을 기초로 작성한 것 같다.

임진·계사년간(1772~73)에 선친은 식구들을 유안공(遺安公, 연암의 장인-인용자)의 석마향(石馬鄕, 돌마면, 지금의 성남시에 속한 지명)으로 보내놓고 전의감동에 늘 혼자 우거해 계셨다. 그리하여 담헌(湛軒) 홍대용(洪大容), 석치(石癡) 정철조(鄭喆祚), 강산(薑山) 이서구(李書九)와 오고 가고 했는데 이무관(李懋官, 이덕무), 박재선(朴在先, 박제가), 유혜풍(柳惠風, 유득공) 등도 항시 와서 놀았다.[61]

위에 기재된 인물들은 담헌과 연암, 석치를 빼놓고는 당시 20대 청년이었는데 후일 모두 일류 문인지식인이 되었다. 이들이 어울려 놀며 학문을 탐구·토론하였는데 그룹의 좌장은 담헌과 연암이다.

선군께서 항시 우리나라 사대부들이 대체로 이용후생과 경제명물(經濟名物)의 학술에 소홀해서 많은 오류를 그대로 답습하여 거칠고 견실하지 못한 것이 심한 상태임을 늘 큰 병통으로 여겼다. 담헌의 지론도 이와 합치했다. 그래서 두 분은 매양 머리를 맞대고 툭하면 여러 날 머물면서 위로 고금의 치란흥망(治亂興亡)의 원인, 고인들의 출처(出處) 의리, 제도의 연혁, 농공의 이병(利病), 화식(貨殖)·조적(糶糴) 및 산천·관방(關防), 역상(曆象)·악률(樂律)에서 초목·조수(鳥獸)와 육서(六書)·산수에 이르기까지 관통하여 포괄하지 않은 것이 없으니 모두 다 추억해서 칭송할 내용이었다.[62]

---

61) 朴宗采,『過庭錄』卷1,「壬辰癸巳間條」.

연암의 고심처가 무엇이었으며, 담헌과 연암이 지기상합하여 머리를 맞대고 함께 추구한 지식의 영역이 어떠어떠한 것들이었는지 나열되어 있다. 두 학자가 공동의 관심사로 추구한 학술은 실로 박학적 성격을 띠고 있는데, 지금 우리가 실학으로 호명한 그것이다. 인문학의 종합적 성격을 보여준 것이라고도 할 수 있겠다. 그런 가운데 이용후생의 문제를 긴급히 요망되는 학지로서 공감하고 있는 것이다. 이어서 석치 정철조에 대해 서술한 대목을 보자.

석치는 문화교양이 빼어나 무릇 무거운 것을 들어 올리거나 방아 찧고 물을 끌어대는 등의 각종 기기들을 능히 머리로 궁리하여 손으로 제작해냈다. 모두 옛 제도를 본떠서 오늘에 시험하니 세상에 유용하게 쓰일 도구로 제공하자는 뜻이었다.[63]

정철조란 인물은 대개 고결한 선비라고 알려져 있기는 하지만, 기술학의 면모로는 이름이 별로 드러나지 않았다. 유감스럽게도 그의 기술학 저술은 전하는 것이 없다. 반면 박제가의 경우는 『과정록』에 박학하니 고증에 비상한 능력을 발휘한 점이 언급되었으나 『북학의』(北學議)가 전해서 『열하일기』와 나란히 이용후생학의 대표적 성과로 인정되고 있다. 박제가는 해외무역을 적극적으로 주장하고 소비가 생산을 향상시킨다는 점을 착안하였던 터이니, 연암의 경제이론을 진전시켰다는 평가가 가능하리라고 본다.[64]

---

62) 위의 책.
63) 위의 책.

그리고 위의 나열에는 이름이 빠져 있으나 필히 호명해야 할 인물이 있다. 연암이 춘당대에 축대를 쌓기 위해 벽돌을 제조할 당시 데리고 함께 작업했던 이희경이다. 그는 '백탑청연 시절'부터 동참해서 『백탑청연집』(白塔淸緣集)이란 이름으로 시문학의 성과를 묶어낸 바 있다. 그가 지은 「농기도서」(農器圖序)와 「용미차설」(龍尾車說) 두 편이 『북학의』에 전재되어 있으니 기술학의 전문가로서 이희경이란 이름이 학계에 진작 등록되었던 셈이다. 근래 또 『설수외사』(雪岫外史)라는 저술이 발굴되었다. 이 책은 '북학 또 하나의 보고서'란 표제로 번역되었듯 『북학의』에 견주어지는 내용이다.[65]

백탑청연 시절의 연암그룹은 문예운동으로 부각되었는데, 전의감동 시절의 연암그룹은 학술운동으로 두드러져 보인다. 전하는 자료상으로 그렇다. 하지만 실상은 그렇게 구분 지을 수 있는 것이 아니며, 시기적으

---

64) 연암과 박제가의 경제사상이 상업론에서 격차가 커진 것으로 보는 견해가 있다. 연암은 『과농소초』에서 농업을 중시한 나머지, 『열하일기』의 단계로부터 사상적 후퇴를 했다는 것이다. 필자는 이런 견해에 동의하지 않고 비판적인 입장이다. 연암의 『열하일기』 이후에 나온 「통상의」나 「천폐의」에서도 이 글에서 분석해보았듯, 상업의 사회적 역할을 중요시하는 이론을 오히려 발전시키고 있었음을 확인할 수 있었다. 『과농소초』는 어디까지나 농서로 저작된 것임을 유의할 필요가 있다. 그리고 또 당시 현실이 농업중심 사회였으며, 국가경제의 발전을 위해서는 농업을 중시하는 것이 당연했다는 사실도 아울러 유의해야 할 것이다. 중상학파라든지 중농학파라든지 하는 구분은 당시 조선에 적용될 수 없다고 본다. 이헌창 교수는 「연암 박지원의 경제사상에 관한 연구」에서 '박제가 경제사상과의 대비를 통한 평가'라는 항목을 설정하여 이 문제를 논한 바 있다.

65) 『설수외사』는 이우성 선생의 '서벽외사 해외수일본'(栖碧外史 海外蒐逸本)의 하나로 1986년에 영인으로 간행되어 학계에 알려진 책이다. 해제는 오수경 교수가 담당했다. 이 책이 진재교 외 옮김, 『북학 또 하나의 보고서, 설수외사』(성균관대 출판부, 2011)로 출간되었다.

362

로 연속되었고 성격적으로 상통했던 것으로 여겨진다. 요컨대 도시를 배경으로 활동했던 진보적인 문인집단인 연암그룹은 참신한 문예를 추구하는 한편 국리민복에 절실히 요망되는 학술을 추구하였다. 백탑청연 시절을 거쳐 전의감동 시절인 1772~73년에 이르러 연암그룹은 하나의 학파로서 자기 성격을 뚜렷이 갖추게 되었다. 그리하여 한국실학사상에 성호학파 다음으로 연암학파가 등장한 것이다.

성호학파와 연암학파는 '사(士)의 실학'이라는 공통성을 가지고 있음에도 배경과 성격은 서로 같지 않다. 성호학파는 근기지방의 농촌을 배경으로 성립되었는데 당파적으로 남인계를 성원으로 하고 있다. 연암학파는 서울의 도시적 분위기에서 성립하였고 북인계와 소론계의 인물도 참여하기는 했지만 노론계가 주축이었다. 학지(學知)의 성격도 전자가 경세치용을 위주로 한 반면 후자는 이용후생을 위주로 하고 있다. 여기서 주목할 사실은, 한국실학사의 제3기에 다산 정약용이 등장하는데 그에 의해 두 유파의 서로 다른 학지의 성격이 통합되고 있다는 점이다.

다산은 성호학통에 속하면서 한국실학의 집대성자로 공인되고 있다. 일찍이 한국실학의 전개 과정을 체계적으로 인식하는 논리를 세웠던 이우성 선생은 다산에 대해서는 "학문이 경세치용학과 이용후생학에 겸장(兼長)해서 제1기와 제2기의 실학 사조가 다산에 이르러 취합점을 이루게 되었음"[66]을 천명했던 것이다. 다산의 다음 세대에서 이용후생학으로 두각을 나타낸 인물로는 다산학단의 이강회(李綱會, 1789~?)를 들 수 있다. 이강회는 우리나라가 '삼면이 바다인 해양국'임을 주의하고 학지의 주방향을 해양으로 돌렸다. 그래서 선박 제조와 항해술에 비상한

---

66) 이우성, 「실학연구서설」, 『한국의 역사상』, 창작과 비평사, 1982, 22쪽.

관심을 표명하고 자유무역의 특구까지 구상해보았다. 선배학자의 저술로『열하일기』와『북학의』를 평가하여 많이 참고한 터였다.[67] 다산학단에서 이강회의 위상은 연암그룹에서 박제가에 견주어볼 수 있다. 한국실학의 집대성자 다산의 이용후생학을 발전적으로 계승한 존재가 곧 이강회다.

19세기 중엽으로 와서 한국실학은 그 전대 실학의 여러 경향을 종합하는 방향을 취하면서 중점을 이용후생학에 두었던 것으로 보인다. 이 시기를 대표하는 실학자는 최한기(崔漢綺, 1803~77)며, 박규수(朴珪壽, 1807~77)와 남병철(南秉哲, 1817~63)도 중요하게 손꼽힌다. 이들은 중국의 학술뿐 아니라 서양의 과학기술을 수용하는 문제를 적극적으로 사고했다. 남병철은 서양의 천문 역학을 두고 "하늘에 측험(測驗)이 되는지 여부만 따질 일이요, 인간의 화이(華夷)는 논하지 않는 것이 옳다"라는 주장을 폈다. 서양을 이적(夷狄)으로 보아 저들의 학술까지 배척하는 태도를 바꿔야 한다는 취지다. 연암학파의 '북학'의 논리가 '서학'(西學)의 논리로 전환된 셈이다. 박규수와 남병철이 추구한 학지는 '격치(格致)의 실학'이라는 특성을 보였다. 수학과 기술응용을 중시하는 실학이었다. '격치의 실학'은 '개화의 실학'으로 이어진 것이다.[68]

최한기는 기학으로 일컬어지는 하나의 학문세계를 구축했다. 기학은 19세기 동서가 만난 시대에서 서양이 주도한 근대세계에 적극적·주체적으로 대응하기 위한 학문전략이었다. 그의 학문세계에 국공(國工)과

---

67) 임형택,「19세기 바다, 실학에서 해양으로 열린 學知: 李綱會의 경우」,『문명의식과 실학』, 2009.
68) 임형택,「실사구시의 학적 전통과 개화사상」,『한중실학사연구』, 한중실학연구회, 1998;『실사구시의 한국학』, 창작과비평사, 2000.

국상(國商)이라는 개념이 들어와 있다. 상공인을 국가적 차원에서 중용해야 한다는 이론이다. 상공업이 국리민복에 필요할 뿐 아니라 개방의 시대에 대응하기 위해서도 장려해야 할 것으로 생각했다.[69)]

이용후생의 문제는 연암학파가 중요하게 제기한 이래 이론적인 면에서 발전해왔음을 확인할 수 있다. 하지만 실천적인 면에서 병행이 되지 못했던 것으로 보인다. 이용후생의 이론이 왜 실천과 결합되지 못했을까? 이용후생의 실천적 동력이 결여되었던 것은 아니었을까. 이용후생의 이론을 실천할 정책당국의 의지도 문제였지만, 그것을 추진할 에너지가 공급되지 못했던 점이 요인이었다고 본다. 그렇지만 실학의 경제사상과 이용후생론은 한국근대의 정신적 자산으로 의미를 갖는 것이었다. 그뿐만 아니라 오늘의 복지가 정치적 의제로 떠오른 단계에 당면해서도 '이용'과 '후생'을 항시 연계해서 강구하고 '정덕'까지 아울러 사고했던 실학의 사상을 다시 새겨볼 필요가 있다.

■『연암 박지원 연구』, 2012

---

69) 임형택, 「최한기의 기학: 근대대응의 논리」, 『문명의식과 실학』, 2009.

『사대고례』와 정약용의 대청관계 인식

1. 다산학단과 『사대고례』

　다산학단(茶山學團)이란 다산 정약용의 강진 유배기 18년을 통해서 성립된 것이다. 다산이 해배되어 돌아올 적에 제자들과 더불어 수계(修契) 형태의 모임을 결성한다. 이른바 다신계(茶信契)다. 다신계의 성원은 두 부류로 나뉘어 있는데 읍중인(邑中人) 6제자와 다산초당(茶山草堂) 18제자다. 전자는 다산이 강진 읍내에 처음 도착해서 어렵게 지낼 적에 만난 제자들로 이속(吏屬)의 자제들이 주축을 이루며, 후자는 다산초당으로 거처를 옮긴 이후에 입문한 제자들로 사족의 자제들이다. 다산의 두 아들도 18제자에 들어 있다. 이 밖에도 다산이 불가(佛家)의 인사들과도 종유하여 이들과의 사이에서 따로 전등계(傳燈契)가 결성되었다.

　이들이 곧 다산학단[1]의 전체 구성원이다. 그런데 다신계의 명단에 오

---

1) 필자는 「정약용의 강진유배기의 교육활동과 그 성과」(『한국한문학연구』 21집, 1998; 『실사구시의 한국학』, 창작과비평사, 2000)에서 다산학단을 처음 제기하였으며, 「다산학단에서 해양으로 학지(學知)의 열림: 이강회의 경우」(『대동문화연구』 56집, 2006; 『문명의식과 실학』, 돌베개, 2009)에서 보완하여 논했다. 이 글은 위의 두 논문을 바탕으로 작성한 것이다.

르지는 않았으나 응당 포함시켜야 할 사람들이 있다. 우선 이시헌(李時憲)은 다산초당 시절에 가르침을 받은 제자며, 윤정기(尹廷琦)는 다산의 외손자로서 다산학의 중요한 계승자가 되었다. 그리고 여기서 거론하는 『사대고례』(事大考例)의 공적인 편자로 되어 있는 중인층의 이시승(李時升), 『비어고』(備禦考)의 편자인 무반계(武班系)의 인물 이중협(李重協)도 다산과 학연이 깊었던 것으로 보인다. 그리고 또 다산의 제자로 인정할 만한 인물들이 찾아보면 없지 않을 것이다.

'학단'이라고 하면 학문적인 집결체를 의미하게 된다. 다산학단의 경우 오늘날의 대학이나 연구소 같은 공식적인 기구와는 거리가 먼 것이었다. 그야말로 비제도적 영역의 자율적인 공부모임이다. 조선조 사회에서는 교육과 학문을 위한 제도가 그런대로 갖추어져 있었지만, 비제도적인 영역에서 운영되는 가숙(家塾) 내지 학당(學堂) 또는 서당이 특이하게 발달하였다. 그런 중에 학적인 명성을 얻고 권위를 행사하기도 했으니, 도학을 숭상하는 당시의 풍토에서 대학자의 문하는 그의 학자적 명성에 상응해서 학도들이 운집한 나머지 문인록이 상당한 부피로 꾸며지는 사례를 더러 볼 수 있었다.

다산학단은 보수적 학풍을 견지한 도학자들의 사문(師門)의 성세에 견준다면 오히려 영성(零星)한 모습이라 할 것이다. 그렇지만 다른 데서는 찾아보기 드문 두 가지 특성을 다산학단은 갖추고 있었다. 하나는 구성원의 측면인데 사족으로 그치지 않고 읍중인이 처음부터 참여하여 두각을 드러냈는가 하면 일군의 승려들이 합류해 있었다. 다른 하나는 내용의 측면인데 우리가 지금 실학이라는 개념으로 파악하고 있는 학문적 성과가 여기서 산생되었던 사실이다. 18세기 후반기에 서울에서 진보적인 지식인 집단으로 '연암그룹'이 형성되었거니와, 19세기 초반으로 와서는 멀리 남쪽 바닷가에서 다산학단이 성립한 것이다.

다산학단은 엄밀하게 말해서 다산이 강진을 떠나면서 해체된 것으로 보아야 할 것이다. 학단으로서의 운동은 정지되고 수계(修契)의 형태로 전환했기 때문이다. 필자는 다산학단에 대해 연구, 보고한 논문에서 이런 견해를 표명한 바 있었다. 그렇다 해서 학문활동이 완전히 종식되었다는 그런 뜻은 물론 아니었다. 다산이 길러낸 후속세대는 각기 학문의 주체로서 나름으로 연구·저술작업을 하였거니와, 중요한 점은 다산이 자신의 고향집으로 돌아간 이후로도 제자들과의 학문적인 관계가 이런저런 방식으로 이어진 사실이다. 그리고 다산과 강진 땅의 다산초당이 있는 귤동 마을의 제자들이나 황상(黃裳) 등과도 종종 소식이 통하였고 직접 상경하여 뵙기도 하였던 사실들이 속속 확인되고 있다. 특히 이청(李晴)의 경우는 스승을 따라 올라와 가까이에서 스승의 학문작업을 계속 도왔던 것 같다. 『사대고례』는 바로 이 과정에서 공동작업의 방식으로 이루어진 것이다. 다산학단의 후속적인 형태라고 할 수 있겠다.

원래 다산학단의 학문적 성과라면 구체적으로 어떤 것들이 있었을까? 무엇보다도 다산 자신의 저작집을 물증으로 제시할 수 있을 것이다. 그의 경학에서 경세학으로 구축된 학문 체계의 방대한 저작물들은 그 자신이 핵심적 위치에 있는 학단에서 실제로 여러 제자와 분업화된 형태의 공정을 거쳐서 제작된 것이었다. 그리고 또 다산학단의 여러 구성원이 스승의 지도를 받거나 독자적으로 짓고 엮은 저술들이 적지 않았음이 물론이다. 『사대고례』도 다산학단의 빼놓을 수 없는 중요한 성과의 하나다.

『사대고례』란 조선국의 대청외교(對淸外交)에 관련된 문헌으로 학계에 처음 소개되는 자료다. 원본은 현재 일본 오사카(大阪) 부립(府立) 나카노시마(中之島) 도서관에 소장되어 있는데, 필사본 26권 10책에 이르는 것이다.

2. 이 책의 편자는 누구인가?

이 책의 첫머리에는 그 편찬경위에 해당하는 글이 「사대고례 찬집인기」(事大考例纂輯因起)라는 제목으로 실려 있다.『사대고례』의 서문인 셈이다. 글은 먼저『정원일기』(政院日記)를 원용하여 당초의 편찬 동기를 진술한 다음, 편찬 취지와 기본 방침을 밝히고 있다.

편찬 동기는 정조 23년(1799)으로 거슬러 올라간다. 국왕 정조가 당시 중국사신을 맞는 절차상의 필요로『동문휘고』(同文彙考)를 검색해보다가 문제점을 발견하고『동문휘고』와『통문관지』(通文館志)를 회통하되 보충할 것은 보충하고 깎아낼 것은 깎아내서 따로 하나의 책을 편찬하도록 교시하였다는 것이다. 교시는 담당관서인 사역원에 내려진 것임이 물론이다. 정조의 이 지시의 결실이 바로『사대고례』다. 그런데『사대고례』의 머리글이 작성된 시점은 도광(道光) 원년, 즉 순조 21년(1821)이니 정조의 지시가 내려지고 22년이 경과해서야 비로소 실현된 셈이다. 머리글의 작성자는 전임 사역원정(司譯院正)인 이시승(李時升)으로 되어 있다.『사대고례』의 편찬주체는 이시승이 되는 것이다.『사대고례』의 편찬 연대는 1821년인 순조 21년으로 확정지을 수 있겠으나 편찬자에 대해서는 상고할 점이 있다.

다산 정약용의 연보기록에 다산의 60세 때인 순조 21년 신사(辛巳)조에 "봄에『사대고례산보』(事大考例刪補)를 완성하다"고 적혀진 것이다.『사대고례산보』는『동문휘고』와『통문관지』를 회통하되 보충할 것은 보충하고 깎아낼 것은 깎아낸 것이라는 의미에서 붙여진 표제다. 그리고 다산 연보는 그 편찬경위를 밝혀 놓았는데 앞서 거론한 『사대고례』
의 머리글과 약간의 차이는 있으나 동일한 내용이다.[2] 끝에 몇 마디 덧
붙인 말이 있다.

이에 있어 이청이 주로 편집 업무를 실제로 맡아 하였으며, 차례를
정한다든지 깎아내고 보충하는 등은 모두 내가 결정하였고, 범례와 제
서(題敍) 및 비표(比表) 안설(案說)도 내가 작성한 것이다. 이에 초본을
기록해두어 후세에 사실이 매몰되지 않도록 하는 바다.

여기서 '나'는 다산 자신이다. 『여유당전서』 권15에 「사대고례제서」
(事大考例題敍)란 글이 수록되어 있는데 이 글의 서두에 해당하는 대목
을 연보에 옮겨놓은 것이다. 「사대고례제서」의 본문은 범례와 각 편마다
붙인 머리글, 그리고 끝에 「대청세계략」(大淸世系略)이라는 제목의 글로
구성되어 있다. 이 글들은 『사대고례』에서 그대로 확인할 수 있다. 위의
인용문 말미에 "초본을 기록해두어 후세에 사실이 매몰되지 않도록 하

---

2) 연보의 해당 기록 전문을 전재해둔다. "二十一年辛巳, 公六十歲, 春事大考例刪補成.
其題敍曰: 昔在嘉慶四年己未之春, 我正宗大王, 因北使遲來, 命考紙牌木牌之例. 先是
司譯院正金倫瑞·玄啓桓等, 撰次同文彙攷, 煩複寡要, 難於考檢. 至是命取同文彙攷及
通文館志, 會通刪補, 別成一書, 以便考檢. 厥明年夏, 弓劍遽遺, 事遂不擧. 至道光元年
春, 司譯院正李時升, 以爲旣有遺命, 曷敢不承. 乃曰通文館志, 編之以年次, 則吉凶常
變, 錯互而難檢, 同文彙攷, 務在乎詳悉, 煩複蕪蔓, 浩汗而難考, 一簡一繁, 均不得中. 今
取二書, 彙以事類, 刪其重複, 又(年譜에 大로 나와 있으나 全書에 의거해서 又로 바
로 잡음-인용자)凡國中文獻及中國書籍, 咸加博搜, 凡其有關於事大者, 悉攟悉採, 彙
分編次, 爲二十六篇, 名之曰事大考例. 斯役也, 李晴實主編摩, 其第次刪補, 咸決於余,
凡例題敍及比表案說, 余所爲也. 玆錄其草本, 俾不沒實於他日也"(『俟庵先生年譜』).

는 바"란 곧『사대고례』에서 실제로 자신이 지은 글들을 자기 문집 속에 기록으로 남겨둔다는 뜻이다.

기록에 의하면『사대고례』는 다산 자신이 편찬을 주재하였으며, 실제 작업은 이청의 손에서 이루어진 것으로 보아야 할 것이다. 그렇다면『사대고례』의 편찬주체로 명기된 이시승의 존재는 어떻게 보아야 할 것인가? 외견상으로『사대고례』의 편찬자는 이시승으로 되어 있다. 왜 그랬는지 의문이다.

정조는 위의 사대외교에 관계되는 문헌을 새로 편찬하라는 지시를 내린 그 이듬해 갑자기 세상을 떠난다. 그 지시도 유야무야되고 말았다. 왕명이란 준엄한 것이기에 아무쪼록 받들어 행함이 도리에 당연하지만 폐기되어버린 상태였다. 그런 상태로 20여 년의 세월을 흘려보냈다. 이에 "신 시승(時升)은 당시 비록 성교(聖敎)를 받는 자리에 직접 참여하지는 못하였으나 상유(上諭)의 본뜻이 이미 사역원에 그 편찬의 일을 명하신 터였다. 사역원의 직무를 맡은 자라면 다 유지(遺旨)를 받들어 행함이 옳다"고 이시승이 자임하고 나섰다는 의미다. 기실 정약용이 주재한 일임에도 이시승을 공식적인 편찬주체로 삼은 것으로 볼 수 있다. 정조의 지시가 사역원에 내려졌음으로 임금의 하교를 봉행하는 취지라면 사역원정(司譯院正)의 직함을 지닌 이시승이 편찬주체로 되는 것이 사리에 의당하다고 판단했을 것 같다.

이시승은 어떤 인물이며 다산과는 어떤 관계가 있었을까? 이시승에 대해서는 밝혀진 행적이 극히 소략하다. 그는 중인 출신의 인물이다. 1786년 식년시에 한어역관(漢語譯官)으로 합격, 역과방목에 그의 이름이 올라가 있다.[3] 거기에 기재된 인적 사항을 정리해보면 자는 유이(柔以)로, 1766년에 태어났고 본관은 금산(金山), 한학교회(漢學敎誨)를 역임했으며, 초명은 사구(師求), 이흡(李洽)의 아들이다. 사역원정은 그의 최종직일 터인데, 『사대고례』를 완성한 시점에는 현직에 있지 않았다. 그가 언제까지 살았는지 알 수 없으나 다산이 그에 대한 제문을 남기고 있는 것으로 보아 다산보다 먼저 세상을 떠났음이 확실하다.

다산이 이시승의 죽음을 애도한 제문을 보면 비교적 짧은 편이지만 사연은 아주 곡진하다.[4] 그의 인품이 기걸하고 학식이 고매함을 평가한 것이다. "지혜로운 견식 동류들에 빼어나서 북쪽으로 악라(鄂羅)에 미치고 서쪽으로 이리(伊犁)에 다했다"[5]고 한 그것이 구체적으로 어떤 내용일까 궁금하다. 아마도 당시 마찰을 빚은 러시아와 청국의 국경문제인 듯싶다. "안타깝다, 때를 만나지 못했으니, 10편의 남긴 저술 알아줄 이 누구인가." 이러한 다산의 언급으로 미루어 이시승은 당시 드물게 국제정세에 대한 식견을 지닌 학자로 생각된다. 또 그는 다산학단의 직접 성원은 아니라도 관련 인물로 잡혀지는 것이다.

요컨대 『사대고례』는 전임 사역원정인 이시승이 찬진(纂進)한 형식으로 된 책이다. 따라서 서술과정에서 자주 중요하게 나오는 '신 근안'(臣謹案)의 주체는 형식상으로 말하면 이시승이고 실제로는 정약용이다. 그렇다 하여 『사대고례』에서 이시승의 역할은 한낱 차명에 지나지 않는

---

3) 『譯科榜目』卷2 張7, "李時升, 字柔以, 丙戌生, 本金山, 漢學敎誨嘉義同樞, 初名師求, 洽子."

4) 『與猶堂全書』詩文集』卷17, 「祭李中樞時升文」, "桀烈之氣, 蟠肝壅肺. 鬱而不宣, 有妓嘺潰. 身以地詘, 名以貨晦. 淵慮慧識, 絶超流輩. 北窮鄂羅, 西極伊犁. 搴斂海宇, 以議邊陲. 職思其官, 惜不逢時. 叢殘十篇, 知者其誰. 炎天奮邁, 遂與我訣. 縣酒羽牲, 表妓悲咽. 尙享."

5) 악라(鄂羅)는 러시아를 가리키며, 이리(伊犁)는 중국 신장 성(新疆省) 이닝 현(伊寧縣)이다.

것일까. 그 편찬작업에 전적으로 공감, 동의하여 그 주체로 나섰을 것임이 물론이다. 그리고 자료의 수집 등에 기여하였을 것임은 대략 유추해 볼 수 있다.

『사대고례』의 공식적인 편자는 이시승이다. 실제에 있어서는 정약용이 편찬의 주재자로서 전체를 관장하고 중요한 부분은 직접 집필하였으며, 이청은 책을 엮어낸 실무자다. 다산이 집필한 것으로 명기된 범례, 제서 이외의 내용은 대체로 이청의 손에서 작성된 것으로 여겨진다. 딱히 누구를 편저자로 내세우기 어려운 상태인데 다산학단의 성과라고 말하면 틀림이 없을 것이다.

3. 『사대고례』의 체제와 내용의 특징

주지하다시피 '사대'는 조공(朝貢) 체제 하에서 중국의 주변국들이 중국에 대한 관계를 표현하는 역사적인 개념이다. 반면 중국 이외의 상호관계는 '교린'(交隣)이라고 하였다. 조선국가의 국제관계는 요컨대 '사대교린'으로 총칭할 수 있는 것이다.

'사대교린'의 외교에 관련된 조선조의 국가적 문헌은 『동문휘고』란 이름으로 정리, 간행된 바 있다. '동문'(同文)이란 한자를 공용하는 권역을 뜻하는 개념이지만, 여기서는 조공체제의 세계에 해당하는 셈이다. 『동문휘고』는 관찬이었던 만큼 거질(巨帙)의 문헌이다. 그리고 따로 외교 관계의 자료집으로 『통문관지』가 손꼽힌다. 외교실무를 관장하는 기관의 명칭을 따서 붙인 책 제목인데(통문관通文館은 고려조의 명칭이며, 조선조에서는 사역원司譯院으로 불렀음-인용자) 『통문관지』도 조선조 외교관계의 기본 문헌임이 물론이다.

이 『사대고례』는 『동문휘고』와 『통문관지』를 기초로 다른 여러 자료를 참고해서 새롭게 편찬한 책이다. '교린'에 해당하는 부분을 제외시킨 점도 유의할 대목이다. 이『사대고례』편찬의 기본 방향에 대해 밝혀놓은 말이 있다.

　『통문관지』의 경우 연대순으로 편찬된 까닭에 길흉(吉凶)·상변(常變)의 사안들이 뒤섞여서 검색하기 어려우며,『동문휘고』의 경우 상세하기로 힘쓴 까닭에 번다·복잡하고 호한해서 상고하기 어렵다. 한편은 너무 간소하고 다른 한편은 너무 번잡해서 양편 모두 중(中)을 얻지 못한 것이다. 지금 이 두 책을 가지고 사류(事類)로 정리하되 중복된 것들은 깎아내고 또 무릇 국중의 문헌 및 중국 측의 관련서적들을 두루 수합, '사대'에 관계되는 제반 사적들을 빠짐없이 채취해서 분류 편찬하여 모두 26편을 만들었다. 이름하여『사대고례』라 한다.[6]

　원래 책 제목을「사대고례산보」라고 한 취지가 바로 기존의『동문휘고』와『통문관지』에서 적절히 산삭하고 새로 자료를 수집, 보충하여 분류 정리한다는 데 있었다. '산보'의 방침은 위의 인용문에서 알 수 있겠거니와『사대고례』의 전체 분류 편차를 표로 제시해본다.

　다음의 표에 그려진 대로『사대고례』는 대청외교에 관련되어 시생하는 제반 사안들을 18개 항목으로 분류, 26권으로 엮어놓은 것이다. 외교의전에 관련되는 이런저런 항목들이 다수를 점유하고 있는데 이는 한자문명권의 조공체제 하에서 행해진 외교의 특징으로 여겨지는 것이다. 그밖에 군무(軍務)·왜정(倭情)·강계(疆界)·해방(海防) 같은 명칭을 써서

6) 해당 원문은 주2)에 들어 있다.

항목	권차	항목	권차
봉전고(封典考)	권 1~2	역일고(曆日考)	권 11
애례고(哀禮考)	권 3	강계고(疆界考)	권 12~13
하신고(賀新考)	권 4	해방고(海防考)	권 14
하정고(賀正考)	권 5	교무고(交貿考)	권 15~16
잡하고(雜賀考)	권 6	징사고(徵賜考)	권 17
문상고(聞喪考)	권 7	예물고(禮物考)	권 18~20
진주고(陳奏考)	권 8	사개고(使价考)	권 21~23
군무고(軍務考)	권 9	표자고(表咨考)	권 24~25
왜정고(倭情考)	권 10	잡례고(雜例考)	권 26

영토와 정세, 군사에 관계된 문제를 정리하고 있으며, 경제교역에 관계된 문제는 「교역고」(交易考)로 다루었다. (「예물고」도 교역에 관계되는 것으로 볼 수 있다.)

『사대고례』의 분류 체계는 『동문휘고』와 외형상으로 크게 달라진 모양은 아니다. 대동소이한 것처럼 보인다. 해방이란 개념을 새로 도입해서 『동문휘고』의 표민(漂民)까지 포함시킨다거나 교역의 비중이 높아진 것 등이 눈에 뜨이는데 『동문휘고』와 달리 「사개고」(使介考)라는 항목을 새로 설정, 무려 3권에 걸쳐 서술한 것은 특기할 대목이다. 실제로 외교업무를 담당한 사절단의 구성, 그 대소인원들의 신원에 관계되는 제반 사실들에 관심이 닿은 것이다.

그런데 『사대고례』는 『동문휘고』에 견주어 성격상으로 달라진 면이 있다. 『동문휘고』는 외교문서를 총정리한다는 데 일차적인 취지가 있었다. 외교문서를 되도록 빠짐없이 정리하려고 하니 분량이 방대하게 된 것이다. 『사대고례』의 경우 외교실무에 지침이 되고 참고할 수 있도록 한다는 데 일차적인 목적이 있었다. '시용'(時用)을 위한 것이라는 점을 분명히 하고 있었다.[7] 이 점은 『목민심서』가 지방행정의 지침이 되도록 편찬되었던 것과 비견되는 점이라고 할 수 있겠다. 다음에 『사대고례』의 체제상 특징들을 적출해보기로 한다.

(1) **고례적**(考例的) **성격** 위에서 보았듯 18개 항목으로 분류하여 체계를 잡은 다음, 다시 항목마다 각기 내용에 따라 하위분류를 하고 있다. 예컨대 한·중 양국의 국경에 관련되는 사안을 취급한 「강계고」(疆界考)를 보자. 「강계고」는 국경 문제를 다룬 「강계고 1」과 양측의 월경 문제를 다룬 「강계고 2」로 나눈다. 「강계고 1」에는 장백산 순심례(長白山巡審例)·두만하 방수례(豆滿河防守例)·압록강 방수례(鴨綠江防守例)의 3개 조를 배치하고, 「강계고 2」에는 아국인 범월례(我國人犯越例)·피국인 범월례(彼國人犯越例)의 2개 조를 배치한 것이다. 국경에 얽힌 복잡한 문제들을 조리 있게 정리해낸 모양이다. 이처럼 사례로 구분해서 고찰에 편하도록 한다는 취지에서 책의 표제에 '고례' 두 자가 들어간 것이다.

(2) **강목체**(綱目體)**의 도입** 강목체란 먼저 근간을 뚜렷이 세워놓고 거기에 기사를 붙이는 역사서술의 한 체제인데 이 방식을 여기에 도입한 것이다. 그래서 상위분류 아래 여러 사례(事例)에 따라 강(綱)과 목(目)의 체제로 일목요연하게 정리되어 있다. 『목민심서』에서 썼던 체제이기도 하다.

(3) **안설**(案說) 강목의 체제로 서술된 끝에 '신 근안'이라 해서 붙여진 것이다. 해당 사안의 경위를 설명하거나 보충설명으로 필요에 따라

---

7) 『與猶堂全書』詩文集 권15, 「事大考例題敍」, "其自洪武以後, 略而不言者, 是編本當泝考皇明時事例, 序列在上, 緣書籍散亡, 又非時用, 故姑全刪之."

들어가거나 빠지거나 하였다. 원래 목(目)에 해당하는 부분은 기존의
자료를 인용한 것이며, 강(綱)은 거기서 핵심어를 뽑은 것이므로 편자
의 소견이 개입될 여지가 없었다. 오직 안설에서만 편자의 견해가 개진
되는데 그것도 전후의 경위를 설명하여 이해를 돕는 수준이며, 주관적
인 논평은 극히 자제하고 있는 듯 보인다.

(4) 비표(比表) 각 단원의 끝에서 전체를 총괄하는 도표를 가리키는
데 필요에 따라서 붙이기도 하고 붙이지 않기도 한 것이다. 범례에서
"고례의 방법은 비교하는 것보다 간편한 것이 없고 비교의 방법은 경
위(經緯)를 제시하는 것보다 간편한 것이 없다. [……] 이것과 저것을
대조하여 요연하게 살필 수 있으니 때에 따라 편말에 종횡표를 붙이기
도 한다"[8]고 도표로 제시하는 방법이 매우 효과적임을 역설하고 있다.

(5) 제서(題敍) 전체 18개 항목 각각의 머리에 붙인 글이다. 분류항
으로 설정한 취지와 주요개념을 설명하면서 연혁을 서술한 내용이다.
설명하는 말들도 이해를 위해서 요긴한 것임은 물론이지만, 역사적인
서술이 주된 내용을 이루고 있으며 비중도 크다. 조선국과 청국 사이의
사대외교가 성립한 것은 청 태종이 황제의 자리에 올라 숭덕(崇德)으
로 연호를 쓴 때부터다. 청과 사대의 관계를 맺은 숭덕 2년인 1637년,
이 시점으로부터 『사대고례』의 서술은 시작되고 있다. 그 이전의 중국
과의 제반 관계는 바로 이 제서에서 분류된 대로 각기 요약, 진술해놓
은 것이다. 한·중 관계사의 집약본이라고 말할 수 있다.

---

8) 위의 책, "考例之法, 莫便於比校, 比校之法, 莫便於經緯. 表其有無多少緩促兼專, 有變
有沿有增有減, 彼此讎對, 瞭然可省. 時於篇末, 或作從橫表以槩之者以此."

『사대고례』의 체제는 이상에서 살펴본대로 수미일관하여 조리정연한 형태임을 알 수 있다. 따라서 일목요연해서 실무적으로 이용하기에도 간편할 터이다. 천 가지 만 가지로 복잡할 수밖에 없는 사안들을 적절히 분류, 관련 자료들을 구사해서 실태를 명확히 인지하고 대책을 강구하고 있어 외교의 실제에 당해서 실수가 없도록 치밀하게 고려한 것이다.『목민심서』에서 탁월한 성과를 거둔 다산 특유의 저술 형태다.『사대고례』는『목민심서』와 실무지침서라는 면에서 성격이 통할 뿐 아니라 저술형태도 유사한 방식이다.

『사대고례』의 내용적 측면에 있어서는 먼저 기본으로 삼은『동문휘고』와『통문관지』이외에 국내외의 관련 문건들을 동원해서 자료보완에 주력한 점을 들어야 할 것이다. 이에 관해서는 머리글에서도 언급한 터인데 중국 측의 사료로는『성경통지』(盛京通志),『대청일통지』(大淸一統志),『대청율례보주』(大淸律例補注) 및 예부(禮部)의 자문류(咨文類)들이 원용되고 있으며, 조선 측의 사료로는『연사견문록』(燕槎見聞錄),『문헌비고』(文獻備考),『사역원계사록』(司譯院啓辭錄) 등이 이용되고 있다.『연사견문록』은 인용빈도가 높고 범례에서도 특별히 언급한 문헌9)인데 현재 전하지 않아서 아쉽게 여겨지는 것이다.

내용상에서 중요하게 거론해야 할 측면은 지식정보의 체계화와 풍부화다. 위에서 체제상의 특징으로 주목한 제서·안설·비표 등은 다름 아닌 지식정보의 체계화를 위해 고안된 방법이다.『동문휘고』를 보면 외

---

9) 위의 책, "燕槎見聞錄, 卽使臣別單及書狀官聞見事件, 賚咨官手本之合爲一編者也. 其所聞, 或得於閭巷傳流之說, 或得於象譯行賂之地, 有虛有實, 有詐有誠. 然其中或有可採者, 皆抄錄之. 又或館志彙考, 竝無信文, 而事實惟載於聞見錄者, 不得不據此立文, 非十分徵信而然也."

교 관계의 사안 내지 문서를 추리지 않고 모두 망라해서 방대하기는 하지만 지식정보의 파편들이 쌓여 있는 꼴이었다. 반면 『사대고례』는 각 편에 먼저 제서를 실어 개념을 갖도록 하고 역사적 인식을 심어준 것이다. 그리고 각기 내용을 서술함에 당해서는 사례를 적출하였을 뿐 아니라, 필요에 따라서 안설을 붙여 맥락을 이해할 수 있도록 배려한 것이다. 안설의 사례로서 하나를 들어보자. 인조의 셋째아들인 인평대군(麟坪大君)이 죽었을 때 중국 측에서 조문사절을 보낸 사실에 붙인 안설이다.

인평대군은 당초 효종대왕과 함께 장기간 심양(瀋陽)에 머물러 있었다. 그 후로 11차례나 중국에 사신으로 파견이 되었다. 중국에서 그를 특별히 대했던 까닭에 그의 상(喪)에 당해 우리 측에서 자문(咨文)을 보내 부고하였으며, 중국 측에서도 조위하여 사제(賜祭)를 하였던 것이다. 이는 전무후무한 특례다.

• 「애례고」(哀禮考), '대군상례고부례'(大君喪例告訃例)

인평대군의 죽음에 당해 중국 측에서 조문사절이 왔다는 기록만으로는 배경을 알 수 없는 사실의 파편일 뿐이다. 위의 안설을 통해서 전후 맥락이 밝혀진다. 병자호란으로 청과 굴욕적인 강화조약을 맺으면서 소현세자와 효종(당시는 봉림대군)이 심양에 볼모로 체류했을 때 인평대군도 함께 가 있었으며, 이후 인평대군은 대청외교통으로 역할을 하여 그의 죽음에 특별한 의전이 취해졌던 것이다. 이 안설에 의해서 파편적 사실이 비로소 지식으로서 의미를 갖게 되었다.

다른 하나의 사례로 숙종 8년(1682) 오삼계(吳三桂)의 난을 평정한 데 축하사절을 보낸 사실에 붙인 안설을 들어보자(『雜賀考』, 「拓地平難

賀例」). 오삼계에서 그의 손자 오세번(吳世璠)으로까지 이어진 반란사건은 명·청 교체 과정의 역사를 알아야만 설명될 수 있는 복잡한 사실이 있다. 그 복잡하게 얽힌 사실을 안설에서 간결하게 설명함으로써 체계적 인식이 가능하도록 한 것이다. 이 체계화라는 과제와 풍부화는 원래 별개의 안건이 아니다. 체계화에 풍부화가 따르지 못한다면 줄기만 앙상해질 것이기 때문이다. 하지만 양자는 처음부터 끝까지 일치하는 영역이라고 할 수 없다. 『사대고례』에서 풍부화를 위한 사례로 「해방고」(海防考) 중의 제3국 간의 표해(漂海) 문제를 다룬 대목을 들어본다.

지금 일본 열도에 속한 오키나와는 당시 유구(琉球)라는 나라로 조선과의 사이에 표해 문제가 자주 발생한 지역이었다. 제주도로 표도(漂到)한 유구인을 북경으로 보내 본국으로 돌아가도록 한 사실을 하나의 대표 사례로 제시한 다음 안설을 붙여서 전반적인 상황을 서술한 것이다. 유구의 지리적 위치, 역사적 관계를 소개하고 우리나라 사람으로 유구에 표도했다가 중국을 거쳐 귀환한 사례들을 정리했다. 또 이 책의 저술시점 가까이까지 유구인으로 표도한 사례를 들어놓았다. 특기할 점은 흑산도 사람으로 유구, 거기서 또 여송(呂宋, 지금의 필리핀 루손)으로 표류했다가 귀환한 문순득(文順得, 기록에 따라서는 順이 淳으로도 나와 있음)의 경우를 중국 측 자료까지 소개하며 서술한 것이다.

「해방고」의 제3국 표해인 조목에서 또 한 가지 남번(南番) 이색인(異色人)에 관한 기사를 읽을 수 있다. 1801년에 여송국(呂宋國) 사람들이 제주도에 표류해 닿은 사건이다. 이들은 언어문자가 전혀 통하지 않아서 어느 나라 사람인지 알 수 없었는데, 일단 중국으로 보냈으나 중국에서도 역시 국적이 파악되지 않아 도로 조선으로 회송 조치를 하여, 최초의 표도처인 제주도에서 돌아갈 길이 없이 지내는 상태였다. 그때 마침 여송국까지 표류했다가 귀환한 문순득이 일부러 이들을 찾아서 고국으로 귀환하도록 도와주었다는 것이다.

그야말로 동아시아의 해양 공간에서 일어난 대서사라고 할 만한 사건을 필자는 다산학단의 일원인 이강회가 문순득을 직접 만나서 남긴 기록을 통해서 보고 비상한 관심을 가진 바 있었다.[10] 『사대고례』도 이 대서사에 주목하고 있다. 동사건에 관련한 『동문휘고』의 기록을 전재했을 뿐 아니라, 『연사견문록』 『사역원계사록』 등을 인용해서 경위를 전하고 있으며, 안설도 길게 붙여 놓았다. 실로 흥미로운 대서사에 관한 지식 정보를 풍부하게 전하고 있는데 여송인이 우리 조선을 가리켜 '약방'(藥房)이라고 부른다는 것은 색다른 정보다.

4. 청나라와의 관계에 대한 인식

『사대고례』란 책은 한마디로 대청(對淸) 외교에 관한 실무적 차원의 문헌이다. 이 책에 대한 논의는 편자가 청나라를 어떻게 보았느냐는 주제로 모아지지 않을 수 없다. 그런데 우리가 이 주제를 사고함에 있어 단계를 지어 볼 필요가 있을 것 같다. 먼저 유의해야 할 점은 청조는 중국의 주류 한족이 아닌 변방의 만족(滿族)이 세운 나라였다는 사실이다. 게다가 조선은 그 성립과정에서 갈등과 원한이 쌓인 상태였다. 궁극적으로는 동아시아의 보편적인 조공체제(朝貢體制)로 귀결되는 문제다.

지금 제기된 문제는 다산 자신이 청 황제 체제를 어떻게 바라보았느냐, 조공체제를 어떻게 인식하였느냐는 물음이 된다. 왜냐하면 『사대고

---

10) 임형택, 「다산학단에서 해양으로 학지의 열림: 이강회의 경우」(『대동문화연구』 56집; 『문명의식과 실학』, 돌베개, 2009).

례』가 다산의 주도 하에 편찬된 책이기도 하지만, 제기된 문제는 모두 다산이 직접 집필한 제서나 안설에서 답을 구해야 할 것이기 때문이다.

조공체제란 중국과 주변국들 사이에 책봉(冊封)의 관계로 성립하는 중국 중심세계의 보편적인 질서다. 바로 이 사이에서 이루어진 외교관계를 가리켜 사대(事大)라고 이르는 것이다. 『사대고례』의 제일편은 책봉에 관해 다룬 「봉전고」(封典考)인데 이 또한 당연한 설정이다.

「봉전고」는 그 제서에서 "우리 동국은 중국으로부터 책봉을 받은 것이 오래다"고 하고서, 시발점을 "주(周) 무왕(武王) 때 기자가 조선에 책봉을 받았다"는 것으로 잡고 있다. 이후 중국과 역대의 책봉 관계사를 간명하게 정리하였다. 특기할 점이라면 "발해(渤海) 대씨(大氏) 또한 당조(唐朝)에 책봉을 받았다" 하여 발해를 동국의 역사권역으로 포함시킨 것이다. 다음 조선과 명의 관계에 이르러는 "우리 국가가 일어섬에 미쳐서는 상국[明]을 섬겨서 대대로 책명(冊命)을 받았다"고 하였다. 그리하여 청조로 바뀐 "숭덕(崇德) 이후로도 역시 떳떳한 의전을 따라서 예로 섬김에 궐실(闕失)이 없었다"고 천명한 것이다.

인조 15년에 비로소 책봉의 절차를 받다[始受封典].

「봉전고」의 본문을 시작하는 첫 문장이니, 이는 『사대고례』 전체의 첫 문장이기도 하다. 인조 15년은 병자호란의 이듬해로 인조가 삼전도에서 청 태종에게 굴복한 1637년 숭덕 2년이다. 이때부터 조선은 정식으로 책봉을 받아 청국과의 사대외교가 성립한 것이다. 『사대고례』는 『통문관지』와 『동문휘고』의 해당 기록을 인용하여 사실을 객관적으로 적시하는 데 그치고 있다. 논평이나 설명을 일절 붙이지 않았다. 당시 책봉이 어떤 경위로 이루어졌고 그것을 당시 우리나라 사람들이 어떻게 받아들였으며, 이후 어떤 고뇌를 안겨주었고, 우리의 내부에서 어떤 정치적 의미가 있었는지 등을 돌이켜 생각해보면 대단히 절제된 기록이라는 느낌이 든다. 그런데 청으로부터 책봉을 받게 된 경위, 이로 인해 그 전후로 야기된 사태는 「군무고」(軍務考)에서 접할 수 있다.

「군무고」의 첫 항목은 '정혁교병례'(鼎革交兵例)인데 1636년 12월 청의 대군이 압록강을 건너 쳐들어온 사실로부터 하성지맹(下城之盟)을 맺은 결과로 청이 명을 치는 전쟁에 파병을 강요당한 사례들을 정리하고 있다. 군사적 대결에서 대소강약의 차이 때문에 강화를 할 수밖에 없었고, 마침내 청과 조선은 책봉 관계를 맺게 된 것이다. 그 조약에 청이 명을 공략할 때 조선은 육군과 수군을 기일에 맞춰 파병한다는 조문이 들어 있었다.

실제로 청과 명이 맞서 싸우는 상황에서 조선은 청의 편을 들어 파병을 해야만 했다. 어길 수 없는 조약사항이었지만, 조선의 입장에서는 실로 곤혹스런 노릇이었다. 조선 측은 "(숭덕 2년) 정월 30일 이전에는 명조의 신자(臣子)였거니와 30일 이후로는 대청(大淸)의 신자입니다"라고, 군부의 명이라면 삼가 받드는 것이 당연한 도리라 하면서 군사를 동원하기 어려운 사정을 호소하기도 했다. 심지어는 책봉관계가 명에서 청으로 바뀐 것을 개가한 부인에 비유하여 여자가 만부득이 개가를 했다 하더라도 어떻게 전남편을 해치려 들겠느냐는 말까지 쓰고 있다. 얼마나 구차하고 난감했던가를 짐작케 한다. 그렇다고 파병을 거부할 도리는 없었다. 마지못해 파병을 하기는 하는데 이런저런 문제가 발생하였음이 물론이다. 예를 하나 들어보자면 이사룡(李士龍)이란 조선 병사는 금주(錦州) 전투에서 명나라 사람을 쏘아죽일 수 없다 하여 끝내 실탄을 장전하지 않고 쏘아서 처형당한 일이 있었다. 『후자경편』(後自警編)이란 문헌을 인용해서 이 사실을 소개하고 있다.[11]

이 「군무고」, '정혁교병례'에서도 역시 관련기록을 제시하는 데 그치고 있다. 하지만 자료들이 객관적으로 드러난 것처럼 당시 조선의 어려운 처지나 곤혹스런 정황을 엿보기에 충분하다. 오직 끝에 한 번 안설을 붙였는데 "정혁(鼎革)의 즈음 남북이 싸우는 마당(명·청 교체로 군사적 각축 상황을 표현한 말)에서 우리가 명과 내통한다고 의심하여 문책을 누차 하는가 하면 또는 싸움을 돕는 태도가 불성실하다 탓하고 또는 명과 강화할 것인지 싸움을 계속할 것인지 물어 떠보는 등 우리를 의심함이 이와 같았다. 그러나 의리를 지키고 구은(舊恩)을 저버리지 않는 우리나라의 태도가 저들을 족히 감복시켜 용서를 받았던 것이다"라고 말하였다. "저들을 족히 감복시켜 용서를 받았다"는 것은 물론 근거가 있어서 나온 발언이다. 강희제(康熙帝)가 "명말의 상황에서 저들(조선을 가리킴-인용자)은 처음부터 끝까지 (명을) 배반하지 않았으니 오히려 예의를 중시하는 나라라 할 수 있다"고 내린 조칙을 인용하고 있다. 『사대고례』의 편자는 "이 한마디 말씀이야말로 (조선이) 족히 천하후세에 떳떳이 설 수 있을 것이다"[12]고 자부하였다.

---

11) 『事大考例』卷9, 「軍務考」, "後自警編云, 李士龍星州人, 以良丁隷兵籍. 至錦州衛, 淸與明將祖大壽對陣. 有發砲而中者, 輒有重賞, 士龍初放砲, 不丸虛發, 淸人捽出擬刃於頸, 士龍不動. 釋之曰: '汝若放而中, 有重賞.' 士龍復如是, 淸人甚怒而猶不殺. 至於三, 則淸人遂亂斫以徇之. 祖將諜知之, 揭示一大旗, 書曰: '朝鮮義士李士龍.' 淸人亦義之, 兵罷許同行, 收屍以歸."

12) 위의 책, "臣謹案, 鼎革之際, 南北交兵, 疑我內通屢有噴言, 或咎助戰之不誠, 或問和戰之便否, 其猜疑如是矣. 然我朝秉義念舊, 有足以感服原恕. 故康熙皇帝御製文集云: '康熙四十五年十月二十三日, 諭大學士馬齊等, 觀朝鮮國王凡事敬愼, 其國人亦皆感

19세기 중반 서세에 무너지는 중국을 눈앞에 보면서 고민하며 『해국도지』(海國圖誌)를 지은 청조의 학자 위원(魏源, 1794~1854) 역시 바로 강희제의 이 조칙을 인용한 다음 "훌륭하다, 임금님의 말씀이여! 해외에 충효를 권하였고 백대에 충효를 가르쳤다"[13]고 상찬을 발하였다. 양자의 평가는 서로 약속이나 한 듯 궤를 같이한 것이다.

이 대목에서 제기해볼 중대한 의문점이 한 가지 있다. 조공체제의 동아시아 세계에 명을 대신해서 청이 등장한 사태는 큰 충격파를 일으켜서 그 여파가 쉽게 잦아들지 않았다. 더구나 조선사회를 두고 말하면 그 여파로부터 오랫동안 벗어나질 못해 '숭명반청'(崇明反淸)이 국시가 된 정도였다. 저 유명한 박지원의 『열하일기』는 청의 연호를 썼다 해서 '노호지고'(虜號之稿)[14]라는 비난을 받은 바도 있다. 기실 『열하일기』의 주제는 '숭명반청'의 비현실적 이데올로기에서 탈피하자는 데 있었다. 『사대고례』는 『열하일기』에서 한 세대 뒤에 나온 것인데 바로 청의 연호를 채용하게 된 그 시점으로부터 '사대'라는 개념을 적용, 양국의 외교 관계를 다룬 것이다. 『사대고례』에 있어서는 반청의식 자체가 해소된 상태라고 보아야 맞는 것이다. 이런 현상을 어떻게 해석할 것인가?

戴. [……] 且更有可取者, 明之末年, 彼始終未嘗叛之, 猶爲重禮義之邦也.' 卽此一語, 亦足以有辭於天下後世矣."

13) 魏源, 『皇朝聖武記·國初征撫朝鮮記』卷5 張18, "康熙四十五年, 聖朝諭曰: '外藩惟朝鮮, 聲明文物近中國. …… 當明末造固守臣節, 終未嘗貳明.' 大哉王言! 勸忠海外, 敎忠百世乎."

14) 朴宗采, 『過庭錄』卷2, "蓋彼所謂虜號之稿者, 拈熱河日記中書康熙乾隆年號云耳. 先君(여기서는 연암을 가리킴 - 인용자)未嘗對人辨說, 嘗抵書芝溪公略謝其招謗之由, 而已見文集中(『燕巖集』卷2에 실린 「答李存中書」를 가리킴), 讀者可按而知也"(『韓國漢文學研究』제6권 자료소개, 96쪽).

386

이 의문점은 다른 어디가 아니고 19세기 조선의 지적 풍토에서 해답을 구해야 할 것이다. 18세기에서 19세기로 오면서 청의 선진문물을 배우자는 움직임과 함께 문인학자들과의 교류·소통이 활발하게 일어났다. 적어도 서울의 진취적인 지식인 사이에서는 청에 대해 해묵은 심리적 장애물이 제거된 모양이었다. '숭명반청'의 이념이 도학자들을 중심으로 완강하게 견지되고 있었지만 서울의 진취적인 지식인 사이에서는 분위기가 사뭇 달랐던 것 같다. 추사 김정희는 바로 이런 풍토에서 탄생할 수 있었다.

『사대고례』는 청 황제 체제에 대한 정신적 질곡으로부터 벗어나 청과의 문화적 소통이 활발하게 진전된 시대에 대면해서 대청관계를 제대로 발전시키자는 취지로 편찬한 문헌이라고 논평할 수 있다.

그렇다면 한걸음 나아가 조공체제 자체에 대해서는 어떻게 사고했던가? 그리고 더 나아가서 '조공체제의 극복'이란 당시 역사에서 요청된 사상사적 과제와는 어떻게 관련지어 볼 것인가? 『사대고례』는 이 주제의 해답을 찾기에는 적절한 자료가 아닌 것 같다. 왜냐하면 『사대고례』는 본디 외교적 실무를 위한 책이므로 청 황제 체제를 일단 긍정하고 들어간 것이다. 조공체제야 더 말할 나위 없지 않겠는가. 따라서 조공체제에 대한 문제제기를 이 책의 문면에서 기대하기는 어렵다.

그렇기는 한데 필자는 『사대고례』가 청 황제 체제를 명분론적으로 판단하지 않고 현실적으로 사고한 사실에 유의하고 싶다. 바로 이 사고의 지점에서 『사대고례』는 편찬된 것이다. 다시 연호 문제로 돌아가보자. 『사대고례』는 범례의 한 조항에서 "사정이 대국에 중점이 가지는 경우는 중국의 연호를 쓰고 아국에 중점이 가지는 경우는 아방(我邦)의 연차(年次)를 쓴다"는 것을 서법(書法)의 원칙으로 명시하고 있다. 중국 중심도 자국 중심도 아닌, 피아의 균형을 취한 형태다. 저『춘추』(春秋)의 일통적인 대원칙과는 분명히 다른 하나의 원칙이다.

조공체제란 책봉관계에 의해서 성립하는 중국 중심의 국제질서다. 대국(＝중국)과 소국 사이를 군신(君臣)의 관계로 명분화시킨 점이 중국 중심 체제의 특징적인 형식이다. 가부장적 윤리질서를 국제관계로 확장시킨 모양이다. 따라서 신자(臣子)의 위치인 소국은 군부(君父)의 위치에 있는 대국에 대해서 종속적인 관계에 놓이는 것은 당연한 도리다. 이러한 조공체제의 종속적인 관계에 비추어, 중국과 자국에 '피아의 균형'을 취한『사대고례』의 서술 방법상의 원칙은 주목할 가치가 충분히 있다. 비록 조공체제의 틀이 지속되고 있지만, 실상에 있어서는 중국 중심에 매몰되지 않고 '나'의 경계를 발견하고 균형을 취하고자 한 것으로 보인다. 이는 다른 무엇이 아니고 대청관계를 명분론을 탈피하여 현실주의적으로 사고한 결과로 해석해야 할 것이다.

한편『사대고례』의 체제에서 조공체제의 균열을 감지할 수 있다. 일본관에 시선을 돌려보자. '사대'와 '교린'은 당초 하나의 구조적 체계를 이루고 있었던 것이다. 그런데 17세기 이래 북으로 여진은 청 황제 체제가 성립하면서 해소된 대신 장차 러시아와 부딪히게 되었으며, 동으로 일본은 조공체제로부터 이탈했음에도 교린의 관계는 유지하다가 그나마 19세기로 와서 단절상태에 놓였다.『사대고례』는 사대교린의 체제에서 '교린'을 제외하여 구조적 결함이 발생한 셈이다. 일본에 대해서『사대고례』는 별도로「왜정고」(倭情考)에서 다루고 있을 뿐이다. 그러면서도 다산은 일본에 비상한 관심을 두어『일본고』(日本考)를 별도로 저술한다. 일본이란 존재를 조공체제와는 다른 차원에서 예의주시한 것으로 볼 수 있다.

『사대고례』는 17세기 이래 '흔들린 조공체제'에 대응하는 의미를 갖는 것으로 해석할 수 있는 문헌이다. 결코 세계 대국의 변화에 무감각했다고 평가해버릴 것이 아니다. 그러나 당시 서세가 전 지구적으로 석권하는 세계 상황을 목전에 두고 적극적 대응논리를 도출하지는 못했다고 보아야 할 것 같다.

5. 맺음말

(1) 대청외교에 관한 문헌인 『사대고례』는 전 사역원정 이시승의 편찬으로 되어 있으나 실은 정약용이 주편을 하고 이청이 실무를 맡아 이루어진 문헌이다.

(2) 『사대고례』는 『동문휘고』와 『통문관지』를 회통하고 거기에 산삭·보충을 가한 것으로 중국과의 외교관련 문헌정보를 지식으로서 체계화한 점이 특징이다.

(3) 『사대고례』는 현재의 중국=청과의 관계를 정상적으로 발전시키자는 취지에서 편찬된 책이다. 청 황제 체제에 대한 관념적 질곡으로부터 벗어나 현실적으로 접근하게 되면서 문화적 소통이 활발하게 진전되었던 19세기 전반기의 시대상을 대변한 것으로 볼 수 있다.

(4) 조공체제 극복이란 그 시대의 사상사적 과제는 당초 이 책이 감당할 문제는 아니지만 조공체제의 균열이 오고 있음을 감지할 수 있다.

(5) 조공체제의 틀, 그 속에·있으면서도 중국 중심주의에 매몰되지 않고 중국과 '나'의 경계를 찾고 '피아의 균형'을 취한 점이 주목된다. 이는 『사대고례』의 주편자인 정약용의 조공체제에 대한 사고의 논리로 해석할 수 있는 것이다.

대략 위와 같이 요약해볼 수 있는 『사대고례』는 저술형태상에서 『목민심서』와 유사한 정약용 특유의 저술방식이다. 내용 면에서도 양자는 대조적인 성격을 가지고 있는데 『목민심서』가 지방행정을 위한 체계적 저술이라면 『사대고례』는 외교업무를 위한 체계적 저술이다. 『사대고례』는 빼놓을 수 없는 중요한 문헌임에도 왜 지금까지 세상에 알려지지 않은 채 파묻혀 있었을까?

『사대고례』가 잊혀지게 된 직접적인 이유는 원본이 일찍이 해외로 유출되었던 데 있다고 보겠다. 하지만 정약용의 연보에 이 책의 존재가 분명히 기록되어 있을 뿐 아니라, 『여유당전서』에는 적지 않은 분량의 제서(題敍)가 수록되어 있다. 『사대고례』라는 내용의 책에 학자들의 관심이 닿지 않았던 것이다. 조공체제가 해체되고 근대적 세계체제로 편입되면서 이런 쪽으로는 눈길을 돌리려고도 하지 않았던 한국적 근대 상황 때문이 아니었던가 싶다. 동아시아적 인식이 요망되고 있는 지금 『사대고례』를 발굴, 소개하는 것은 각별한 의미를 갖는 것으로 여겨진다.

■『다산학』 12, 2008

한국실학사에서 추사 김정희와 그의 미의식

1. 머리말

전에 어떤 고로(古老)에게 들은 말인데, 추사가 등장하고부터 우리나라 서화의 값은 추사가 기준이 되어왔다는 것이다. 학술 토론의 장에서 대뜸 서화 값 이야기라니, 좀 무엇하다는 마음이 들면서도 현대 사회에서 가치를 가늠하는 데는 돈이 가장 분명한 척도이기에, 이 말을 먼저 꺼내보았다. 추사 김정희(1786~1856, 字 元春, 號 秋史, 阮堂)라는 인물은 우리 역사상에서 가장 고품질의 문화 가치를 창출한, 그야말로 획기적 존재라고 말해도 좋을 듯싶다.

추사의 위상을 이처럼 올려놓은 것은 그가 창출했던 여러 가지 가치 중에서도 시각 예술에 속하는 서법이라는 사실은 두말할 나위 없다. "완당공의 시문은 원래 걸출한 대가의 솜씨임에도 글씨 잘 쓰는 것으로 명성이 천하에 떨쳐서 그로 인해 가려진 것이다"(「覃揅齋詩集序」). 그가 세상을 떠난 10여 년 후에, 그의 시문을 맨 처음 수집, 간행하였던 남병길(南秉吉)의 발언이다. 추사의 사후 80년에 가까운 1933년『완당선생전집』(이하『전집』이라고 약칭)이 공간되었는데 실학에 대한 근대적 인식이 진행된 그 시점이었다. 당시 실학 담론을 주도하였던 위당(爲堂) 정인보(鄭寅普)도 『전집』의 「서문」에서 남병길과 비슷한 언급을 하고서 세상이 완당의 소중함이 서예에 있는 줄만 알고 있으며, "조금 나아가면 공의 고거학(考據學)을 말하여 청조의 옹방강(翁方綱)과 완원(阮元)에서 나온 것이라고 한다"고 지적하였다. 추사라는 존재에 대해 눈이 서예에만 머물지 말고 학문 쪽으로 돌리기를 주문하는데, 이때 시각상의 문제를 제기하고 있다.

공은 특이한 자품을 타고난데다 부친 유당공(酉堂公, 金魯敬 – 인용자)이 넓은 식견으로 실사구시를 하여 가정에서 이미 부친의 학문을 이어받았다. 그리고 문학을 숭상하고 고도(古道)를 고구하던 정조의 치세를 만나서 『상서』(尙書) 고문(古文)의 의혹을 밝혀냄에 따라 사대부들이 점차로 영향을 입어서 석천(石泉, 申綽)·다산(茶山)·아정(雅亭, 이덕무)·정유(貞蕤, 박제가) 등 여러 경사(經師)가 빠른 속도로 정현(鄭玄)·허신(許愼)을 능가하였으니, 이 또한 공의 길을 열기에 충분했던 것이다.
  • 『완당선생전집서』(阮堂先生全集序)

위와 같이 추사의 학문이 가학의 연원과 함께 정조 치세에서 개발된 학지(學知)의 축적에 기반을 둔 사실을 간과하고, 청조의 학자들과 빈번한 교유를 통해서 얻어진 측면에 편중해서 보고 있다고 비판한 것이다. 이어서 정인보 선생은 우리 역사상에서 최고급의 정신적 가치를 창출한 추사를 어떻게 인식할 것이냐는 문제에 관해 중요한 발언을 하고 있다. "무릇 학문의 본원을 깊이 터득한 공에 대해 한갓 서예와 고거학으로만 중시하는 것은 천박한 식견이다. 그의 서예와 고거학에 대해서도 피상적으로 중시할 뿐 그 참[眞]을 터득한 자는 몇이나 될까?" 정인보 선생이 지적했던 이 문제점이 오늘에 이르러는 극복되었다고 말할 수 있을까?

70년이 지난 지금에 이르도록 추사가 남긴 서예 작품은 날로 등귀하는 실정이며, 그에 대한 연구도 다방면으로 활발하게 이루어지고 있다. 하지만 그러한 외면의 상승세와 확장이 내면의 깊이로 다다른 것 같지는 않다. 오히려 그럴수록 '참'으로부터 멀어지고 학적 추구는 대상을 분해시키는 결과를 낳고 있는 듯 보인다.

추사 선생 서거 150주년을 기념해서 마련한 이번 학술회의에서 필자는 「한국실학사에서 추사 김정희와 그의 미의식」이란 제목으로 보고를 드리려고 한다. 일찍이 정인보 선생이 제기했던 문제점을 염두에 두면서 추사의 학술·문학·예술을 통일적으로 인식하는 어떤 실마리라도 탐구해보려는 의도를 가지고 있다.

2. 추사의 실학사에서의 위상

추사 김정희의 실학사적 위상은 제1기의 경세치용파, 제2기의 이용후생파에 이어 제3기에 등장한 실사구시파의 중심으로서 고거학이 그 특징적 성격이라고 보는 것이 학계의 통설이다. 이 실학 인식의 체계는 일찍이 이우성 선생에 의해서 구도되었는데 특히 추사에 대해서는 회의적인 견해가, 반론으로 분명히 제기된 것은 아닐지라도 은근히 퍼져 있는 듯하다. 그렇게 보는 이유는 대개 두 가지 측면에 있다. 한 면은 추사가 이룩한 학문적 성과가 뚜렷하지 않아서 선뜻 실학자로 비춰지지 못하는 때문이요, 다른 한 면은 예술 분야의 빼어난 성과를 실학과는 무관하게 생각하는 때문이다.

우리 역사상 최고급의 정신적 가치를 창출한 인물, 추사에 접근하는 데는 문화 생산자로서 그 특유의 성격과 그 자신의 학문 논리를 이해하는 편이 첩경이 아닐까, 필자는 그렇게 생각하고 있다. 추사의 앞 단계에서 실학자로 고도의 정신적 가치를 창출한 인물을 찾아보면 직전에서 다산 정약용(1760~1836)을 만나고 좀더 올라가면 연암 박지원(1737~1805)을 만나게 된다. 이 글에서는 추사를 다산에 대비해 논한 다음 연암에 관련해서도 언급하려 한다.

추사와 다산

추사는 다산의 24년 아래다. 추사는 다산의 둘째아들 학유(學游)와 같은 해(1786)에 태어났고 다산이 세상을 떠난 후로 20년이 지나서 서거하였다. 다산 이후 20년 세월에 추사는 고초를 무한히 겪게 되는데, 이 기간에 역사적인 큰 변화도 진행되고 있었다. 그는 뜻하지 않게 정쟁에 휘말려 가화(家禍)를 입은 끝에 남쪽으로 제주도, 북쪽으로 함경도 북청으로 10여 년 귀양살이를 하였고, 대륙에서 청국이 아편전쟁으로 영국군에 깨지고 태평천국의 반란이 일어난 사태를 대면한 것이다.

다산과 추사는 연령의 격차를 넘어서 지적으로 소통을 했다. 그리고 추사와 다산의 두 자제는 벗으로 친근하게 교유하였다. 그뿐 아니라 다산의 제자들에게까지 추사는 각별한 관심을 두었던 터였다. 그런데 사실 두 사람은 애당초 가까워지기 어려운 사이였다. 추사의 가계는 노론 벽파에 속하였고 다산은 남인 시파였으니 당파적으로 대립되는 관계였다. 그런데 어떻게 서로 자별한 사귐이 성립할 수 있었을까? 그사이에 드러나지 않은 무슨 사연이 있었는지 그것은 알 수 없다. 다만 확실하게 말할 수 있는 점이 있다. 다산이나 추사나 자신이 뼈아프게 당화를 입었음에도, 오히려 그렇기에 당론에 빠져들려고 하지 않았다. 특히 진리의 탐구에 당해서는 다산이나 추사나 당파에 구애받지 않고 교유하며 활발하게 토론을 벌인 경우가 허다했다. 다산과 추사 사이에는 이성적 접점이 넓었다고 하겠다.

추사가 다산에게 올린 편지 한 통이 『전집』에 수록되어 있다. 후학이 선배에게 묻는 식이 아니라 그 반대로 다산이 먼저 묻고 추사가 답변한 것이다. 다산은 실로 불치하문(不恥下問)의 자세를 몸소 보였거니와, 추사는 아버지뻘의 선배에 대해 일단 예의를 갖추면서도 자기주장을 펴고 상대를 논박하는 데 신랄했다. 추사의 논쟁적 필봉은 연륜의 무게나 학문적 권위 앞에서 조금도 주저함이 없었다. 말이 나왔으니 말이지만 추사의 글쓰기는 이론적으로 상대를 변파하는 논쟁적 형태에서 특장을 보였다.

추사가 다산에게 제기한 쟁점사안은 두 가지였다. 하나는 예설(禮說)로서 상복 제도에 관한 것이고 또 하나는 고제(古制)에 관한 문제로 육향(六鄕)을 어디에 두었느냐는 것이다. 이 두 가지 쟁점사안은 요컨대 한학(漢學)을 어떻게 평가할 것이냐로 귀결되고 있었다. 한학은 중국 학술사에서 송학(宋學)에 상대적인 개념으로 훈고학(訓詁學)이 특징적 방법론이다. 청대 학술은 한학이 주류였는데 그 한편에는 한송절충(漢宋折衷)의 입장이 있었다. 청대의 한학은 실사구시를 중시한 때문에 고거학의 특징을 가지고 있었으니 박학(樸學)이라고도 일컬어졌다. 추사는 스승 옹방강이 한송절충의 입장을 취했듯, 표방하기는 한송절충이었지만 실은 한학 위주였다. 널리 알려진 그의 「실사구시설」에 담긴 논리가 바로 그것이다. 한학에서 논의의 대상이 되었던 것은 동한(東漢)의 경학 대가 정현(鄭玄)이었다. 추사는 정현의 경설에 오늘날 사람의 안목으로는 의심 가는 부분이 있을 수 있지만 그렇다고 해서 부정해버리고 새로운 설을 세우려 드는 태도는 옳지 않다고 했다. 왜냐하면 정현의 경설은 모두 사설(師說)로 또는 가법(家法)으로 전수받은 곳이 있으므로 아무쪼록 존중해야 한다는 주장이었다.

　　또한 후세에 태어난 사람으로서 어떻게 공중에 매달고 부연 추측을 하여 마치 자신이 그 자리에 있었던 것처럼, 그 일을 목도하였던 것처럼 착착 말을 한단 말입니까? 설령 어쩌다가 고인과 합치하는 곳이 있다 하더라도 자기 견해를 마음대로 세우고 자기 설을 만들어내는 것은 경전에 당해서는 감히 해서는 안 되는 법입니다. 단지 갈등만 일으키고 후인의 눈을 어지럽게 만들 따름이요, 경전에 아무런 보탬도 되지 못합니다.

　　•『전집』 권4, 「여정다산 약용」(與丁茶山 若鏞)

　　이처럼 추사의 논조는 공격적이고 단호하였다. 물론 다산의 경전 해석의 방법론을 겨냥한 비판이었다. 이에 대해 다산은 어떤 논리로 방어를 했을까? 전하는 것이 없기 때문에 구체적으로 확인할 도리는 없지만 다산의 평소 지론으로 충분히 유추해볼 수 있다.

　　다산의 「오학론」(五學論)은 그 당시 통행하는 다섯 가지 학술을 하나하나 들어서 비판을 가하고 참다운 학문을 수립하려는 대단히 뜻 깊은 글이다. 실학을 천명하는 의미를 지녔다고 보아도 좋을 것이다. 그중의 두 번째가 훈고학에 대해서인데 청조의 한학으로 경도된 고거학적 학풍을 의식한 내용이다. (그 무렵 청조의 신학풍이 조선의 선진적 학자들에게 영향이 미쳐오는 중이었다.) 다산은 "경전의 자의(字義)를 해명해서 성현의 '도와 교리'[道敎]의 뜻에 도달하는 수단"이라는 점에서 훈고학을 인정한다. 하지만 그 한계에 유의하는 관점을 취하고 있다.

그런데 (한학에서) 그 전수받은 바의 훈고가 모두 꼭 원전의 본지라고 믿을 수도 없거니와, 비록 그 본지를 얻었다 하더라도 자의를 밝히고 구절(句節)을 바로잡는 데 불과하다. 선왕(先王)·선성(先聖)의 '도와 교리'의 근원에 미쳐서는 심오한 속뜻을 들여다보아 파악했다고 말할 수 없는 것이다.
　•『여유당전서』, 시문집 권11, 「오학론」(五學論) 2

다산의 이 발언은 추사의 한학은 사설(師說)·가법(家法)으로 전수받은 것이므로 신빙해야 옳다는 주장에 정면으로 배치되고 있다. 단순히 방법론적 차이로 그치지 않는, 근본적으로 경전에 대한 입장 차이를 반영한 것이다. 다산은 이어서 한학적 경향이란 "가까이로 마음을 닦고 성품을 가다듬는 문제를 고려하지 않고 멀리로 세상에 기여하고 백성을 잘 살도록 하는 문제를 강구하지 않는다"는, 즉 주체의 확립과 그 사회적 실천이라는 큰 과제를 소홀히 하는 것이라고 지탄하였다. 다산과 추사 사이에는 이성적 접점이 넓었음에도 합치하거나 해소되기 어려운 성질의 근본적 입장차가 있었다.
　『매천야록』(梅泉野錄)에 재미있는 일화가 전한다. 다산의 맏아들 유산(酉山) 정학연(鄭學淵)이 『여유당집』을 교열하여 뺄 것은 빼서 편차를 확정짓기 위해 추사를 초청하였다고 한다. 추사는 다산의 유고를 검토한 다음 이렇게 말했다는 것이다.

선생의 백세 대업은 참으로 위대합니다. 그 작가에 있어서는 내 실로 감히 알 수가 없거늘 어떻게 넣고 빼고를 할 수 있겠습니까? 유고를 그대로 보존해서 후세의 자운(子雲)을 기다려야 할 것입니다.

추사는 다산이 남긴 업적의 위대성을 인정하면서도 자신의 안목에 의한 평가는 보류하고 있다. "후세의 자운"[1]을 기다린다, 즉 역사의 몫으로 남겨둔 것이다. 그 저작의 수법이 자기로서는 이해하기 어렵다는 데서 추사는 다산의 학문 방법론에 대한 회의를 끝까지 거두지 않았음을 짐작케 한다.

추사와 연암

연암 박지원은 추사보다 50세 연상으로 연암이 작고했을 적(1805)에 추사는 20세 청년이었다. 추사와 연암은 당론적 입장이 같았고 더욱이 학문 경향에서 통하는 면이 있었지만 관계가 소원했던 듯 보인다. 추사는 연암과 가까운 박제가와 교유하지만 연암을 찾아뵌 것 같지 않으며, 『전집』에서 연암을 직접 언급한 대목을 한 구절도 찾아볼 수 없다. 추사의 처지에서 연암은 가깝고 다산은 먼데, 오히려 가까운 연암과의 지적 소통은 노출되고 있지 않은 것이다. 그렇지만 추사는 연암의 『열하일기』를 관심을 가지고 읽었음이 분명하며, 세계 대국을 인식하는 추사의 눈에서 연암의 시각이 느껴지기도 한다.

추사는 젊은 시절 연행하는 길에서 「요야」(遼野)라는 제목의 시를 읊

---

1) 자운(子雲)은 중국 서한시대 학자 양웅(揚雄)의 자다. 양웅이 『태현경』(太玄經)을 저술하였는데 이런 책을 누가 읽겠느냐고 말하자 그는 "천년 후의 자운을 기다린다" [千歲後 子雲]고 말했다 한다.

는다. "큰 기운이 꿈틀거린다"는 평을 들은 걸작이다. 1,200리의 요하 평원이 펼쳐진 장관을 대면해서 "하늘 끝 어디메로 들어갔느뇨? 땅 형체 둥글다는 걸 깨닫겠네"라고 탄식하며, "천추에 한바탕 크게 울 마당에서 농으로 한 비유 그게 묘한 뜻이라!"[千秋大哭場, 戲喩仍 妙詮]는 글귀를 붙여놓았다. 요하 평원을 대면한 심경을 한바탕 크게 울고 싶다고 표현한 것임은 알겠는데 '농으로 한 비유'[戲喩]는 무엇을 가리키는지 일반 고사 성어를 찾아서는 풀릴 대목이 아니다.『열하일기』에서 연암이 그곳을 '호곡장'(好哭場)으로 표현하면서 갓 태어난 아기의 첫 발성에 결부시킨 적이 있었다.[2] 인간이 어두운 엄마의 자궁에 있다가 출생하여 최초로 경험하는 세상의 경이와 감격이 울음으로 표출되는데 지금 크게 울고 싶은 심경이 바로 그와 유사하다는 뜻이다. '농으로 한 비유'란 곧 이것이다. 추사는 뒤에 연행을 하여 동일한 공간에 서서『열하일기』에서 읽었던 연암의 감수성과 표현력에 깊이 공감하고 탄복하였음을 확인할 수 있다.

연암을 중심으로 한 유파를 통칭 북학파로 부르고 있다. 북학이라는 의미가 본디 중국의 선진 문물을 배우자는 데 있으니 그렇다면 추사도 북학파로 분류되어야 할 듯싶다. 실제로 북학의 최고봉은 추사라는 주장을 하는 학자도 없지 않다. 이 대목에서 북학이라는 개념을 한번 짚고 넘어가자.

필자는 북학파라는 개념을 지금 우리가 사용하는 데 항시 찜찜한 느낌을 가지고 있을 뿐 아니라, 연암학파를 북학파로 호칭하는 것이 실상

---

2) 김명호,「열하일기의 문체에 대하여: 호곡장론(好哭場論)을 중심으로」,『박지원 문학연구』, 대동문화연구원, 2001.

에 꼭 부합하지 않는 것으로 보고 있다. '북학'이란 북쪽으로 가서 배운다는 뜻에서 붙여진 말이 아니다. (중국은 통상 북쪽이 아닌 서쪽으로 일컬었다.) 초정 박제가의『북학의』에서 유래한 것인데 원래 전거는『맹자』에 있다. 이 '북학'은 따지고 보면 용하변이(用夏變夷)를 철칙처럼 생각하는 중화주의적 색채가 짙게 물들어 있는 말이다.[3] 연암학파는 중심이 박지원이고 중심 이론이『열하일기』에 담겨 있다는 점은 더 말할 나위 없다.『열하일기』는 중국의 선진 기술을 도입하여 우리 조선의 낙후한 현실을 개선하자는, 즉 북학적 의미를 담고 있지만 그 핵심 주제는 세계 대국의 정세 변화를 읽고 우리 조선이 타개할 방향을 모색하는 데 있다. 요컨대 북학파라는 호칭은 그 주제의 중심을 포괄하지 못하고 있을 뿐 아니라, 어의 자체에도 문제점이 있는 것이다.

18, 19세기 조선의 지식인 중에서 청조의 학술문화에 가장 정통했던 인물로는 단연 추사가 손꼽힌다. 말하자면 당대 제일의 중국 전문가였다. 추사 스스로도 이 점을 은근히 자부했던 듯싶다. 그는 이 땅의 사람으로 북경에 가서 교유를 활발히 한 경우로 매양 담헌 홍대용을 거론하지만 기실 소루했던 것으로 평하면서 "담헌뿐 아니라 박초정(朴楚亭) 같은 분도 도처에 착오가 보여서 사람을 몹시 안타깝게 만든다"[4]고 털어 놓은 것이다.

---

3) 『孟子』,「藤文公 上」, "吾聞用夏變夷者, 未聞變於夷者也. 陳良楚産也, 悅周公仲尼之道, 北學於中國, 北方之學者, 未能或之先也, 彼所謂豪傑之士也."
4) 박제가와 김정희의 관계를 사제 간이라고 흔히들 말하고 있으나 이 점은 적이 의문시된다. 초정이 중국통의 학자였기에 추사는 특히 당대 중국의 지식 정보와 관련해서 듣고 가르침을 받았던 것이 사실이다. 그렇다 해서 반드시 스승과 제자의 관계가 성립하는 것은 아니었다. 추사가 초정에 대해 언급한 태도나 사회적 관행으로 미루어 추사가 초정을 스승으로 생각했다고는 보기 어렵다.

추사는 자신이 직접 중국땅을 밟은 것은 1809년에 동지사로 간 부친을 따라갔던 때 한 번뿐이었다. 그럼에도 당시 누구보다도 청조의 학계와 폭넓게 교류하였는데, 주로 서신을 주고받아 이루어진 일이었다. 그들의 학술문화의 발전상에 망양지탄(望洋之嘆)을 느낀 나머지 적극적으로 배우고 받아들이려는 자세를 취했던 것이다. 그렇다 해서 추사를 북학파로 분류하는 것은 적절치 않다. 앞서 연암학파를 북학파로 호명하는 것이 적절치 않음을 지적했거니와 계보를 달리하는 추사까지 북학파로 끌어들이면 문제점을 확장시키는 결과를 초래하는 것으로 생각된다.

추사의 단계에 이르러는 중국과의 학술 교류가 크게 진전하여 당대 일류 학인들과 친교하며 직접 대화하고 글로 소통했던 사실이 매우 주목되는 현상이다. 저쪽의 창조적이고 선진적인 동향에 비상한 관심을 두었으니 거기에 흠모하는 마음이 실려 있었음이 물론이다. 그렇지만 중화주의에 사로잡혀서 무비판적으로 추종했던 것은 아니었다. 추사 스스로 존경해 마지않던 옹방강에 대해서도 자신은 결코 '곡순영종'(曲順影從, 주견이 없이 추종한다는 의미)하지 않는다[5]고 분명히 말했던 것이다. 또 추사가 중국의 학자 이장욱(李璋煜), 그리고 왕희손(汪喜孫)에게 보낸 서한[6]을 보면 청조의 학술과 학인들 전반에 대해 논평을 가하는데 저쪽 사정에 얼마나 해박·정통하였고 비판적인 안목을 갖추었던지 구체적으로 드러나 있다. 이는 북학파는 차원을 달리하여, 우리의 학술사

---

5) 『全集』卷5, 「與李月汀 璋煜」.

6) 『全集』卷5, 「與李月汀 璋煜」, 「代權彛齋 敦仁 與汪孟慈 喜孫 書」(민족문화추진회 국역총서본). 이 왕희손에게 보낸 서한에 관해서는 일인 학자 후지쓰카 지카시(藤塚隣)가 자료소개를 하고 내용을 중시하여 논한 바 있다(「汪孟慈의 所謂『海外墨緣』과 金阮堂」, 『漢學會雜誌』 제2권 제2호, 1935).

에서 획기적인 의미를 갖는 것이다. 추사가 중국 학계와 직접 소통하며 보조를 같이한 학문의 성격은 실사구시라는 개념으로 표현해도 좋을 것이다.

추사의 실사구시

우리나라에서 실사구시를 학문의 종지(宗旨)로 세운 것은 추사인데 그런 경우와 그렇지 않은 경우 학문 경향에서 다름이 없을 수 없었다. 앞서 살펴본 다산과 추사의 끝내 합치할 수 없었던 차이점도 바로 거기에서 비롯된 것이었다. 연암과 추사, 둘 사이의 상이점은 궁극적으로 당대의 중국, 곧 청 황제 체제에 대한 시각의 차이에 의해서 형성된 것이다. 추사의 당대 중국에 대한 관점은 연암과 다르다. 추사는 연암이 가졌던 청 황제 체제에 대한 고민이 사라진 상태여서 비판적 언급이라고는 찾아보기 어렵다. 예컨대 청조의 문화적 대업인 『고금도서집성』(古今圖書集成)과 『사고전서』(四庫全書)의 편찬을 두고 연암은 문화주의적 기미정책(羈縻政策)으로 간주하는 발언을 하였는데 추사는 그런 비판적 인식을 일체 거두고 상찬을 아끼지 않은 것이다. 왜 이렇게 바뀌었을까? 국내외의 정세 변화와도 관련이 있을 텐데 이 문제는 여기서 접어두자.

어쨌건 추사로 와서 당대 중국관은 '숭명반청'(崇明反淸)이라는 고질적인 정신장애로부터 벗어난 셈이다. 그리하여 훨씬 자유롭고 열린 자세로 중국 학계와 폭넓게 소통할 수 있게 되었다. 이에 추사의 실사구시는 다분히 실증주의적 성격을 띠게 되었으며, 현실을 이탈하여 고고(考古)로 침잠했다는 지적을 결과적으로 면하기 어렵게 되어 있다. 그런데 추사는 자기 생애의 후기, 19세기 중반기의 동북아 정세가 위기로 빠져드는 시점에 당도해서 시대 상황에 관련된 발언을 하고 있다.

영이(英夷, 중국 입장에서 영국을 지칭하는 말)가 중국의 우환이 된 사태는 실로 형언하기 어려운 걱정거리입니다. [⋯⋯] 제 얕은 소견으로 이(해양을 통한 서세의 침략-인용자)는 크게 놀랄 것이 못됩니다. 서서히 살피고 자세히 분석해보건대 이로 인연해 양화를 매개하고 난리를 일으킬 조짐이 실로 지금에 있습니다. 황하가 한 번 터지는 날이면 영이의 난리보다 훨씬 더 심대해질 듯합니다. 전유소장(顚臾蕭墻, 내부에서 일어난 반란을 가리키는 말)은 불을 보듯 뻔하니, 이야말로 속방의 처지로 마음 놓을 수 없는 문제입니다.

• 『전집』권3, 「여권이재 돈인」(與權彝齋 敦仁) 32

정승의 지위에서 국사를 담당한 바 있던 권돈인(權敦仁)에게 보낸 편지의 한 단락이다. "황하가 한 번 터지는 날"이란 중국 내부에서 일어나는 반란을 상징적으로 표현한 말이다. 아편전쟁이라는 영국의 무력침공에 청조의 권위가 땅에 떨어지자 그동안 억눌리고 막혔던 한족의 저항이 황하의 제방이 터지듯 중국 전역을 뒤흔들었던 것이 실제 상황이었다. 이런 사태의 진전을 추사는 예견하였던 듯하다. 전에 연암이 『열하일기』에서 청 황제 체제의 중국을 예의 주시하여 「심세편」(審勢篇), 「옥갑야화」 등을 썼던 그 시각과 필치를 다시 연상케 하는 대목이다.

위 인용문에서도 비쳤지만 서세의 움직임에 대해서 추사는 위험시하지 않는 듯한 발언을 하였다. 서세를 낙관하는 태도는 최한기와 유사점이 있다. 한반도 주변의 해상에 서양 함선이 심심찮게 출몰하여 위기감을 고조시키는 상황이었다. 그런 사태를 두고도 너무 우려할 것이 없다고 추사는 말한 것이다. 그 당시 목전의 상황이나 이후 역사의 진로에 비추어 결코 안이하게 바라볼 사안이 아닌데 추사는 왜 낙관을 하였을까?

물론 그는 제국주의 서구의 침략적 속성에 이해가 없었고 그 때문에 오판을 한 것이 사실이다. 하지만 먼저 추사가 서세의 진출에 대해 발언한 진의를 전체적으로 살펴볼 필요가 있다. 서양 선박이 전 지구상에 활동하고 있음을 일깨운다. 서양의 동향에 대한 전체적인 인식이 없이 이상한 선박이 출몰했다 하면 상하 모두 지레 겁을 내는 것이 참으로 문제라고 지적한 것이다.

홍박(紅舶, 서양 선박을 지칭함)이 국경을 넘어오는 때에는 중문격석(重門擊柝, 외부 침략에 대비해서 방비를 철저히 함)의 뜻에 비추어 어떻게 우리를 조금이라도 엿보도록 둘 것이요. 첨국심세(覘國審勢, 남의 나라를 엿보고 형세를 살핌)는 우리도 본떠서 행해야 할 일입니다. 우리나라 사람들은 언제고 치밀하지 못해 자세히 조사하지 않으니 안타깝기 그지없습니다. 비록 저들의 선박제도를 모두 본받기 어렵겠지만 돛을 다루는 한 가지 기술이라도 배워서 실행에 옮길 수 있을 텐데 한 사람도 마음을 쓰는 자가 없단 말입니까.
 • 위의 책

우리의 해역으로 들어온 서양 선박에 대해 국토방위의 개념으로 경계심을 촉구하는데, 거기서 그치지 않고 우리의 입장에서 그 기회를 틈타 적정을 탐지하고 저들의 선박 기술을 습득하는 계기로 이용하자고 한다. 추사가 몹시 안타까워한 것은 아무리 위기감을 안겨주는 적이라 할지라도 그 실상을 알아보고 배울 것은 배우려는 그런 자세를 갖지 않는다는 데 있다. 서양을 거부하고 금기시하는 것이 능사가 아니라는 점을 그는 착안한 것이다. 국가를 경영함에 있어서 대단히 중요한 발언인데 서세에 대응하는 적극적인 자세로 평가할 수 있겠다. 아편전쟁 직후 각성한 중국 지식인의 "양이의 장기를 배워서 양이를 제압하자"[師夷之長技以制夷]라는 정신을 현실화한 저 위원(魏源)의 『해국도지』(海國圖志)를 추사는 대단히 평가하여 "필수의 서적이다" 하면서 "우리에게 있어서는 남의 집 보물을 세는 듯이" 부러워할 따름이라고 몹시 탄식한다. 그리고 위원의 학문 경향 자체에 언급해서 "대개 위묵심(魏黙深, 묵심은 위원의 字)은 요즈음에 한학 중에서 따로 한 문호를 열어 훈고학의 공언(空言)을 지키지 않고 오로지 실사구시를 위주로 하고 있다"고 보았다. '훈고학의 공언'에 매이지 않고 현실적인 의미가 분명한 학문 태도를 가리켜 추사는 실사구시라고 한 것이다.

필자는 추사 자신이 '고고(考古)의 실사구시'로부터 말년에는 '현실적용의 실사구시'로 전환하였음을 지적한 바 있다.[7]

3. 추사의 학문·문학·서예를 통일적으로 인식하는 논리

다산은 실학의 집대성자로 평가받고 있다. 기본적으로 다산은 성호학파의 후계자로서 경세치용을 학문의 종지로 삼는 한편으로 연암학파의 이용후생학을 섭취해서 실학사에 하나의 회합처(滙合處)를 만들었기 때문이다. 다산의 차세대인 추사는 그 회합처의 연장선에 있는 것이 아니고 그 지점을 발판으로 삼아 별개의 문호를 수립한 것이다. 이때 연암학파로부터 따로 수용한 면이 있었다. 다름 아닌 연암학파가 중국 학계와의 교류를 중요시하고 앞선 학술을 배우려 했던 부분이다. 추사는 당시

---

7) 임형택, 「실사구시의 학전 전통과 개화사상」, 『실사구시의 한국학』, 창작과비평사, 2000.

청나라에 대해 종전과 달리 정신적 장애를 털어버리고 자유롭게 교류하며 중국 학계와 호흡을 같이하고 방법론을 공유할 수 있었다. 그리하여 학문의 종지를 실사구시로 잡았던 것이다.

그런데 앞에서 먼저 언급했지만 추사가 이룩한 학문업적은 가시적으로 말하면 별로 대단할 것이 없다. 추사의 동시대 인물인 홍한주(洪翰周)의 『지수염필』(智水括筆)에서는 추사가 남겨놓은 것이 기껏 몇 편 되지 않으니 "후세에 추사를 논하는 자들이 어디로 좇아 그의 박학을 탄복할 것이며, 또 어디에 의거해서 그의 글을 좋아할 것이랴!"[8]고 애석해하였다. 지금 『전집』에서 금석학과 관련한 논문, 그리고 『주역』과 『상서』에 관한 변설들을 통해서 그의 학문의 엄정함과 높은 격조를 느끼기에는 충분하다. 하지만 대학자의 면모로서는 아무래도 빈약하다 하지 않을 수 없다.

홍한주는 추사의 글쓰기 습관을 두고 '안고수하'(眼高手下)라는 사자성어를 끌어왔거니와, 매천(梅泉) 황현(黃玹)은 "추사는 문성(文性)이 껄끄럽다"는 표현을 쓰고 있다. 그 때문에 추사의 저작은 "소품 척독(小品 尺牘)에 그쳤는데 빼어난 재주에 해박한 학식으로 안목이 저절로 거기에 담겨 있다"[9]고 평하였다. 추사 특유의 글쓰기 성과로서 소품 형식의 척독을 평가한 셈이다. 이에 관해서는 뒤에 다시 거론하려고 한다.

필자는 『전집』을 읽으면서 흥미롭다면 흥미롭고 이상하다면 이상한

---

8) 『智水括筆』, 栖碧外史海外蒐逸本 13, 440~441쪽, "秋史之才, 鑑賞最勝, 筆次之, 詩文又次之. 然眼無古人, 故於古今人一切詩文絶少許可, 是以眼高而手下, 絶不作詩文. 故巾衍所弆, 實無幾篇, 亦無論纂考證之一部文字. 所可見者, 不過與人往還書牘, 其外則對人言語辨難而已. 後之論秋史者, 何從以歎其博, 亦何據以愛其文."

9) "秋史文性硬澁, 止於小品尺牘, 而雋才博學, 眼目固自有也"(『梅泉野錄 원문교주본』 37쪽, 문학과지성사, 2005).

생각이 들곤 하는 한 가지가 있다. 서화에 관련한 내용들을 허다히 만나는데 이론을 전개하고 품평을 하고 작법을 논하는가 하면 종이·붓·먹 등 문방도구에 이르기까지 말하기를 즐거하는 것이다. 조선조 사회의 풍조가 사대부들의 본색이라 할 문학을 두고도 소기(小技)라고 치부하였으니 '한묵소사'(翰墨小事)에 이르러는 완물상지(玩物喪志)로 경시했던 것은 더 말할 나위 없다. 전통적 관점에서 추사는 한담 유희를 하고 있다는 비난을 면하기 어렵다. 어쨌건 『전집』은 이 서화와 관련된 면모가 일반 문집과 달리 특이하다. 이런 특이한 면모는 서예에 치중했던 그 자신의 인생 자세와 직결되겠지만, 그의 특이한 사고의 논리로 이해해볼 수도 있겠다.

대저 이 일(난초 그리기—인용자)은 곧바로 한 소기의 예능에 불과하지만 마음을 오롯이 해서 공력을 들이면 성문(聖門, 유학을 가리킴)의 격물치지(格物致知)의 학과 다름이 없습니다. 그렇기 때문에 군자의 일거수일투족(一擧手一投足) 어딘들 도(道) 아닌 것이 없지요. 이와 같이 한다면 완물상지의 경계를 무엇 때문에 거론하겠습니까? 이와 같이 하지 않는다면 속사(俗師) 마계(魔界)에 불과할 터이라 흉중에 5천 권을 담는 것이나 손목에 금강저(金剛杵)를 쥐는 것이나 모두 이로부터 들어올 것입니다.

• 『전집』 권2, 「여석파」(與石坡) 2

'흉중의 5천 권 책'과 '손목에 금강역사의 쇠몽둥이'는 추사가 서화를 논할 때 곧잘 쓰는 비유다. 독서의 원력과 각고 수련의 필력을 강조한 의미일 터이다. 그래야만 속장(俗匠, 세속적인 장인) 마계(魔界, 魔障이 낀 지경)를 벗어날 수 있다고도 말하였다. 위 인용문에서는 "마음을 오롯이 해서 공력을 들이는"[專心下工] 한 가지 일을 독서교양이나 각고 수련에 우선시하여 역설하고 있다. 필자가 특히 주목하는 것은 그 공정을 '격물치지'와 다름없다고 한 대목이다. 해석하기에 따라서는 '도본문말'(道本文末)이라는 전통적인 논리, 즉 기예를 천시하는 관념을 해체하는 의미까지 추출할 수 있다고 본다.

추사는 서화를 일단 '소기의 예능'의 범위에 넣어서 말을 하긴 했으나, 요는 그것도 하기에 따라서는 유학의 본령인 격물치지에 부합한다는 주장이었다. 그리고 '도'는 따로 존재하는 무엇이 아니고 난초 한 줄기를 치는 데도 도가 있다는 논법이다. '도'는 본체요, '문'은 '말기'라는 사고의 논리에서는 '도'를 추상적인 절대자로 상정하고 있음에 대해 추사의 논법에서 도는 실천의 과정에 자재(自在)하는 것이다. '도본문말'을 해체하는 추사의 논법에서 종래 말기로 취급했던 문학예술 일반이 도의 차원으로 격상된 셈이다.

물론 추사적 논법에서 글씨 쓰고 그림 그리는 일이 자동적으로 도의 차원이라는 의미는 아닐 터이다. 5천 권을 독파한 인문적 교양 과정, 금강역사의 쇠몽둥이 같은 필력을 기르는 각고의 수련 과정, 아울러 '전심하공'(專心下工)이란 주체의 실천적 자세가 그 전 과정상에 필수불가결의 요건이 되고 있다.

그는 또 다른 자리에서는 '우계'(寓戒)를 강조하기도 한다. 글씨에 무언가 깨우침의 뜻을 붙여야 한다는 취지인데 "고인은 본디 까닭 없이 지은 것이 없다. 그렇지 않으면 한낱 구경거리요 속사(俗師)의 글씨장인에 불과할 뿐이다"[10]라고 일깨운 것이다. '우계'를 어떻게 해석할 것인가? 글씨 자체도 거기에 어떤 우의적인 의미가 요망된다는 발언은 고찰을 요하는 사안이 아닐 수 없다. 필자는 이를 글과 글씨가 혼연일체로 '우계'를 지녀야 한다는 것으로 이해하고 싶다. 결국 주체에 속하는 문제다. '도본문말'의 동양 전래의 패러다임을 해체하는 과제는 고도의 이론적인 주제이면서 각고의 실천적 노력을 수반하는 작업인 동시에 주체적 각성이기도 하였다.

추사의 이 이론적 주제, 실천적 작업은 학술사나 예술사 위에서 실로 획기적인 의미를 함축한 것으로 볼 수 있다. 그렇다면 그 자신이 스스로 추구한 이 길에서 그가 창출한 형식으로 무엇을 들 수 있을까?

고인은 글씨를 쓰는 데 간찰(簡札)이라는 하나의 체가 따로 있지 않았습니다. 순화각첩(淳化閣帖, 중국 역대의 서법을 총집한 책, 북송 순화연간에 편찬이 이루어져서 붙여진 이름) 같은 데도 진(晉)나라 사람들의 글씨가 많지만 오직 간찰을 주로 한 것은 볼 수 없지요. 이는 우리나라의 악습(惡習)입니다. 나의 글씨는 족히 말할 것이 못 되나 70년 동안 벼루 열 개를 갈아 구멍 내고 붓 천 자루를 닳려서 몽당붓을 만들었으되 한 번도 간찰 쓰는 법을 따로 연습한 적은 없답니다. 실로 간찰이란 체식이 따로 있는지 모르겠습니다. 그럼에도 글씨를 구하는 자들이 매양 와서 간찰을 말하여 거절을 못하는데 중들이 간찰을 더 열심히 요구합니다. 나는 그 진의를 깨닫지 못하겠습니다.

• 「여권이재 돈인」 33

10) 『전집』 卷3, 張28~29, 「與權彛齋」 二十七, "'退村'二大隸, 强腕寫呈, 非以書爲也. 筆畫之間, 寓之屈伸之義, 庶蒙印可, 工拙又不計也. 雖尋常小文字, 君子之所贈答, 朋友之所箴警, 皆必有寓戒. 古人原無徒作, 不然, 即不過一玩物, 一俗師字匠. 何續焉乎哉! 雖博百鵝, 便復俗書耳. 拙字甚陋, 今以後知免耳."

간찰이란 별다른 것이 아니요, 상호간에 소식을 전하고 의견을 소통하는 편지다. 척독도 편지를 지칭하는 것인데 한문학에서는 소품의 한 형식으로 성립하게 되었다. 통신 수단이나 매스컴이 발달하지 못했던 전통 사회에서 편지는 일상적이면서도 의미나 중요도가 오늘날과는 크게 달랐다. 추사는 척독을 따로 하나의 형식으로 중시하는 것을 우리나라의 악습이라고 지탄하였다. 그러나 척독이 하나의 형식으로 인식된 것은 유래가 오랜 객관적 사실이며, 추사도 그 관행을 추종하고 있는 것이다. 추사는 척독으로 독자적 위상을 확보한 것이 엄연한 사실이기도 했다.

필자는 지금 추사 척독을 그가 창조한 문화 형식으로서 가장 개성적이고 대표적인 것이라고 조심스럽게 주장해본다. 이 견해에 사람들이 선뜻 동의하기 어려울 것으로 여겨진다. 추사의 명품에서 척독은 밀려나 있지 않은가. 편지쓰기는 그야말로 일상사에 속하지만, 그의 경우 스스로 고백했듯 벼루 열 개를 구멍 내고 붓 천 자루를 닳게 만든 결과물이다. 그 형식 자체가 학문·문학·서예의 혼연일체다. 하나하나에 5천 권 독서의 원력에 '진심하공'과 '우계'가 깃든 작품 그대로다. 추사의 실사구시의 실학은 다른 어디보다도 이 척독에서 구체적으로 풍부하게 확인할 수 있다.

4. 추사의 미의식

추사의 척독은 추사 당시에 애호하여 구하러 오는 사람이 있었던 만큼 이미 사회적 수요가 발생했다고 보아도 좋을 것이다. 원래 실용적 목적의 것이 예술적 감상물로 전환된 셈이다. 물론 척독이라는 형식은 추사 이전에도 있었다. 우리 문학사에서 가령 허균이나 박지원은 척독의 명편들을 남긴 작가다. 추사에 이르러 척독은 존재 가치가 새롭고 뚜렷이 부각되었다고 할 수 있겠다.

척독이란 한문학의 양식 개념으로는 서(書)의 일종이다. 본디 서(書)라고 할 때 글씨 즉 서예를 뜻하기도 하며, 편지 즉 서독(書牘)을 뜻하기도 한다. 추사의 척독은 서(書)의 양면적 의미를 일체로 구현한 형태다. 다시 말하면 문학적 가치와 서예적 가치를 공유하고 있다. 그 자신의 해박한 학식이 또 거기에 저절로 담겨져 있다. 이 글에서 원용한 추사의 원전도 대부분 척독에서 뽑은 것이었다. 홍한주는 "후세에 추사를 논하는 자들이 어디로 좇아 그의 박학을 탄복할 것이랴"고 저술의 빈약함을 탄식하였지만 척독의 성과는 그의 학문을 짐작하기에 부족함이 없다고 여겨진다.

이렇듯 학술적 의미와 함께 문학이기도 하고 서예이기도 한 추사의 척독을 어떻게 규정할 것인가? 근대의 분류 개념으로는 실로 어디에 소속을 시켜야 할지부터 난처한 물건이다. 일단 그것을 문화라는 포괄적 개념으로 파악하면 무난할 것으로 생각된다.

문화적 개념으로 추사를 접근하려 할 때 착안해야 할 요점은 주체의 미의식이 아닐까 한다. 그래서 이 글에서는 추사의 미의식을 또 하나의 주제로 설정한 것이다. 문제는 그의 미의식을 어디에서 찾느냐다. 추사가 남긴 무엇이건 그 자신의 미의식이 담겨 있지 않겠는가. 필자는 지금 이 주제와 관련해서는 그의 시 작품을 거론하는데, 별다른 이유가 없고 단지 나 자신의 전공과 가깝기 때문이다. 먼저 신석희(申錫禧)가 추사의 시집에 붙였던 「서문」을 인용해본다.

이재(彝齋) 권상공(權相公)은 공의 서예를 평하여, "완당의 제주 이후의 글씨는 두자미(杜子美, 두보)의 기주(夔州) 이후의 시, 유자후(柳

子厚, 柳宗元)의 유주(柳州) 이후의 문(文)과 같다"고 하였는데 나는 이
렇게 말한다. "시 또한 그의 글씨와 마찬가지다. 그의 영경(靈警) 오입
(悟入)의 묘는 저절로 신출하고 예스럽고 특이하며 담박함이 이루 다
거두어 담을 수 없는 지경이다.

•「담연재시집서」(覃揅齋詩集序)

기주는 두보가 낙척하여 떠돌던 시절에 거쳤던 지역이며, 유주는 유종
원이 좌천을 당해 가 있었던 변경이다. 두보와 유종원은 인생의 곤경을
두루 체험하고 나서 각기 시와 문의 경향이 바뀌어 더욱 좋아졌다는 것이
정평이다. 그렇듯 추사도 바다 멀리 제주도 귀양살이의 고난을 실컷 맛
본 이후로 서예의 신경지가 열렸다는 것이 신석희의 견해다. 이 견해는
후일에 정설로 굳어졌으며 오늘날 높이 평가되는 추사체는 이때 성립된
것이다. 그런데 글씨뿐 아니라 시도 그렇다는 것이 신석희의 발언이다.

제주 이후 추사시는 과연 어떤 특징을 가진 것일까? 위 인용문에서 추
사시의 품격에 관한 신석희의 언표는 대개 공감이 가기는 하지만 현대
인이 이해할 만한 언어로 바꾸기는 쉽지 않아 보인다. 필자는 추사를 따
로 연구한 적은 없고 어쩌다가 접해서는 당시 일반 시인의 시와는 퍽 다
르다는 인상을 받았다. '학문적 시'가 눈에 뜨이고 격조와 참신성이 돋
보이는데, 그런 중에서 마치 옥수수가 익어가고 호박꽃이 피어 있는 마
을에서 촌로를 만나는 그런 느낌을 주는 시편을 종종 발견하였다. 추사
의 그 귀족적인 체질과 고매한 학식에 어울리지 않아 보여서 처음에는
낯설게도 여겼다. 이 '촌로의 야태(野態)'는 추사 생애의 황혼기인 제주
이후로부터 또 생사의 고비를 넘기고 북쪽 변경까지 체험하면서 점차로
다가가게 된 경지다.

대범 (시는) 처음엔 세상 사람들이 말하지 못하는 데서 착수하여 공력을 들이되 최종에는 세상 사람들이 일상으로 말하는 곳에서 아울러 힘써 말이 되어야만 바야흐로 원륜(圓輪)을 성취할 수 있을 것이요. 목난산호(木難珊瑚, 진귀한 보물)는 서역 상인들이 놀라 달려들기는 하겠으나 부족한 바는 촌부나 일꾼들과 더불어 실컷 먹고 마실 수 없는 것이지요. 모름지기 한 발 물러서서 세상을 좇아 눈앞의 3척(尺) 땅에 착안해야만 아름답게 될 거외다.

• 『전집』 권5, 「여인」(與人)

그가 함경도 북청으로 귀양 가 있던 당시 누군가에게 보낸 척독의 한 대목이다. 시작법에 관련해서 어떤 시가 좋은 것인지를 설파한, 일종의 미학적 경종처럼 들리기도 한다. 시의 출발선에서는 보통 사람이 감히 발설하기 어려운 경이롭고 기발한 시어로 구축할 필요가 있으나 최종에는 보통 사람의 일상으로 복귀해야 둥근 바퀴처럼 원숙하게 된다는 논법이다. "눈앞의 3척 땅에 착안해야만 (시는) 아름답게 될 거외다." 이 주장은 대단히 현실주의적이라고 말할 수 있겠다. 그렇다고 곧이곧대로 현실주의로 규정짓는다면 추사 자신이 거기에 도착하기까지의 경로를 무시한 결과론이며 극히 단순화시킨 논법이다. 굳이 무슨 개념을 부여하려고 할 것이 아니라, 그 미학적 함의가 자신의 시 창작에서 어떻게 표현되는지를 살펴보는 것이 좋을 것 같다.

누런 벼 물결에 단칸 집 오막살이
지나가는 촌부자 얼굴 문득 흐뭇하네.
평생 견지하는 힘 부족함을 부끄러

오색 꽃 씨주머니 선을 깨려는 듯.

紅稚稚中屋數椽, 村夫子過便欣然.

平生塊乏操持力, 五色花毬欲破禪.

• 『전집』 권10, 「촌중봉선화」(村中鳳仙花)

촌가에 봉선화가 곱게 핀 정경을 읊은 것이다. 시제에서 "씨주머니가 아주 커 남쪽에서는 보기 드물다"라고 한 것으로 보아 북쪽 땅에서 읊은 것임을 알 수 있다. "지나가는 촌부자 얼굴 문득 흐뭇하네"는 벼농사가 잘된 것을 기뻐함이겠거니와 봉선화를 그려낸 것은 그야말로 선적(禪的)이라는 느낌을 준다. 신석희가 추사시의 특성을 "영경(靈警)·오입(悟入)의 묘"라고 한 것은 이런 경지가 아닌가 싶기도 하다.

추사시는 후기에 이르러 소재부터 일상성에서 취하는 경향을 보였다. 제주도 시절의 작품인 「촌사」(村舍)에서 "몇 송이 맨드라미 장독대, 동쪽에 호박 덩굴 외양간 지붕으로 오르네"[數朶鷄冠醬瓿東, 南瓜蔓碧上牛宮]는 좋은 예가 될 것이다. 다음에는 북청 시절 길을 가다가 우연히 어느 집에 들러 지은 것으로 보이는 작품을 들어본다.

한 그루 앙상한 버드나무 두어 서까래 집에

머리 하얀 영감 할멈 두 분 다 쓸쓸해요.

석자 남짓의 시냇가 길 못 넘고서

옥수수 가을바람 칠십 년을 살았다오.

禿柳一株屋數椽, 翁婆白髮兩蕭然.

未過三尺溪邊路, 玉蠋西風七十年.

• 『전집』 권10, 「촌중제벽」(村中題壁)

414

이 시에는 산문으로 붙여놓은 말이 있다. 그 내용을 요약하면 이러하다. 길가 옥수수 밭 가운데 집에 사는 영감과 할멈을 만났는데, 영감 나이는 70세로 서울에 가본 일이 있느냐 물으니 우리 고을 관가에도 들어가 본 적이 없고, 무얼 먹고 사느냐 물으니 옥수수라고 했다. "노옹을 만나 말을 들으니 나도 모르게 망연자실하였다"는 것이다. 남북으로 떠다니며 풍우에 휘둘리던 자신의 신세를 돌아볼 때 무엇으로 한 대 얻어맞은 느낌이 들었다. 자신의 그 착잡한 감회, 파란과 고뇌의 인생연륜이 위 28자의 시편에 오히려 담담하게 배어 있다고 하겠다.

위의 시는 벽에 썼다 하였으므로 시와 서가 합치된 작품이었을 것임이 분명하다. 글과 글씨가 어떻게 어울려서 어떤 미적 경지를 이루었을까? 지금으로서는 확인할 길이 없으니 아쉽기 그지없다. 그런데 마침 이와 매우 흡사한 경지의 연구(聯句) 작품이 전하고 있다. "대단한 요리 두부에 오이 생강 나물이요, 좋은 잔치 부부와 아들 딸 손자 모임이라"[大烹豆腐瓜薑菜 高會夫妻兒女孫]. 유홍준 교수는 이 글씨를 두고 "결국 완당이 살아온 인생의 종착점이 어디였던가를 말해주는 명작 중의 명작이다"라고 격찬한 다음, "그야말로 불계공졸이요, 대교약졸이며 허화로운 경지다"[11]라고 평하였다. 그 필법이 '대교약졸'에 꼭 합당한 것인지는 따져보아야겠으나, 의미와 표상이 혼연일체로 졸박(拙朴)한 경지임이 느껴진다. 그것은 그 스스로 일상에 착안하고 서민생활에 친근해졌던 미의식의 결정체이기도 하다.

---

11) 유홍준, 『완당평전』, 학고재, 2002, 742~746쪽.

5. 맺음말

이 글은 추사 김정희라는 한국 역사상에서 최고 품질의 문화가치를 생산한 창조주체를 해명하는 인식논리를 수립해보려는 데 초점을 두었다. 추사는 학(學)과 예(藝)의 통일적 실천과정에서 도(道)를 발견한다. 글씨를 쓰고 그림을 그리는 일 자체가 하기에 따라서는 도의 차원으로 될 수 있다는 지론이었다. 도를 본원적인 무엇으로 전제한 다음, 문학예술 일반을 말기로 취급하는 '도본문말'이라는 패러다임을 해체하는 이론적 의미를 담고 있는 것이다.

추사가 학과 예를 통일시킨 도는 이렇듯 이론적 기반에 놓여 있을 뿐 아니라, 그 자신이 죽을 때까지 실천한 길이기도 했다. 추사의 저 빼어난 경지와 특이한 성과를 설명하는 관건어는 다름 아닌 이 도다. 그의 도는 실사구시의 실학으로 시야를 열어나갔으며, 붓 천 자루를 닳게 한 각고의 노력으로 기량을 다졌다. 그러면서도 '우계'(寓戒)가 없으면 '글씨쟁이'에 불과하다는 경종을 발하길 잊지 않았다. 이런 구도(求道)의 길에서 도달한 미의식은 "눈앞의 3척 땅을 착안해야만 아름답게 되리라"는 것이었다. 여기서 추사체가 성립하는데 학문·문학·예술이 일체화된 경지임이 물론이다.

한국의 근대는 근대적으로 분절화된 지식에 의해 추사 역시 분해하였다. 다른 한편 그가 남긴 것이라면 종이 한 장, 글씨 몇 자도 사람들의 애호를 받아 고가로 평가되었다. 하지만 그것은 창조적인 생명력을 상실해버린 골동품에 지나지 못하였다. 추사는 근대를 거치면서 그 자신이 추구한 길과 달리 분해되었고, 또 그가 가장 혐오했던 방향으로 속화된 꼴이다. '21세기 신문화 시대'에 당해서 추사의 창조적 가치를 살리는 문제는 긴요한 일이 아닐 수 없다.

끝으로 추사가 서거하였을 당시 그의 독실한 제자인 추금(秋琴) 강위(姜瑋)가 지은 제문[12]을 소개하는 것으로 이 글을 마칠까 한다. 전문이 32자로 제문 치고는 극히 짧다. 두 단락으로 첫 단락은 이렇다. "세상에서 우리 선생님을 소동파에 견주는데 신기는 미치지 못할 듯싶어도 품위는 윗길이라오"[世以吾師, 方於老坡, 神若不及, 而品則過]. 창작적 역량은 동파에 못 미치지만 인간적 품격으로 말하면 한결 높다는 의미다. 추사의 가문적 처지, 정치적 입장, 고난의 역정, 그래서 도달한 미의식과 문화적 성취를 총체적으로 고려해볼 때, 강위의 이 평가는 부풀려진 것이 아니라고 판단된다. 제문의 두 번째 단락에서는 추사가 이 땅을 떠난 적막감을 표현하고 있다.

김정희 대련 「대팽두부」

과천 눈발 날리는 청계산 기슭에
세 번 불러도 떠나시니 아득한 산하로다.
果川之雪, 清溪之阿,
三呼而去, 浩蕩山河.

---

12) 『古歡堂收帥』文稿 卷2 張17, 「祭先師金公正喜阮堂先生文」.

추사는 북청에서 해배된 이후 5년 동안의 여생을 과천에서 보냈다. "평생 소꼬리 따라다니는 부끄러움 모르고 성안으로 날마다 가서 땔나무 팔고 돌아오누나"[不覺平生牛後恥, 城中日日販柴廻](「果寓村舍」). 예전에 과천 사람들은 여름철에는 참외를, 겨울·봄으로는 땔나무를 서울로 지고 가서 팔아 생계를 이었다는 말을 필자는 들었다. 그런 과천 사람들의 삶을 해학적으로 포착한 시구인데 연민의 정이 듬뿍 묻어 있다. 추사가 떠난 이후로 이 땅은 적막감이 사뭇 오래 지속되었던 것 같다. 근래 상전벽해로 변하여 적막감은 뚝 떨쳐버렸지만 추사가 창출한 그 문화적 가치를 살려낼 수 있을지는 두고 볼 일이다.

■『추사연구』4, 2006

혜강 최한기의 시간관과 일통사상

1. 머리말

필자의 개인적인 소견으로 21세기의 인류적 과제는 일통, 하나로 화합하는 일이다. 남북통일이 지난 세기의 미해결 과제로 이월되었기 때문만은 아니다. '세계화'가 피하기 어려운 대세로 진행되는 상황에서 둘러볼 때 진정한 의미에서의 '세계일통'을 성취하는 대업이 전 지구적 과제로 제기된 것이다. 그리고 생태 환경의 오염·파손이 벌써 위험 수위를 넘어서 이젠 인간과 대자연의 일통이 시급히 요망되고 있지 않은가. 남북통일이라는 민족문제도 '우리의 소원은 통일'이라는 식으로 당위성을 부르짖는다 해서 해결될 사안이 아니요, 신세기가 요구하는 새로운 사고의 패러다임으로 접근, 실천해야 할 단계에 당도한 것이다.

한국의 역사에서 일통사상의 정신전통은 없었을까? 분열과 통일의 역사가 있으니 사회적 통합을 위한 사상공작이 어떤 형태로든 없지 않았을 듯싶다. 신라의 통일과정에서는 불교가 그 기능을 맡았던 것으로 보인다. 예컨대 경주 황룡사의 9층탑은 '삼한일통'의 표상이었다고 한다. 『삼국유사』는 황룡사 9층탑을 세운 이후 태평성대가 열리고 삼한이 하나로 되었다고 예찬하는 말을 남기고 있다.[1] 다시 후삼국을 통일한 고려 태조 왕건은 "옛날 신라는 9층탑을 조성하여 마침내 일통의 대업을 이루었다"고 되새기면서 "지금 개경(開京)에는 7층탑을 세우고 서경에 는 9층탑을 세워 그 공덕으로 복속하지 않은 무리들을 없애고 삼한을 합해서 하나로 만들겠노라"[2]고 다짐했던 것이다.

저 하늘로 치솟아 우뚝한 9층탑은 과연 기존의 국경 너머까지 공덕의 그늘을 드리웠을까? 지금 필자로서 확인할 도리는 없지만, 아마도 망국의 한을 달래주는 효과는 없지 않았을 터요, 항시 고달픈 백성들의 육신에 마음의 위안을 주기도 했을 것이다. 하지만 참으로 어떤 현실적 의미가 있었을까? 당초 문제에 대한 합리적 접근과는 거리가 먼 것이었다. 이에 비판의 칼날을 세운 것은 유학의 지식인들이다. 『표해록』(漂海錄) 으로 알려진 학자 금남(錦南) 최부(崔溥, 1454~1504)는 왕건의 이 정치적 태도를 식견이 좁은 것으로 보고, 난세를 바로잡아 대업을 이루는 도리는 어디까지나 응천순인(應天順人, 하늘의 뜻에 호응하고 인심이 돌아오도록 하는 것)에 있음을 역설하였다.[3] '응천순인'은 합리적으로 진일보한 길임에는 틀림없다. 하지만 이 역시 따지고 보면 '응천'은 중국 중심적 세계질서에 순종하는 자세요, '순인'도 뜻은 좋으나 실상은 애매하다. 우리의 역사상에 일통의 사상적 진폭은 대단치 못했던 듯하다. 이런 측면에서 혜강(惠岡) 최한기(崔漢綺, 1803~77)라는 인물이 비상하게 떠오른다.

한국의 19세기가 배출한 대학자 최한기는 일찍이 "중국을 배우는 자

---

1) 『三國遺事』卷3, 「興法 · 黃龍寺九層塔」.
2) 『高麗史』, 「崔凝傳」.
3) 『錦南集』卷1 『東國通鑑論』, 「麗王嘗謂崔凝條」.

서법(西法)을 배우려 하지 않고 서법을 배우는 자 중국을 배우려 하지 않는데, 이 모두 치우치고 막혀서 두루 통하는 학문을 이룰 수 없다"(『인정』권12)고 설파하였다. 그는 지구가 하나로 통하는 시대를 전망하면서 동서의 학문적 회통을 제창한 것이다. 나아가 자신이 몸소 그 방향으로 강구하여 거대한 학문체계를 수립한다. 그것을 일컬어 혜강학이라고 부르는데 곧 기학(氣學)이다. 다시 말하면 최한기는 기학으로 동서의 학문적 회통을 이룩한 것이다.

최한기는 학문연구를 통한 저술이 세상에 미칠 공덕을 태양이 떠올라 사해를 밝게 비추고 단비가 대지를 골고루 적셔 만물이 소생하는 데 비유하고 있다. 인간 주체를 고도로 각성한 자세로서 계몽이성의 무한한 자신감이 표명된 듯 보인다. 학문이 기대하는 극대치를 그는 '만국일통(萬國一統)·우내녕정(宇內寧靖)'으로 설정한다. 즉 기학의 목적점을 일통에 둔 것이다. 요컨대 최한기는 동서의 문명적 만남의 시대에서 일통을 착안하였다고 하겠다.

혜강학–기학은 세계사적 시야에서 이룩한 유교지식인의 근대기획으로 규정할 수 있는 것이다. 특히 시간관에서 근대성이 선명하다. 최한기의 일통사상을 주목한 이 글은 먼저 기학적 시간관으로 들어간다.

2. 기학적 시간관

1) 유교적 시간관과 성인 지향

「중국과 서구에서의 시간과 역사」라는 제목으로 우리에게 소개된 조셉 니덤(Joseph Needam)의 글[4]이 있다. 과학문명이 서구에서 발생하

---

4) 민두기 편, 『중국의 역사인식』상, 창작과비평사, 1985.

고 동양세계에서는 왜 발생하지 않았는지를 시간관에서 물은 내용이다. 인간이란 됨됨이 자체가 지상에서 생로병사를 벗어날 수 없는 그런 존재이므로, 시간관이 그 삶의 양식에 지대한 관련이 있으리라는 데 얼른 수긍이 간다. 중국과학사에서 세계 독보로 인정받은 니덤의 발언은 이러하다.

유대-기독교의 세계에서는 시간이 공간보다 우선한다. 시간의 움직임은 일정한 방향을 가지고 흐르며 의미심장한 것이다. 또 시간이 흐르는 동안 신과 악마 사이의 기나긴 전투가 벌어지고 그중에서 선이 악에 대해 승리하는 것이기 때문에 현세는 존재론적인 의미에서 선한 것이 된다. [……] 세계는 환상적인 것이 아니라 구원받을 수 있는 존재며, [……] 이러한 세계관은 근본적으로 낙관적인 것이다.

•『중국의 역사인식』, 31쪽

반면 인도-헬레니즘 세계에서는 공간이 시간보다 우선하며 시간은 순환적이고 영원한 것이어서, 현재의 세계는 시간을 초월한 세계보다 덜 현실적이며 궁극적 가치를 지니지 못하게 된다. 윤회의 고리에 얽매인 인간은 오직 초시간적 해탈만을 환상하게 되므로 그 시간관은 근본적으로 비관적인 것이라고 말한다. 서구인의 '직선적인 시간관'이 과학문명의 배경을 이룬 것으로 보기에 순환론으로 현실적 삶을 무가치하게 여기는 관념이 지배하는 그런 사회에서는 과학의 발전을 기대하기 어렵다는 것이 니덤의 논리다.

그렇다면 돌이킬 수 없는 직선의 서구적 시간관과 '영원한 순환의 고리'인 인도적 시간관, 이 양극 사이 어디에 중국인의 시간관이 놓여 있을까? 니덤은 "중국 문명에 양자의 요소가 모두 있다는 것은 분명한 사실"임을 전제하고 나서 조심스럽게 "내 생각으로는 직선적인 시간관 쪽이 주류였던 것 같다"[5]고 자신의 견해를 밝혔다. 중국과학사를 풍부한 내용으로 구성한 니덤의 경험론적인 답변이다. 이는 중국에서 근대과학이 발전하지 못한 역사적 사실의 원인을 그들의 시간관에서 찾는 통설에 대한 반론이었다. 니덤의 이 문제제기는 사계의 관심을 끌긴 하였지만 지지를 받지 못한 것 같다. 고(故) 민두기 교수는 『중국의 역사인식』이라는 제목의 책을 편집하면서 위의 글을 서두에 올렸는데, 그러면서도 "중국의 역사의식에 직선적 사고가 분명 있었음을 밝히는 것은 중요한 일이지만 그것이 중국 역사의식의 전체상인가? 직선과 순환의 복합관계라고 볼 수는 없는가?"라고 다분히 회의적인 단서를 붙였던 것이다. 그리고 『중국의 역사인식』이라는 책에 실린 편자 자신의 「중국에서의 역사의식의 전개」라는 논문에서는 "금(今)에서 미래 건설의 활력을 찾는 역사관"의 결여로 중국인의 역사의식은 고질적인 상고주의의 늪에서 끝내 헤어나지 못한 것으로 결론을 짓고 있다.

방금 거론한 두 논조를 통해서도 대략 짐작이 가듯, 중국인의 시간관은 착잡하여 하나로 귀결되지 않고 있었다. 종교가 귀일하지 않았던 것과 유사한 현상이라고 할까. 노장사상의 원시자연으로 돌아가야 한다는 회귀적 관념이 뿌리 깊게 작용했는가 하면 인도에서 유입된 윤회사상이 또 만만찮은 영향을 미쳤다. 그런 가운데서 유교적 시간관은 대체로 사고의 중심부에서 멀리 떠나지 않았던 것으로 보인다. 이 모두 우리 한국인들도 역사적으로 공유한 부분이다.

---

5) 위의 책, 35쪽.

시간은 눈에 보이진 않으나 인간과 함께 항상 현재하고 있다. 인간은 현재에서 과거를 돌아보고 미래를 바라보지 않는가. 한비자(韓非子)는 당대를 '근세'로 설정한 다음, 과거를 '상고'와 '중세'로 구분하였다. 이 시대구분법은 고정적이 아니어서 '상고'(上古), '중고'(中古), '근고'(近古), '당금'(當今)으로 나누어 인류사를 논하기도 한다. 한비자에 있어 '중세'와 '중고'는 같은 개념이니 시간관으로 보면 4분법의 시대구분을 한 셈이다.[6] 한비자는 중국 사상사의 지형도에서 맨 왼쪽에 속한다. 그런 만큼 그의 시간관은 직선적이어서 진보적 성격이 선명하다. 따라서 유교가 정통으로 자리 잡자 그의 사상은 반역으로 낙인찍히게 되었다.

한비자는 성인에게 모반을 감행한 것이다. 옛날의 정치를 지금에 부활할 수 있을까? 이 문제에 한비자는 단호해서 요·순(堯舜)이건 탕·무(湯武)건 아무리 성인의 거룩한 정치라도 이미 돌이킬 수 없는 과거지사일 뿐이다. 수주대토(守株待兎)라는 우리들 귀에도 익숙한 고사를 그는 이 주장을 세우기 위해 쓰고 있다. "지금 선왕(先王)의 정치로 당대의 인민을 다스리려 드는 자들은 하나같이 토끼가 다시 걸리지 않을까 기다리고 있는 부류다." 이에 대해 유교의 관점은 다름이 있다. 선왕=성인은 인류에게 문명을 가져다주고 도덕적 삶을 열어준 존재라고 보는 점에서는 유교나 한비자나 시각이 같다. 다만 유교는 성인의 현재적 부활을 항시 희구하며, 그들의 고뇌는 궁극적으로 여기에 달려 있는 것이다.

"세계사의 전개 과정은 단 하나의 무대 위에서 재상연됨이 없이 한 번만 공연되는 신의 연극이었다."[7] 서구인의 역사관에 대한 니덤의 수사

---

6) 『韓非子·五蠹』(『韓非子翼毳』第19, 漢文大系本 8).
7) 민두기 편, 『중국의 역사인식』, 27쪽.

적 표현이다. '연극의 총감독', 즉 세계사의 주재자인 '신'에 괄호를 치면 이 말은 유교적 관념에도 적용될 듯싶다. 신에 상응하는 존재를 유교에서 들어보라면 성인이다.

원시의 인류에게 농사짓기를 가르쳤다는 신농씨(神農氏), 불의 사용을 가르쳤다는 수인씨(燧人氏), 문자를 창조했다는 복희씨(伏羲氏) 등이 상고시대의 성인 아닌가. 인류에게 불을 훔쳐다 주었다는 프로메테우스의 역할을 수인씨가 맡은 셈이다. 만약 불의 의미를 문명의 시원으로 해석한다면 수인씨가 크게 부각되었겠으나 문자에 기반을 둔 동양적 문명 개념에서 그 개창자로는 복희씨가 부상할 수밖에 없다. 그렇기에 다음 단계에서 인류를 정치와 도덕으로 지도한 요·순으로부터 문왕(文王)·무왕(武王)·주공(周公)을 거쳐 공자에서 종합되는 위대한 성인의 계보가 성립한 것이다. '신화의 역사화'를 중국적 현상으로 지적하는 것은 일리가 없지 않다.

다시 말하거니와 성인들 자체의 역사적 공헌을 평가하는 점에서는 한비자도 마찬가지다. 문제는 '금'(今)이다. 한비자는 자신이 처한 당시 체제를 옹호하고 발전시키려는 입장이다. 법치(法治)를 주장하는 그에 있어서 덕치(德治)는 그야말로 흘러간 물이었다. 성인이 부활하여 덕치를 펴기를 지금 기대하는 것은 '토끼가 다시 와서 부딪혀 죽기'를 바라는 만큼이나 부질없는 짓이라고 한비자는 비웃었다.

반면 유교적 관점에서 '금'은 잘못된 상태다. 그 오도되고 타락한 현실은 바로잡아야 옳다. 그런데 지향하는 경지는 언제고 성인이 기획했던 그곳이었다. 태도가 분명히 과거 회귀적인 것이다. 이렇게 단정하고 말 것인가? 조선왕조 연산군 때의 어무적(魚無迹)이라는 시인은 책력을 바라보며 자연의 3만 6천 날이 인간에서 24시간으로 단축되기를 기원한다. 시간의 진행이 한없이 정체하여 100년의 세월이 1일로 되었으면 하는 공상이다. 그렇게 되면 "요·순은 지금도 얼굴이 젊으시고 주공은 아직 머리가 검으시리"(「新曆歎」)라고, 성인의 태평성대가 우리들 앞에 펼쳐 있다. 타임머신을 이용한 시간여행을 꾸며내지 못한 대신 가상적 시간변조를 통해 유토피아를 현재화시킨 형태다. 어무적은 천인의 신분을 타고나서 시인이 된 인물이다. 자신과 백성들이 함께 겪는 고통과 질곡에서 벗어날 길을 찾지 못한 나머지 그는 복고적 상상력을 발휘한 것이다.

이 대목에서 우리는 '고대로 돌아가자'는 르네상스가 문자 그대로 과거 회귀가 아니었음을 상기할 필요가 있겠다. 고문운동(古文運動)을 선도한 한유(韓愈)의 경우에도 '복고'의 구호는 "8대에 걸쳐서 쇠퇴한 문학을 다시 일으킨다"[文起八代之衰]는 혁신을 의미하지 않았던가. 정약용이 필생의 사업으로 심혈을 기울인 경학(經學)은 오직 성인의 정치를 '오늘' '이 땅'에 부활시키고자 하는 뜻이었다. 정치·사회 및 문화의 개조를 위한 이론적 토대를 경학으로 마련한 것이다. '구원'의 경지를 지상의 인간 자체의 능력 내에 설정한 점에서 기독교 신학의 논리와는 근본적으로 다르다. 그렇듯 다른 패러다임을 가지고 개혁적·진보적인 기획을 한 것이다.

"천하대세 분열이 오래가면 필히 통합되며 통합이 오래가면 필히 분열된다"[天下大勢 分久必合 合久必分]. 거대한 역사 드라마를 펼쳐낸『삼국지연의』의 첫머리에 적힌 말이다. 이렇듯 분열과 통합의 반복으로 점철된 흥망의 과정이 곧 인류역사 아닌가.

　　은나라 주나라에 한·당·송
　　바람 앞의 촛불처럼 스쳐갔으니

인간세상의 흥망은 엎치락뒤치락

천지에 펼쳐진 바둑 한판일런가.[8]

　서산대사의 「독사」(讀史)란 제목의 시구다. 어무적의 100년을 1일로 붙잡아두고 싶어한 태도와는 정면으로 배치된다. 인간적 시간에 의미를 부여하지 않는 관점이다. 생에 집착하여 아등바등하는 데 그치지 않고 상극·상살이 이어지는 인간현실에 깨우침을 준다는 점에서 필자는 이러한 역사독법을 옷깃을 여며 접수할 필요가 있다고 생각한다. 한데 이 관점에 서면 역사 자체가 성립할 수 없다. 경학과 함께 역사를 중시하는 것이 유교적 입장이다. 유교에서 인간의 시간은 본질적으로 유의미한 것이다. 왜냐하면 인간이란 본디 성인의 바탕을 지니고 있다고 보는데, 인간의 세상은 성인정치의 재현이 가능한 곳으로 믿기 때문이다. 물론 그것이 정말 실현된 사례는 역사상 존재하지 않았다. 인간세상은 오히려 불교의 설법에서 위안을 찾는 편이 가까웠다. 그럼에도 아니 그렇기에 성인의 정치를 갈구하며, 경전의 해석을 통해 개혁을 모색하곤 하였다. 이것이 곧 진정한 유자의 자세다. 성인을 끊임없이 희구한 나머지 그 현실화를 위해 진력하여 죽어서야 그만두는 저 자세는, 태양을 향해 한없이 좇아가다가 마침내 목이 타서 쓰러졌다는 신화 속의 인물 과보(夸父)를 연상케 한다.

2) 탈상고의 기학적 시간관

　하지만 성인 지향성이 아무리 개혁적 자세라 해도 역시 상고적이다.

---

8) 『淸虛堂集』 卷1, "商周漢唐宋, 忽忽如風燭. 人世幾興亡, 乾坤爲一局."

"금에서 미래 건설의 활력을 찾는 역사관의 결여"라는 민두기 교수의 지적은 일리가 없지 않다. 그렇지만 미래의 상(像)이 전혀 잡히지 않는 상황에서 '금'의 확신은 과연 어디에서 나올 것인가. 있다면 권력에 대한 아부 내지 순응이 있을 따름이다. 개혁의지가 상승할수록 상고로 경사하는 역사적 아이러니가 성립하는 것은 부득이한 형세였다. 그런데 최한기에 이르러는 마침내 '금'으로부터 출발한다. 그는 과거에서 현재의 시간상에 무한한 변천, 상하사방의 공간상에 무진한 순환을 전제하고 나서, 이렇게 천명한 것이다.

> 만약 오늘의 귀와 눈으로 보고 기억한 바와, 행동으로 직접 실천한 바로서 **기초와 표준**을 세우지 않는다면 닿는 곳마다 들뜨고 학문에 있어서도 몽매하게 될 것이다.
> • 『기학』(氣學) 권1 (강조는 인용자, 이하 같음)

인간으로서의 행동, 학자로서의 학문을 수행함에 있어 요망되는 기초와 표준, 그것은 모름지기 자신의 현재성에서 구해야 한다는 주장이다. 상고주의를 겨냥한 발언임이 물론이다. 주체의 자각이 현재성의 확신으로 이어져서 드디어 고질적인 상고의 늪에서 빠져나왔다고 하겠다. 이에 최한기의 학문체계, 즉 혜강학은 더 이상 성인의 권위에 기댈 필요가 없어졌다. 탈(脫)경학이 가능하게 되었다. 반면 경학의 기초 위에 세워진 정약용의 다산학은 탈성리학을 위한 전략적인 면이 있었다 해도, 상고주의적 성격을 띠게 되었다. 혜강학에서는 경전을 상대화시켜서 탈상고주의로 나아갔다. 최한기는 어떻게 상고의 늪에서 스스로 빠져나올 수 있었을까? '금'에 대한 확신은 대체 어디서 왔을까? 다른 어디가 아니고 바야흐로 동서 교류가 발전하는 그 시대에서 터득된 것이다.

19세기는 우리가 익히 알고 있듯 서세동점(西勢東漸)이란 세계사적 운동이 동아시아 지역에 본격적으로 상륙한 시점이다. 최한기는 동서의 문명적 만남과 통상교역이 이루어지는 현상을 긍정적·적극적인 방향으로 인식하여 인류적 행운, 나아가서 우주적 행운으로 추단하였다. 그러나 당시 서세의 진출은 중국이나 조선에 어떤 상황을 초래했던가? 긴 눈으로 보면 다른 평가가 내려질 수도 있겠으나 국가와 인민에 엄청난 재난이었고, 당장에 위기의식을 고조시켰다. 행운이라기보다는 횡액이라고 표현하는 편이 타당할 듯하다. 최한기도 서양제국의 무력적 침공, 종교적 침투에 무지했거나 용인하는 태도가 아니었다. 그런 실태를 적시하면서 "이는 교통하는 초기의 현상이며 미구에는 점차 종식될 것"으로 보았다. 이 얼마나 터무니없는 오판이고 안이한 낙관인가? 거기에는 그 나름으로 사고의 논리가 있었다.

마침 학문·물리(천지 만물의 이치-인용자, 이하 같음)가 열리고 밝아지는 시운을 당해서 옛날 못 보던 서적을 얻어 볼 수 있고 **우주에 통하는 물리**를 해득할 수 있게 되었다.
　•『명남루수록』,「당차학문조」(當此學問條)

"학문·물리가 열리고 밝아지는 시운"이란 서세의 진출로 인해 전 지구적인 교통이 개시된 시대를 말한 것이다. 야만적인 폭력과 불합리한 종교가 일시 기승을 부리더라도 머지않아 이성에 의해 종식될 것으로 전망한 때문이다. 이성의 시대가 곧 도래할 것이라고 최한기 홀로 이렇게 감지한 것이다. 아직은 "반쯤 열리고 반쯤 닫힌"[半開半閉] 상황이어서 "전환을 하려다가 미처 못한"[欲轉未轉] 고비로 현재를 판단한다.[9] 말하자면 계몽시대로서 바야흐로 변화가 일어나는 전환기라고 현실인식을 한 것이다. 이 고비를 맞아 어떻게 나갈 것인가. 그는 "새로움으로 옛을 바꾸자"[以新革古]는 탈상고의 변혁론을 제기하는데 "옛을 이어서 지금을 바꾸자"[紹古革今]고 하였으니 '금'의 혁신이 '고'와의 단절을 의미하지 않았다.[10] **변혁론의 기준이 현재에 확고함으로써 과거는 부정적 계승이 되고 미래는 '혁금'의 선상에 놓이게 되었다.**

혜강학은 서두에서 언급했듯 동서의 학문을 기학으로 회통한 것이다. 위의 인용문에서 "옛날 못보던 서적"이란 다름 아닌 서양의 과학기술을 담은 책이다. '회매(晦昧)세계'에서 '광명세계'로 이행하는 선도자가 서적이라는 생각은 그의 소신이었다. 이때 동서의 서적을 매개로 한 지적 교류는 취사선택하는 분별과정이 요망됨을 그는 인정하고 있다. 동양국가가 서양국가의 서적을 취함에 있어 비루한 습속이나 황탄한 교문(敎文) 따위는 배제되어야 할 부분이다. 서양국가 역시 이 점은 마찬가지라고 한다. 이를 분별하는 방법론이 측험(測驗)이다. '측험'은 기학의 방법론이기도 하다.

천하인들이 취사하는 언문(言文, 서적의 내용을 가리킴)은 만고에 통하고 원근에 달해서, 오직 그것을 측험할 수 있으면 믿고 측험할 수 없으면 믿지 않는다.

• 『운화측험』(運化測驗), 「서」(序)

---

9) 『明南樓隨錄』, 「試欲宇內條」.
10) 『明南樓隨錄』, 「在神氣運化條」.

만고와 원근에 통달할 수 있는, 즉 우주보편의 진리와 원칙을 의도한 발언으로 이해된다. 앞의 인용문에서 "우주에 통하는 물리"란 바로 이를 의미하겠거니와, 기초와 표준을 현재의 나에게서 찾지 않으면 안 된다는 논지와도 그대로 통하는 것이다. 이러한 사고의 논리를 축약한 말이 있다. "응당 현재의 기로써 근거와 기준을 삼아야 한다"(『기학』).

하늘과 땅 사이에서 기(氣)의 운화(運化)는 대개 고금의 차이가 없다. 그도 그럴 것이 5천 년 전의 태양이 오늘의 태양과 얼마나 다를까? 다만 그것을 감지하는 인간의 인식 능력에서 차이가 발생한 것이다. 최한기는 이 점을 분명히 지적하고 있다. 그것이 기학인데 "(기학의 발전이) 시간으로 헤아리면 만시지탄이 있으나 측험으로 보면 아직도 무한한 가능성이 있다"(『기학』)고 그는 자신 있게 말하였다. 자연적 시간과 인식적 시간을 구별하여 변화·발전하는 것은 인식적 시간 쪽임을 분명히 한 것이다. 최한기에 있어 탈상고의 진보적 시간관은 기학적 시간관이라 하겠다.

3) 최한기의 '인식적 시간'

최한기는 인간의 인식적 시간을 일단 '고'와 '금'으로 양분한 다음, 고는 상고·중고·근고로 다시 삼분하고 있다.

예로부터 오늘에 이르는 4, 5천 년 동안에 대기운화는 조금도 차이가 없으되 인간의 식견은 여러 곱으로 차등이 있다. **상고**에는 단지 천도의 변화만을 알아서 귀신에 의혹되었으며, **중고**에는 지도(地道)가 천을 쫓아 승순(承順)할 줄만 알아서 끌어다 붙이는 식으로 매몰되었고, **근고**의 사람들은 경험이 자못 넓어져서 비로소 기가 천지운화의 형질(形質)이 됨을 알았지만 아직 재제(裁制)·수용(須用)에는 미치지 못했다. **방금**(方今)에 이르르는 기계를 설치하여 형질의 기를 시험하고 수리(數理)에 의거해서 활동운화를 천명할 수 있게 된 것이다.

    • 『운화측험』, 「고금인언기」(古今人言氣)

    위의 글은 한비자의 시간관을 회복한 형태다. 현재 진행형의 시간대인 '방금'은 기구를 이용한 기의 측험이 가능하고 활동운화를 수학적으로 해명할 수 있게 된 것으로 특징을 드러내고 있다. 최한기가 기학의 발전으로 규정한 내용이다. 현재의 기학을 기준으로 삼아서 '고'를 단계적으로 파악한 것이 위의 삼분법이다. 그런데 왜 꼭 4, 5천 년일까? 자연적 시간의 영원한 흐름에서 일정한 기간을 끊어 잡을 때는 무언가 까닭이 있었을 터이다. 그는 다른 자리에서 "서계(書契, 인류 초유의 문자)가 만들어지고 4, 5천 년이 지나 비로소 기학의 개념이 드러났다"(『기학』)고 분명히 말하였다. 서계는, 신화적인 사실이지만 복희씨(伏羲氏)가 창제한 것이라 한다. 동양적 문명은 문자에 기초하고 있는데 인식적 시간으로 끊어낸 4, 5천 년은 문명사적 시간이기도 하다.

    상고의 천년은 서적이 전하지 않아 증험할 것이 없고, 그다음 천년은 서적이 전해오기는 하지만 초창의 것이라서 각기 처한 나라의 질박한 일상에 매인 수준이며, 그다음 천년은 견문이 자못 확대되었으나 허실이 뒤섞여서 증험할 만한 것은 적고 측험에 방해되는 것이 많다. 다음 천년에는 사해가 두루 통하고 서적이 교류할 수 있게 된 것이다.

    • 『운화측험』, 「서」

인식적 시간, 즉 문명사적 시간을 이 경우 서적에 중점을 두어 구별한 것이다. 곧 지식 진보의 역사라 하겠다. 천년을 단위로 획선한 것이 위와 달라 보이기는 하지만 시대 구분의 전체 구도는 서로 같은 방식이다. 양자의 각 시대에 대한 설명 역시 차이를 보이면서도 주지는 상통하고 있다. 상고는 문자로 접근이 불가능한 시대다. 그것은 인류가 회복하여야 할 이상시대가 아니라, 직선의 시간표에서 출발선에 놓인 미개시대일 뿐이다. 다음 근고의 시간대는 근대 역사학에서 흔히 중세로 일컬어지는 시기에 해당하는 것이다. 이 근고의 시대상을 위에서는 인간의 경험이 상대적으로 확대되어 기를 인식하게 되었으나 그것을 실용화하는 단계에 미치지 못한 것으로 그리고 있다. 아래에서는 '경험'을 '견문'으로 표현을 바꾼 뒤 "허실이 뒤섞여서 증험할 만한 것은 적고 측험에 방해되는 것이 많다"고 지적하였다. '허실의 뒤섞임'이란 주로 이기론을 염두에 둔 말이어서, 성리학의 측험에 방해된 역기능을 비판한 것이다. 최한기가 '허리'와 함께 배격한 것은 '무형'(無形)이었다. '무형의 신천(神天)'을 숭배하는 것은 '공허학'이라 매도하고 있었다. 이는 기독교로 향한 비판이다. 요컨대 근고시대에 대한 최한기의 인식은 탈성리학·탈종교의 관점이었다.

"사해가 두루 통하고 서적이 교류할 수 있게 된" 마지막의 천년은 앞서의 '방금'에 해당하는 시간대다. 최한기의 '인식적 시간'의 기준이 된 현재인데, 그 시대상을 그는 전 지구적 시대로서 지식의 국제적 교류에 비상히 주목한 것이다. 이 시간대에는 오늘이 놓여 있으니 그의 시간관은 한마디로 '현대적'이다. 이 마지막 천년의 기점을 최한기는 언제로 잡고 있는가?

그는 기학의 발전은 대략 300년 이래의 현상으로 보고 있다. 기학을 무시하고 깔아뭉개려 든다면 "이는 300년 이래 우내(宇內) 현지(賢知)

들의 실측·경험의 축적으로 민생일용에 도움을 주는 일체를 폐기하는 짓"(『명남루수록』, 「今以後條」)이라고 지식의 진보에 역행하려는 태도에 쐐기를 박는 논지를 편 것이다. 최한기의 시점에서 300년 전이라면 대략 16세기 중반이 되는데 아마도 동서의 문명적 만남이 가능하게 된 시점을 염두에 둔 것이 아닐까. 특히 서적을 중시하는 그의 담론을 다시 들어보자.

300년 전의 저서들은 초창기가 되어서 역상(曆象)·지구·기계 등 서적들은 겨우 2, 3분 모양을 갖춘 정도이지만 개창의 공적이 크다. 200년 전의 서적들은 예전의 공허한 부분은 자못 줄어들고 후에 개발된 편리한 내용이 증가되었다. 100년 전의 서적들은 대체로 기계 가운데서 변통 가감이 많이 되었는데 도리상에서 **정교**(政敎)로 **확장된 면모**는 보이지 않고 있다.

•『명남루수록』, 「개래당무조」(開來當務條)

'금'의 시대를 전 지구적 시대로 인식한 최한기는 학문도 전 지구적 차원에서 강구·실천되어야 하는 것으로 사고하였다. 학문의 성과를 반영하는 서적은 일시에 쏟아지는 물건이 아니고 점진적인 축적으로 진전되는 것으로 보아, 위 인용문에서는 진전 상황을 3단계로 파악하고 있다. 첫 단계에서는 개창의 공적을 평가하였고, 다음 단계에서는 공허한 논리가 축소되고 이용후생의 지식이 확대된 것으로 판단했는데 '금'과 가까운 단계에서 "정교(政敎)로 확장된 면모"는 가시적이지 못하다는 비판을 가하고 있다. 어떤 의미를 담은 비판일까?

위의 인용문에서는 시간을 백년 단위로 구분한 점이 먼저 우리의 눈길을 끄는 대목이다. 시간의 큰 구도를 천년으로 구분하고 '금'이 속한 천년은 다시 백년 단위로 구분한 모양이다. 우리는 최근 마침 21세기 새 천년이 시작된다고 하여 요란하고 굉장했던 것을 경험할 수 있었다. 현대인은 백년과 천년이란 시간단위에 특별한 의미를 부여하고 있는 것이다. 동양의 사고전통에서는 그런 관념이 별로 있었던 것 같지 않다. 최한기의 머릿속에 기독교적 세기 개념이 입력되어 있지 않았을 터이므로 그의 천년, 백년은 그 특유의 시간감각이 표출된 것이다. 인간의 시간을 천년으로 획선하며, 당대는 백년으로 단계를 지은 구분법은, 물론 역사학의 관점에서는 편의적이고 무의미한 것으로 볼 수 있다. 하지만 그 특유의 기학적 시간관의 감각은 현대에 통하는 감각이다.

문제는 현재에서 어떻게 내일을 열어갈 것인지에 있다. 개래(開來)란 바로 이 뜻을 함축한 개념이다. 최한기는 위에 인용한 글을 시작하면서 "개래를 위해 응당 힘써야 할 사무는 오직 신기형질(神氣形質)이 정교에 통달하도록 하는 데 있다"고 천명한다. 정교란 정치·교화의 줄임말이지만 최한기에게는 만민을 위한 정(正)의 정치학, 즉 인류적 차원의 정치를 뜻한다. 기학에 의해 인류적 차원의 정도의 정치를 구현해야 한다는 것이 최한기의 지론이었다. "정교로 확장된 면모"가 가시적이지 못하다는 그의 당대에 대한 비판은 바로 '정의 정치'를 희구하는 뜻을 담고 있다. 이에 그는 '일통'을 착안하게 된 것이다.

3. 중국 중심적 대일통과 기학의 일통론

1) 혜강학의 일통론

일통이라 할 때 통(統)의 의미를 왕부지(王夫之, 1619~92, 명말 청초의 대학자)는 "통합되어 분리되지 않고 연속되어 끊어지지 않는 것"으로 풀이하였다. 하나로 통합을 이루어 연계되는 상태 그것이 일통이다. 혜강학의 일통도 바로 이 개념을 수용한 것이다. 그런데 최한기는 아래와 같이 일통의 단위를 네 등급으로 파악한다.

> 일통의 뜻은, ① 우내(宇內)로 일통을 삼아 만세에 이르도록 통을 이루는 것이 있고, ② 일국으로 일통을 삼아 이웃 나라들과 먼 지역을 얕잡아보는 것이 있으며, ③ 존왕(尊王)의 명분으로 일통을 삼아 역사 기술의 포폄을 엄정하게 할 뿐 형질(形質) 조처(措處)에는 아무 상관이 없는 것이 있고, ④ 일가(一家)를 일통으로 삼아 친척 종족들과 화목을 도모하는 것이 있다.
>
> •『명남루수록』, 「일통지의조」(一統之義條, 번호는 인용자)

①이 전 지구적 일통이라면 ②는 일국적 일통이고, ③은 역사학의 정통론에 해당하며, ④는 종족적 일통이다. ①을 제외한 나머지 세 가지에 대해서는 일통이라는 개념을 다 같이 적용하고는 있지만 한계점을 분명히 두고 있다. 일국적·종족적 차원의 일통을 넘어서, 정통론과도 구별되는 '우내일통', 즉 전 지구적 차원의 일통을 최한기는 모색하고 있는 것이다.

'우내일통'을 사고한 논리구조는 공간적으로 하늘과 땅을, 시간적으로 만고를 아우르는 문자 그대로의 우주적 차원이다. 이렇듯 거시적이면서도 그 사고의 중심에는 삶을 영위하는 인간, 즉 생령(生靈)이 놓여 있다. 그럼으로써 "편소한 규모는 천지로 확충이 되고 고루한 견문은 운화(運化)로 변통을 기하여 세상에는 이통(異統)의 명칭이 없고 천하 억조 생령의 화평이 이루어질 수 있다"(위의 글)는 주장을 개진하였다.

이렇듯 일통을 구성한 논리는 이해하기가 결코 쉽지 않아 보이는데 더구나 현실화의 가능성에 다다르면 아득하게만 여겨진다. 일통론에 대해서는 이런 점들을 고려하여 해명하는 것이 좋다고 여겨진다. 어쨌건 19세기 조선의 처지에서 착안한 '우내일통'은 대단히 특이하고 독창성이 돋보이는 것이다. 이 **일통론은 동서가 만난 시대의 세계관으로, 기존의 중화주의적 대일통을 수정하는 의미를 내포한 것이다.**

2) 정통과 변통

"하늘에는 두 해가 있을 수 없고, 땅에는 두 왕이 있을 수 없고, 집에는 두 어른이 있을 수 없다"(『禮記』, 「坊記」). 하늘에 태양이 한 개뿐이라는 자연현상에다 지상에는 오직 하나의 왕이 있어야 한다는 주관적 이념을 갖다 붙인 것은 분명히 논리적 비약이다. 통치자의 독존적 지위를 굳히려는 논리인데 여기서 '일왕'(一王)은 모름지기 일사불란한 체제를 갖추어야 한다는 '대일통'이라는 개념이 성립했던 것이다. 일찍이 공자의 『춘추』에서 제기되어 「공양전」(公羊傳)의 해석으로 확고하게 된 '춘추 대일통'[11]이다. 유학 이론과 현실 정치를 결합시킨 한대의 학자 동중서(董仲舒)는 특히 대일통을 중요시하여 "춘추 대일통은 천지의 항구적인 도리요 고금을 관통하는 의리"(「對策三」)라는 주장을 편다. 마침내 유교

---

11) 공자의 『춘추』(春秋)는 "춘왕정월(春王正月)"로 시작된다. 『춘추공양전』(春秋公羊傳)에서 "왜 왕정월(王正月)이라 했느냐? 대일통(大一統)이다"라고 해석을 한 것이다. 공자는 주(周) 왕조의 통치가 정당하고 권위가 있음을 보여주기 위해 굳이 '왕정월'로 썼다는 생각이다. 후한의 경학가인 하휴(何休)는 '대일통'의 의미를 해석하여 "통(統)이란 비롯이니 모든 것이 매여 있다는 말이다. 무릇 왕이란 처음 명을 받아 정교(政敎)를 천하에 펼침에 있어 공후(公侯)로부터 서인(庶人)에 이르기까지, 산천(山川)으로부터 초목 곤충에 이르기까지 하나하나 정월(正月)에 매여 있지 않은 것이 없다. 그래서 정교의 비롯이라 한 것이다"라고 해석하였다.

에 의한 학술사상의 대일통이 이루어질 수 있었던 것이다.[12)]

역사현실은 항시 대일통으로 올곧게 나갔던 것이 아니었다. 중국사를 회고해보면 분열과 통합이 반복되었던데다 외입의 왕조가 거의 절반에 이르지 않는가. 정히 실상이 그러했기에 도리어 일통을 바로 세우기 위한 명분이 강조되었다. 이에 **정통**과 **변통**(變統)의 구분이 필요하게 된 것이다.

정통론을 역사기술의 방법론으로 도입, 중국사의 체계를 위대하게 완수한 것은 주자의 『통감강목』(通鑑綱目)이다. 이 『통감강목』에 대해 명대의 학자 방효유(方孝儒, 1357~1402)는 「석통」(釋統)이라는 글에서 "주자의 『강목』이 저작됨으로써 폭력이 처단을 당하고 혼란이 저지되니 만세의 법이 세워졌다"[13)]고 그 효과를 극구 찬양하고 있다. 위의 ③ '존왕 명분의 일통'이 바로 이에 해당하는 것이다.

대일통에 기초한 정통론은 기실 역사 현실 앞에서 한족(漢族)의 번뇌

---

12) 중국사에서 유교에 의한 문화 대일통이 이루어진 것은 한(漢) 무제(武帝)의 "백가를 축출하라고 오로지 유학만을 높인다"[罷黜百家 獨尊儒術]는 정책에 의해서 이루어진 것이다. 이 대일통의 정책에 대해서 중국의 근대학자 후스(胡適)는 흑백논리로 하나만 높인 것이라고 비판하면서 진시황제의 분서(焚書)에 비견한 바 있다.

13) 「석통」은 상중하에 「후정통론」(後正統論)으로 구성되어 있는데 방효유의 문집인 『손지재집』(遜志齋集) 권1에 수록되어 있다. 방효유는 대의명분으로 황제의 불의에 맞서다가 참혹한 죽임을 당한 비극적 주인공이다. 조선조에서 세조가 조카 단종의 왕위를 찬탈한 사건과 흡사한 일이 명나라의 성조(成祖) 영락제(永樂帝)에 의해 자행되었다. 영락제는 방효유를 불러 제위(帝位)가 바뀐 사실을 천하에 공표하는 조서(詔書)를 짓도록 강압하니 그는 '연적찬위'(燕賊簒位, 영락제가 燕王으로 있었음)라 쓰고 붓을 던졌다 한다. 정통론을 재정립한 그의 입장으로서는 황제권력의 불의에 무릎을 꿇을 수 없었던 것이다.

를 대변한 형식이다. 주자의 『통감강목』은 중화문명의 본거지를 여진족의 금(金)에 내주고 주변부로 밀려난 남송의 입장에서 편찬된 책이며, 방효유의 「석통」은 몽골족의 원(元)의 지배로부터 벗어난 직후에 쓰여졌다. 곧 시대 상황이 중화의 정통성 회복을 절실히 요망한 것이다. 따라서 정통론은 중국민족의 입장으로 보면 당연시될 뿐 아니라, 중국사를 통관하는 체계를 세운 면에서 평가할 수 있겠다. 하지만 그 고유한 성격에는 이런저런 문제점이 개재되어 있다. "이적으로서 중국을 찬탈하고 여후(女后)로서 천위(天位)를 차지한 경우 아무리 치적이 부견(苻堅, 중국 남북조 시대 前秦의 영명한 군주) 같고 재능이 측천무후(則天武后) 같더라도 정통의 계승으로 될 수 없다." 방효유의 「석통」에 나오는 말인데 주자 강목의 기본 정신이기도 하다.

명분은 정통론의 골격이다. 오직 명분에 의해 여자는 제왕으로 인정할 수 없다는 남권주의가 성립하고 또 화이(華夷)로 구별하는 중화주의가 엄정하게 된 것이다. 중국 주변의 사이팔만(四夷八蠻)으로 일컬어진 여러 민족국가는 중국에 복속·순응해야 한다. 현실의 질서이기 이전에 이미 정해진 당위의 '대의명분'이라는 데 문제점이 있다.

역사현실과 대의명분 사이의 모순은 발생하지 않을 수 없다. 17세기 이래 동아시아의 상황이 곧 그러했다. 당시 조선의 집권세력은 존명(尊明)을 대의명분으로 내세운 때문에 여러모로 질곡·장애가 되었던 사실을 우리는 익히 알고 있다.

일통의 의미를 통합이 이루어져 끊이지 않는 상태로 규정했던 왕부지는 "분열이 되고 단절이 된 역사에는 애당초 통이 있을 수 없거늘 어디서 정이다 정이 아니다를 논하겠느냐"(「通鑑論」)고 회의적 발언을 하였다. 정통론 자체를 관념적 허구로 돌린 것이다. 최한기는 위의 ③에서 존왕의 명분으로 일통을 삼는 경우 역사의 포폄을 엄정히 하는 데 그칠 뿐 형질 조처에는 상관이 없는 것이라 하였다. '형질 조처'란 어떤 의미인지 뜻이 얼른 잡히지 않는데 지상의 인간을 포함한 만물의 생존 현실을 가리키는 듯하다. 기학은 그 일체를 기의 운화로 설명하고 있는데 존왕 명분은 만물의 생존 현상과 유리된 관념임을 일깨운 것이다. 왕부지와 최한기는 비판적 입지가 서로 달랐지만 정통론이 현실적 의미를 결여했다고 보는 결론에서는 일치를 본다. 최한기의 경우 일통의 차원을 전 지구적으로 끌어올림으로써 중화주의적 정통론을 탈각했을 뿐 아니라 정통론의 문제의식 자체를 해소시킨 셈이다.

3) 일통운화, 천인합치

혜강학은 천하를 경리한다는 취지로 '치천하'(治天下)라는 개념을 쓰고 있다. 종래 유학적 실천의 높은 단계인 '치국평천하'(治國平天下)의 '평천하'와 '치천하'는 다른 말이 아니다. 다만 천하의 내포의미가 같지 않다는 사실이다. 혜강학에 있어서 천하는 중국 중심의 천하가 아니고 전 지구적으로 확장된 천하다. 그리하여 천하 경리의 방향을, "천하가 다 함께 하는 근원에 의거하여 천하가 다 함께 하는 가르침을 펴고 천하가 다 함께 하는 교화를 행해야만 바야흐로 '치천하'라 할 수 있다"고 명시한다. 천하인이 공유하고 동감하는 근본에 의거해서 정교를 실시해야 한다는 주장이다.

서동문(書同文)·행동륜(行同倫)이라는 대일통(중국 중심)적 원칙과는 분명히 다른 세계 보편적 원칙을 상정하고 있다. 그런 원칙이 어떻게 세워질 수 있을까? 궁금한 사안이지만 뒤로 미뤄두고 먼저 왜 굳이 천하 공통을 사고하였는지 살펴보자.

만약 천하가 공통으로 하는 바를 제기하지 않고 일국 일가의 기왕에 시행한 규례나 한두 가지 물사(物事)를 혼자 추측해 얻은 것으로는 천하에 시행할 수 없는 것이다. 혹시 위력으로 강행한다 하더라도 반(半) 천하에도 미치기 어렵겠거늘 어떻게 실효를 기대할 수 있으랴!

• 『명남루수록』, 「치천하조」(治天下條)

천하 공통의 원칙과 제도를 먼저 제기한 데는 천하 경리, 다름 아닌 우내일통을 구상함에 있어 폭력적인 지배와 병탄의 방식을 처음부터 배제하려는 깊은 뜻이 엿보이는 것이다.

일국을 다스림에 있어서는 의당 온 나라 사람들과 더불어 도모해야 할 것이지만 천하를 경리함에 당해서는 의당 천하 사람들과 더불어 일통을 도모해야 할 것이다.

• 『명남루수록』, 「각국생령조」(各國生靈條)

일국적 차원을 무시하거나 망각하고 있는 것이 아님은 분명하다. 그러나 사고의 틀은 벌써 일국 중심으로부터 벗어나서 천하를 포괄하고 있다. 최한기가 처했던 19세기 역사의 진로는 민족국가의 확립이었다. 그런데 **혜강학에 있어서는 중국 중심적 세계의 해체 방향이 민족국가에 머물지 않고 그 너머로 나간 것이다.** 앞의 인용문 ②일국적 일통의 경우 "이웃 나라들과 먼 지역을 얕잡아 보는" 문제점이 있음을 지적했던 터였다. 일통사상은 사상사적 비약이 아닐까? 그런 사고의 논리는 어디에서 도출되었을까? 일차적으로 박애에 대한 인식에서 근원을 찾을 수 있을 듯하다.

최한기는 정치학의 저작인 『인정』(人政)에서 "사람이 자기 부류를 사랑하는데 대소 광협이 있는 바 천하인민에 일통하는 사랑이 가장 광대한 것이요, 타국 사람들을 얕잡아 보면서 자국의 인민만을 사랑하는 것이 그다음이다. 사랑이란 한 고을이나 한 가문에 그치는 경우에도 등급이 있어 한 사람만을 편애하는 자도 있다"고 하였다. 그리고 원론으로 들어가서 사랑[愛]과 인(仁)의 관계를 논한다.

무릇 사랑이란 인을 베푸는 것이다. 천하의 생령들을 한결같이 보아 인도(人道)가 성립되니 교접(交接)을 제외하고서는 인도가 성립하는 것이 아닌즉 인(人)과 물(物)을 박애하는 것이야말로 참사랑이다.
 • 『인정』, 「용인 · 애유대소」(用人 · 愛有大小)

요컨대 최한기는 박애를 지고의 윤리적 가치로 인정하고 있다. 박애를 어떻게 평가할 것인가는 유학사의 한 쟁점사안이다. 일찍이 한유(韓愈)는 "박애하는 것을 인(仁)이라 한다"고 하였다. 그러나 박애를 인으로 규정한 한유의 설은 친친(親親)[14]이라는 유교 윤리의 기본에 위배된다 하여 정통 유자들에게 여지없이 매도를 당했던 터였다. 최한기는 박애를 긍정한 한유에게서 무제한으로 나아가서 천하 인민을 한결같이 생각하고 '물'에 미치는 광활한 사랑의 장을 열고 있다.

위의 인용문에서도 '교접'이란 인간이 사회적 관계를 맺고 교류하는

---

14) '친친'은 어버이를 가장 가까이 한다는 의미로, 맹자는 "친친(親親), 인야(仁也); 경장(敬長), 의야(義也)"(『맹자』, 「盡心」)라고 말한 바 있다. 길거리에서 만난 사람과 자기의 친부모에 대한 태도를 똑같이 할 수 없다는 뜻에서 유교의 사랑은 등차적인 것이다.

일체를 가리킨다. 혜강학은 일통을 이루는 단계로서 교접운화를 설정하고 있는데 여기에 박애는 필수적인 요소다.

일통사상은 박애정신에 기반하고 있음이 역력하거니와, 학문의 소산임이 또한 물론이다. 그 자신의 학문자세와 직결되어 있었다. "말을 하지 않으면 그만이려니와 말을 하면 천하 사람이 취해 쓸 수 있고 발표하면 우내인이 감복할 수 있어야 한다"(「氣學序」). 이것이 그가 생각한 학문하는 자세였다. 학문의 효용성과 이론의 타당성을 전 지구적 차원에서 검증하고자 한 것이다.

그의 저술 가운데 제목만 전하는 책으로 『우주책』(宇宙策)이 있다. 그의 방대한 저서목록에서 가장 자부한 책인데 지금 전하지를 않으니 유감이 아닐 수 없다. 『우주책』이라는 제목으로 미루어 천문에 관련한 내용으로 생각하기 쉬운데 그렇지 않은 것으로 추정된다. 『지구전요』(地球典要)라는 지리 천문에 관련한 저서의 범례에서 『우주책』 12권과 『지구전요』는 안과 밖의 관계에 있음을 밝히고 덧붙인 말이 있다.

또는 안에서 얻은 바로 밖에 실시하고 또는 밖에서 얻은 바로 자기 안을 가다듬는다.
•『지구전요』, 「범례」(凡例)

유학의 수기치인(修己治人)의 논리인데 밖은 『지구전요』, 안은 『우주책』을 해당시킨 것이다. 즉, 양자는 세계인식과 주체 확립의 관계다. 우주라는 개념을 상산(象山) 육구연(陸九淵)을 비롯하여 성호 이익 같은 학자들은 상하사방과 왕고래금으로 해석하여, 시공간을 통일체로 사고하였다. 『우주책』의 우주는 이 개념이니 상하사방의 공간과 왕고래금의 시간, 그 가운데 주체로서 자아를 확립하기 위한 학적인 공작이다. 이 주체의 무한한 가능성을 "지혜는 만물의 변화를 종관하되 거짓이 없고 재능은 생민의 액운을 구제하되 자랑하지 않는다"(『명남루수록』,「智可綜條」)고 표명하고서, 과연 무슨 방도로 그렇게 할 수 있겠느냐고 묻는다. 이 자문에 자답하여 그는 "아무리 천품이 특이하다 할지라도 필시 정교학문을 통해 얻어지는 것이다"라고 하였다. 주체의 가능성은, 혜강학에 있어 다른 어디가 아니고 학문을 통해, 그리고 정치적 실천으로 열리는 것이다.

『우주책』의 구체적인 내용은 지금으로선 알아볼 길이 없다. 이 글에서 자주 거론한『명남루수록』에서 특히『우주책』에 대해 종종 언급하고 있는데 그 전체를 개괄한 대목이 나온다.

> 생각건대 이『우주책』은 곧 여러 천년 동안의 사해 서적들을 한 자리에 취합한 문견의 축적이며 증험(證驗)의 성과로서 이루어진 것이다. 4등 운화의 신기형질은 전대에 밝히지 못한 것을 밝혔고 후세에 응당 열어야 할 것을 열었다 하겠다. 늙음이 이미 닥쳤음을 생각할 겨를이 없으니 오직 날이 부족할 따름이로다. 계왕(繼往)은 대략 갖추었다 하겠으니 개래(開來)는 무궁할 것으로 생각한다.
> •『명남루수록』,「어천계급조」(語踐階級條)

노학자로서 오직 남은 날이 부족함을 걱정하며 저술에 매진하는 그 자세는 거룩한 느낌을 주기까지 한다.『우주책』이 인류적 학술 지식의 양질을 섭취했다는 의미에서 '계왕'이라는 말을 쓴 것으로 생각된다. 또 그 자신 창조적인 내용으로 자부, 인류의 미래를 위한 '개래'의 효과를 기대한 내용은 다름 아닌 '4등 운화'다.

일신의 신기(神氣)운화로부터 시작, 근원에서 지류까지 다 궁구해 밝히고 나아가 교접운화로서 원근에 모두 통달하며, 또 나아가 통민(統民)운화로서 우내에 통달하게 된다.

• 위의 책

"일신의 **신기운화**"란 주체의 활동에 속하는 기학적 개념이다. 전통적 논리로는 '수기'의 측면이다. 일신운화에서 **교접운화**로, 다시 **통민운화**로 밀고 가면 우내일통을 성취할 수 있다는 논법이다. 앞의 4등 운화는 바로 이 일련의 과정을 가리키는 듯하다. 그런데 『인정』의 범례를 보면 일련의 과정이 한결같이 **대기운화**를 본받고 따르는 것으로 말하였다. 그리하여 **일통운화는 천인**(天人) **합치인데 그것을 인정**(人政)**의 요체**로 보았다. "하늘에 있어서 대기운화와 인간에 있어서 정교운화는 다 함께 승순(承順)을 좇아 성취된다"(『承順事務』의 별지). 이는 기학의 핵심적 논리다. '승순' 역시 기학적 용어로서 "천기를 이어받고[承天氣] 인사를 순조롭게 한다"[順人事]는 뜻이다. 이것이 최한기가 주장한 '정(正)의 정치'다. '정의 정치'는 '승순'에 달려 있으니 곧 일통이 구현되는 지점이다.[15]

---

15) 이 대목은 추상도가 높고 용어부터 이해하기 쉽지 않다. 참고로 국공(國工), 국상(國商)을 소개해본다. 『인정』, 「용인·공상통운화」(用人·工商通運化)에서 "상공업은 운화의 통하고 불통함과 민용(民用)의 이롭고 불리함으로 귀천 우열을 삼는다"고 그 특성을 지적한 다음 상공인들을 필요에 따라 중용해야 한다는 취지에서 국공과 국상이라는 개념을 도입한 것이다. 국상에 대한 발언을 보자. "상인이 물화의 있고 없는 것을 교역해서 민간의 쓰임을 풍족하게 하면 '사업'이 되지만 이득을 탐내 취하기만 하면 수치가 된다"고 전제한다. "풍흉을 살펴서 상평(常平)을 유지토록 하

4) 일통론의 낙관적 전망

이상 살펴본 일통론은 낙관주의적 이상론이라는 느낌을 떨쳐버릴 수 없다. 그야말로 거대 담론이어서 장자(莊子)의 「소요유」(逍遙遊)에 나오는 다섯 섬들이 바가지처럼 호수에 띄워놓고 두둥실 타고 놀기에나 알맞을, 그런 지적 유희에 지나지 않는가 싶기도 하다. 물론 최한기는 스스로 자부했던 만큼 응당 실현되어야 하고 또 실현될 수 있는 것으로 확신하였다. 그의 이론적 신념에는 인간관의 바탕이 있었다.

> **우주사도(宇宙師道)는 모든 국가의 인민이 살아가는 그 가운데 잠재해 있다. 그럼에도 아직 천명되지 못한 것은 여러 국가의 정교가 각국의 경계로 국한되어 있어 회통하지 못하는 때문이다.**
> • 『명남루수록』, 「우주사도조」

'우주사도'는 『우주책』을 지은 최한기다운 개념이라 하겠다. 만국이 귀일되는 학술 교육의 길을 가리키는 것이다. 이 우주사도의 길에서 제일 장애물로 국경선을 들고 있다. 나라마다 경계를 지어 소통을 방해해서 '우주사도'가 이루어지지 못한다고 본 때문이다. 우내일통을 염원한 최한기다운 초시대적 발상이라 하겠다. 그런데 우주사도는 "인민이 살아가는 그 가운데 잠재해 있다"고 한다. 국가 단위에 묶이지 않는 인간

고 토의(土宜)를 헤아려서 운수가 편이하도록 조절하며, 나라에 조달할 물자가 있으면 성심으로 이바지하는 것이 곧 국상이다"라고 규정하고서 국상의 조처하는 일도 오로지 '승순운화의 기'[承順運化之氣]에서 나온다 하였다. 이용후생의 방향에서 상공인을 옹호하고 있는데 그 사고의 논리는 '승순운화의 기'라는 인사와 천도(자연의 이법)의 균형을 취하려는 것이었다.

의 보편성에 주의하고 있다. "각국의 생령들이 원근에 흩어져 천도(天道)를 받들어 저마다 생업에 종사하는 것은 이치에 당연한 현상이다." 곧 하늘과 땅 사이에서 예로부터 오늘에 이르기까지 살아가는 인간의 존재 형태다. 최한기는 여기에 덧붙여 자기 견해를 편다.

서민들은 항시 걱정이 많아 작게는 해침을 받을까, 크게는 침략을 당할까 근심한다. 필시 생령 중에 재주와 국량을 지닌 자들이 있어 일통도평(一統圖平)의 구상은 곳곳에서 일어나고 해마다 나아갈 것이다.
• 『명남루수록』, 「각국생령조」

이리하여 제기되는 '일통도평의 구상'이란 그야말로 필부의 세상걱정에 지나지 못하지만 그것을 한데 취합하면 **우내대동**(宇內大同)**의 막기 어려운 형세**를 이룰 것이라고 한다. 인간의 존재 형태 자체가 본원적으로 안녕과 평화를 희구하므로 만물의 영장인 인간은 일통의 기획을 궁리하기 마련이라는 생각이다. 그래서 '우내대동'의 인류적 공동보조는 막기 어려운 형세로 출현한 것이라고 전망한 것이다.

앞서 논의했던바 "천하를 경리함에 당해서는 의당 천하 사람과 더불어 일통을 도모해야 할 것이다"는 주장은 바로 이에 근거해서 나온 발언이다. 천하의 동지·동도(同道)의 사람들과 결합하는 일이 참으로 어렵기는 하지만, 천하치평(治平)의 훌륭한 구상들을 집합, 각국 제도의 장단점을 절충하고 생민을 바른 길로 인도하면 일통치평이 저절로 이루어질 것이다.[16] 그는 일통의 실현 가능성을 이렇게 내다보고 있다. 일종의 시

---

16) 『明南樓隨錄』, 「各國生靈條」.

민운동적 차원으로서 계몽이성의 국제적 연대를 떠올린 것처럼 보인다.

그리고 또 상기해야 할 점이 있다. 최한기는 동서 교류의 현재와 미래를 낙관하였다. 그가 진보적 시간관을 갖게 된 주요인이거니와, 일통론의 낙관적 전망은 바로 이 시간관에 통하고 있는 것이다.

4. 맺음말

최한기는 『우주책』을 두고 '계왕개래'의 의미를 지닌 것으로 자부하면서 "나의 생애에서 종결될 일이 아니니 오직 후세의 현지(賢知)들에게 소망을 붙이노라"(『명남루총서』, 「語踐階級條」)고 하였다. 과거에서 현재, 미래로 연속된 시간을 계승과 창조의 과정으로 사고한 그는 '우내일통'이라는 인류적 대업에 스스로 확신을 가지면서도 단기적 과제로 생각지 않고 천하의 세대로 이어지는 현지들의 연대적 노력 여하에 기대를 걸었던 것이다.

일통의 대업은 최한기 사후에 과연 성취되었던가? 지난 역사를 회고하건대 긍정적 답변은 아무래도 나오기 어렵겠다. 19세기로부터 20세기에 이르는 세계는 국가주의적 부국강병론이 판을 치고 전 지구가 제국주의의 식민화로 분할된 상태였다. 게다가 20세기로 들어와서는 유사이래 없었던 세계대전을 두 차례나 경험하였으며, 그러고 나서도 전쟁과분란이 끊이지 않고 있다. 혜강학의 일통론은 역사 현실에서 철저히 외면을 당한 모양이다.

그런데도 바로 이 기간에 일통을 향한 움직임이 없지 않았다. 일찍이만국공법이 제정되었던 터이거니와, 제2차 세계대전 이후 UN이 결성되어 그런대로 상당한 역할을 하고 있지 않은가. 그리고 유럽공동체는국경을 넘어선 지역공동체로서 괄목할 진전을 이룩해냈다. 그리고 좀더 주목할 사실인데 인류적 대의와 인간주체의 비판능력·자정능력의 표현으로서 운동 차원의 국제적 연대가 일어나는 추세다.

세계사는 일통을 향해 가고 있다. 이것이 필자의 기본시각이지만, 서구 주도의 근대 선상에서는 진정한 일통을 전망할 수 없다고 본다. 서구 근대의 주류 논리는 상생(相生)이 아닌 상극(相克)이요 화합이 아닌 대립이며, 자연과의 조화를 원천적으로 배려하지 않기 때문이다. 발전론이 근대를 선도한바 과학기술의 급진에 제어장치가 마련되어 있지 않은 것이다. 이런 서구 특유의 사고의 논리를 최한기는 간파하지 못했던 듯싶다. 아니, 기학을 중심으로 동서 학문을 회통함에 따른 맹점으로 볼 수 있다. 오히려 그 맹점을 21세기에는 장점으로 살려낼 수 있지 않을까.

혜강학을 일통사상에 초점을 맞추어 해석한 이 글은 혜강학의 영역에 첫발을 들여놓은 데 지나지 않는다. 일통이 지금 우리에게 어떤 의의를 갖는 것인지 생각해보자면 혜강학의 총체에서 논리가 좀더 심도 있게 해명되어야 하고 우리가 발을 딛고 선 오늘의 안과 밖의 정세와 대국(大局)에 대해 투철한 안목을 가져야 할 것임이 물론이다. 우선 필자의 머리에 떠오른 두 가지 점만을 들어둔다.

첫째, 근대적 국민국가의 틀을 지혜롭게 극복하는 문제다. 한반도의 통일 과업은 민족문제일 뿐 아니라 동아시아의 안녕·평화가 달린 세계적 현안이다. 제2차 세계대전의 후유증으로 지구상에 분단국가가 몇몇 등장하였는데 베트남은 민족 해방투쟁의 방식으로, 독일은 냉전체제의 해체에 따른 흡수통일의 방식으로 각기 해결을 보았다. 한반도는 베트남식으로도, 독일식으로도 통일이 성사될 수 없다는 사실이 이미 판명되었다. 제3통일의 길을 찾아갈 수밖에 없다. 돌이켜보면 분단의 '불구국가'는 국민국가의 수립과정에서 발생한 차질인데 그 불구상태가 치유 불능에 이른 셈이다. 남북을 국민국가라는 하나의 틀에 집어넣기는 어렵게 된 것이다. 다른 한편 국가 해체라는 말이 나올 정도로 국제화의 경향이 자본에서, 문화에서 현저하다. 마냥 민족주의에 사로잡히는 태도는 바람직하지 않으며, 국가주의는 하루빨리 청산해야 할 문제다. 남북을 연계하는 제3의 제도와 함께, 동아시아 연합, 나아가서 전 지구를 화합하는 '우내일통'의 문명과 제도를 21세기에 당면한 인류적 과제로서 기획해 봄직하다. 최한기의 일통사상의 논리는 여기에 참작해볼 수 있는 풍부한 자원이다.

둘째, 인간과 자연의 화해·균형을 추구한 점이다. "인사(人事)는 천도로 말미암아 질서가 잡혀 어지럽지 않으며, 천도는 인사를 좇아 모든 생명체를 보각(普覺)한다"(『기학』권1)는 천과 인의 상호 유기적 관계가 혜강학의 핵심이다. 일통은 자연과의 일통을 떠나서는 당초에 성립할 수 없다. 이 사고의 논리는 동양 전래의 '천인합일'과 똑같아 보이지만, '기' 개념을 중심에 놓고 서구 근대과학을 수용한 형태다. 그러나 근대과학의 정신에 위배되는 면이 있는데 역사현실에서 혜강학이 외면을 당한 주요인이었다. 만약 혜강학을 기초로 '근대'가 실현되었다고 가정하면, 적어도 생태환경의 위기는 발생하지 않았을 것이다. 기학의 논리가 '자본주의적 근대'의 대체논리라고 주장하는 것은 아니지만, 장차 자연생태의 문제를 중시해서 문명의 틀을 바꾸고자 한다면 혜강학은 사고전환의 긴요한 계기로 삼을 수 있을 것이다. 이와 관련하여 기학적 개념들, 즉 고금의 시간을 인류의 생명적 연속성으로 파악하는 '인도'(人道), 그 전체를 하나의 생생(生生)으로 인식하는 '일생'(一生) 등은 신사고의 이론으로 포착할 수 있을 듯하다.

필자는 근래 최한기의 친필수고들을 직접 대할 기회가 있었다. 그가 남긴 방대한 저작들을 모아『명남루총서』(明南樓叢書)를 간행한 바 있는 성균관대학교 대동문화연구원이 30년이 지나서 다시 증보작업을 하는 데 접수된 것이다. 필자는『증보 명남루총서』를 발간하는 감회를 한시 형식을 이용해서 표현해보았다. 이 글을 끝맺는 자리에서 졸작을 풀이 해둔다.

> 학문은 신기측험으로 통해 천인을 화합하니
> 우내일통 이루어 사방이 동포처럼
> 천 권의 남긴 저술 이제야 다 공간 되는구나
> 그 이름 불후로 전하고 지상에는 평화가 깃들리라.
> 學通氣測合天人, 一統環球同四隣
> 千卷著書今上梓, 名傳不朽鎭風塵

■『창작과비평』115, 2002

부록 | 우리 시대의 공부와 다산

1. 시작하는 말

'시대의 답을 다산에게 묻다'는 표제의 오늘 학술토론 모임은 시대별로 다산을 호출하는 양상을 돌아보고 반성하려는 취지로 보입니다.

이 학술토론 모임에서 제게 주어진 주제는 '우리 시대의 공부와 다산'입니다. '우리 시대'가 가리키는 시간대가 언제인지 막연한 느낌입니다만, 2부에 '다산을 호출하는 시대별 양상'으로 19세기 후반에서 1950~60년대까지를 잡고, 1970년대 이후는 따로 설정되어 있지 않습니다. 이로 미루어 보건대 1970년대로부터 오늘에 이르는 40년의 시간대를 우리 시대로 상정한 것이 아닌가 싶기도 합니다.

1970년대 이후 오늘에 이르는 기간은 물론 역사적으로 규정된 시기는 아니지만 우리의 당대입니다. 그런 만큼 관심을 크게 가질 수밖에 없는 중요하고도 민감한 시간대입니다. 이 기간에 다산에 대한 학적 관심이 확장되어 연구 성과도 다양하게 축적된 것이 사실입니다. '우리 시대의 공부와 다산'이라는 제목은 일견해서 편하게 느껴지는 면이 있지만 '시대의 답을 다산에게 묻는다'는 이번 학술 기획과 관련해서 찬찬히 생각해보면 실로 감당하기 어려운 대주제입니다.

그래서 '우리 시대의 공부'를 편하게 느껴지는 쪽으로 잡아서 저 자신이 공부하는 과정에서 다산에 다가가기를 어떻게 해왔는지 술회해보기로 하겠습니다. 제가 한 학자로서 학계의 일각에서 연구 활동을 하며 학술 기획에도 참여했고 학회나 연구 기관의 책임을 맡기도 했던 터이므로 저 자신의 학적 사고와 작업이 개인적 차원에서 그쳤던 것으로 생각되지는 않습니다.

'우리 시대의 공부'에서 실학과 직결해서는 『실학연구입문』(實學硏究入門)이란 책을 먼저 들어야겠습니다. 1973년 역사학회 편으로 발간된 것인데 내용을 살펴보면 유형원에서부터 정약용·최한기에 이르는 아홉 분 실학자의 사상과 학문을 소개하되 각기 저작의 정수를 번역과 원문으로 제시하고 있습니다. 원래 『창작과비평』 1967년 여름호부터 1970년 봄호에 걸쳐 연재되었던 것을 한데 모으고 앞에 이우성 선생의 「실학연구서설」(實學硏究序說)이란 논문을 붙인 것입니다. 「서문」 역시 이우성 선생이 당시 역사학회 회장으로서 썼는데 한 대목을 인용하겠습니다.

오늘의 상황 속에서 참되게 살아가며, 바르게 대처하려는 우리들에게 우리나라의 지적 전통은 훌륭한 정신적 자산(資産)이 되고 있다. 그중에서도 이 '실학'은 그 당시의 현실인식·현실파악을 위한 우리 선현(先賢)들의 고민에 차 있는 학문적 탐색의 결정인 것이다.

실학의 의미를 "그 당시의 현실인식·현실파악을 위한 우리 선현들의 고민에 차 있는 학문적 탐색의 결정"으로 규정짓고 있습니다. 실학이라는 지적 전통은 과거 시제 속에 묶여 있는 것이 아니고 "오늘의 상황 속에서 참되게 살아가며, 바르게 대처하려는 우리에게 [……] 훌륭한 정신적 자산이 되고 있다"고 실학의 현재성을 대단히 강조합니다. 이처럼 실학의 인식에는 학자적 각성이 예리하고 선명하게 드러납니다.

『실학연구입문』은 당시 학문의 길에 막 들어섰던 제게 있어서도 그야말로 실학의 입문이 되었습니다. 이 책으로 실학에 눈을 뜨게 된 것입니다. 하지만 저 자신의 전공이 문학이기 때문에 비록 실학에 관심이 컸다 해도 당초에는 연암 박지원에 한정되어 있었습니다. 그러다가 1970년대 중반부터 『목민심서』의 독회에 참여하면서 다산에게 다가가게 됩니다.

2. 1970, 80년대 『역주 목민심서』의 작업

『역주 목민심서』(譯註 牧民心書)는 첫 권이 1978년에 나오고 1986년에 마지막 제6책이 발간되었습니다. 그리고 수정작업(제1권은 전면 개역해서 다시 제작했음)을 거쳐서 1988년에 개정판을 발간했습니다.

이 작업의 주체는 다산연구회입니다. 다산연구회는 성원 16명의 동인적 모임으로, 국사학, 국문학, 한문학, 사상사, 경제사, 사회학 등 여러 전공 분야에 걸쳐 있습니다. 이 공부 모임의 첫 출발은 1975년 봄이었고 『목민심서』의 독회는 1975년 가을부터 시작했습니다. 당초에 참여했던 인원은 8명 정도로 기억되는데 뒤에 점차 충원이 되어서 전체 16명이 되었습니다.

처음에는 진취적인 방향에서 우리의 역사와 사상·문화를 제대로 공부해보자는 다소 막연한 취지로 모였는데 공부를 구체적으로 하기 위한 방안으로 실학의 고전 하나를 택해서 같이 읽고 토론해보자 했고, 그래서 선정된 텍스트가 『목민심서』였습니다. 결국 『목민심서』의 독회 모임이 된 셈인데 독회를 진행하면서 우리들 사이에서 읽고 토론하고 치울게 아니라 번역 원고를 작성하고 상세한 주석도 붙여 책으로 만들어보자는 쪽으로 의견이 모아졌습니다. 1978년 봄 첫 권을 간행하면서 간행 주체를 밝힐 필요가 생겨서 다산연구회로 이름을 정했던 것입니다.

다산연구회의 『역주 목민심서』 작업은 유신체제 하에서 출범, 신군부의 독재체제 하에서 마무리 지었으니 실로 엄혹한 시대 상황에서 작업이 진행되었던 셈입니다. 그사이에 "회원의 상당수가 격심한 사회적 변동의 와중에서 구금을 당하거나 강단에서 추방되기도 하여 이 모임 자체가 한동안 중단되는 사태를 맞기도 하였"(개정판 「서문」)습니다. '사회적 변동의 와중'이란 1979년 10·26으로부터 1980년 5·18과 전두환 군부 독재의 등장을 가리킵니다. 이런 시대 상황에서 불안과 위기를 느낀 나머지 역주 작업을 중단하고 다산연구회를 해체한다는 선언까지 했지만 그래도 끝내 그만두지 못하고 다시 작업을 계속해서 완결 지었습니다.

『목민심서』라는 책을 조금이라도 읽어본 사람이라면 공감하겠지만 결코 쉽게 재미삼아 접근할 내용이 아닙니다. 그것의 역주 작업은 사실 난삽하고도 지루하기 그지없었습니다. 그런데도 16명의 학인들이 하필 이 『목민심서』의 역주 작업에 십 수 년을 매달린 까닭은 어디에 있었을까요? 『역주 목민심서』의 개정판 「서문」의 일부분을 옮겨놓는 것으로 이 물음에 답을 대신하겠습니다.

대체 이미 지나간 시대인 조선 후기의 실학이 이 격변의 시기를 살아가는 오늘의 우리들에게 시사하는 의미란 무엇인가. 150년 전 다산의 학문을 통해서 오늘의 우리가 계발해낼 수 있는 것은 과연 어느 만큼일 수 있는가. 더 구체적으로 말하자면 『목민심서』를 검토해가지고 오늘의 이 시점에 서서 대체 무엇을 어떻게 해보자는 것인가.

우리들에 있어서 '근대'란 아직도 어떠한 모습으로든 그 역사적 성격이 정착된 시대가 아니다. 그것은 아직도 격변이 진행 중인 현실의 연속선상에서 동요하고 있으며, 우리의 일상으로서 곧 우리들 자신과의 변증법적 대응관계로 현재화해 있는 것이다.

　모든 현실이 역사적 현실인 만큼, 우리의 궂은 '근대'도 전근대의 소산 이외의 것이 아니다. 그러한 우리 전근대 사회의 참모습들을 가장 역사적으로, 사실적으로 종합하여 제시해놓은 책이 아마도 『목민심서』가 아닌가 한다. 그것은 우리나라 전근대 역사상의 최후의 원형을 집성해놓았다고 생각되는 것이다. 다산연구회는 그 같은 어떤 원형적인 역사상을 객관적으로 검토해보고자 하는 동호인들의 모임으로 출발하였다. 자신의 현실과 대결하면서 애써 그것의 극복을 시도하다 간 학인으로서의 다산의 인간 자세를 알고 싶었다.

•『역주 목민심서』, 개정판 「서문」

　위의 "우리의 궂은 '근대'"라는 구절에서 궂은이라는 수식어가 모호하게 들리는데 부정적이고 왜곡된 근대, 질곡의 근대를 드러내고자 한 표현입니다. 『목민심서』에 집착한 우리의 문제의식의 저변에는 '근대'가 자리 잡고 있었습니다. '우리들 자신과의 변증법적 대응관계'를 맺고 있는 전근대를 심층적으로 인식하기 위해 『목민심서』를 읽은 것입니다. 그리고 질곡의 근대를 어떻게 극복할 것인가 하는 우리의 시대, 우리의 고민이 『목민심서』의 저술의식에 닿게 되었습니다.

　우리가 파악한 『목민심서』의 저술의식과 그 실천적 정신은 이렇게 요약이 됩니다.

체제 개혁에 연결된 여러 본질적인 문제는 우선 유보해둔 선상에서 오직 백성의 질고(疾苦)를 대증요법식으로 치유하여 좀더 개선된 생활을 누리게 하기 위한 대책이 강구되었다. 물론 본질적인 문제를 그가 포기한 것은 아니다. 『목민심서』를 읽어보면 곳곳에서 지금으로서는 이런 식으로밖에 도리가 없다는 등의 언급과 함께 긴 한숨소리가 들리며, 그의 기본 사상이 저류(底流)하고 있음을 느끼게 된다. 이조 후기 급격한 역사 변동의 과정에서 이미 공동화(空洞化)된 전통적 민본(民本) 이념에 새로운 정치사회적 실체를 담으려고 한 사상적 노력이 저술의식의 기반에 깔려 있는 것으로 생각된다.

• 「『역주 목민심서』를 마치면서」[1]

다산의 『목민심서』는 동양의 전통사회에 있어서 지방행정의 실무 지침서인 목민서류의 일종임이 물론입니다. 따라서 목민서류는 전반적으로 실무적·실용적인 성격을 지니고 있습니다. 하지만 『목민심서』는 당연히 실무적·실용적 성격에 아주 충실하면서도 여기서 그치는 것이 아닙니다. 명·청 시대나 조선조 시대에 수다히 유포되었던 목민서류와 대조해보면 『목민심서』는 일견해서 방대하고 체계적일 뿐 아니라 저술의식을 크게 달리한 성과라고 자신 있게 말할 수 있습니다. 『목민심서』가 스스로 규모와 성격을 달리할 수 있었던 요인은 어디에 있을까요? 다른 어디에 있는 것이 아니고 요는 그 당시 "역사 변동의 과정에서 이미 공

---

1) 위에서 인용한 「『역주 목민심서』 개정판서」와 「『역주 목민심서』를 마치면서」는 글의 주체가 다산연구회로 되어 있는데 실은 필자가 쓴 것이다. 당시 필자가 말석에서 실무를 보았기 때문에 전체의 의견을 수렴해서 집필을 하게 되었음을 밝혀둔다.

동화된 전통적 민본 이념에 새로운 정치사회적 실체를 담으려고 한 사상적 노력이 저술의식의 기반에 깔려 있"기 때문입니다. 이렇게 『목민심서』의 의미를 해석한 것입니다.

저 자신도 『역주 목민심서』의 작업과 직접 관련해서 두 편의 논문을 쓰게 됩니다. 하나는 「『목민심서』의 이해」[2]인데 제목 그대로 『목민심서』라는 실학의 고전이 어떤 책인지를 해명하려는 내용이었습니다. 이 논문은 '다산 정치학과 관련하여'라는 부제를 붙였습니다. '목민'이라는 용어는 원래 『서경』(書經)이라는 유교의 최고(最古) 경전에서 유래한 것으로 흥미롭게도 기독교 『성경』의 "여호와는 목자시니"와 의미상 공통됩니다. 저는 이 점을 주목해서 "기독교의 경우 그것(인민을 보호 양육한다는 의미의 牧—인용자)을 종교화한 데 비해 유교의 경우 정치화하였다고 말할 수 있겠다"[3]는 견해를 제기했습니다. 요컨대 다산에 이르러는 당시 현실에서 공동화된 목민 개념에 재충전을 시도했다고 해석할 수 있겠습니다.

다른 하나는 「다산의 '민' 주체 정치사상의 이론적 · 현실적 근저」[4]입니다. 이는 다산연구회 회원들이 『역주 목민심서』를 마무리 짓고 나서 각기 주제를 잡아서 쓴 논문집 형태의 책자에 발표됐던 것입니다. 이 논문에도 '「원목」「탕론」의 이해를 위하여'라는 부제를 붙였습니다.

---

2) 임형택, 「『목민심서』의 이해」, 『한국실학연구』 13, 2007; 『우리 고전을 찾아서』, 한길사, 2007.

3) 『우리 고전을 찾아서』, 한길사, 2007, 492쪽.

4) 임형택, 「다산의 '민' 주체 정치사상의 이론적 · 현실적 근저」, 벽사 이우성 교수 정년 퇴직기념논총, 『민족사의 전개와 그 문화』, 창작과비평사, 1990; 『실사구시의 한국학』, 창작과비평사, 2000.

지금 「탕론」과 「원목」의 이해를 통해 다산의 기본 정치사상에 나름으로 접근해보고자 한다. 이 주제는 오늘의 민주·민중 운동의 사상적 연원과 민족사적 정통성을 찾는 데도 연관이 있을 것이다.

• 「다산의 '민' 주체 정치사상의 이론적·현실적 근저」, 『실사구시의 한국학』, 331쪽

오늘날의 민주주의는 우리가 아는 대로 서구 근대에 성립한 정치제도입니다. 이는 부인할 수 없는 사실이지만, 평등과 민주를 지향하는 것은 인간의 기본적인 염원이며, 인류의 보편적인 지향이라는 점을 간과해서는 안 된다고 생각합니다. 저는 이런 입장에 서서 민주주의의 자생적 연원을 탐구한 것입니다.

3. 세기 전환점에서 실학과 다산 다시 보기

세기 전환점이라면 신세기의 시작에서 앞뒤로 10년 정도를 잡아볼 수 있을 것입니다. 이번의 세기 전환은 새 천년의 시작이기도 해서 의미가 각별하게 의식되기도 했습니다.

20세기에서 21세기로의 전환은 숫자가 바뀌는 그 자체에 의미가 있는 것은 물론 아니로되 인류사적 변곡점이 되었던 것으로 생각됩니다. 20세기를 마감하는 시점에서 사회주의권의 몰락, 동서 냉전 체제의 해체, 세계화 또는 지구화로 일컬어지는 상황의 발전 등 인류사적 변화가 이 세기 전환점에서 일어났습니다. 동아시아를 돌아보면 냉전 체제의 해체에도 불구하고 남북의 분단 구조는 그대로 지속되었지만 중국이 개혁 개방 정책을 성공적으로 수행함에 따라 역내의 교류가 활발해지고 동아시아 자체가 의미를 갖는 공간으로 부상하고 있습니다. 그야말로 20세

기적 근대를 넘어서 21세기의 신시대가 도래하는 것 같기도 합니다.

이 세기 전환점에서 실학은 이런저런 이론적 도전을 받았던 것으로 생각됩니다. 실학에 가해진 공박 및 그것을 둘러싼 논란은 대략 세 가지 방향으로 정리해볼 수 있습니다. ① 탈근대·탈민족의 입장에서의 도전입니다. 실학은 한국적 근대 상황에서 민족주의를 이념적 기반으로 해서 인식된 개념이므로, 이제 실학은 그 역사적 수명을 다한 것이라는 주장입니다. 이 주장은 실학은 근대적 창조물이라는 논리와 맞물려서 실학 폐기론으로까지 이어졌습니다. 또 실학을 역사적 개념으로 인식하지 못하고 보통명사로서 허학(虛學)에 대립되는 개념으로 생각한 때문에 적잖은 혼선을 빚기도 했습니다. ② 서학(西學)과 실학의 관련성 문제입니다. 실학은 서구학술사상의 영향을 받아 성립한 것이라는 견해입니다. 이 문제의 중심에는 다산이 놓여 있는데 다산이 천주교 신자냐 아니냐가 이슈로 떠올랐습니다. 서학의 영향이 압도적이었다는 입장은 따지고 보면 동양에서 근대는 자생적 발전이 불가능했으며 박래품이라는 생각이 도사리고 있습니다. ③ 실학은 성리학=주자학의 연장선에 있다는 주장입니다. 이는 실학을 서학의 영향으로 보는 입장과 대척점에 있습니다.

저 자신 나름으로 이런 여러 실학에 가해진 이론적 도전을 의식하고 대결하는 자세로 연구하고 사고하여 글을 써온 셈입니다. 문제 ①에 관련한 논문으로는 「21세기에 다시 읽는 실학」(2003), 「동아시아실학의 개념정립을 위하여」(2009), 「신실학 그 가능성과 방향」(2011)을 들 수 있겠습니다. 제 딴에는 실학을 무화(無化)시키고 훼손하려는 제반 학술적 동향에 맞서 싸웠던 셈이지만, 수세적으로 방어 논리를 편 데 만족하지 않고 유연하면서도 적극적으로, 전통을 강조하면서 진취적으로 실학의 개념을 확립, 새로운 시대의 학문으로 뚜렷이 세우고자 노력했습니다. 동아시아실학이라는 개념이 그것인데 실학을 동아시아적 차원에서 개념 정립을 하고 오늘의 당면한 현실에서 인문학의 위기에 대처하는 방향을 염두에 둔 것입니다.

문제 ③의 성리학과 실학의 관계에 대해서 먼저 언급하겠습니다. 종래 실학을 성리학과 무관한 것으로 보거나 반성리학적인 것으로 속단해 버리는 견해가 풍미했지요. 이와 반대로 성리학의 연장선에 실학을 위치시키려는 주장이 한편에서 제기되기도 했습니다. 저는 이 문제를 아직 본격적으로 다루지 못하고 필요에 따라 약간의 소견을 말하는 데 그쳤습니다. 여기에는 두 가지 사실을 전제합니다. 하나는 기본적으로 실학은 유학의 틀 안에서 성립한 것이라는 점이고, 다른 하나는 실학이 발흥하기 전 단계에서 학술적으로 높은 수준에 도달했던 것은 오직 성리학이었다는 점입니다. 실학은 성리학과 아무래도 무관할 수 없습니다. "실학은 성리학의 단선적인 연장선이 아니고 성리학에 대한 비판적·부정적 성격을 발전시킨 것이지만, 성리학의 축적 위에서 피어날 수 있었다"[5]고 인식한 것입니다. 양자의 구체적인 관련양상은 저에게 있어서는 앞으로의 과제라고 하겠습니다.[6]

문제 ② 서학과 관련해서는 제 나름으로 관심을 두어 학적 작업을 수행했습니다. 그만큼 사안을 중대하게 본 셈인데, 여기서도 이 문제에 관한 저의 견해를 요약해서 제시해보겠습니다.

---

5) 임형택, 「21세기에 다시 읽는 실학」, 『대동문화연구』 42, 2003.
6) 필자는 지금 거론한 문제를 구체적으로 다룬 논문 두 편을 2013년에 발표하여 이 책에 수록하였는데, 「퇴계학의 계승양상과 실학」과 「성리학과 실학의 관련성 문제: 「함장록」의 분석」이 그것이다.

우리의 입장에서 서세를 어떻게 보느냐? 이 점이 중요합니다. 저는 우선 시야를 가장 폭넓게 잡아서 실학의 세계사적 의미를 묻는 것으로 입론의 근거를 마련했습니다.

　15세기 이래 오늘에 이르는 지구촌은 유럽에 의해 주도된 것이 결과적 정황입니다. [……] 가령 인도양을 순항(巡港)해서 아프리카 동북해안에까지 이르렀던 명(明)의 정화(鄭和)는 동세서점의 움직임이었다고 말해도 무방할 듯합니다. 주체적 자아의 각성과 객관적 세계인식을 확고히 하고 개혁과 개방의 길을 모색했던 실학은 세계사적으로 보면 서세동점의 조류에 대한 주체적 대응으로 의미부여를 할 수 있지 않나 싶습니다.
　•「실학자들의 일본관과 실학」,『실사구시의 한국학』, 196쪽

이 관점에 의거해서 실학과 서학과의 관련 양상을 영향론과는 차원을 달리해서 사고했습니다. 제가 특히 주목한 시기는 개항 직전의 19세기입니다. 19세기는 전통적(중국 중심적) 동아시아 세계가 위기에 직면한 시간대입니다. 그 위기는 내적 요인과 외적 요인이 동시에 작동해서 일어난 현상으로 보아야 할 텐데 외인이 주변수가 된 것으로 여겨집니다. 요컨대 서양발 위기였습니다. 동아시아 체제의 위기는 곧 동아시아의 사상적 위기이기도 했습니다. 19세기의 실학은 이 체제적 위기, 사상적 위기에 대응하는 학술전략으로서 매우 중대한 의미를 갖는다고 본 것입니다.
　그 당시 조선 사람들이 서세 및 서학·서교에 대응하는 방법론은 대략 세 가지로 구분됩니다. 서교를 사악(邪惡)한 이단으로 보아 배척하는 벽위(闢衛)의 논리가 나름으로 하나의 대응방식이라면 반대편에서 서교를

수용, 신봉하는 개종(改宗)의 논리는 다른 하나의 대응방식이라 하겠습니다. 19세기 중엽 이후 서세가 한반도에 진입해서 직접 위협을 가해오는 상황에서 벽위의 논리는 위정척사론(衛正斥邪論)으로 강화되는데 그로부터 백년도 지나지 못해 개종의 논리가 석권하는 지경에 이른 한국사회의 모습을 돌아보면 아이러니처럼 느껴지기도 합니다.

이 두 상반되는 대응논리가 양극을 이룬 중간지점에 실학자들이 강구했던 대응논리가 위치하고 있습니다. 서학에 진지한 관심을 가지고 배울 것은 배우되 서교에 위로 아래로 많은 사람의 마음이 쏠리는 사태를 심각하게 의식하고 깊이 반성하게 됩니다. 그 정신적 위기상황을 어떻게 극복할 것이며, 낡은 체제를 어떻게 혁신할 것인가? "한자유교문명권의 사상전통을 포기하지 않는 한 경학의 고유한 과제였다"[7]고 보았습니다. 그래서 저는 「19세기 서학에 대한 경학의 대응」[8]이라는 제목으로 논문을 썼습니다. 부제를 '정약용과 심대윤의 경우'라고 붙입니다. 다산과 함께 백운(白雲) 심대윤(沈大允, 1806~72)이라는 학자를 발굴해서 서학·서교에 대응하는 경학의 역사적 의의를 해명하고자 한 것입니다. 다른 한편 19세기 한국실학을 대표하는 혜강(惠岡) 최한기(崔漢綺, 1803~77)를 주목했습니다. 혜강학(惠岡學)의 요체인 기학(氣學)은 서양학문과의 회통을 모색하는 새로운 학문의 패러다임으로 의미를 부여했습니다. 서학·서교에의 대응이라는 측면에서 19세기 실학의 지형도를 이처럼 그려본 셈입니다. 세 분 학자의 입장과 대응논리는 서로 같지

---

7) 임형택, 『실사구시의 한국학』, 창작과비평사, 2000, 203쪽.
8) 임형택, 「19세기 서학에 대한 경학의 대응」, 『창작과비평』 91, 1996; 『실사구시의 한국학』, 창작과비평사, 2000.

않은데 비교해보겠습니다.

정약용의 사천학(事天學)과 심대윤의 복리사상

다산의 학적 사고는 유교의 고대적인 천관(天觀)으로 돌아가는 데서
열립니다. 이에 관한 제 소견은 이렇습니다.

> 다산의 천관은, 학계에서 공인하듯 전지전능의 인격신적 존재로서
> 상제를 떠올린 것이다. "천지에 귀신이 환히 펼쳐 있고 삼삼이 늘어서
> 있는데, 지존지대한 존재는 상제입니다"(『中庸講義』)라고 그는 관심을
> 일깨우고 있다. 천지의 사이에서 최고의 신격인 천=상제는 우리를 내
> 려다보고 감시하는 '강감'(降監), 잘못을 다스리는 '위벌'(威罰)의 권
> 능을 행사하고 계시는 것으로 생각한 때문이다. 이 천관에 의거해서 다
> 산은 그의 독특한 신독론(愼獨論)을 편다.
> • 「최한기의 기학: 근대대응의 논리」, 『문명의식과 실학』, 226쪽

'신독'은 『중용』에 나오는 수양론적 개념으로 남의 시선에 띄거나 공
개되지 않는 은밀한 상태에서 몸가짐과 행동을 조심하여 부끄러움이 없
도록 하라는 말입니다. 이 신독의 의미를 주자는 인욕(人慾)을 스스로
억제하여 인간 본연의 선을 회복하라고 해석하는데 다산은 정면으로 비
판하고 천=상제라는 감시자를 설정합니다. 우리의 행동을 상제께서 살
피고 계시기 때문에 신독을 해야 한다는 의미라고 설파한 것입니다.

다산의 '천'으로 향한 자세는 다분히 신앙적입니다. "고인은 실심(實
心)으로 사천(事天)·사신(事神)을 하고 신독 공부를 독실하게 해서 천
덕(天德)에 도달했다"(『중용강의』)고 하면서 천을 이(理)로 규정하는 성

리학적인 공부 방법론으로는 종일토록 힘써도 '요순(堯舜)의 영역'에 들어갈 수 없다고 천명한 것입니다. 곧 사천학이라고 할 수 있겠습니다. 다산의 사천학은 유교의 고대적 천관을 회복한 형태이지만 서양의 천주학과 비교해서 어떻게 보아야 할까요?

정약용의 '신앙적 천—상제'와 기독교적 천주의 개념은 어떤 관계에 있는가? 비교해서 따지자면 관념의 차이가 크지만 유사점 또한 발견하기 어렵지 않다. 최고의 신격으로서의 천은 최고의 보편적 존재다. 당초 예수회 선교사들이 기독교적 천주 개념을 중국 고대의 천관에 용이하게 접합시킬 수 있었던 요인 또한 여기 있었던 것이다. 그러나 경학의 논리체계 속에서의 천은 기독교적 천주와는 지향처가 전혀 다르다. 정약용에게 있어서 하늘을 섬기는 목적은 그 자신이 썼던 표현을 빌려서 밝히자면 '요순의 영역'에 도달하기 위한 것이다. '요순의 영역'이란 세상을 바로잡고 인민을 구원하려는 유교적 이상 그것이다.

• 「19세기 서학에 대한 경학의 대응」, 『실사구시의 한국학』, 209쪽

요컨대 서교의 천주 신앙은 강령과 근거를 오직 성경에 두고 있음에 대해서 다산의 사천학은 성경이 아니고 유교의 경전이었습니다. 그 때문에 다산의 학문체계는 경학을 본으로 하여 유교적 경세학이 실천 방법론으로 되었던 것입니다.

심대윤은 경학을 학문의 본으로 삼았던 점에서 다산과 마찬가지입니다. 그는 서교를 사설(邪說)로 규정지어, 이 사설이 요즈음 "우리 백성을 침혹하고 있다"는 위기의식을 갖습니다. 이에 대처하는 방안으로서 그는 복리(福利) 개념을 들고 나온 것입니다. 다산이 취한 방법론이 신앙

적이라는 점에서 서교에 대해 이열치열적인 것이라면 심대윤은 민중노선이었다고 보겠습니다. 복리를 내세우면 거기에 인간의 욕망과 이익 추구를 긍정하는 사고가 이미 전제되어 있습니다. 따라서 이(利)와 욕(欲)을 부정, 추방해버린 성리학적 논리와는 정면으로 배치됩니다. 복리를 자기 사상의 중심에 놓았던 심대윤은 당시 주류 학문인 성리학과 이론 투쟁을 벌이지 않을 수 없었는데, 이에 심대윤은 경전을 새롭게 해석해서 이론적으로 대결했던 것입니다. 곧 심대윤 경학의 특성입니다. 심대윤의 사상사적 의의를 저는 이렇게 규정지었습니다.

심대윤에 있어서 복리의 개념은 민중의 행복을 보장하기 위한 민중적 성격을 지니고 있다. '욕'(欲)을 인간 조건의 기본으로 긍정하고 '이(利)의 추구'를 옹호한 나머지 "민지욕부(民之欲富)는 천(天)"이라고 역설하고 있는 그의 사상에서 자본주의 사상의 소박한 형태를 발견하게 된다.

　•「19세기 서학에 대한 경학의 대응」,『실사구시의 한국학』, 221쪽

정약용의 경학과 최한기의 기학

혜강 최한기는 다산보다 40년 후에 출생하여, 한반도가 서구 주도의 근대에 합류하게 된 개항 직전의 시기를 대표하는 학자가 되었습니다. 저는 이 점에 유의하여 「개항기 유교지식인의 '근대' 대응논리: 혜강 최한기의 기학을 중심으로」(2001)라는 제목으로 논문을 썼으며, 다시 이 문제의식을 진전시켜서 「정약용의 경학과 최한기의 기학: 동서의 학적 만남의 두 길」(2004)을 썼습니다. 요는 다산 경학과 혜강 기학은 19세기 한국이 서양을 학문적으로 만나는 다른 두 방법론으로 주시한

것입니다.

　다산은 경학으로 성리학을 부정하고 이탈하여 자기의 학문체계를 구축한 데 반해서, 혜강은 기학으로 성리학을 해체하고 탈경학의 입장에서 하나의 학문체계를 구축하였다. 다 같이 기존의 학적 사고의 논리로부터 전면적 전환이 이루어졌다는 평가를 내릴 수 있는바 실학으로 묶이는 공통성을 지니고 있다. 그럼에도 양자는 패러다임 자체가 서로 다르다. 경학이고 기학이다. 이렇듯 전혀 다른 두 거대한 학문체계의 차이는 '천관'에서 비롯되었다고 보는 것이 나의 견해다. 요컨대 '강감(降監)의 천(天)'을 사고한 다산의 경우 경학으로, '운화(運化)의 천(天)'을 사고한 혜강의 경우 기학으로 체계를 잡았다고 판단한 것이다.

　• 「최한기의 기학: 근대대응의 논리」, 『문명의식과 실학』, 248~249쪽

　위에서 다산 경학과 혜강 기학은 학문체계가 서로 어떻게 다른 것이며, 그 다름이 어떤 사고의 논리에서 연유했는지를 규명해보았습니다. 그러면 피하려야 피할 수 없었던 서구 주도의 근대, 서구 학문과의 만남에 당면해서 다산 경학과 혜강 기학은 각기 어떤 의미를 내포했던가 하는 문제를 거론하겠습니다.

　다산 경학은 그 자체가 위대한 학문성과로서 평가할 수 있겠습니다만, 다산의 사고 논리에서 "천을 도덕적 실천의 담보자로서 분립시킨 한편에 과학으로 나갈 문을 열었다"는 견해를 저는 표명했습니다. 다시 말하면 천=상제를 신앙의 대상으로 확립하고 천리(天理)라는 모호한 개념을 부정함에 따라, 우주자연의 이치를 객관적으로 인식할 수 있게 된 것

입니다. 그래서 "다산 경학은 서양학과의 만남을 위한 이론적 준비라는 심장한 의미를 지닌 것으로 해석할 소지가 충분히 있다"는 주장을 한 것입니다. 즉 과학적 사유를 할 수 있는 가능성이 열렸다는 뜻입니다. 반면 혜강 기학에 대해서는 이렇게 보았습니다.

혜강학=기학은 동양고래의 기(氣) 개념에 서양의 근대과학의 성과를 수용한 형태다. 천인합일(天人合一)이라는 동양적 사고의 논리에 의거한 것이다. 이 점에 있어서 혜강학은 다산학에 비해 오히려 동양적 틀에 매어 있으며, 서양의 과학적 사고와는 위배되는 것도 같다. 이런 면모는 서양적 잣대로 판정해버리기 쉬운데 그렇게 해서는 바람직하지 않으며, 지구적 일통을 모색하고 서양학문과의 만남을 위한 방법론으로 해석해야 할 것이다.

• 위의 글

다산학이 우주자연의 이법과 인간의 질서를 구분지음으로써 사유의 방향이 서양과학으로 통할 수 있는 길이 생긴 것과 달리, 혜강학=기학은 동양적 사고의 천인합일(天人合一)에 의거함으로써 과학적 사고와는 접합되기 어려운 면이 있음을 지적한 것입니다. 혜강학의 입장에서 서양의 과학기술과 회통하였지만, 서양과학의 논리에 비추어보면 어울리기 곤란한 것으로 여겨집니다. 이 문제점을 서양적 기준으로 판단하지 말자는 것이 제가 주장하는 바입니다. 혜강학은 서양의 근대, 근대학문이 도달할 수 없는 지점 또는 잃어버린 지점이 있음을 깨닫자는 것입니다. 혜강학에서 '일통사상'이 굉장히 중요한데 정복·지배가 아닌 화해·상생의 논리로 우주자연과의 일통, 인류적 일통을 제기한 것입니다.[9]

이상과 같이 19세기 한국실학의 지형도를 한반도상에서 동서가 만나고 부딪치는 시점임을 유의하여 그려보았습니다. 다산을 중심에 놓고 백운 심대윤과 혜강 최한기를 배치한 그림입니다. 저 자신이 취한 관점은 한마디로 표현하자면 대응론입니다. 서구와의 관계 맺기에 대해 지금까지 논자들이 취한 관점은 대체로 영향론 내지 비교론으로 규정할 수 있는 것이었습니다. 서양으로부터 이쪽이 어떻게 영향을 받았으며 그 결과를 비교해볼 때 어떠냐는 논지입니다. 그 인식의 태도 자체가 피동적이며 서양 중심주의에서 벗어나지 못한 성격입니다. 저는 이에 대해 비판적인 입장에서 대응론적 관점을 견지하여 연구하고 논의를 전개해왔습니다. 제가 보기에 영향론은 다분히 비주체적이고 정태적이 될 수밖에 없습니다. '나'의 입장에 확실히 서서 바라보고 논하자면 대응론의 관점을 취해야 합니다. 그래야만 역동적인 방향모색도 가능하리라 봅니다.

우리가 지금 '세기 전환점에서 실학과 다산 다시 보기'를 하는 뜻은 결국 '근대 다시 보기'를 하자는 데 있습니다. 대응론적 관점을 취하지 않고는 '근대 다시 보기'의 안목은 아무래도 열리기 어려울 것 같습니다.

4. 문명 전환점이라는 시대인식과 다산학

2012년 다산 탄신 250주년을 맞아 유관 학술단체나 학회가 주관하는 학술대회와 기념행사가 성대하게 거행되고 있습니다. 매스컴의 관심도 높습니다. 실로 다산열풍이 불고 있다는 느낌입니다. 모두 관 주도형이 아니라 자발적으로 일어나는 사실도 흥미로운 점입니다.

21세기로 진입해서 10여 년이 지난 지금 일어난 이 현상을 어떻게 설

---

9) 임형택, 「혜강 최한기의 시간관과 일통사상」, 2002.

명할 수 있을까요. 확실히 오늘 우리의 시대가 다산을 호명하고 있다고 봐야겠습니다. 이 현상을 두고 저는 어떤 자리에서 "서구 주도의 근대에 대한 문명사적 반성의 징후"라고 말한 바 있습니다.

한국에서 20세기 전후는 신구문명이 교차한 시점이었습니다. 이 시점에서 전래의 구문명은 바람에 휩쓸리듯 사라지고 박래한 신문명이 홀연히 등장한 것은 결코 아니었습니다. 당시는 그야말로 문명 갈등의 시대로 구문명 논자와 신문명 논자가 문명이라는 용어를 공히 쓰면서 상대를 서로 비문명이라고 멸시, 공박했던 것입니다. 결국 신문명이 구문명을 압도한 나머지 문명적 단절 현상이 눈앞에 뚜렷하게 되었습니다. 한국뿐 아니라 동아시아의 한자문명권의 국가들 모두 이런저런 차이는 있지만 대체로 유사한 현상이 전개되었던 것입니다.

그로부터 100여 년이 경과한 지금 문명적 전환의 시점에 다시 서게 되었습니다. 서구 중심의 근대문명을 극복하면서 새로운 문명의 틀을 어떻게 짜나갈 것인가는 인류사적 과제입니다. 이 인류사적 과제 앞에서 동양의 전통적인 인문 개념을 호출할 필요가 있다고 봅니다.

인문은 '인간의 문명'을 의미했습니다. 인간을 소외시키고 인류의 위협이 되고 있는 문명을 '인간의 문명'으로 되돌리기 위해서는 전통적인 인문 개념이 유효합니다. 그런 의미에서 저는 다산이 제기했던 '문심혜두'(文心慧竇)를 오늘의 인문 교육의 키워드로 제의한 바 있습니다. 다산학의 창조적 부활이 참으로 요망된다고 하겠습니다.[10]

■『다산학과 현대』 제4·5 합본호, 2012

---

10) 임형택, 「전통적인 인문 개념과 정약용의 공부법」, 『다산학』(茶山學) 18, 2011.

찾아보기

임형택 林熒澤

1943년 전남 영암 출생. 서울대학교 문리대 국문학과 및
동 대학원에서 수학하였고, 한국학중앙연구원 명예문학박사를
받았다. 성균관대 교수로 대동문화연구원 원장과
동아시아학술원 원장을 겸임했으며, 2009년 정년퇴임하여
현재 명예교수이다. 연세대 용재석좌교수, 실학박물관
석좌교수를 지냈으며, 민족문학사연구소 공동대표,
한국한문학회 회장, 한국실학학회 회장을 역임했다.
저술로는『한국문학사의 시각』『실사구시의 한국학』
『한국문학의 체계와 논리』『문명의식과 실학』『우리 고전을
찾아서』『한문서사의 영토』『이조시대 서사시』등이
있으며, 도남국문학상, 만해문학상, 단재상, 다산학술상,
인촌상(인문사회문학 부문)을 수상했다. 한문학 연구에서
출발, 한국학 전반으로 공부역역을 확장하면서 동아시아적
시각에 착안하였으며, 특히 실학에 대해서는 1975년부터
다산연구회의『역주 목민심서』작업에 참여한 이래
오늘까지 관심의 끈을 놓지 않고 있다.